跨越周期

新时代房地产法律业务实操指引

国枫研究院 编

中国法治出版社
CHINA LEGAL PUBLISHING HOUSE

跨越周期

新时代房地产法律业务实操指引

国枫研究院 编

中国法治出版社
CHINA LEGAL PUBLISHING HOUSE

　　国枫律师事务所（简称"国枫"）创立于1994年。经过30年的稳健发展，现已成为中国领先的具有高度专业化的大型综合性律师事务所。

　　国枫专业特色突出，尤其在资本市场法律服务领域实力超群，业内有口皆碑；在争议解决、房地产和建设工程、跨境投资与并购、知识产权、银行与金融、破产重整、税务、合规、财富管理等专业领域，国枫亦凭借优秀的口碑和强大的专业实力居于业内领先梯队。

　　国枫始终以客户需求为导向，致力于客户愿景的达成，并汇聚了一大批素质优良、兼具理想与热情、学术功底扎实、经验丰富并勇于实践的专业法律人才，精益求精地为客户提供全方位、多层次的法律解决方案。

　　国枫研究院创立于2024年。作为依托于国枫的专业研究机构，其旨在通过法律实务与理论前沿的深入研究，行业趋势与政策导向的敏锐洞察，为业界提供针对性、适用性、务实性、创新性的法律见解与专业思考，并将始终秉承"专业、严谨、创新"的研究精神，以法律为志业，为法治添动力，不断推动法学研究与实务探索的深度融合。

编辑委员会

总　　编：张利国

主　　编：王　天　谢　军

编　　委：（按姓氏笔画排序）

何帅领　况　皓　张　宇　陈玉娟

周晶敏　胡智勇　袁晓东

执行编辑：张婉璐　曹　娟

序言

　　1994年到2024年，是国枫栉风沐雨、砥砺前行的三十年，是国枫锐意进取、开拓创新的三十年。三十载耕耘路，风满扬帆正当时。作为国内首批从事证券法律业务的律师事务所，国枫始终坚持在"高度专业化、有限多元化、适度规模化"的道路上稳中求进，是中国资本市场公认的行业领先者，现已成为中国领先的具有高度专业化的大型综合性律师事务所。

　　作为中国内地法律服务行业之发展的经历者、见证者、参与者，三十年来国枫以突出的专业特色、强大的专业实力、丰富的专业经验，始终践行着"专业立身、勤勉精进"的初心；凭借对政策法规的深刻理解、扎实稳健的专业功底、丰富务实的实践经验，以及一系列富有开创性的服务案例，坚持为客户提供个性化、专业化的解决方案，让法律服务有"质感"、更有"温度"。

　　匠之为匠，精工在握。在瞬息万变的市场浪潮中，国枫始终秉承着"高度专业化"的发展理念以及"有限多元化"的业务模式，持续深耕资本市场法律服务及相关领域，并以客户需求为导向，不断引进和培育了争议解决、知识产权、房地产和建设工程、合规、税务等业务领域的成熟专业化的律师和团队，充分整合国枫优质的专业力量与资源，适度扩大专业领域规模，在一体化组织下积极促进多元业务领域和资本市场领域的联动，致力于为客户提供高度专业化、多维度、多层次的法律服务。

　　心之所系，质量为先。作为一家致力于为客户提供"一站式"法律服务的律师事务所，国枫始终倡导律师应深耕于各细分法律服务领域，以"开放、共享"的心态，构建支持性高、协作性强的工作环境；通过团队间的相互赋能、相互协作，共同推动事务所实现高质量发展。为搭建更加多元化、联通化的交流平台，有效促进国枫律师对法律业务及行业的深入研究，国枫研究院应运而生，覆盖五大业务专业组，三大行业委员会，致力于为客户提供高品质、全方位的专业法律服务。

博观而约取，厚积而薄发。三十载风雨同舟，国枫人坚守着霜叶如花的承诺、秉持着磨砺无悔的态度，在前行的路上坚持探索、积累。值此三十周年之际，国枫证券资本市场、不动产与建设工程、合规、金融与投资等众多领域资深合伙人及专业律师，将执业以来的思考与感悟梳理提炼，编纂成册，为三十而立的国枫献上最诚挚的祝福，唯愿国枫人在未来的征途中磨砺以须、倍道而进，薪火赓续、奋楫笃行；唯愿中国法律服务市场行稳致远、如日方升，风正帆悬、一往无前。

道阻且长，行则将至；行而不辍，未来可期。

是为序。

国枫律师事务所首席合伙人

目录

第一章　商业地产

　　第一节　商业地产合资公司法律要点　　003
　　第二节　商业地产委托经营管理实务问题　　048
　　第三节　商业地产运营实务分析　　058

第二章　城市更新

　　第一节　城市更新的立法与政策现状　　087
　　第二节　各地城市更新模式探析　　100
　　第三节　城市更新的困境与趋势　　140

第三章　公募 REITs

　　第一节　保障性租赁住房公募 REITs 项目底层资产的合规性　　165
　　第二节　办公地产公募 REITs 项目底层资产的合规性　　209
　　第三节　养老地产公募 REITs 项目底层资产的合规性　　218
　　第四节　景区类地产公募 REITs 项目底层资产的合规性　　226

第四章　新业态

　　第一节　我国地产发展现状　　　　　　　　　　　　241

　　第二节　我国地产新业态展望　　　　　　　　　　　249

　　第三节　我国地产新业态法律风险控制　　　　　　　278

第五章　房地产纾困

　　第一节　房地产企业通过破产程序的纾困路径　　　　303

　　第二节　破产制度下投资人的权益保护　　　　　　　341

商业地产

中国商业地产市场在近年来呈现出显著的增长态势，这主要是由于中国经济的持续发展和城市化进程的加快，推动了商业地产需求的不断增长。同时，科技的不断进步和应用也为商业地产市场带来了新的变革和机遇。例如，数字化和智能化技术的广泛应用为商业地产的运营管理和用户体验带来了更多创新，增强了市场的竞争力。此外，我国政府也一直致力于促进商业地产市场的发展，通过稳定政策、增加投资等手段为商业地产市场提供了优越的发展环境和支持。在政府支持和科技推动的双重作用下，中国商业地产市场仍具有广阔的发展前景。

相较于住宅类地产，商业地产的开发与投资具有投资规模大、利润率及开发运营风险较高、投资回报期长等特点。基于此，房地产开发企业、投资人共同设立合资公司并合作开发商业地产项目成为商业地产行业中常见的开发形式，股东通过提供资金或提供管理、开发技术、运营管理经验等，各自发挥其优势，强强联合，实现共赢。

目前，在商业地产开发领域较为流行的是轻资产运营模式，相较于传统的房地产开发模式，轻资产运营模式具有多方面的优势。在委托经营管理模式下，业主方与管理方签署委托合同，作为商业运营公司负责物业的全程管理，包括商场招商、商场管理、公共区域装修维护、项目推广等，在此模式下，投资方企业与管理方企业都能关注各自的核心发展价值，有利于提升自身核心竞争力，提高资源整合效率。

商业地产公司在确定合作的管理方企业后，就会进入运营管理阶段，商业地产的运营管理是商业地产项目的重中之重，项目本身价值的提升很大程度上取决于管理方企业的运营管理水平。由于管理方企业在项目中扮演的通常是一个承上启下的服务角色，其与业主方、商户、消费者之间都存在一定关系，因此，管理方企业需跟随市场环境及法律法规、政策等的变化，及时对运营管理方案作出调整，以应对实际操作过程中涉及的复杂的法律关系。

商业地产篇包括商业地产合资公司法律要点、商业地产委托经营管理实务问题、商业地产运营实务分析三节内容。

第一节　商业地产合资公司法律要点

王　天　张婉璐

我国《公司法》[①]于1993年制定，截至2018年，该法先后历经五次修改，逐渐完善了公司制度，并持续地为经营主体投资创业营造良好的环境。2018年修改后的《公司法》（以下简称2018公司法）是设立商业地产公司的主要法律依据。随着市场经济的发展和市场需求转变，全国人民代表大会常务委员会于2023年12月29日通过最新修订的《公司法》（以下简称2023公司法），该法自2024年7月1日起正式施行。因此，无论是现存的商业地产合资公司还是拟设立的商业地产合资公司，均应当按照2023公司

---

① 为便于阅读，本书中法律文件名称中的"中华人民共和国"均予以省略。

法作出适当调整或据此拟定股东协议、公司章程等，商业地产合资公司的股东、董事、监事等也应对 2023 公司法的重要变化有所了解。

一、公司结构搭建法律要点与案例分析

公司结构搭建对于初设的商业地产合资公司极为重要，它涉及公司注册资本的注入与维持、公司内部机构的设置、董监高职责的规划等多个方面，对于商业地产合资公司健康长效运行具有基石作用。

（一）出资期限

根据《公司法》和章程约定履行出资义务，为公司注入原始资本，是最基本、最重要的股东义务，也是商业地产合资公司的股东开展合资合作的逻辑起点。

《公司法》于 2013 年修正时，全面实施注册资本认缴登记制，取消了注册资本最低限额、实缴比例和出资期限等要求，降低了市场准入的门槛，极大程度上激发了经营主体的创业热情。这一背景下，部分公司设置较高的注册资本和较长的出资期限，一方面，通过高额的注册资本规模展示公司雄厚的资金实力；另一方面，通过设定遥遥无期的出资期限来延缓股东的资金压力，这不仅导致注册资本无法有效反映公司的资金信用情况，交易安全、债权人利益也面临巨大挑战，注册资本认缴登记制的弊端逐渐显露。

2023 公司法将实缴期限（包括认缴新增资本的出资）限定为自公司成立之日起五年内，并要求 2023 公司法施行前已登记设立的公司逐步调整至前述期限内。这意味着，对于 2024 年 7 月 1 日之前成立的商业地产合资公司以及增资的商业地产合资公司，如果公司章程中未约定出资期限或者出资期限超过五年的，则需要逐步调整至五年内，并且在五年内完成实缴。对于拟于 2024 年 7 月 1 日之后设立的商业地产合资公司以及增资的商业地产合

资公司，则需要在五年内完成实缴。对于五年期限如何计算以及逐步调整的细则，目前可见2024年7月1日公布的《国务院关于实施〈中华人民共和国公司法〉注册资本登记管理制度的规定》（以下简称注册资本登记管理制度，自2024年7月1日起施行），注册资本登记管理制度明确对2023公司法施行前设立的存量公司设置三年过渡期，过渡期自2024年7月1日起至2027年6月30日止。有限责任公司可以在过渡期内将出资期限调至五年以内，若在过渡期最后一日（2027年6月30日）调整出资期限的，那么在2032年6月30日（自2027年6月30日起算五年）前完成出资即符合要求。

针对这一重大变化，我们建议商业地产合资公司积极采取如下措施：（1）对于2024年7月1日之前成立的商业地产合资公司以及增资的商业地产合资公司，应核查公司章程对于出资期限的约定是否清晰、是否满足2023公司法五年期限的要求，如不满足的，应相应修订公司章程、调整出资期限。如果注册资本较大且确实难以在五年内完成实缴出资的，各合资股东可考虑通过减少注册资本或引入其他有资金实力的投资人等方式减少资金压力。（2）对于拟于2024年7月1日之后设立的商业地产合资公司以及增资的商业地产合资公司，各合资股东应结合自身资金情况和公司经营所需资金，综合判断公司设立时的注册资本金额或新增注册资本金额，避免出现逾期出资的风险。

案例分析：[①]A公司的前身是一家外国法人独资的有限责任公司，后在2019年变更为自然人投资、控股的有限责任公司，在2019年变更登记时，A公司的出资时间记载为2030年。在2023公司法公布后，A公司向我们咨询是否可以变更出资期限或进行减资。

通过查阅A公司的章程、验资报告等工商内档材料，我们发现，A公司在1993年设立时就已将注册资本实缴完毕，但公司管理人员对此情况并

---

① 此案根据真实案例改编。

不了解，因此，在 2019 年办理变更登记时认为公司的注册资本是全部未实缴。后通过向公司所在地市场监督管理局工作人员咨询，实际上 A 公司只需对公司章程中的出资期限进行修改，而后携带公司登记（备案）申请书及修改后的公司章程、股东会决议等材料重新备案即可。

这一案例反映出，在 2023 公司法背景下，公司股东及管理人员应对公司章程规定的出资期限、出资是否实缴等问题进行仔细核查，如案例所述，若公司事实上实缴，而公司股东认为公司未实缴，从而采取了一系列的减资操作，这不仅会使事情的处理复杂化，同时，由于公司还需要完成制作资产负债表和财产清单、通知债权人、公告等一系列减资程序，无疑还会产生额外的时间成本、经济成本。

（二）出资形式与责任

在商业地产合资公司的结构搭建阶段，较为常见的出资方式包括货币出资与土地使用权出资。2018 公司法虽未明确列举股权或债权的出资形式，但在《市场主体登记管理条例实施细则》（国家市场监督管理总局令第 52 号）中已经有相关规定，即"依法以境内公司股权或者债权出资的，应当权属清楚、权能完整，依法可以评估、转让，符合公司章程规定"。实务中，商业地产合资公司以股权或债权出资情形确实较为少见。

值得注意的是，2023 公司法第四十八条将股权和债权的出资形式确定下来，使其具备了法律层面的依据。对于商业地产合资公司而言，出资形式进一步拓宽，合资股东可以选择将优质、高效的债权、股权作为出资注入公司，促进商业地产合资公司在股权、债权结构上的调整与重组。

如商业地产合资公司股东计划以股权或债权出资的，我们建议关注如下事项：(1) 对拟用于出资的债权、股权进行全面的调查。如为债权，应核实其基础债权债务合同、担保合同（如有）、债务人资信情况、还款来源、历史履约情况、有无争议或诉讼纠纷、是否存在限制转让情形等；如为股权，应核查所持股公司的基本信息、财务情况、资产情况、主要合同、劳动人事、有无争议或诉讼纠纷、是否存在限制转让情形、是否存在质押或查封等。(2)根据 2023 公司法规定,应当对拟用于出资的债权、股权进行评估作价,依法办理权利转移手续,并以此作为出资完成的标志。

此外,根据 2023 公司法第五十条的规定,股东未按照公司章程规定实际缴纳出资,或者实际出资的非货币财产的实际价额显著低于所认缴的出资额的,设立时的其他股东与该股东在出资不足的范围内承担连带责任。这意味着,商业地产合资公司股东在履行自身出资义务的同时,还应当注意审慎选择公司设立时的其他发起股东,事先核查其他发起股东的资信状况,并在股东协议中约定清楚各合资股东的出资义务和违约责任。例如,股东之间可以约定更为细化的出资步骤并对应具体的时间节点,具体可设置为出资股东承诺何时对拟出资财产完成评估(如适用)、承诺何时提交变更登记手续(如适用)、承诺商业地产合资公司何时实际取得该出资财产(视出资财产的性质,设置不同的权利凭证作为完成标志),并对出资股东逾期完成上述任一节点的违约行为设置相应的违约责任,以及因此导致设立时的其他股东承担连带责任的,守约股东有权向违约股东追偿,但需要提示的是,该追偿仅具有股东间的内部约束力,而不具有对外的对抗效力,即守约股东不得以此约定对抗第三人。同时,为避免资金不足、出资不实进而触发连带责任的后果,商业地产合资公司可以考虑适当降低设立时的注册资本金额,后续也可通过增资方式增加资本金投入。

案例分析: 最高人民法院发布了 则损害公司利益纠纷的经典案例。[1]A 公司是一家外国法人独资的有限责任公司,认缴注册资本额为 1600 万美元。股东 B 在分次实缴出资后,仍有约 500 万美元尚未实缴,后 A 公司申请破产清算,股东 B 被一审法院追加为被执行人,在欠缴出资范围内对债权人承担清偿责任。

---

[1] 最高人民法院(2018)最高法民再 366 号再审民事判决书,来源于中国裁判文书网,2024 年 7 月 10 日最后访问,下同。

该案发生时，2018公司法采取的是注册资本认缴制度，但注册资本认缴制并不意味着股东不用承担责任，股东未按期足额缴纳所认缴的出资或在公司成立后抽回出资的，应在未出资本息范围内对公司债务承担补充赔偿责任。由于在注册资本认缴时代，一些公司的注册资本虚高，而按照2023公司法的要求，全体股东认缴的出资额由股东按照公司章程的规定自公司成立之日起五年内缴足。因此，股东更应重视出资责任的重要性，若确实无法在规定期限内实缴的，可考虑通过减资方式解决注册资本实缴问题。但需要注意的是，由于在减资时需要向有关部门提供编制的资产负债表及财产清单并通知债权人等，因此，公司股东应充分考虑公司的债务情况，审慎作出决定。

（三）组织机构

商业地产合资公司股东往往通过委派董事参与公司管理，并通过董事会席位的安排实现大股东控制或小股东参与公司重大事项的决策。相较于董事会会议，股东会会议召集的难度和程序要求相对较高。2023公司法的修订中，进一步缩减了股东会的法定职权，明显强化了董事会的职权和地位。

针对这一修订，我们建议商业地产合资公司对章程进行必要的调整，将"决定公司的经营方针和投资计划"和"审议批准公司的年度财务预算方案、决算方案"这两项原股东会职权调整至董事会决议事项，并且"董事会对股东会负责"的表述也应相应删除。

此外，根据2018公司法的要求，商业地产合资公司还应根据股东人数或规模相应设监事会或监事，监事会（监事）可对公司的财务状况、董事和高级管理人员的履职情况，以及其他公司章程规定事项进行监督，在股东会机制失灵时，监事会（监事）可行使股东会召集权，还可根据适格股东的请求代表公司对董事、高级管理人员提起诉讼等。但在实践中，监事会（监事）实际发挥的作用较为有限，2023公司法的修订将监事会（监事）作为公司组织机构设置的可选项。

对此，我们建议商业地产合资公司根据实际需求选择如下方案之一并相应调整章程：（1）设立监事会，人数为三人以上并且应当包括不得低于三分之一的公司职工代表；（2）如公司规模较小或者股东人数较少，可以不设监事会，设一名监事；（3）如公司规模较小或者股东人数较少，经全体股东一致同意，可以不设监事；（4）在董事会中设置由董事组成的审计委员会，不设监事会或者监事。值得注意的是，虽然审计委员会的组成人员可能与部分董事重叠，但审计委员会行使监事会的职权，应当设置独立的议事方式和表决程序，不能简单地在董事会会议之中一并进行相关议题的讨论，否则可能导致审计委员会难以深入讨论议题并且难以有效地发挥监事会的监督作用。

（四）经理职权

2018公司法对于公司经理的职权采取列举的方式，明确了7项经理的职权内容，并以"董事会授予的其他职权"作为兜底和补充。

事实上，对于商业地产合资公司而言，经理担任着极为重要的角色，其在第一线参与公司的日常经营，并需要就公司重要事务做出及时、准确的决策和指示。但在不少商业地产合资公司章程中，通常仅简单复制2018公司法明确规定的经理职责，该等职责有时还会与董事会职责、股东会职责存在重复或冲突，导致实际执行上的困难。

2023公司法删除了对经理职权的逐项列举，这意味着商业地产合资公司可不再受限于2018公司法规定的经理法定职权，一定程度上将促使各方股东更加谨慎、务实地去讨论和设定经理的职责，避免采用以往简单复制的做法。在保留"经理对董事会负责"这一原则性表述的同时，商业地产合资公司章程可根据公司实际情况设计经理的职权，或者规定经理根据董事会的授权行使职权，将管理层的权限更大程度上归集到董事会控制之下。值得讨论的是，我们认为董事会可授予经理的职权亦包括董事会的法定职权，即董事会可最大限度地对经理进行"完全授权"，但同时还应注意区分根据董事会职权性质不宜或不能授权给经理的事项，如"决定聘任或者解聘公司经理及其报酬事项"或其他与经理自身存在利益冲突的事项。

（五）表决规则与方式

实践中，除了 2018 公司法规定"修改公司章程、增加或者减少注册资本的决议，以及公司合并、分立、解散或者变更公司形式的决议"必须经代表三分之二以上表决权的股东通过，股东会、董事会的表决方式通常根据股权比例、合作模式（如小股操盘、合作开发、代建）由股东自行确定。

这一点在 2023 公司法中有所变化，修订后，股东会一般事项决议需要经代表过半数表决权的股东通过，董事会会议应当有过半数的董事出席方可举行。董事会作出决议，应当经全体董事的过半数通过。上述股东会一般事项决议的最低表决权比例、召开董事会会议的最低有效人数和决议比例，对于维持公司治理平衡、维护股东人合性具有积极作用。同时，考虑到公司召开股东会、董事会、监事会的便利与效率，2023 公司法新增第二十四条，明确可以采用电子通信方式召开会议和表决。

针对以上修订，我们建议商业地产合资公司对章程进行必要的调整，对于已设立的商业地产合资公司，各股东可结合 2023 公司法的规定商议调整股东表决权的分配，以符合 2023 公司法的强制性规定。值得提示的是，股东的表决权并不一定等同于出资比例，无论是 2018 公司法还是 2023 公司法，都认可股东通过章程约定不同于出资比例的表决权，这意味着，"资本多数决"并非商业地产合资公司绝对的游戏规则，小股东也可以在博弈中获得更多话语权。此外，随着董事会权利的扩大，董事会将在公司经营中发挥更重要的作用，因此公司章程有必要对董事会的召集和决策过程作出更为细化的规定，除上述"双过半"（出席人数过半、同意人数过半）要求外，还可约定电子通信方式的具体操作，如由全体股东、董事提前通过书面方式确定各董事的个人电子通信信息（如电子邮箱、微信号等），并且制定会议流程（包括参会人员身份的验证、会议过程的视频或音频录制、会议记录的签署和留存等），以确保通过电子通信方式召开会议和表决的保密性、有效性。

对于拟设立的商业地产合资公司，也应在拟定章程时关注上述事项。

案例分析： 最高人民法院曾发布过一则与表决规则相关的案例。[①]A 公司形成增资股东会决议，注册资本由 1000 万元增至 1 亿元，其中 B 公司增资 4590 万元，C 公司增资 4410 万元，章程约定增资款应在一定时间内缴足。A 公司的公司章程第十条载明：公司设股东会，股东会由全体股东组成，是公司的最高权力机构，股东会行使下列职权：……（八）对公司增加或者减少注册资本作出决定；……（十四）修改公司章程。股东会会议作出上述决定时，决议应由代表半数以上表决权的股东表决通过，但股东会对公司增加或者减少注册资本、分立、合并、解散或者变更公司形式、修改公司章程所作出的决议，应由股东一致表决通过。

B 公司履行自身增资义务后，通过多种方式向 C 公司催缴增资款，A 公司也向 C 公司进行催缴，均无果。在章程约定的增资期限届满后，A 公司遂召开股东会并形成决议，取消 C 公司的增资资格。此时，B 公司与 C 公司实际出资分别为 5100 万元、490 万元，实际出资比例为 91.23%、8.77%。后 B 公司对 C 公司未能按时缴纳的增资款进行认缴并实际出资 4410 万元，此时，B 公司与 C 公司实际出资分别为 9510 万元、490 万元，实际出资比例为 95.1%、4.9%。

后 B 公司诉至法院，要求判令 B 公司对 A 公司追加实缴的 4410 万元出资具有股东资格，判令 A 公司就 B 公司追加支付的出资款签发出资证明，并将该出资额及对应股权记载于公司股东名册，A 公司、C 公司根据股权及股东变更情况修改公司章程，并在公司登记机关办理变更登记手续。C 公司主张该股东会决议应按照认缴出资比例行使表决权，且根据公司章程，即使按照实缴出资比例行使表决权，由于该决议没有经过股东一致表决通过，也是无效的。该案一审支持 B 公司的全部诉讼请求。后 C 公司上诉，要求撤销一审判决。二审驳回上诉，维持原判。C 公司不服，申请再审。

[①] 最高人民法院（2021）最高法民申 4298 号民事申请再审审查民事裁定书。

对此，最高人民法院认为，首先，参照《最高人民法院关于适用〈中华人民共和国公司法〉若干问题的规定（三）》（以下简称《公司法司法解释三》）第十七条第一款的规定，有限责任公司的股东未履行出资义务或抽逃出资的，经公司催告缴纳或者返还，但其在合理期限内仍未缴纳或返还出资的，公司可以通过股东会决议解除该股东的股东资格。对于 C 公司主张的根据《全国法院民商事审判工作会议纪要》第七条的规定，即股东会决议应按照认缴出资比例行使表决权的观点，法院认为，《全国法院民商事审判工作会议纪要》第七条针对的是股东认缴的出资未届期限的表决权问题，而本案增资期限已届满，所以不适用该条的精神。其次，C 公司主张股东认缴出资资格属于股东会特别决议事项，根据公司章程规定，应由股东会一致同意通过，未经其同意，属于无效的股东会决议。法院认为，我国法律目前并未对瑕疵出资股东的表决权行使应否受限作出明文规定，司法实践中对此也存在争议，在此情形下，原审法院按照实际缴纳出资比例认定股东会决议经过代表三分之二以上表决权的股东通过为合法有效，适用法律并不属于确有错误。此外，C 公司在收到召开股东会的通知后未参加，应视为放弃了表决的权利，因此对其主张的股东会决议无效不予支持。

据此，公司股东会决议是否有效，关系到表决权行使比例以及召集程序是否符合章程规定这两个方面。该案中，法院依据"权利与义务统一、利益与风险一致原则"，否定了违反出资义务的股东相应的股东权利，即股东只能按其实际出资比例行使表决权，兼顾召集股东会会议的程序性要求，据此认可案涉股东会决议的效力。

（六）法定代表人的选任与变更

法定代表人是依照法律或者法人章程的规定，代表法人从事民事活动的负责人，同时担任法定代表人也面临诸多法律风险，如因公司涉诉导致法定代表人征信受损、被人民法院采取限制措施、罚款、拘留甚至追究刑事责任、因公司拒绝配合导致已不再参与公司实际经营的法定代表人无法办理工商涤除登记等。

根据 2018 公司法，商业地产合资公司法定代表人由董事长、执行董事或者经理担任，具体可在章程中规定。本次 2023 公司法第十条修订了法定代表人的选任规则，法定代表人由公司章程规定的代表公司执行公司事务的董事或者经理担任，不再局限于董事长、执行董事或者经理。这意味着，商业地产合资公司在选任法定代表人时，可选范围进一步扩大，并且更加强调法定代表人应实质地参与公司事务的执行。为此，商业地产合资公司可对章程进行必要的调整，明确法定代表人的选任与变更程序，对于不再担任法定代表人的董事或经理，也应积极按照 2023 公司法第十条的规定于法定代表人辞任之日起三十日内确定新的法定代表人。

案例分析： 最高人民法院案例库近期发布了一则有关涤除法定代表人登记的经典案例。① 当事人甲是 A 公司之前的法定代表人，由 A 公司的股东 B 公司委派至 A 公司，甲根据章程规定担任公司法定代表人并办理了工商登记。后 A 公司所属集团下发了《关于干部免职的决定》，免除了甲作为 A 公司董事长、法定代表人的职务，B 公司根据《关于干部免职的决定》向甲发出了《免职通知书》，免除甲作为公司董事长、法定代表人的职务。被免职后，甲没有继续在 A 公司工作，也没有继续从 A 公司领取报酬，但 A 公司始终未办理工商变更登记，导致甲因为 A 公司相关诉讼而被限制高消费。最高人民法院最终认定，由于 A 公司的股东已经就免职的事项通知了甲，该行为符合公司章程规定，不违反法律规定，依法产生法律效力，双方的委托关系终止，甲已经不享有公司法定代表人的职责。因此，依照《公司法》的规定，A 公司应依法办理法定代表人变更登记。

此外，还有一则"挂名法定代表人"要求公司涤除登记信息的经典案例。② 乙是 M 公司员工，因受老板内要求登记为 M 公司的挂名法定代表人，

---

① 最高人民法院（2022）最高法民再 94 号民事再审判决书。
② 云南省玉溪市红塔区人民法院（2023）云 0402 民初 5786 号民事判决书。

后乙从 M 公司离职，并多次要求老板丙变更公司登记无果而诉至法院。法院认为，乙提交了证据证明代表 M 公司对外开展民事活动和对内行使管理的人均系丙，乙并未行使《公司法》规定的法定代表人参与公司经营管理的职权，系属名义上的法定代表人，有违《公司法》规定，M 公司应当及时变更法人登记。因乙不是 M 公司的股东，无法通过提起召开股东（大）会等内部救济途径变更法人登记，故其请求 M 公司向工商登记机关涤除其作为该公司法定代表人的登记，应当得到支持。

如前所述，担任公司的法定代表人在实践中存在诸多风险，尤其是在仅仅作为挂名法定代表人的情形下，公司经营情况的变化可能会对个人权益造成严重损害。根据 2023 公司法第十条，担任法定代表人的董事或者经理辞任的，将同时失去法定代表人身份，并且公司负有义务在规定期限内确定新的法定代表人，我们认为，这一修订有助于督促公司履行其法定义务，使得原法定代表人能够尽快与公司解除绑定关系。

二、经营阶段法律要点与案例分析

在经营阶段，商业地产合资公司及其股东之间往往会因行使知情权、出资瑕疵、董监高履职、股权对内或对外转让等产生争议，2023 公司法对于公司在经营阶段常见的各类问题做了深刻的革新与调整。

（一）股东知情权

股东知情权是股东的法定权利，也是商业地产合资公司小股东行使其他股东权利的基本前提。但实践中，不乏商业地产合资公司控股股东、实际控制人以小股东的诉求超出股东知情权范围、小股东存在不正当目的、可能损害公司合法利益等理由恶意拒绝配合小股东行使权利。因此，对于商业地产合资公司中非操盘方的小股东而言，公司法、公司章程是否能够为小股东行使权利提供清晰、全面的依据就显得极为重要了。

根据2018公司法，股东有权查阅、复制公司章程、股东会会议记录、董事会会议决议、监事会会议决议和财务会计报告。股东可以要求查阅公司会计账簿。2023公司法的修订，扩大了股东有权"查阅、复制"的资料范围，即新增股东有权查阅、复制股东名册的规定。扩大了股东有权"查阅"的资料，新增股东有权查阅公司会计凭证的规定。延伸增加了股东可以委托会计师事务所、律师事务所等中介机构查阅有关资料，股东有权查阅、复制公司全资子公司相关资料的相关规定。根据2023公司法第五十六条，股东名册除了记载股东基本信息、出资证明书编号外，还应当记录股东认缴和实缴的出资额、出资方式和出资日期、取得和丧失股东资格的日期。股东名册是股东资格确认、股东出资认定的重要依据，也是公司必须置备的内部资料，特别是当发生股东资格纠纷、股权转让纠纷时，股东名册将成为最直接的证明。因此，随着股东名册内容与作用的进一步丰富，股东有权不受限制地查阅、复制股东名册具有重要意义。此外，股东是否有权查阅会计凭证也是实务中常常被讨论的问题，会计账簿系基于会计凭证等资料所编制，如仅允许查阅会计账簿，而不能与会计凭证相互核对、印证，小股东难以真正地监督和制约控股股东、实际控制人对公司管理权的行使，也使得股东知情权流于形式。

对此，我们建议商业地产合资公司、股东关注如下几点：

1. 从商业地产合资公司、操盘方股东角度而言，应加强公司内部资料的形成与管理，特别是依法依规地编制公司会计凭证和会计账簿。同时，可在公司章程中细化股东要求查阅、复制公司资料的程序，包括采取何种通知方式、提前告知拟查阅或复制的资料内容、是否委托中介机构参与等，如委托中介机构参与的，应同时提交股东对中介机构的授权文件以及中介机构的保密承诺等。如商业地产合资公司、操盘方股东有合理根据认为股东查阅会计账簿、会计凭证有不正当目的，可能损害公司合法利益的，可以拒绝提供查阅，但应当自股东提出书面请求之日起十五日内书面答复股东并说明理由，避免被认定为侵害股东知情权。公司章程、股东名册、股东会会议记录、董事会会议决议、监事会会议决议和财务会计报告均属于股东有权查阅、复制的资料而无须阐释理由，商业地产合资公司、操盘方股东不应设置限制或障碍。

2. 从商业地产合资公司中的非操盘方股东角度而言，应充分利用股东协议、章程设立之初的谈判筹码，设立更宽泛、更具实际操作价值的股东知情权保护机制，一方面，可在法定范围基础上进一步扩充股东有权查阅、复制的资料内容，如增加董事会会议记录、监事会会议记录、会计账簿所对应的合同以及其他与合资合作密切相关的资料，我们认为，在不影响公司正常经营的合理范围内，股东间的合意应得到法律的认可。另一方面，2023 公司法新增了股东对于全资子公司相关材料的查阅、复制权，该等权利的行使范围在条款文义上被严格限定为"全资子公司"（通常理解为公司直接持有 100% 股权的子公司）。然而，在实务中，较多商业地产合资公司通过设立子公司并在子公司层面（实务中不局限于一级子公司或全资子公司）开展合资经营，该子公司中可能还存在其他投资人参股（一般作为财务投资人或项目所在地相关资源方），而与项目开发、运营相关的资料通常由该子公司负责管理，因此，我们认为有必要通过约定的方式将底层项目公司，甚至各级子公司纳入小股东行使知情权的范畴，以便小股东了解商业地产合资公司的对外投资情况，并且真正掌握项目底层资产的全貌。此外，小股东还应特别注意在行使股东知情权时收集、固定相关证据，包括向公司行使权利的通知、公司拒绝配合的答复等，以应对后续纠纷的处理。

案例分析：[①] 近期我们就某公司行使股东知情权事宜提供咨询服务，根据委托人 A 公司介绍，A 公司（境外）与 B 公司（境内）合资设立 N 公司（境外），A 公司与 B 公司签署了一份合资协议，约定 N 公司设立后，N 公司与 B 公司将继续合资设立 M 公司（境内），通过 M 公司获取并开发建

---

① 此案根据真实案例改编。

设位于中国境内的某地块，由 B 公司负责项目的操盘。在 N 公司层面，重大事项由 A 公司、B 公司共同决议。在 M 公司层面，重大事项由 N 公司、B 公司共同决议。N 公司董事由 A 公司、B 公司分别指定一名。M 公司董事由 A 公司、B 公司分别指定一名。M 公司获取该地块后，B 公司便屡次出现对 M 公司重要经营事项以及财务情况隐瞒、误导的情形，经 A 公司及其委派董事多次要求，B 公司均未纠正。在该案例中，A 公司的核心诉求即完整知晓 M 公司项目现状，并获取项目重要资料和信息。

通过审阅 A 公司提供的相关协议、章程，我们发现，该股权架构与协议安排都存在较大的疏漏，对 A 公司非常不利。首先，就整体股权架构，A 公司仅在 N 公司层面持股，其股东权利的行使也仅能在 N 公司行使，并不当然能够对持有底层项目的 M 公司产生影响。当 B 公司或其委派至 M 公司的董事、监事、高级管理人员损害 M 公司利益，又或 A 公司希望通过诉讼方式行使对 M 公司的知情权的，均应当由 N 公司作为原告并以 B 公司、B 公司委派的董监高或 M 公司为被告，分别提起损害股东利益责任纠纷诉讼、股东派生诉讼或股东知情权诉讼。进一步而言，N 公司是否能够按照 A 公司意愿对相关方发起诉讼，仍受制于 A 公司、B 公司是否能够在 N 公司层面达成一致意见，如双方有争议的，还有待这一争议的解决。很显然，在整体股权架构的设计上，对 A 公司较为不利，作为 N 公司股东，A 公司股东权利的行使效果并无法直接作用于 M 公司甚至底层项目。其次，A 公司与 B 公司之间的合资协议并未对 A 公司在 M 公司、底层项目中的权利作出预先安排，N 公司在其与 B 公司的合资协议项下的权利更无关痛痒。除诉讼方式外，A 公司也可考虑通过其向 M 公司委派的董事、监事采取相关措施，如通过监事检查 M 公司财务状况，审核、查阅 M 公司的财务会计报告和其他财务会计资料。但在 2018 公司法语境下，由于尚无股东有权查阅公司子公司的相关资料的内容，因此，在 N 公司层面，A 公司也无法主张对 M 公司行使知情权，在该案例的相关协议中，也没有适当的条款赋予 A 公司这一重要权利。

这一案例反映出，在较为复杂的股权架构下，需要设置更为细致的协议条款来加强股权架构本身导致的不对等和权利缺口，如该案例中 A 公司的股东知情权，可以考虑通过在 A 公司与 B 公司之间的合资协议中约定 B 公司作为操盘方负有按期向 A 公司提供 N 公司、M 公司重要资料的合同义务，并设置对应的违约责任。同时，也可将 N 公司作为上述义务主体之一，并将 A 公司股东知情权的范围扩展至 N 公司持有的 M 公司（或其他子公司）。

（二）股东失权制度

如商业地产合资公司股东未按照章程规定履行出资义务（包括完全未履行出资义务、未全面履行出资义务、抽逃全部出资几种情形），将面临严重的法律后果。在 2023 公司法正式施行后、2023 公司法的相关司法解释出台前，2023 公司法第五十二条所规定的股东失权制度与《公司法司法解释三》第十七条所规定的股东除名制度可能在短时间内处于共存状态，无论对于商业地产合资公司还是其股东而言，都有必要了解清楚这两种制度的适用场景和法律效果。

在适用情形上，股东除名制度的适用情形为"股东未履行出资义务或者抽逃全部出资"，这意味着，股东完全没有履行出资义务或者抽逃全部出资。而股东失权制度的适用情形为"股东未按照公司章程规定的出资日期缴纳出资"，即包括股东完全未履行出资义务、股东未全面履行出资义务这两种情形。二者的适用情形并未完全重合，在股东完全未履行出资义务的情况下，股东除名制度、股东失权制度均具有适用空间。

在程序上，股东除名制度要求经公司催告缴纳，其在合理期间内仍未缴纳，公司以股东会决议解除该股东的股东资格，但 2018 公司法和《公司法司法解释三》均未就"合理期间"作出规定。根据 2023 公司法规定，股东失权制度要求公司发出书面催缴书，要求股东在宽限期（不得少于六十日）内缴纳出资，宽限期届满，股东仍未履行出资义务的，公司经董事会决议可以向该股东发出失权通知。很显然，二者在催告主体、催缴期间、作出除名或失权决议的主体上都存在较大差异。

在法律效果和后续处置方式上，被除名股东将彻底丧失股东资格，针对该股东的认缴出资，公司应办理法定减资程序或者由其他股东或者第三人缴纳相应的出资。但根据股东失权制度，该股东丧失其未缴纳出资部分对应的股权，包括失去部分股权、失去全部股权这两种情形，其丧失的股权应当依法转让，或者相应减少注册资本并注销该股权；六个月内未转让或者注销的，由公司其他股东按照其出资比例足额缴纳相应出资。

值得讨论的是，股东"作为出资的非货币财产的实际价额显著低于所认缴的出资额"是否适用股东失权制度，这一点在学界存在不少争议。有观点认为，根据2023公司法第五十条，"股东未按照公司章程规定实际缴纳出资"与"实际出资的非货币财产的实际价额显著低于所认缴的出资额"为并列关系，前者即2023公司法第五十二条规定的"股东未按照公司章程规定的出资日期缴纳出资"，而后者在2023公司法第五十二条中未有体现，即通过法律解释可知2023公司法并未将"非货币财产的实际价额显著低于所认缴的出资额"纳入股东失权的适用范围。该观点进一步认为，股东的出资方式包括货币出资和非货币出资，如非货币财产的实际价额显著低于所认缴的出资额，将同样产生破坏公司资本充实的后果。因此，从股东失权制度设立的初衷来看，"非货币财产的实际价额显著低于所认缴的出资额"应当适用股东失权制度。也有观点认为，由于非货币出资瑕疵为出资财产实际价值的不足，对于公司董事而言判断难度较大，而宣布股东失权需要足够审慎，将非货币出资瑕疵情形排除适用股东失权制度更为合理。

对此，我们倾向于认为非货币出资瑕疵情形应适用股东失权制度，但非货币出资瑕疵情形目前并未包含在2023公司法第五十二条规定中。首先，2023公司法第五十一条明确规定了董事会对股东出资情况的核查义务，该核查应当包括对货币出资和非货币出资的核查，而并非仅限于货币出资，核查方法亦应当根据不同的出资情形确定，针对非货币出资，则应充分核查权属证明、评估报告等文件，非货币财产的实际价额与出资额的差值在技术上并非难以核实。其次，参照 2023 公司法第八十八条将"未按照公司章程规定的出资日期缴纳出资"与"作为出资的非货币财产的实际价额显著低于所认缴的出资额"并列，前者即 2023 公司法第五十二条适用的情形，据此可以推断后者（非货币出资瑕疵情形）目前并未包含在 2023 公司法第五十二条规定中。这一观点有待进一步讨论或在实务中验证。

自失权通知发出，股东丧失其未缴纳出资的股权后，丧失的股权应当依法转让或者相应减少注册资本并注销该股权。但 2023 公司法并未明确转让情形下的转让主体，由此引发了各种不同理解。有观点认为，失权股东丧失股权，自然不能作为该股权的转让主体。对此我们也持相同观点，并且倾向于认为上述转让并非通常意义下的股权转让，一般股权转让须具备股权转让方、股权受让方、双方关于股权转让的合意、股权转让对价等要素，而股东失权制度下的依法转让实际上更强调出资认缴主体的补位，而非股权的转移。股东失权后，该部分股权属于"无主状态"，失权股东或公司本身都不具备"转让方"的身份，依法转让的效果更趋近于对公司新增注册资本的认缴，第三方可通过认缴该部分出资额成为股东（但前提是公司股东会决议同意接纳该股东），现有股东也可对该部分出资额行使优先认缴权。

股东失权制度进一步加强了对股东出资义务的约束，通过更为具体的程序安排，对未履行出资义务的股东设置了更具可操作性的惩罚机制。针对这一变化，我们建议，商业地产合资公司、股东应有所应对：

1. 如前提示，在股东完全没有履行出资义务的情况下，股东除名制度、股东失权制度均具有适用空间，有必要在股东协议或章程中事先规定具体采用何种处理方式，以免届时出现争议导致无法有效推进除名或失权程序。

2. 由于"失权通知发出"为股东丧失其未缴纳出资股权的标志，因此，董事会作出决议后，应注意尽快向失权股东发出书面通知并留存记录。如作出董事会决议、发出失权通知之间存在较长时间差，该股东在此期间缴纳出资的，则很可能导致纠纷的发生。

3. 股东失权制度将催缴的责任赋予董事，这也提醒了商业地产合资公司董事，应注意关注股东出资义务的履行情况，对于未按时缴纳出资的股东，当宽限期届满时，应当按照公司章程及时召开董事会，作出董事会决议并向股东发出失权通知，并保留相应的催缴记录、失权通知记录等，避免因怠于履行前述义务而被要求承担赔偿责任。

4.作为商业地产合资公司股东，应更谨慎判断自身资金情况，合理认缴出资。

案例分析： 我们曾代表某公司及其大股东处理过一个股东除名案件，该公司小股东未按照公司章程、股东协议约定的期限实缴出资，经公司、大股东多次书面催告后，其仍未出资。对此，我们建议公司及其大股东适用《公司法司法解释三》第十七条，对小股东进行除名。在运用过程中，我们重点关注并论证了如何确定合理期间、股东会会议如何召集与主持、应对小股东未参会或参会的方式、会议的录音录像，以及会议记录的形成与签署等各个细节，核心目的在于，通过完善的程序来确保除名的合法性、合理性，避免因程序瑕疵而被小股东挑战，同时为后续可能产生的诉讼做好准备。

但即便如此，在部分地区，股东除名制度的适用依然存在障碍。当公司作出除名的股东会决议后，无论是采取减资措施还是由大股东或者第三人缴纳相应的出资，均应当向市场监管部门申请变更登记，变更事项涉及（或视情况可能涉及）股东、出资比例、注册资本、法定代表人、董事、监事等，完成工商变更登记后，方可赋予股东除名结果以对外公示的效力。但实践中，对于这一类变更登记，不同地区的市场监管部门所采取的处理方式也有所不同。在该案中，即便我们已向市场监管部门提交了除名相关的完整文件资料，包括股东会决议、新公司章程、变更登记申请书等，该公司所在地的市场监管部门仍以股东会决议未经全体股东签章为由拒绝受理公司的变更登记申请，除非公司可提供全体股东签章的股东会决议或法院要求市场监管部门配合办理变更登记的生效判决。我们认为，《公司法司法解释三》第十七条虽未明确规定被除名股东不得参加除名决议事项的表决，但鉴于股东除名制度的强制性且不以被除名股东意志为前提，如允许被除名股东对除名决议事项进行表决，其必然影响、甚至可能作为大股东滥用资本多数决阻碍股东会决议的形成，这无疑会使得《公司法司法解释三》第十七条被随意突破、形同虚设。目前无论是在理论中还是司法实践中，排除被除名股东对于除名决议事项的表决权均无太多争议。诚然，截至当时，市场监管部门并未就股东除名相关工商变更登记的具体操作规范形成统一标准、统一口径，这也导致实践中公司或股东不得已采取行政复议、行政诉讼或民事诉讼的救济途径。

随着 2023 公司法的颁布，股东失权制度得以在法律层面予以明确，股东失权制度较股东除名制度更为细化、更具有可操作性，我们相信并期待，股东失权制度未来能够在解决股东出资问题上发挥更大的作用。

（三）董监高义务与责任

董事、监事的席位以及高级管理人员的权限范围，通常是商业地产合资公司股东争夺的核心，也是制衡各方权力的关键。但随着 2023 公司法对董监高义务和责任的强化，董监高的履职义务和风险都有所增加。

从主体上，董事、监事的内涵自然无须多言，2018 公司法已界定了高级管理人员的范围为经理、副经理、财务负责人，上市公司董事会秘书和公司章程规定的其他人员。值得注意的是，2023 公司法在第一百八十条和第一百九十二条新增了"事实董事"和"影子董事"制度，即公司的控股股东、实际控制人不担任公司董事但实际执行公司事务的，也应当遵守《公司法》对董事忠实义务和勤勉义务的一般规定，如控股股东、实际控制人指示董事、高级管理人员从事损害公司或者股东利益的行为的，应与该董事、高级管理人员承担连带责任。在这一变化下，是否具备公司董事、高级管理人员的身份不再是界定其义务与责任的单一标准，只要控股股东、实际控制人实际参与公司事务，就应当受到相应的限制与约束。因此，商业地产合资公司股东一方面要注意监督其委派董事是否合规、有效履职，另一方面其自身也要坚守底线，如通过操控董事、高级管理人员对公司实施不当行为、损害其他股东利益的或将构成侵权。

　　董监高的忠实义务，其内容包含两个方面：一是应当采取措施避免自身利益与公司利益冲突，二是不得利用职权牟取不正当利益。2023公司法第一百八十一条进行了类型化列举：（一）侵占公司财产、挪用公司资金；（二）将公司资金以其个人名义或者以其他个人名义开立账户存储；（三）利用职权贿赂或者收受其他非法收入；（四）接受他人与公司交易的佣金归为己有；（五）擅自披露公司秘密；（六）违反对公司忠实义务的其他行为。上述事项均属于绝对禁止事项，董事、监事、高级管理人员在履行公司职务时应当严格注意避免和防范。此外，2023公司法还新增了第一百八十条，并且将"自我交易和关联交易"、"利用公司商业机会"、"竞业限制"三种情形单独规定于第一百八十二条至第一百八十四条，其中特别是关联交易（包括董监高，董监高或者其近亲属直接或者间接控制的企业，以及与董监高有其他关联关系的关联人，与公司订立合同或者进行交易）在商业地产合资公司中较为常见。对于商业地产合资公司的董事、监事、高级管理人员，如果遇到上述情形且无法避免的，应及时向董事会或者股东会报告，并按照公司章程的规定经董事会或者股东会决议通过。

　　下列案例中的行为即"利用职务便利为他人谋取属于公司的商业机会"[①]：张某系A公司总经理，全面负责公司业务板块。A公司与B公司签订特许经营合同，授权B公司作为代理商经营销售A公司环保抑尘剂产品。双方的合作模式是，代理商B公司给A公司发送订单，A公司从河北某工厂采购货物，放在青岛仓库，根据B公司的指示发货，货款直接由B公司打入A公司的账户。张某将这一交易模式告知C公司。在B公司总代理的配合下，C公司向河北某工厂下了订单并支付货款32600元，要求河北某工厂直接将上述货物发送客户，收取货款38300元。河北某工厂向C公司出具金额为32600元的增值税发票。A公司损失利润5700元（38300

[①] 山东省青岛市中级人民法院（2021）鲁02民终7705号民事判决书。

元 –32600 元）。

不同于忠实义务所要求的"有所不为"（属于消极义务），董监高的勤勉义务则要求其应当为公司的最大利益尽到管理者通常应有的合理注意，即"有所为"（属于积极义务）。无论是 2018 公司法还是 2023 公司法，都难以将勤勉义务做穷尽式列举。根据不同职权、职责以及在公司实际经营过程中需要董事、监事、高级管理人员作出决策的各类具体事项，勤勉义务体现为能否始终以公司利益为核心，具备相应的管理技能和谨慎态度，不得有故意或者重大过失。

下列案例中的行为即"监事违反勤勉义务"：朱某与张某系朋友关系，朱某经张某介绍进入 A 公司工作，并担任 A 公司监事。张某通过提交虚假资料将另一股东孙某名下的 A 公司股权变更至其妻子名下，将 A 公司法定代表人、董事长由孙某变更为自己，朱某作为 A 公司监事，应该注意到上述变更行为未经 A 公司股东会决议。后经孙某举报，工商行政管理局撤销了前述变更登记，将 A 公司的工商登记恢复至变更前的状态。在此期间，张某实际控制 A 公司，共实施了如下损害 A 公司利益的行为：（1）向其女儿担任法定代表人的公司借款 100 万元，借款期限 2 个月，约定利息 50 万元。朱某作为监事和财务人员，经手了该笔资金的转出，应该注意到如此高额利息的约定损害了公司利益，却未予制止。（2）以"劳务费"、"工程款"、"还款"等名义共计支出款项 326 万元（其中 100 万元用于偿还 B 公司对 A 公司的其他应收款，而张某原系 B 公司法定代表人），对于以上支出，张某给出的解释与会计记账凭证记载的用途不吻合，且张某不能提供付款的合理依据。朱某作为监事，有权检查公司财务，作为财务人员，经手了上述资金的转出，只要稍尽审查义务，就应当发现上述付款的不合理性。（3）A 公司以还款的名义转给朱某 300 万元，由朱某分别转给他人。关于此笔款项，朱某作为独立主体与张某共同实施了侵害公司利益的行为，无论是否存在领导指示，朱某作为公司监事均应承担侵害公司利益的责任。

董事、监事、高级管理人员以及被认定为事实董事的控股股东、实际控制人，一旦违反忠实义务或勤勉义务，都将面临承担赔偿责任的风险。根据2023公司法，经梳理，赔偿责任情形主要包括：

1. 以"给公司造成损失的"为前提，这类情形的责任形式包括责任主体向公司承担赔偿责任、责任主体之间承担连带赔偿责任：

（1）董事未核查、催促股东按期足额实缴出资，给公司造成损失的，负有责任的董事承担赔偿责任（2023公司法第五十一条）；

（2）股东抽逃出资，给公司造成损失的，负有责任的董监高承担连带赔偿责任（2023公司法第五十三条）；

（3）董监高执行职务违反法律、行政法规或者公司章程的规定，给公司造成损失的，董监高承担赔偿责任（2023公司法第一百八十八条）；

（4）公司违反公司法规定向股东分配利润，给公司造成损失的，负有责任的董监高承担赔偿责任（2023公司法第二百一十一条）；

（5）违反公司法规定减少注册资本，给公司造成损失的，负有责任的董监高承担赔偿责任（2023公司法第二百二十六条）；

（6）如董监高作为清算组成员怠于履行清算职责，给公司造成损失的，董监高应当承担赔偿责任（2023公司法第二百三十八条）。

2. 以"给公司造成严重损失的"为前提，而对于何谓"严重损失"暂时没有明确的认定标准，需要结合个案具体判断：

董事会的决议违反法律、行政法规或者公司章程、股东会决议，给公司造成严重损失的，参与决议的董事承担赔偿责任（经证明在表决时曾表明异议并记载于会议记录的，该董事可以免除责任）（2023公司法第一百二十五条）。

3. 以"存在故意或者重大过失的"且"给他人造成损害的"或"给债权人造成损失的"为前提，这类情形的责任形式系责任主体向他人/债权人承担赔偿责任，并且须结合责任主体执行职务时的主观因素：

（1）董事、高级管理人员执行职务，存在故意或者重大过失的，给他人造成损害的，承担赔偿责任（2023公司法第一百九十一条）；

（2）如董监高作为清算组成员怠于履行清算职责，因故意或者重大过失给债权人造成损失的，应当承担赔偿责任（2023公司法第二百三十八条）。

4.以"给公司或者债权人造成损失的"为前提：

董事为公司清算义务人，清算义务人未及时履行清算义务，给公司或者债权人造成损失的，董事承担赔偿责任（2023公司法第二百三十二条）。

案例分析： 北京市第三中级人民法院近期发布了一则损害公司利益纠纷的案例。[①]A公司有一名员工甲，该名员工系A公司的市场总监，与A公司签订了无固定期限的劳动合同，后向A公司提出解除劳动合同，甲离职后入职B公司。其间，A公司曾向甲发出过《关于履行竞业限制的通知函》，要求其履行竞业限制的义务，并会向其支付竞业限制补偿。甲向A公司发出函告，告知其之前曾收到过A公司出具的《取消竞业限制通知书》，表示其不会履行竞业限制相应的权利及义务，并将A公司向其支付的竞业限制补偿退回。《取消竞业限制通知书》是A公司总经理出具的，案件的争议焦点为总经理的行为是否会违反忠实勤勉义务以及是否导致A公司利益受损。

通过对案件事实的分析，我们发现，首先，A公司章程没有就签署《取消竞业限制通知书》的权限予以明确列举，但法院认为，一般而言，公司高级管理人员的核心特点是肩负公司经营管理职责，了解公司核心商业模式和商业秘密，对是否需要员工履行竞业限制义务也可进行初步判断。因此，对于该名总经理行使职权签署《取消竞业限制通知书》的行为，法院认定是正常的履职行为，并未超越其所担任总经理岗位的职责范围。其次，虽然该名总经理在《取消竞业限制通知书》上签字，但没有相关证据证明其对于甲入职B公司及B公司与A公司是否存在竞争关系等相关事实系明知，因此，无法认定其在处理该项事务时未尽审慎注意义务，存在恶意或者重大过失。

---

① 北京市第三中级人民法院（2021）京03民终3414号民事判决书。

此外，对于 A 公司主张的总经理的行为导致了公司利益受损，法院认为，在没有充分证据的情况下，难以认定总经理违反忠实勤勉义务致使公司利益受损，据此要求其赔偿的依据不足。

这一案例反映出，一般而言，判断董监高的行为是否违反忠实勤勉义务，法院通常会结合实际情况、决策能力、决策是否符合公司章程规定，是否存在主观过错等综合判断。如前所述，对于董监高的职责，无论是法律还是公司章程、公司管理制度等都是无法一一列举的，这就要求董监高在履职过程中，为公司的最大利益尽到管理者通常应有的合理注意，避免与公司利益产生冲突而导致公司利益受损的行为发生。

（四）股东优先购买权

转让股权是股东的固有权利，但在合资公司语境下，现有股东的转让退出伴随着新股东的加入，合资公司的人合性受到挑战，其他股东与新股东之间的信任与默契将从零开始建立，特别是在商业地产合资公司中，股东间有着更加紧密的绑定与结合。因此，股东优先购买权制度及其行使规则，对于转让股东、其他股东与受让股东的权利保护都具有非常重要的实务意义。

2018 公司法中的股权转让程序系基于股东对外转让股权需要取得其他股东同意的基础逻辑，即转让股东应当先征求其他股东的同意，其他股东未在法定期限内回复的，视为同意转让。其他股东半数以上不同意转让的，不同意的股东应当购买该股权；不购买的，视为同意转让。在经过半数股东同意转让的场景下，其他股东享有同等条件下的优先购买权。实践中，当股东拟对外转让股权时，通常要以取得两项书面文件为前提：其一，其他股东同意转让；其二，其他股东同意放弃优先购买权，导致程序上较为烦琐。此外，在办理股权变更登记手续时，市场监督管理部门通常还会要求转让方提供关于同意上述股权转让的股东会决议文件。

2023 公司法的修订中，取消了股东对外转让股权需要取得其他股东同意的要求，仅保留其他股东同等条件下的优先购买权。根据2023公司法第八十四条，股东对外转让股权应按照如下方式进行：首先，转让股东应将股权转让的数量、价格、支付方式和期限等事项书面通知其他股东，其他股东在同等条件下有优先购买权；其次，若其他股东自接到书面通知之日起三十日内未答复的，视为放弃优先购买权。值得讨论的是，如果转让股东向其他股东发出的通知未完整包括"股权转让的数量、价格、支付方式和期限"是否影响该通知的效力，我们认为即便上述通知事项并不完整，但也足以起到通知其他股东股权对外转让事宜的效果，如其他股东有意参与拟转让股权的购买，亦可以通过询问等方式向作出通知的股东进一步了解，而非在三十日的答复期内消极等待，这似乎也一定程度上表明其他股东并无购买意愿，恐怕也难以主张因优先购买权被侵害而导致损失。因此，我们倾向于认为通知内容的缺失并不当然导致该通知无效。

此外，还值得注意的是，2023公司法仍将股东对外转让股权作为章程可另行规定的事项，商业地产合资公司可根据股东之间的商业安排对股权转让设置一定的限制，如股权转让须取得其他股东全体或部分的同意、将受让股东应满足特定条件作为股权转让的前提等，通过意思自治的形式维护合资公司的人合性和稳定存续。实务中，在商业地产交易合同中往往会约定股东事先放弃优先购买权，取而代之以优先要约权。优先购买权要求转让股东在收到第三方收购要约后通知其他股东行权；优先要约权则要求转让股东寻找第三方之前先通知其他股东，在没有第三方要约的情况下，向其他股东发出出售要约。就优先购买权而言，如果其他股东同意同等条件或提出更高条件的，则其他股东将得到与转让股东交易的资格，因此，若第三方在其他股东可能行使优先购买权的前提下，其谈判动力将大幅降低。而按照优先要约权的规则，其他股东需要在没有第三方的情况下自行做出判断，若其他股东拒绝出售要约，双方未达成交易的，则转让股东应当以不优于该出售要约的条件向第三方转让股权，因此，第三方无须担心双方交易受到其他股东行使优先购买权的影响，也将会更有动力与转让股东开展谈判。

案例分析： 上海市第一中级人民法院曾审理过一个影响深远的案件，该案核心争议为股权转让中是否侵害和规避了股东优先购买权，相关交易协议的效力应如何评价。[1]根据对该案裁判文书的梳理，我们将主要事实概括如下：2010年2月1日，上海证某置业有限公司（以下简称证某置业）的项目公司以92.2亿元的价格拿下了当时的地王上海外滩8-1地块，并将该项目公司售予上海海某门房地产投资管理有限公司（以下简称海某门）。在S公司参与之前，海某门的股权结构为：浙江复某商业发展有限公司（以下简称复某商业）50%、上海证某五道口房地产开发有限公司（以下简称证某五道口）35%、杭州某城合升投资有限公司（以下简称某城合升）10%、上海某石投资管理有限公司（以下简称某石投资）5%。2011年12月29日，被告证某五道口与某石投资的唯一出资人上海某石投资有限公司签署《股权转让协议》，约定受让上海某石投资有限公司持有的某石投资100%股权，现已交割登记完毕。2011年前后，S公司以股权收购的方式，收购证某五道口、某城合升的全部股权，从而间接持有海某门50%股权。2012年5月30日，复某商业以S公司相关方、证某置业、某城合升、证某五道口等规避股东优先购买权、恶意串通损害其利益为由，向上海市第一中级人民法院提起诉讼。

该案的难点在于复某商业不是交易中的目标公司（证某五道口、某城合升）的股东，复某商业作为海某门股东，是否可以主张本次交易侵害和规避了其股东优先购买权。原告复某商业的主要观点为，上层股权转让交易明显旨在规避《公司法》关于股东优先购买权的规定及《合资公司章程》的约定，企图达到侵害原告合法权益的目的；违反了成立合资公司的目的和约定；属于恶意串通，损害原告利益，故应为无效。被告的主要观点为，S公司通过间接持股方式实际控制海某门50%的股权，并未影响复某商业在海某门的持股比例和股东地位，对复某商业的利益没有造成实质损害，上层股

---

[1] 上海市第一中级人民法院（2012）沪一中民四（商）初字第23号民事判决书。

权转让交易不违反法律规定，不存在恶意串通，亦未损害复某商业的合法权益。

最终，上海市第一中级人民法院作出一审判决，依据《合同法》（已失效）第五十二条规定"有下列情形之一的，合同无效：……（三）以合法形式掩盖非法目的"认定系争交易无效，要求相关公司股权状态恢复至转让前。一审法院对交易行为进行实质性审查，认为本案被告间交易行为的目的是控制海某门50%的权益。交易前，海某门的原有股权结构实际由三方核心利益集团构成，即复某商业所属方持有50%，某城合升所属方持有10%，证某五道口所属方持有40%，原告处于相对控股地位，海某门内部的人合性、股权结构的合理性、股东之间的信赖关系相对稳定，经营管理相对正常。交易发生后，仅从形式上研判，股权转让方、受让方作为股权交易的主体，与海某门并无直接关联，原告与上述交易主体亦不具有同一阶梯的关联关系。但是，从交易行为的实质上判断，上述交易行为结果具有一致性，且最终结果直接损害了原告的利益，即原告对于海某门的相对控股权益受到了实质性的影响和损害，海某门股东之间最初设立的人合性和内部信赖关系遭到了根本性的颠覆。

之后，被告向上海市高级人民法院提起上诉。但在审理过程中，复某商业出具声明，称其基于自身商业目的的考虑，不再认为系争股权交易损害了复某商业对于海某门50%股权的优先购买权，认可相关股权交易。基于以上陈述，复某商业表示放弃其在一审中提出的全部诉讼请求。

该案发生于2012年，随着陆续出台的《民法典》、《最高人民法院关于适用〈中华人民共和国公司法〉若干问题的规定（四）》、《全国法院民商事审判工作会议纪要》等，股东优先购买权的相关规定进一步完善，对于同类案件的处理也将采取不同的思路。根据《全国法院民商事审判工作会议纪要》规定，"为保护股东以外的股权受让人的合法权益，股权转让合同如无其他影响合同效力的事由，应当认定有效"，而"其他影响合同效力的事由"的认定还需要回归到对《民法典》的适用。但2018公司法、2023公司法及相关司法解释目前并未对该案中间接股权转让下的股东优先购买权类似问题作出明确规定，司法实践中不同法院裁判口径也不尽相同，有待进一步观望与探讨。

三、退出阶段法律要点与案例分析

商业地产合资公司及其股东的退出，包括股东通过减资、股权转让、公司回购股权等方式退出与其他股东的合资关系，也包括商业地产合资公司本身通过解散清算的方式结束其生命周期，如何运用不同的退出方式实现合法有效的退出，不仅直接影响到股东、公司债权人的利益，也关乎市场机制的稳定与秩序。

（一）减资

当商业地产合资公司股东间出现严重分歧且无法继续开展合资合作，或部分股东有收回投资款、退出项目的需求时，减资是一种常见的退出方式。该场景下，拟退出股东通过非等比例减资取回投资款，公司相应减少注册资本金，其他股东可继续合作经营公司。但由于2018公司法并没有对公司非等比例减资的明确规定，导致公司与股东之间、减资股东与其他股东之间争议频发，司法实践中，对于是否允许非等比例减资，非等比例减资需要经过何种表决程序、达到何种表决权比例存在不同意见。根据我们的理解和经验，非等比例减资并非2018公司法所明确禁止的事项，但非等比例减资与"同股同权"制度存在一定冲突并且改变了公司设立之初的股权结构，减资后的公司偿债能力势必降低，未减资股东的风险相应增加，因此，未经全体股东一致同意的非等比例减资决议具有较大风险被认定为不成立或无效，这一观点也在不少案例中得以体现。此外，关于拟退出股东能否通过溢价减资的方式取回公司注册资本中对应的实缴出资并获取额外的投资收益，主流观点认为"减少注册资本"仅指公司注册资本的减少，不包括资本公积金、盈余公积金、未分配利润等其他所有者权益，按照资本维持原则，该等资金属于公司资产，股东不得请求返还。

2023公司法的修订，为公司非等比例减资提供了法律依据，根据2023公司法第二百二十四条，原则上公司减资应当按照全体股东等比例进行，非等比例减资为例外，并且非等比例减资应当符合"法律另有规定、有限责任公司全体股东另有约定或者股份有限公司章程另有规定"。前文所述股东失权制度下，公司减少注册资本并注销该部分股权即属于"法律另有规定"的非等比例减资情形。

对于商业地产合资公司，我们建议采取如下措施帮助减资股东实现退出目的：

1. 全体股东在股东协议或章程中事先约定股东可定向减资退出的情形（如公司持续亏损达到一定期限、公司出现僵局无法形成有效决议累计达到一定次数或期限，或其他根据股东间商业谈判确定的退出条件），以及股东可定向减资退出的程序（如由拟减资退回股东提出书面要求和理由、召开股东会并形成股东会决议等），这一方面可以将未来拟减资股东的退出权利有效落实，另一方面也可减少在实际执行过程中因程序不清晰而导致的纠纷。

2. 无论是全体股东等比例减资还是部分股东非等比例减资，公司减资的程序性步骤都是必不可少的，即公司应当编制资产负债表及财产清单，自股东会作出减少注册资本决议之日起十日内通知债权人，并于三十日内在报纸上或者国家企业信用信息公示系统公告。债权人自接到通知之日起三十日内，未接到通知的自公告之日起四十五日内，有权要求公司清偿债务或者提供相应的担保。如未履行上述程序，股东及负有责任的董事、监事、高级管理人员将面临违法减资的后果与责任。根据2023公司法第二百二十六条，股东应当退还其收到的资金，给公司造成损失的，股东及负有责任的董事、监事、高级管理人员应当承担赔偿责任。如未通知或者公告债权人的，公司还将被处以一万元以上十万元以下的罚款。因此，即便 2023 公司法为公司非等比例减资提供了支撑，商业地产合资公司及其股东在实际运用过程中仍需保持谨慎。

案例分析： 最高人民法院办公厅发布了一批全国法院系统的优秀案例，其中包括北京市第二中级人民法院承办的一则股东损害公司债权人利益责任纠纷案件。[①]2018 年，甲因其与 A 公司之间的劳动报酬纠纷申请劳动仲裁，后 A 公司与甲达成调解协议，约定 A 公司支付甲一定数额的调解款，双方解除劳动关系并确认双方以后再无劳动争议，但在调解书约定的期限内，A 公司未向甲支付前述款项。2018 年 11 月，A 公司进行减资并在报纸上刊登了减资公告，并向登记管理部门出具《债务清偿或担保情况的说明》，承诺公司对外无债权债务，亦无任何担保，股东与法定代表人均在落款处签字。

通过对案件事实的分析可知，甲与 A 公司之间的调解书确认了 A 公司对甲负有债务且 A 公司尚未清偿完毕。因此，在减资过程中，A 公司负有依法通知已知债权人甲的义务，且甲依法享有要求 A 公司清偿债务或提供相应担保的权利，但 A 公司并未履行该义务。法院认为，上述权利与义务不会因为 A 公司的股东是认缴出资而受到影响，A 公司及其股东在减资时既未依法通知甲，也未向甲清偿债务或提供担保，还在明知公司对甲负有债务的情况下出具情况说明承诺公司对外无债权债务。其行为损害了债权人的合法权益，因此，法院支持了甲提出的要求 A 公司股东在公司减资范围内承担相应的补充赔偿责任的主张。

该案件的裁判思路与 2023 公司法第二百二十六条相互呼应，这再次提醒公司应严格按照法律规定履行减资的各项程序，即便减资已经完成，公司股东及负有责任的董事、监事、高级管理人员仍有可能被追究法律责任。

---

① 北京市第二中级人民法院（2020）京 02 民终 148 号民事判决书。

（二）股权转让

股东转让其持有的全部或部分商业地产合资公司股权，是常见的退出方式之一。股权转让前，如果转让人已全面履行其出资义务，转让人与受让人之间通常不会产生注册资本缴纳义务相关的争议。但如转让人在转让股权时尚未履行完毕出资义务，无论是未届出资期限，还是未按期缴纳出资或出资不实的，这种情况都需要特别关注，并在股权转让协议等交易文件中做出细化安排，否则极易导致纠纷的发生。

在 2023 公司法实施之前，一般参照《公司法司法解释三》第十三条、第十八条处理股权转让情形下的出资责任，其内容包含如下几点：1. 有限责任公司的股东未履行或者未全面履行出资义务即转让股权，受让人对此知道或者应当知道，公司有权请求该股东履行出资义务、受让人对此承担连带责任。需要注意的是，该等情形下，公司负有举证责任，即证明受让人对于上述出资不实情形系"知道或者应当知道"，受让人承担连带责任的内在逻辑在于受让人存在恶意。2. 公司债权人有权请求未履行或者未全面履行出资义务的股东在未出资本息范围内对公司债务不能清偿的部分承担补充赔偿责任，并请求前述受让人对此承担连带责任（原因同第一点）。3. 受让人承担责任后，有权向该未履行或者未全面履行出资义务的股东追偿，但另有约定的除外。

商业地产合资公司往往设置较长的出资期限，在出资期限届满之前，就可能出现股东转让股权退出的情形。对于未届出资期限的股权转让情形，《公司法司法解释三》未见相关规定。本次 2023 公司法的修订中，则区分了"股东转让已认缴出资但未届出资期限的股权"（"未届出资期限股权转让"）、"未按照公司章程规定的出资日期缴纳出资或者作为出资的非货币财产的实际价额显著低于所认缴的出资额的股东转让股权"（"瑕疵股权转让"）两种情形。

在未届出资期限股权转让中，综合考虑转让人的出资期限利益、公司资本充足的基本要求以及债权人利益的保护等诸多价值因素，2023公司法规定该种情形下，由受让人承担缴纳该出资的义务，受让人未按期足额缴纳出资的，转让人对受让人未按期缴纳的出资承担补充责任，转让人承担补充责任的原理在于，该等出资义务的转让类似于对公司所负债务的转让，虽然债务尚未到期，但债务的转让通常需要取得债权人的同意，否则转让人自然不能免责，由转让人承担补充责任具有一定的合理性。

在瑕疵股权转让中，由于转让人已经存在逾期出资或出资不实的过错，即便股权转让完成，转让人仍应在出资不足的范围内与受让人承担连带责任，但如受让人不知道且不应当知道存在上述情形的，由转让人承担责任。需要注意的是，"受让人不知道且不应当知道"属于一种消极事实，应由受让人举证证明该事实成立，这与《公司法司法解释三》的逻辑存在较大变化，这也反过来促使受让人在收购股权之前有必要对公司、拟受让的股权开展充分的尽职调查，尽可能地了解清楚转让人的出资情况并获取相关文件、资料，在受让人采取合理措施后却仍"不知道且不应当知道"的情形下，更有利于证明其善意，进而降低承担出资不足连带责任的风险。反之，若受让人无法证明其"不知道且不应当知道"的，则无法对抗公司所主张的连带责任。

值得讨论的是，无论是未届出资期限股权转让还是瑕疵股权转让，如果发生多次转让，前手转让人、受让人应承担何种责任以及责任范围如何确定。就未届出资期限股权转让而言，有观点认为存在两种理解：第一种，多位转让人并没有承担责任的顺序之别，公司可以选择转让链条中的任意主体进行追偿；第二种，转让人之间需以时间先后为顺序，公司只能由后往前追责。有观点认为，第二种解释更为合理。2023公司法以单次股权转让为原型，规定转让人对受让人的补充责任。推演至多重股权转让，可以理解为每一个股权转让人仅对其直接交易的受让人的出资承担补充责任，因此追责时只能沿着转让链条由后往前，依次进行。[①] 就瑕疵股权转让而言，我们理解，多重股权转让中的转让人、受让人应承担连带责任，即公司可以选择其中任意主体进行追偿，但"不知道且不应当知道"瑕疵股权转让情形的受让人不承担责任，如果该善意受让人受让股权后又转让的，其后手受让人也不应承担责任。关于受让人承担连带责任后可否向转让人追偿的问题，《公司法司法解释三》规定"受让人根据前款规定承担责任后，向该未履行或者未全面履行出资义务的股东追偿的，人民法院应予支持。但是，当事人另有约定的除外"。即除非另有约定，否则受让人享有对转让人的追偿权。但2023公司法第八十八条第二款对此留白，受让人是否享有追偿权可由当事人自行约定，我们认为，这一逻辑较《公司法司法解释三》似乎更为妥当，适用性更强。举例而言，如果受让人明知其受让股权的瑕疵情形，受让人对自身风险亦有一定预期，此时转让方、受让方往往会约定更低的股权转让对价，如受让人对公司承担连带责任后，可当然地向转让人追偿以填补自身损失，双方的收益与责任难免失衡。因此，不妨对此留白，回归《民法典》第一百七十八条[②]以确定连带责任人之间的责任分担方式，如当事人之间有特殊约定的，则应以约定为先。

针对2023公司法的这一变化，我们建议商业地产合资公司、股东足够重视并采取如下措施：

1. 对于未届出资期限股权转让，转让人应尽量选择具有资金实力和信誉的受让人，并充分向受让人披露、提示其出资义务和责任。同时约定，受让人应当在一定期限内完成实缴出资，而该期限未必与章程规定的出资期限相同，也可基于转让人与受让人之间的协议约定，尽量缩短转让人在股权转让

---

① 参见史留芳：《新公司法专栏（四）：转得走的股权，转不走的出资责任》，载微信公众号"金杜研究院"（2024年4月23日），2024年8月20日最后访问。

② 《民法典》第一百七十八条规定："二人以上依法承担连带责任的，权利人有权请求部分或者全部连带责任人承担责任。连带责任人的责任份额根据各自责任大小确定；难以确定责任大小的，平均承担责任。实际承担责任超过自己责任份额的连带责任人，有权向其他连带责任人追偿。连带责任，由法律规定或者当事人约定。"

之后的"风险期";如因受让人未按期足额缴纳出资,导致转让人承担补充责任的,转让人有权向受让人追偿,并追究受让人的违约责任。

2.对于股权受让人,应对拟收购公司进行全面的尽职调查,特别是拟受让股权是否已经按期、足额缴纳出资,对于货币出资的,应注重核查相关原始支付凭证、公司财务报表等;对于非货币出资的,应重点核查相关评估报告、公司合法持有该财产的权属证明等。一方面,受让人通过上述调查手段以查证转让人出资是否合法、有效;另一方面,相关核查过程也可保护受让人"不知情"。此外,受让人可要求在股权转让协议中约定,如果因转让人存在逾期出资或出资不实情形导致受让人承担连带责任的,受让人有权向转让人追偿,并追究转让人的违约责任。

案例分析: 2015年,A公司董事会经审议同意与B公司、C公司、D公司组建M公司。截至2022年12月31日,M公司注册资本10000万元,A公司持有M公司30%的股权,认缴出资3000万元,实缴出资1500万元。我们发现,现有资料有关A公司的实际出资期限约定存在冲突。M公司章程规定,A公司实缴出资时间为2015年。而根据A公司与B公司、C公司、D公司签订的《增资扩股协议》约定,A公司剩余出资1500万元于2018年之前到位。2022年,A公司与B公司签订《股权转让协议》,协议约定A公司将持有的M公司30%股权转让给B公司,并约定自该协议生效之日起,标的股权中未实缴部分对应的实缴出资义务由买方承担。经A公司多次向B公司催款,B公司仍未支付,后A公司诉至法院,并获得胜诉判决。现A公司就股东认缴期限届满后未完全履行出资义务情况下,转让股权对公司债务承担法律责任的相关问题向我们咨询。①

经分析,《增资扩股协议》和M公司现行有效的公司章程形成于同一时间,但是两者有关A公司实际出资期限的内容存在冲突(前者约定的出资期限的截止日是2018年,后者约定的出资期限的截止日是2015年)。但无

---

① 此案根据真实案例改编。

论依据哪个，A 公司对 M 公司的认缴出资期限均已经届满。

基于《公司法司法解释三》的规定，股东以其认缴的出资额为限对公司承担责任，若公司股东未履行或者未全面履行出资义务则需要在未出资本息范围内对公司债务不能清偿的部分承担补充赔偿责任。此外，在股东未依法履行出资义务即转让股权的情况下仍应在未依法出资的范围内对公司财产不足以清偿的债务承担责任。换言之，只要公司股东未依法履行出资义务（未履行或者未全面履行出资义务）就需要在未出资本息范围内对公司不能清偿的债务部分承担责任。2023 公司法进一步明确规定，股东未按照公司章程规定的出资日期缴纳出资即转让股权的，转让人与受让人在出资不足的范围内承担连带责任。相较于《公司法司法解释三》第十八条的规定，2023 公司法在坚持股东未履行出资义务情况下对公司债务承担连带责任的同时，加重了股权受让人的义务（受让人需证明自己不知道且不应当知道标的股权尚未履行完出资义务才不承担连带责任）。

因此，无论是《公司法司法解释三》还是 2023 公司法规定，公司股东在未依法履行出资义务的情况下转让股权都需要在未出资本息范围内对公司不能清偿的债务部分承担补充清偿责任。因此，由于 A 公司在出资期限届满之后至今一直未能履行完对 M 公司的出资缴纳义务，尽管 A 公司实施了股权转让行为，但是无法免除在未出资本息范围内对 M 公司的债务应承担的责任。但鉴于《股权转让协议》中已经明确约定协议生效后 A 公司对 M 公司的剩余出资义务由 B 公司承担，A 公司在未出资本息范围内承担补充责任后可以向 B 公司追偿。

（三）公司回购股权

在特定情形下，商业地产合资公司股东也可选择要求公司回购其全部股权而退出。当出现法定或章程规定的特定情形时，为保护异议股东对公司存续与发展的合理期待，以及消除股东间不可调和的矛盾，2018 公司法为异议股东提供了公司回购其股权的退出路径。

对此，我们逐项简要分析如下：

1.公司连续五年不向股东分配利润，而公司该五年连续盈利，并且符合本法规定的分配利润条件的。值得注意的是，"公司连续五年不向股东分配利润"的适用应同时满足"公司该五年连续盈利"、"符合本法规定的分配利润条件"两个前提，公司弥补亏损（如需）、提取法定公积金及任意公积金（如需），所余税后利润方可用于分配，如无剩余，则无可分配利润，股东亦无法依据此项规定要求公司回购。此外，"审议批准公司的利润分配方案"属于公司股东会决议事项，实务中不排除股东会消极不召开股东会会议或不作出关于分配（或不分配）利润的决议，似乎异议股东也无法就不存在的决议投反对票。如公司或其他股东有意为之，阻碍异议股东行使权利的，异议股东应积极提供证据证明"公司连续五年不向股东分配利润，而公司该五年连续盈利，并且符合本法规定的分配利润条件"已实质满足，并通过提议召集股东会会议、书面发函等方式明确表达其反对意见，以此争取法院对本项条件已满足的认定。

2.公司合并、分立、转让主要财产的。现行法律法规并未明确规定"主要财产"的认定标准，我们理解，如该财产的价值占公司总资产的比例较大，又或该财产对公司经营存在较大影响，如某商业地产合资公司的主要经营目的即开发、建设某地块，又如该财产系公司核心技术或其他知识产权，转让后公司业务、收入都将大幅缩减。当出现上述主要财产转让时，显然与股东合资合作的初衷背道而驰，应允许股东选择退出。

3.公司章程规定的营业期限届满或者章程规定的其他解散事由出现，股东会会议通过决议修改章程使公司存续的。公司营业期限、章程规定的解散事由，系股东基于合意为公司设置的"生命长度"，当其他股东达成新的合意并通过股东会会议决议修改章程使公司存续的，异议股东亦有权按照自身意愿而终止合作。

除上述情形外，2023公司法第八十九条新增一款明确，公司的控股股东滥用股东权利，严重损害公司或者其他股东利益的，其他股东有权请求公司按照合理的价格收购其股权。该款进一步完善了对中小股东的保护，赋予其在控股股东滥用股东权利时的回购请求权。但需要注意的是，该款的适用较前述三种情形具有更大的证明难度，在适用时应注意：

1. 行权股东应注意收集"公司的控股股东滥用股东权利"、"严重损害公司或者其他股东利益"的证据，如尚未达到足够严重的损害程度，很有可能无法证明股东间合作基础丧失故而有必要通过公司回购方式实现退出。

2. 在2023公司法第八十九条规定的任一情形下，股东股权收购请求权均是通过公司收购股权并向股东支付股权收购款实现，如何确定合理的收购价格就显得极为重要。实务中，公司或控股股东操控公司与异议股东很可能就收购价格是否合理而产生争议，迟迟无法协商一致，导致股权收购无法实质推进。对此，我们建议中小股东在合作之初即提出在股东协议或章程中约定合理价格的计算标准，避免事后协商不能而导致纠纷。

案例分析： B等诉A公司请求公司收购股份纠纷案系一则关于股份收购中"合理价格"的案例。[1]2000年5月23日，A公司成立，营业期限至2020年5月30日。公司章程约定：股东会由全体股东组成，职权包括批准增加或减少注册资本；批准事务所合并、分立、变更、解散和清算方案；批准重大资产购置及处理等。对公司变更、解散清算、修改章程按出资比例行使表决权，由代表三分之二出资额的股东书面同意。章程还对除董事长、董事外股东向其他全体股东出让股权时的出让价格计算标准和支付方式进行了约定。2019年9月2日，A公司召开股东会会议，对变更公司经营期限并修改公司章程进行表决，69%表决权的股东同意变更，31%表决权的股东反对，最终通过变更决议。2019年10月31日，A公司完成变更登记，将经营期限变更为长期；同日，B等十三人向A公司邮寄收购股权申请书，要求以1623.84万元的价格收购合计31%的公司股份。2019年11月15日，A公司未在答复期内与B等十三人就股份收购达成协议。2019年11月22

---

[1] 浙江省绍兴市中级人民法院 (2021) 浙06民终210号民事判决书。

日 B 等十三人因协商无果，诉至法院要求 A 公司收购其股份。2020 年 3 月 20 日，A 公司再次召开股东会，除 B 等十三人外的股东一致同意将公司经营期限变更为原定的 2020 年 5 月 30 日，并对公司解散和清算事项进行表决，除 B 等十三人外的股东一致同意变更，B 等十三人未进行表决。经评估，截至评估基准日 2019 年 10 月 31 日，在持续经营前提下，A 公司净资产市场评估价值为 3786.08 万元。在起诉前，B 等十三人要求 A 公司收购名下全部股份，经多次协商并发送收购文书至今未能达成协议，故起诉要求（已变更）：判令 A 公司以最终法院认定的股权合理价格收购 B 等十三人名下的股份。法院判决原告 B 等十三人持有的 A 公司股份由 A 公司收购，A 公司应支付股份收购款。

该案的主要争议焦点为回购股份对价的确定。首先，价值确定的方式。法院认为，章程虽约定股权出让时出让价格的计算标准，但根据其内容，所涉及的是股东间的股权转让，而未明确异议股东请求公司收购价格的计算标准。应当认为，异议股东收购请求权系法定权利，如章程对其行使有新的规定，应当明确记载并禁止限缩，在章程未明确规定，且异议股东持有异议的情况下，不以股东出让标准进行计算，而应进行司法评估。其次，评估基准日的确定。异议股东股份收购请求权是形成权，属于股东的单方行为，其提出股份收购的请求，无须公司承诺。现行法律并未对评估基准日进行明确规定，一般而言可选择表决日、请求回购日、变更登记日或者起诉日，从形成权的性质看，应以请求回购日确定为妥。在本案中，2019 年 10 月 31 日为工商登记变更日，也是在当日 B 等十三人向 A 公司发送了回购申请，双方又一致同意以该日为评估基准日，从尊重当事人意思自治的角度，法院据此确定。再次，评估的方法。从股东角度来讲，股东股权所代表的净资产值能够合理地反映公司的经营状况。因为净资产值是扣除负债以后的公司实有资产。从债权人角度来讲，以股权所代表的净资产值确定回购的价格，可以保护公司债权人的利益。因为以净资产来确定回购价格，已经将公司的负债按比例分配到被回购人的股权里。据此，在本案中对 A 公司在评估基准日的净资产进行评估。但双方对评估 A 公司存续经营状态下的价值还是清算价值亦存在争议。法院认为，清算价值往往基于公司解散，而根据 2019 年 9 月 2 日的股东会决议，A 公司经营期限变更为长期。至少在 B 等十三人要求公司回购时，公司仍持续经营。最后，异议股东股份收购请求权是在"资本多数决"的情况下，赋予中小股东或少数股东维护自身权益的救济措施的制度设计，应当保障异议股东在其提出收购请求权之日的利益不受后续公司经营状态的影响。在本案中，在双方议定的基准日之后的公司资产增损及公司是否解散清算都不是 B 等十三人可以控制和预见的，故应按请求收购时的公司状态确定评估标准，即按公司持续经营状态下的净资产评估。

从该案例中可以看出，在股东协议或章程中事先约定异议股东请求公司收购价格的计算方式可以有效避免届时各方就回购股份对价定价产生争议，此外，考虑到回购请求权属于形成权的性质，异议股东的行权日直接关乎回购股份对价计算中评估基准日的认定，因此，可在股东协议或章程中明确评估基准日的判断方式以及异议股东、公司应当遵照的其他程序性要求。

（四）公司解散清算

因公司章程或者法定事由的出现，公司将停止经营活动并开始清理债权债务，相关程序完成后公司法人资格消灭。根据 2023 公司法，在实施公司解散与清算时，应关注以下要点：

1. 解散事由

根据 2023 公司法第二百二十九条，公司解散事由包括：（一）公司章程规定的营业期限届满或者公司章程规定的其他解散事由出现；（二）股东会决议解散；（三）因公司合并或者分立需要解散；（四）依法被吊销营业执照、责令关闭或者被撤销；（五）人民法院依照本法第二百三十一条的规定予以解散。当出现上述任一解散事由，公司负有在十日内将解散事由通过国家企业信用信息公示系统予以公示的义务。特别地，在"公司章程规定的营业期限届满或者公司章程规定的其他解散事由出现"、"股东会决议解散"

情形下，公司也可通过修改公司章程或者经股东会决议而使得公司存续，但前提是公司尚未向股东分配财产。如已进入公司剩余财产的分配阶段，这意味着清算工作已基本完成，公司财产状况不具备继续存续的条件，此时期待已取得财产分配的股东将取回财产重新返还公司将存在较高的道德风险，因此，如公司已向股东分配财产，则清算程序具有不可逆性，清算组应当尽快报送公司登记机关，以完成公司注销登记。根据 2023 公司法第二百三十一条，持有公司百分之十以上表决权的股东亦有权选择司法解散的途径，请求人民法院解散公司，司法解散的前提条件是"公司经营管理发生严重困难，继续存续会使股东利益受到重大损失，通过其他途径不能解决"，司法解散途径更多适用于公司营业期限未至，也没有出现公司章程规定的其他解散事由，但公司经营确实遭遇严重困难而股东会又无法通过解散公司的决议，为保护股东利益免受进一步损害，持有公司百分之十以上表决权的股东可通过诉讼的方式请求人民法院解散公司。

案例分析： 公司解散的司法解除一直是实践中认定的难点，最高人民法院曾发布过一个经典案例，[①] A 公司有甲、乙两位股东，各持股 50%，拥有对等表决权，同时，公司章程规定"股东会作出的决议必须经代表 2/3 以上表决权的股东通过"。现甲、乙之间产生激烈的矛盾，形成了公司僵局，侵害了甲的权益，因而甲主张解散公司。

对此，法院认为是否应解散公司应结合具体情况进行分析。首先，公司经营管理发生严重困难，主要是指管理方面存在严重的内部障碍。根据原审查明的事实，A 公司从成立开始就没有召开过股东会，现在也无法通过有效的股东会决议，但不影响 A 公司开展正常的经营管理活动，A 公司至今由第三方团队运营，因此，现有证据不足以认定 A 公司的管理存在严重的内部障碍。其次，股东设立公司的目的是获得收益，但甲并未提交相关的证据证明其曾向公司行使股东权利而受到阻碍。此外，在本案之前，股东甲和 A 公

---

① 最高人民法院 (2021) 最高法民申 3042 号民事申请再审审查民事裁定书。

司还有多个诉讼正在进行，其中不乏与甲股东身份直接相关的案件，这使得甲的股东身份及股东权益处于不确定的状态，在相关诉讼终结前，无法认定其已穷尽其他救济途径。综上，法院认为A公司尚不满足司法解散的条件。

由此可见，实践中法院对于公司解散事由的考虑和认定较为审慎，主张司法解散公司并非轻易能够达成，我们建议，若股东诉请司法解散的，应注意收集、提供充分的证据，用以证明股东利益遭受损失以及其已穷尽其他途径仍不能解决。

2. 清算义务人、清算组

2023公司法第二百三十二条规定了公司解散的自行清算要求，并且明确董事为公司清算义务人，董事应当在解散事由出现之日起十五日内组成清算组进行清算。关于清算组的组成人员，2023公司法亦允许公司通过章程或者股东会决议另选他人。如前文所述，随着董事会职权的扩大，董事承担更全面、更实质的公司管理职责，相较于2018公司法规定的由股东组成有限责任公司的清算组，2023公司法将其调整为由董事作为公司清算义务人且清算组由董事组成，更为合理。

除上述自行清算，如公司应当清算，却逾期不成立清算组进行清算或者成立清算组后不清算的，利害关系人有权申请人民法院指定有关人员组成清算组进行清算。如公司因"依法被吊销营业执照、责令关闭或者被撤销"而解散的，作出吊销营业执照、责令关闭或者撤销决定的部门或者公司登记机关，可以申请人民法院指定有关人员组成清算组进行清算。我们理解，公司逾期不成立清算组进行清算或者成立清算组后不清算，且利害关系人也未向人民法院提出申请的情况下，由相关部门或者公司登记机关作为兜底发起强制清算的申请；但相关部门或者公司登记机关也可在公司被依法吊销营业执照、责令关闭或者被撤销后立即申请法院强制清算，而不以公司"逾期不成立清算组进行清算或者成立清算组后不清算"为前提。

根据2023公司法第二百三十二条第三款，清算义务人未及时履行清算义务，给公司或者债权人造成损失的，应当承担赔偿责任。根据第二百三十八条，清算组成员履行清算职责，负有忠实义务和勤勉义务。清算组成员怠于履行清算职责，给公司造成损失的，应当承担赔偿责任；因故意或者重大过失给债权人造成损失的，应当承担赔偿责任。对于担任商业地产合资公司董事或其他清算组成员的人士而言，应积极谨慎地履行清算职责，否则可能触发对公司或公司债权人的赔偿责任。

案例分析： 最高人民法院近期发布一则关于清算义务人承担赔偿责任的案例。[①]M 公司系有限责任公司，于 2018 年成立，股东分别为甲、乙、丙、丁四人，2020 年，M 公司经其所在地行政审批局审查后予以注销登记。注销后，股东甲、乙、丙、丁四人均为 M 公司清算组成员，且 M 公司与 N 公司之间存在纠纷，后 N 公司将股东诉至法院。股东甲辩称，其已全额出资，全面履行了作为公司股东出资的义务，因此，M 公司与 N 公司之间的纠纷与其个人无关。

通过对案件事实的梳理，我们发现，该案的争议焦点在于 M 公司注销后，公司股东是否应当承担相应的责任，特别是在股东已经全额缴纳出资的情况下。该案中，甲、乙、丙、丁作为 M 公司清算组的成员，在明知 M 公司对 N 公司负有债务的情况下，未能将清算事宜书面通知债权人 N 公司，且在清算报告中称债权债务及剩余资产已处理完毕，并确认清算报告中若有虚假，全体股东愿承担一切法律责任。因此，法院认为甲、乙、丙、丁四人未能履行法定清算义务，导致对 N 公司负有的债务没有能够获得清偿，应承担赔偿责任。甲以其已全额缴纳出资为由主张无责，但甲是否全额出资的事实并不影响其作为清算组成员应承担的法定清算义务，该事由并非法定的免责事由，所以法院对其抗辩不予采纳。

如前所述，股东作为清算义务人时，若未能履行义务的，也需承担相应责任。2023 公司法第二百三十二条明确，公司解散清算的清算义务人为董事，清算组由董事组成，并允许公司章程另有规定或股东会决议另选他人作

[①] 最高人民法院（2021）最高法知民终 1688 号民事判决书。

为清算组成员，清算义务人、清算组成员均应当注重执行公司清算的法定程序，审慎地确定清算报告的内容并妥善留存相关文件记录以维护自身合法权益。

3. 简易注销、强制注销

2023 公司法中增加了简易注销的相关规定，即公司在存续期间未产生债务，或者已清偿全部债务的，经全体股东承诺，可以按照规定通过简易程序注销公司登记。如通过简易程序注销公司登记，则无须组成清算组进行清算，省去了清理公司财产、编制资产负债表和财产清单、通知、公告债权人等工作。该程序适用的前提是，公司通过国家企业信用信息公示系统发布公告（不少于二十日）且公告期限届满后未有异议，如公告期间有人提出异议的，则无法通过简易程序注销公司登记。此外，对"公司在存续期间未产生债务"或"已清偿全部债务"作出承诺的股东，如承诺不实的，则应当对注销登记前的债务向债权人承担连带责任。简易注销程序为符合条件的公司提供了简便的选择，但如无法取得全体股东承诺的，公司仍可选择一般注销的程序。

此外，2023 公司法新增第二百四十一条强制注销制度，强制注销适用于被吊销营业执照、责令关闭或者被撤销，满三年未向公司登记机关申请注销公司登记的公司，对于这类"僵尸公司"，公司登记机关可以通过国家企业信用信息公示系统予以公告（不少于六十日），公告期限届满后，未有异议的，公司登记机关可以注销公司登记。依照前述规定注销公司登记的，原公司股东、清算义务人的责任不受影响。

案例分析： 简易注销制度的主要目的是解决那些本身无债务或债务已清偿的企业的快速注销问题，但若简易注销不符合法定条件的，也可能会导致股东承担相应责任，最高人民法院发布的一则有关计算机软件开发合同纠纷案件的判决就申明了这一点。[①]

[①] 最高人民法院（2021）最高法知民终 2123 号民事判决书。

甲、乙是 M 公司的股东，乙是 M 公司的实际控制人。2019 年，M 公司进行了简易注销的手续，盖有 M 公司印章以及有法定代表人甲签名的《公司注销登记申请书》中载明，公司注销原因为"股东决定、股东会、股东大会决议解散"，适用简易注销情形为"无债权债务"。此外，还有《全体投资人承诺书》中载明"本企业申请注销登记前未发生债权债务／已将债权债务清算完结，不存在以下情形：……不适用企业简易注销登记的其他情形。本企业全体投资人对以上承诺的真实性负责，如果违法失信，则由全体投资人承担相应的法律后果和责任"。N 公司在 M 公司存续期间曾与其签订过一份软件开发的合同，现因为合同履行纠纷，N 公司上诉至最高人民法院。

通过梳理案件事实，我们发现，案件的争议焦点在于，若 M 公司确实需要对 N 公司承担责任，那么原股东是否应对 M 公司的债务承担清偿责任。对此，法院认为，根据《工商总局关于全面推进企业简易注销登记改革的指导意见》的规定，M 公司若要适用简易注销程序，则其应属于上述规定中的"未开业"或"无债权债务"企业。本案中，《公司注销登记申请书》中载明，M 公司适用简易注销情形为"无债权债务"，债权债务清理情况为"已清理完毕"，《全体投资人承诺书》中也载明"本企业申请注销登记前未发生债权债务／已将债权债务清算完结……"但根据原审法院查明和认定的情况，在 M 公司注销之前，乙作为 M 公司的实际控制人、股东以及签订涉案合同的 M 公司授权代表，理应清楚 M 公司与 N 公司之间存在未结清的债务。即 M 公司不符合《工商总局关于全面推进企业简易注销登记改革的指导意见》规定的可选择适用简易注销程序的条件，M 公司办理企业注销应当适用一般注销程序。最终，法院认定 M 公司未经依法清算即办理注销登记的做法违反了上述规定，M 公司的股东出具了《全体投资人承诺书》，承诺对公司注销的违法失信行为承担相应的法律后果和责任。据此，N 公司主张 M 公司的股东包括甲、乙对 M 公司债务承担清偿责任，原审法院予以支持，最高人民法院也予以确认。

诚然，简易注销制度并非全新的制度，在 2023 公司法公布之前就已有相应规定并被普遍适用，2023公司法的修订进一步明确了该制度并规定了股东承诺不实应承担连带责任，这也提醒公司及其股东在选择简易注销时，应确认公司的债务状态并诚信作出承诺。

第二节　商业地产委托经营管理实务问题

周晶敏　陶　力

近年来，房地产企业面临着巨大的压力，这主要是因为在房地产企业的传统运营模式中，由于项目前期的投资资本相对较高，加之市场停滞和库存过多，房地产资金流通不畅。因此，许多房地产企业开始转向轻资产运营模式以缓解目前的困难。轻资产运营，主要包括租赁运营（收益分成）模式、租赁运营（传统）模式、委托管理模式、管理输出模式和品牌输出服务模式五大类，该运营模式有专业化的分工，产业链上的公司分别完成房地产开发的投资、开发、规划、设计、施工、销售和后期物业管理等阶段。与传统模式不同的是，轻资产模式在房地产开发中更注重运营过程带来的企业价值增值，不再以拥有土地资产为核心。

轻资产运营模式中的委托经营管理是目前国内普遍采取的模式，商业委托运营管理较常见的模式为：业主方与商业运营公司签订物业出租协议或委托经营管理协议，定期收取租金或托管收益；商业运营公司负责物业的全程管理，包括商场招商、商场管理、公共区域维修维护、项目推广等。目前，许多房地产开发企业都采取此模式。

一、轻资产运营模式的主要特点

（一）投资方与运营管理方相分离，各自专注于核心竞争力

在轻资产运营的委托运营管理模式下，投资方即拿地方与运营管理企业是互相分离的，不是同一个主体，业主方的优势在于拿地与建设，其通常都能拍得位置优越的商业地块，而运营管理企业在项目管理、品牌建设、客户服务等方面拥有丰富的运营管理经验，能够负责招商、租赁、市场推广和物业管理等环节。在此模式下，企业更能关注自身核心发展价值，有利于提升核心竞争力，从而提升品牌的附加值，有利于提高资源整合效率。

（二）运营成功率高

现实中，很多地产企业虽然拥有物业资源，但其自身没有商管团队，短期内无法解决招商运营的难题，从而无法快速兑现项目的商业价值，而头部的运营管理企业拥有专业的管理团队和高效的运营能力，包括项目规划、施工管理、预算控制、销售和物业管理等，在管理上已经发展出了一套比较成熟的模式，具备大规模复制的能力，使得商业地产的运营成功率大幅提高。

（三）成本、风险范围更为可控，风险共担

商业地产的一大成本来源于买地，在开发与运营阶段都需要大量的资金沉淀。而在轻资产运营模式下，作为运营管理方，其不需要承担买地成本，只需在投资范围内承担风险。对于业主方，其也可以迅速兑现项目的商业价值。由此，业主方与管理方共同投资或管理输出，有效分散投资风险，实现风险共担。

（四）品牌效应强大，商场招商有保障

目前，在家居商场、艺术购物中心商场及住宅地产等领域都有众多专业的商业地产运营管理企业，它们定位不同，但都在各自领域拥有强大的品牌效应，由这些品牌进行运营管理，会大大增加商户投资的信心，商场的出租率也有保障，招商不会存在太大困难。这些专业的商业地产运营管理企业凭借自身的品牌资源、专业能力和成熟模式，能够快速扩大市场占有率。

（五）能够提供定制化服务，灵活度高

商业地产运营管理企业可以根据每一个项目的特点和要求产出不一样的方案。其大多积累了大量住宅、商业、办公、租赁、公建等各个业态的操作经验，结合多元业态组合下复杂地块的动态优化操盘方案，能够基于土地指标及属地市场给出项目所需的方案。可以代建的项目涵盖住宅、商业、办公、公寓、多元综合体等，根据市场变化和委托方需求，调整商业地产的运营策略和服务，以适应市场发展。

（六）依靠服务和运营获得收益，收入来源更为多样化

相较于传统的商业地产重资产领域，在委托经营管理模式下，企业通过提供专业的服务和管理，获取服务费、管理费等收益，而非单纯依赖物业的销售或租赁，还有一些管理企业会通过输出管理、技术、品牌等无形资产来获取收益，收入来源更为多样化。

（七）全流程地参与到项目中，实现全生命周期的价值创造

一个商业地产项目的周期通常较长，商业地产运营管理公司会对项目的整个过程进行详细梳理，了解每个模块、每个节点能做的运营管理内容，因此可以做到全过程、全流程、全专业、全链条的业务输入和价值创造。

与此同时，轻资产运营模式的特点也使得其有较高的进入门槛，主要体

现在以下几个方面：

首先，轻资产模式对于运营公司要求较高，需要过硬的运营能力。在轻资产战略下，运营商业体数量及管理面积都在快速增长，如何保证每个项目都有较高的出租率及客流，这就对运营管理公司的运营经验和能力提出了较高的要求。

其次，快速扩张十分依赖合作方的能力，因此，对于合作方的选择极为重要。对于轻资产模式的合作方，除需具有合作意愿外还需具备一定的资信实力，而这一因素其实也限制了商业地产公司的轻资产发展速度，若未能找到匹配的合作方，发展会受到限制。同时，过度依赖合作方会削减轻资产输出一方的话语权。

最后，轻资产容易形成产品复制，或缺少特色竞争力。国内目前在住宅、商业、办公、租赁、公建等领域都有较多成熟的商业地产公司，但由于竞争日益激烈，轻资产战略采取的快速扩张模式，若只是单一复制化会让产品缺少创新力及独特性，不利于产品竞争，容易被市场淘汰。因此，许多商业地产公司都在谋求定位的差异化，如家居商场、艺术中心、亲子中心等，实行"一城一店"或者"一店一特色"的差异化发展路径。

二、委托经营模式下的基础法律关系：业主方与管理方的委托合同关系

在委托经营管理模式下，业主方是物业的所有者，其与管理公司之间签订委托合同，委托管理公司来管理物业，管理公司的主要收益来源于业主支付的佣金报酬，即委管费。业主方与管理方之间是委托合同关系。

在实践中出现的一些争议中，往往有当事方要求管理方腾退房屋，但事实上，管理公司始终处于受托人的角色，基于委托经营管理协议为物业提供服务，并非物业的承租方。委托合同是委托人和受托人约定，由受托人处理委托人事务的合同。而租赁合同是出租方将租赁物交付承租方使用、收益，

承租方支付租金的合同，是转移财产用益权的双务有偿合同。委托合同的任何一方当事人都拥有对合同的任意解除权，但如果合同被认定为租赁合同，双方当事人则没有这一项权利。因此，两者存在本质区别。

三、委托经营管理协议的关键条款

（一）合作方的相关权利与义务

委托经营管理协议需要明确双方的权利与义务，一般而言，业主方作为经营物业的合法所有权人，主要的义务在于确保提供给管理方的物业是符合政府审批并通过验收的，这是管理方开展后续经营管理的前提。此外，业主方最重要的义务在于支付委托经营管理费，由于在委托经营管理关系下，经营物业的主要收益，包括租金、物业管理费、广告位收入等基本都是由业主方享有的，管理方享有的只是业主方支付的委托经营管理费或一些其他的红利。在一些情况下，根据具体经营模式的不同，也有业主方和管理方按照一定的比例分配每年的净物业收入，如业主方获得 70% 而管理方获得 30%。

对于管理方而言，其主要义务在于按照约定提供管理服务、定期报告经营管理情况、合理使用业主提供的资源等。

（二）经营管理权限（经营管理的范围和内容）

在委托经营管理协议中，需要对管理公司负责的经营管理范围进行具体说明，如物业管理、租户招募和管理、财务管理、市场营销和推广等。同时，双方应对物业中人员的委派作出明确规定，如管理方委派法定代表人、总经理、招商策划运营等管理人员，业主方委派财务经理、会计及监事参与项目商管公司的监督管理等类似条款。

（三）知识产权的使用

在轻资产运营中，由于管理公司通常是具备丰富管理经验的企业，会有一定的品牌效应，且管理方也会在经营物业的外立面授权业主方使用自己的商标等专有无形资产，因此，为了防止双方之间出现争议，合同需对知识产权的使用作出明确的规定，包括授权的权限（普通许可或是特别许可）、使用的期限、合同终止后外立面的拆除或修缮等费用的承担问题等，避免后续产生纠纷。

此外，由于管理公司在运营中通常会引进一些知名品牌，在此过程中，需要审核经营者是否取得了相关品牌的经营许可，否则可能会承担相关的侵权责任。

（四）财务预算、经营成本

管理方需要编制商业项目年度运营收入和成本预算，该预算需要和业主方进行确认和审批；在预算当中包含商业运营商的项目筹备开办费，用于组建项目执行团队、项目筹备期的各项活动支出等；这部分费用需要业主方在商业项目运营商进场前予以支付；作为商业项目被委托方，商业项目运营商的主要职责是提供专业的项目经营与管理工作，通常情况下没有义务去支付、代付和垫付经营活动中业主方应支付的费用。

（五）收益分配与费用支付

明确收益分配机制，包括管理公司的管理费用（可能是固定费用、业绩提成或二者的结合）、业主的收益比例、其他可能产生的费用及其支付方式。

其他可能产生的费用包括开业前招商推广费，这主要由管理公司提出预算，由业主方审核后结算，通常双方会确定一个合理的金额上限。此外还有广告费，有时管理公司会和业主方约定由业主方承担部分广告费用，合同中应分别约定管理费用和广告费用的分摊，避免二者性质的混同。

（六）合作期限和终止条件

合同的有效期限可以是固定期限，也可以约定合作顺利自动续约，双方可自由进行约定。此外，提前终止合同的条件、程序都是十分重要的。业主方和管理公司应在合同中明确约定在一些情形下可以立即终止合同（单方解除权）并要求支付违约金等条款，合同终止的程序可以包括发出通知，通知应采取何种形式等。

（七）违约责任与争议解决条款

合同应明确约定违约责任的承担，这主要是指违约金、滞纳金的数额以及支付方式等，此外，在不违反专属管辖和级别管辖的前提下，双方还可以约定若发生争议应提交何地法院诉讼或应向哪一个仲裁委提起仲裁、律师费的承担等相关争议解决条款。

四、委托经营管理协议的风险管理与法律责任

（一）常见争议高发点：业主方与管理方关于委托经营管理协议履行的纠纷

江苏省高级人民法院曾发布一则委托经营管理协议履行纠纷的经典案例。[①]A公司名下拥有一座建筑物，打算将其建成现代化家具、建材商场，其与B公司签订了一份《委托经营管理协议》，后又与B公司、C公司签署了《补充协议书》，约定将B公司主体无条件变更为C公司，由C公司继

---

① 江苏省高级人民法院（2016）苏民终765号民事判决书。

受 B 公司在《委托经营管理协议》项下的全部权利与义务，协议约定 A 公司可以使用 C 公司品牌在外立面进行店招和在经营管理时使用 C 公司字号、标识和标志。后双方产生争议，诉至法院。C 公司主张自己一直按照有关协议的约定履行义务，但是 A 公司未支付委托经营管理费、广告费等总计 600 万元。对此，A 公司辩称 C 公司一直未按照合同约定提供有效的经营管理，其委派的经营管理人员还从事了一些不当行为，给 A 公司造成了巨大的损失，因而，其不但无须支付委托经营管理费、广告费，还对 C 公司人员给自己造成的损失享有追偿权。

该案例是商业地产委托经营管理协议纠纷的典型案例，主要涉及以下几个在委托经营中可能会遇到的法律争议：

1.《委托经营管理协议》的内容是双方当事人的真实意思表示，且不违反法律、行政法规的强制性规定，就是合法有效的，双方当事人应遵照履行。若业主方认为受托管理方提供的服务不符合要求，应提供相应的证据证明，若无法提供的，则会面临协议所约定的管理费及违约金、滞纳金等各种费用。

2. 受托管理方人员的安置费用。在《委托经营管理协议》终止后，通常受托管理方的人员会撤出，那么这部分为了合作项目由品牌方招聘的相关工作人员就会面临重新安置的问题。对此，法院的观点是，与劳动者解除劳动合同时支付劳动者一定的经济补偿系用人单位的法定义务，虽然《委托经营管理协议》约定管理公司的人员费用由业主方承担，但仅包含工资、福利等，并不包含解除劳动合同时的经济补偿金。双方之间并未就此达成新的协议，因此，经济补偿金理应由品牌方自行支付，要求业主方支付没有依据。

3. 品牌的使用与商标侵权问题。一般而言，双方都会约定在《委托经营管理协议》终止后，拆除、取回或销毁在经营体外立面上属于品牌方专有的无形资产的部分并对外立面进行修缮。若没有及时摘除，则可能会涉及商标侵权以及原使用品牌商标摘除费用的承担问题。值得注意的是，在本案后，双方又就商标侵权问题另行展开了诉讼。最终，A公司因持续一年时间未拆除外立面上的品牌标识，被认定为"侵权情节较重"，法院综合考虑其主观过错、侵权方式、侵权持续时间、经营规模及C公司为制止侵权支出的合理费用等因素，判决A公司共承担40万元的赔偿金额。

（二）常见争议高发点：管理方与产权方因委托经营管理协议产生的争议

甲购买了由B公司管理的某家居生活广场的某商铺，后与B公司签订《商铺委托经营管理合同》一份，约定为使该生活广场规范运作，交易繁荣，扩大知名度，甲方委托B公司统一经营管理该商铺。委托经营管理合同期限届满后，双方之间未签订新的委托合同。现双方产生纠纷，甲认为合同期满后B公司应归还自己所有的商铺，且在此期间内，B公司有逾期支付商铺使用费的情况存在。

法院认为，虽然甲购买了该商铺且委托经营管理合同期限已届满，双方没有再达成新的委托合同，甲理应享有商铺的物权。但是，甲在购买商铺时即已明知并接受商铺的现状及商场统一经营的模式，其应当知道该商铺所有权的性质不能等同于独立商铺。案涉商铺与其他商铺之间无明显物理间隔，仅进行了面积上的分割，平面上紧密相连，空间上没有分割墙体，客观上众多商铺存在于一个整体空间，属于产权式商铺，因而权利行使必然会受到一定的限制。甲要求返还涉案商铺的行为会影响商场整体功能的发挥，鉴于大部分商铺的业主与B公司重新签订了委托经营管理合同，约定将房屋交给B公司统一经营管理，现为维护市场交易的稳定性，避免侵害广大业主的共同合法利益，法院确认甲的案涉商铺尚不具备返还的客观条件，因此，对其要求返还商铺的主张不予支持。[①]

---

① 江苏省泰州市中级人民法院（2020）苏12民终2346号民事判决书。

对此，我们建议产权方在购买前了解清楚商业地产的性质，若能接受商场的经营模式再行购买，而对于管理方而言，其应在与业主签署的合同中明确期满续约等条款，以避免引起不必要的纠纷。

五、《委托经营管理协议》模式中法律风险防范的建议

在商业地产领域，签订《委托经营管理协议》时，风险防范是十分重要的环节。以下是在签订《委托经营管理协议》时需关注的主要风险点：

1. 明确合同性质：确保合同条款清晰界定合同性质，避免与租赁合同混同，从而影响双方的任意解除权。

2. 详尽的尽职调查：在签订协议前，应对合作方进行详尽的法律尽职调查，包括但不限于对方的财务状况、商业信誉、过往的经营情况等。

3. 合同条款的具体化：合同中应详细规定双方的权利与义务，如经营管理的范围、收入分配比例、违约责任、合同解除条件等。业主还应注意在合同中明确约定，保留自身对商业地产重大决策的控制权，如商业定位、重大租赁合同的签订等。

4. 风险评估体系：建立商户法律风险评估体系，对商户的经营实力和信誉状况进行充分评估，并在合同中明确违法违规行为的处罚条款。

5. 财务预算与收入分配：合同中应包含财务预算、净物业收入的预算及分配方式，确保双方对财务预期和实际收入分配有明确的共识。

6. 法律风险提示：合同中应包含对可能发生的法律风险的提示，以及解决建议和政策法规依据，帮助双方理解潜在风险。

7. 争议解决机制：设定明确的争议解决机制，包括协商、调解、仲裁或诉讼等，以便在出现分歧时能够及时有效地予以解决。

8. 保险条款：考虑在合同中加入保险条款，确保在发生不可预见事件如自然灾害、意外事故等情况下，风险可以得到适当的转移和分担。

9.监管遵从：确保合同中的经营管理活动遵守相关法律法规，避免因违规而产生的法律责任。

10.附件和补充协议：合同可能包含附件，如物业清单、相关证照等，双方也可就未尽事宜签订补充协议。

11.其他特别条款：可能包括商户入驻率、商业环境变化等对租金和合同执行有影响的特别约定。

12.专业法律服务：考虑聘请专业的法律顾问，为合同的起草、审查和谈判提供法律服务，以确保合同的合法性和实施性。

通过上述措施，可以在一定程度上降低签订《委托经营管理协议》的风险，保护合作双方的合法权益。

第三节　商业地产运营实务分析

周晶敏　陶　力

一、筹开期的法律实务与案例分析（租赁合同的法律要点）

筹开期的租赁合同中，深刻理解一些核心条款，对于法律风险的防范有重要作用：

（一）免租期条款

租赁合同一般由免租期和计租期组成，免租期通常是指租户在正式支付租金之前可以免费使用物业的一段时间，这对租户来说是一个重要的启动期，基于商铺装修、商业中心氛围及人气打造需要一定时间，为此，在商业地产项目招商过程中，开发商往往会给予商户一定时间的免租期。在免租期限内，不计收商户租金。其设置的合理之处在于物业尚未开业，因而在此期间承租方并未实际使用租赁物业获得收益，因此，出租方在此期间免收租金。免租期条款对于承租方有着较好的吸引力，是租赁合同谈判中的一个重要条款。

然而，免租期并非法律概念，《民法典》及其他法律法规对此暂无规定，这是基于商业实践而人为设计的概念。为此，我们建议开发商在租赁合同中对免租期进行明确定义，此外，在租赁合同中约定享受免租期优惠的前提，以及当何种情况出现时，免租期优惠不予适用，如租户违约、合同提前解除或终止等，在这样的情况下，承租方应补足该期间内的租金，或者当实际租赁期与约定租赁期不一致时按照实际租赁期与约定租赁期的比例确定不享有免租期的时间。可参考如下的免租期条款："出租方同意对自××××年××月××日至××××年××月××日的期间给予承租方租金全免的优惠。但若本租约因为承租方违约导致提前解除或终止，则承租方不享有本租约约定之租金全免的优惠，并应向出租方补足本租约第××条约定的××××年××月××日至××××年××月××日期间的租金。"

此外，如果承租方违约导致租赁合同提前解除或终止，也要求承租方按照已履行租期和整个租期的比例，补足相应比例的免租期租金。

（二）装修期条款

我们建议出租方明确装修期的开始和截止日期，并明确约定是否允许装修期的延长，这主要是由于有部分商场会统一开业日期，以营造统一亮相的商业效果，如果其中某几家商铺未能按期完成装修且租赁合同对这样的情况缺乏明确约定的，出租方与承租方就装修期限是否延长可能就会产生争议，这样的案例不在少数。为避免争议，建议提前在租赁合同中对装修期是否延长进行明确约定。例如，无论何种原因，装修期均不做延长。可参考如下装修期条款："装修期为自交付日首日起至开业日前一日止。承租方应严格按照本租约第××条的约定在装修期内进行装修，未经出租方或商业运营公司事先书面同意，不得提前或推迟进场装修。""除因出租方逾期交付房屋外，无论其他何种原因，装修期均不予延长。"

当然，从承租方角度，承租方亦可就装修期可以予以延长的情形与出租方展开谈判，并争取在合同中予以明确。

1. 开业日

开业日通常指装修期结束的第一日，由于很可能会出现承租方提前结束装修想要开业的情况，因此，我们建议出租方参考设置如下条款，来对承租方提前开业的情况进行约束："在不影响前述约定的情况下，如承租方于约定开业日前开业，则须向出租方支付额外租金。在此种情况下，额外租金的金额相当于根据实际开业日至约定开业日的实际天数。"

2. 租金计算方式

商业地产租赁中出租方向承租方计收租金主要有以下三种模式：（1）固定租金方式，无论承租方经营状况如何，每个租期承租方均应向出租方缴纳固定数额（一般依据计租面积 × 租金单价确认）的租金；（2）提成租金方式（也叫扣点分成），出租方与承租方双方约定分成点数和租赁面积，然后在约定期间按营业额乘以分成点数计收租金；（3）固定租金结合提成租金的方式（也叫保底分成），保底分成方式是固定租金方式与提成租金方式的结合，是指出租方与承租方双方约定一个固定的保底租金，再约定一个分成租金，按租期计算，以高者为准。目前，商业地产比较普遍采用的是固定租金结合提成租金的模式。需要提醒的是，出租方应在合同中明确收取固定租金与提成租金的模式，提成租金部分的计算方式通常是"营业额 × 一定的提成比例",需要注意以下两点：

首先，在合同中应有一个清晰的"营业额"定义条款，对营业额进行详细地描述，包括计算。清晰的"营业额"定义条款是出租方收取租金的保障，如今商户的销售和收银方式日新月异，线上外卖、预付款、线上销售线下提货等方式层出不穷，清晰的"营业额"定义显得更为重要。如果出租方无法准确获知承租方的营业额，其租金利益就可能会受到损害。例如，若合同约定，线上支付的营业额应以进入承租方账户的金额为准，对于出租方而言，其无法控制也无法获知承租方账户的金额情况，因此，这一条款对出租方是极为不利的。可参考以下条款进行设置：

"总营业额"指承租方或其被许可使用人或联营方在租赁物业上经营的所有业务中所得的，不扣减任何成本、费用或税款的总金额，包括但不限于：

（1）于租赁物业内，通过租赁物业或借助租赁物业所进行的商品销售和服务提供所得的金额，包括但不限于：

a）在租赁物业内接到订单但在其他地方履行或提供商品和服务所产生的所有收入的金额。

b）在租赁物业内或附设于租赁物业的机器及其他装置所进行的商品销售和服务提供所产生的所有收入的金额。

c）通过现金、信用卡、购物卡、网络支付等支付方式获得的收入或者因顾客使用礼品优惠券、优惠购物券、VIP卡或类似物所获得的且被顾客实际消费的收入。

d）在租赁物业外接到订单但在租赁物业内履行或从租赁物业内提供商品和服务所产生的所有收入的金额，如通过第三方平台销售，但由租赁物业提供或寄出商品或在租赁物业内提供服务的。

e）使用优惠券、消费券（包括但不限于通过美团、银行商城等第三方平台销售的优惠券、消费券）或通过其他方式结算，在租赁物业内提供商品或服务的，销售优惠券、消费券的金额及通过其他方式支付的金额应被计入总营业额，而不论：（ⅰ）该消费金额是由顾客直接支付还是第三方平台间接支付；（ⅱ）该消费金额是由承租方直接收取还是由承租方的关联公司间接收取。

f）通过以下途径所产生的所有收入的金额：（ⅰ）利用租赁物业内的服务器通过网页进行的商品销售和服务提供的交易；或（ⅱ）利用租赁物业内设置的其他电子或电脑设施或器材进行的商品销售和服务提供的交易。即使该商品销售和服务提供不是发生于租赁物业内、通过租赁物业或借助租赁物业所发生的。为免疑义，使用在非租赁物业范围内办理的预付卡在租赁物业内实际消费所产生的金额均应被计入总营业额。

（2）于租赁物业内通过租赁物业或借助租赁物业所得的全部金额。

（3）任何其他由租赁物业所衍生的收入。

其次，在明确营业额的定义后，固定租金结合提成租金的方式可参考以下条款在合同中进行约定："在不影响前述约定的情况下，如××期间内总营业额的×%的金额高于人民币××××元，则须向出租方支付额外租金。在此种情况下，额外租金的金额相当于××期间总营业额的×%的金额与人民币××××元之间的差额。"

（三）保证金条款

除租金外，由于租赁期间还会产生物业管理费、推广费、押金和保证金等其他费用，对此，我们有以下几点建议：

首先，明确保证金抵扣范围。包括租金、物业管理费、推广费等全部费用，以及该等费用的违约金、滞纳金、损害赔偿等。

其次，保证金的返还条件也应当在合同中约定。例如，约定合同解除或终止后几日之内返还，或约定事实成就之时返还等。如果承租方销售单用途预付卡的，可以增加指定期间内未发生消费者纠纷作为退卡条件。从承租方角度出发，建议增加出租方逾期返还保证金的违约责任条款。

此外，租赁合同中可以约定出租方有权没收保证金，但这里需要注意的是，根据《最高人民法院第二巡回法庭 2021 年第 18 次法官会议纪要》[1]的精神，履约保证金与违约金在一般情况下不能并用。究其原因在于，就同一违约行为既约定承担履约保证金又约定违约金的情况下，二者功能相同，往往是对同一违约行为的重复约定。如果允许二者并用，债权人可能因此双重受偿，有违公平原则。但在一定情形下二者可以并存，即履约保证金与违约金是补充而非并列关系。例如，在履约保证金交付之后，当事人约定存在特定违约行为的情形下可以从履约保证金中扣除违约金，直到扣完为止，不足部分另行支付。从这种约定来看，虽然当事人同时约定了履约保证金和违约金，履约保证金实际发挥着违约金的作用，而不是两者共同发挥惩戒作用，故这种约定情形下并不会造成当事人利益的失衡。

因此，我们建议出租方可以先在租赁合同中加入保证金条款，由于可以没收保证金作为违约赔偿的一部分，若后续出现承租方无力支付违约金的情况，这一条款也是对自身权益的一重保障。具体可参考以下条款："没收全部保证金作为违约赔偿金的一部分，且不影响出租方与/或商业运营公司扣减该等全部保证金、其他保证金及向承租方提出额外索赔的权利。"

（四）发票开具条款

收取租金、开具发票是出租方的合同义务之一，但在实务中发票税金也是出租方考虑租金水平的一项重要指标。因此，在租赁合同中会有"含税租金"和"不含税租金"之分，在双方约定中应注明租金是否含税，避免租金税款上的争议。

同时，还应注明包含租金在内的所有费用的适用税率，如租金一般为 9%，而管理费与推广费通常为 6%，其他费用税率按照国家相关规定确定，通常不再单独注明。由于税率可能会随着法律、行政法规及国家政策而进行

---

[1] 贺小荣主编：《最高人民法院第二巡回法庭法官会议纪要（第三辑）》，人民法院出版社 2022 年版，第 220—238 页。

调整，因此，双方可在合同中约定一个不含税价格，若税率产生变化，不含税价格不变，含税价格随之调整。可参考以下条款："本租约租期内，如遇国家（或地方）增值税税制改革，导致本租约约定的需由承租方支付的任何租金和费用适用的增值税税率或种类发生变化的，本协议约定的不含税价不发生调整，价税合计金额即付款额按照调整后的税率和本协议约定的不含税价进行调整。"

此外，承租方因内部财务流程所需，一般希望出租方先开具发票，再支付租金，但为避免额外成本支出，出租方更愿意在收取租金后再开具发票。为避免争议，双方当事人在签订租赁合同时也应将付款与开票的先后顺序进行明确。可参考以下条款："承租方应向出租方提供增值税开票信息，若因承租方未能及时提供增值税发票开票信息而导致出租方或商业运营公司未能及时开具发票的，承租方应自行承担相应责任，而不会因此向出租方提出任何主张。"

但需注意的是，关于承租方能否以出租方未开具发票为由主张不予支付租金的抗辩权，司法实践中持否定态度的居多，最高人民法院发布的一则经典案例中就有提到这一点。[1] 该案中，A 公司应在酒店开业后 7 个工作日内支付给 B 公司当期合同工程总价的 10%，办理工程结算手续完毕后 14 个工作日内支付给 B 公司当期工程结算总价的 95%，由于 A 公司没有办理结算，B 公司认为由于未审核确认付款金额导致其公司无法开具发票，而 A 公司又以 B 公司未开具发票为由拒绝付款。对此，最高人民法院的观点是：双方之间约定了明确的付款时间点，开具发票属于合同履行中的附随义务，A 公司不能以 B 公司未履行开具发票的附随义务对抗支付工程款的合同主要义务，A 公司未按约付款应当承担相应的利息。由此可知，开具发票仅为合同附随义务，并不影响承租方支付租金的主合同义务。

---

[1] 最高人民法院（2022）最高法民再 286 号民事再审民事判决书。

（五）计租面积条款

对于筹备首次开业的商业项目而言，租赁合同（预租合同）往往是在房屋未完全竣工的情况下签订的，此时房屋可能尚未完成实测，无法知晓准确的实测面积，因此，只能以房屋的预测面积作为签订租赁合同的面积依据，在这种情况下，约定的租赁面积与实测面积存在误差是十分常见的现象，因此，合同还需明确约定，若约定的租赁面积与实测面积不一致的，租金应该如何调整，以及承租方在此时是否享有合同解除权等事项。

关于约定面积与实测面积不一致的调整方式，可参考如下条款："本租约项下的租金、管理费、推广费、全部保证金等费用均以租赁面积（约定的租赁面积）作为计算依据。如经竣工后出租方测量获得的实测租赁面积与预测租赁面积存在误差，如该误差不超过正负百分之×（±×%）[含正负百分之×（±×%）本数]，承租方须继续履行本租约，租金、管理费、推广费、全部保证金等费用均以预测租赁面积计算，不作任何调整；如该误差超过正负百分之×（±×%），承租方须继续履行本租约，但租金、管理费、推广费、全部保证金等费用应以出租方测量获得的实测租赁面积为准进行调整。为免疑义，预测建筑面积与实测建筑面积的差异将不会影响本租约的履行。出租方在确认租赁物业的实测租赁面积、租金、管理费、推广费、全部保证金等金额之后，将通知承租方。"

通过以上条款，可以顺利解决约定的租赁面积和实测租赁面积存在误差的问题，最重要的是，该条款明确了承租方在不同误差情况下都需要继续履行租约的义务，能够很好地避免后续纠纷的产生。

在此需提示承租方注意的是，在房屋交付时，即应对房屋面积进行验收，若对房屋面积存在异议，应在房屋交付时及时提出。若房屋交付后才发现对面积存在异议，司法实践中存在法院以承租方的实际履行行为（接收房产、支付租金等）认定承租方已对承租面积进行确认的可能。

（六）转租条款

商业地产租赁中，从商业经营的稳定性考虑，承租方承租租赁房屋的租赁期限往往较长（一般为五年至十年），在前述租期内，承租方存在变更经营主体，或发生重组、合并、股权变更等的可能性，因此承租方通常会向出租方提出在特殊情形下给予承租方将租赁房屋转租或分租予其关联企业的权利。为保护出租方利益，建议在条款中设置转租予关联企业的前置程序，即承租方转租或分租予关联企业，均应通过出租方的书面同意。如因承租方的特殊要求未设置该前置程序，则建议明确"关联企业"的具体定义，如对全资子公司、控股子公司等作出更为清晰的表述。

允许承租方进行转租的情况下，出租方应加强对转租过程的监控，如约定出租方对转租合同进行初步审查，或承租方与次承租方达成转租合同之后，在约定期限内制作副本交出租方备案。其中需注意的是，转租合同的租赁期限不得超过租赁合同的租期，超过部分将被认定为无效。

如果不允许转租，可参照设置以下条款："除非本租约另有约定，承租方不得将租赁物业或本租约的任何部分用于抵押、担保或设立担保权利或订立信托声明书，不得对租赁物业或本租约的任何部分进行转让或转租，亦不得与他人共享或分拆占有或使用租赁物业的任何部分。"

若出租方发现承租方在此情况下转租的，根据《民法典》第七百一十六条至第七百一十八条的规定，出租方可以提出异议，要求解除合同，但若出租方知道或者应当知道承租方转租，但在六个月内未提出异议的，视为出租方同意转租。

（七）合同解除条款

根据《民法典》及其他法律法规，赋予承租方的法定解除权主要包括：（1）因不可归责于承租方的事由，租赁物部分或者全部毁损、灭失，致使不能实现合同目的的；（2）租赁物危及承租方的安全或者健康的，即使承租方订立合同时明知该租赁物质量不合格,承租方仍然可以随时解除合同;(3)租赁物被司法机关或者行政机关依法查封、扣押的;(4)租赁房屋权属有争议的;(5)租赁物具有违反法律、行政法规关于使用条件的强制性规定情形;(6)当事人未采用书面形式,无法确定租赁期限的,视为不定期租赁,可以随时解除合同,但应在合理期限之前通知对方。

除上述法定解除权外,合同当事人可以自行约定合同解除权。现就商业地产租赁中常见的合同解除权条款分析如下:

1.逾期开业的合同解除权:首先,基于整体商业综合体统一开业的考虑,通常应在租赁合同中约定承租方开业的具体日期。如承租方未在约定时间开业,特别是有些承租方作为占据大面积甚至几个楼层的主力商铺,将对整个商业物业的形象造成极大影响。其次,如前所述,若租金采用与营业额挂钩的收取方式,承租方迟迟不予开业,则出租方无法达到预期的租金收益。综上,除约定逾期开业违约金外,出租方可约定承租方逾期开业达到特定天数后,出租方有权提前解除租赁合同。为公平合理起见,该解除权可排除因出租方原因导致承租方逾期开业的情况。

2.因承租方与第三人纠纷产生的合同解除权:承租方在经营活动中极可能与第三人(消费者、竞争商家、债权人等)产生纠纷,若解决不当,极有可能对商业综合体造成负面影响或对其他租户或第三人造成损害。而出租方作为商业物业的管理方,同时对其他租户负有承诺其正常经营的合同义务,可在租赁合同中约定出租方有权代为解决纠纷,并就因此产生的费用向承租方追偿。纠纷影响恶劣,或对出租方造成损失的,出租方有权解除合同。

3.承租方未按约定营业的合同解除权:首先,如承租方特别是主力商铺未按照约定营业时间开门营业,商业综合体的整体形象及收益也将受到损害;其次,出租方与其他租户可能会约定"清淡期"、"开业率"条款,即当整个商业综合体或整层的商铺营业率未达到某个比例的,该租户的商铺有权不营业,且可不予支付租金及物业管理费。若与其他租户存在前述条款,一且承租方随意停业,出租方需面临向其他租户承担违约责任的风险。因此,出租方更应留意在租赁合同中约束承租方的正常营业时间及设置较重的违约责任。

二、筹开期宣传活动中的法律问题(知识产权侵权与虚假宣传的问题)

(一)宣传活动侵犯他人知识产权

无论招商广告是自行制作还是委托第三方制作,其内容可能存在侵犯他人知识产权、姓名权、肖像权的风险。如被认定侵权的广告是由出租方对外发布,则该广告内容无论是出租方自行制作还是委托第三方制作,出租方可能都需要承担相应的侵权责任,包括但不限于赔偿损失、停止侵害、赔礼道歉等。

浙江省高级人民法院曾发布一则有关商业地产宣传不当导致的侵犯他人知识产权的经典案例。[①]ABC 是全国有名的商业地产名号,相关地产及商业标识由 M 公司所有。某地的 N 公司以"ABC 商业体"的名义对外宣传,由 N 公司所有的公众号也发布多条关于"ABC 商业体"建设施工、招商运营、产品促销等活动的报道,并且在市场外观上挂有"ABC 商业体"的标识。M 公司发现此情况后诉至浙江省高级人民法院,要求 N 公司立即停止其不正当竞争行为、拆除外墙上的相关标识并承担相应的赔偿责任。

对此,浙江省高级人民法院认为,在市场招牌、广告、网络宣传中使用与 M 公司享有的"ABC"有一定影响的服务名称和注册商标相近似的"ABC 商业体"标识,构成不正当竞争和商标侵权行为,应承担停止侵权、赔偿损失的民事责任。对于赔偿数额,将综合考虑涉案"ABC"名称的知名

---

① 浙江省杭州市中级人民法院(2018)浙 01 民初 47 号民事判决书。

度、涉案品牌许可使用费、涉案侵权行为的规模、侵权所造成的影响及侵权人的主观过错、M公司为制止侵权所支付的合理费用等因素，依据法定赔偿的方式酌情确定赔偿数额，最后确认为300万元。

商业地产在筹开期时，为了尽快达成招商入驻目标，突出项目热点及亮点，管理方通常会进行大量的广告宣传，由此可能导致侵犯他人知识产权的风险，如以上案例所述，侵权行为将面临高额的赔偿。因此，我们建议地产企业或管理方在进行招商宣传时注意保护他人知识产权，如由出租方自行制作的广告，其中所涉及的图片、视频等可能存在知识产权的材料，建议在报送内部备案审查时注明权利来源，尽量避免使用从网络上下载的无法寻找权利来源的材料。而如果是委托第三方制作的材料，建议在委托合同中明确约定在委托制作的广告内容涉及侵权时第三方应承担的违约责任。

（二）招商宣传中的虚假承诺

在招商过程中，大都通过出租方名义对外进行招商，不排除可能有部分员工的策划导致对外作出虚假承诺等不当行为。在这种情况下，出租方可能因其代理行为，对外承担在招商过程中以及招商后所需承担的法律责任。

招商广告内容中如有较为具体明确的承诺性表述，还存在被认定构成合同内容的一部分的风险，而如项目最终未实现招商广告中较为具体明确表述的某项内容，还可能将面临大面积商户以此为由要求出租方承担违约责任的民事法律风险。

1.招商承诺行为是否为租赁合同约定内容的一部分

A公司是一家商业地产企业，其在招商宣传册中详细介绍了甲地商业体项目及周边商业情况，该商业体的位置以及周边商圈情况，甲地近年经济情况，周边交通情况。描述该商业体为甲地首家24小时生活艺术馆，并附有制作的各种商业体的效果图。同时，宣传册中的招商定位一栏将商场1—4层分别进行了详细的定位。后B公司在入驻后，发现A公司存在严重的虚假宣传行为，因此拒绝支付租金，被A公司诉至法院。

法院认为，A公司与B公司之间形成的是租赁合同关系，在租赁合同关系中，出租方的主要义务是按照约定交付租赁物，并保障租赁物在租赁期间符合约定的用途，因此，被告A公司已经履行租赁合同约定的主要义务。A公司在招商过程中作出了就商业体宣传、美陈、开业庆祝、节假日活动的各项承诺，而在实际与B公司等租户签约后，并没有按照其招商承诺进行相应的商业推广活动。同时，其在招商过程中，多次虚假宣传，多次故意夸大所签约知名商户，误导B公司等租户签订高额租金的租赁合同，存在不诚信经营行为，对A公司上述违反诚信原则的行为予以谴责。

对于该案，法院的主要观点是，招商承诺行为与双方之间的租赁合同关系属于不同的法律关系，招商承诺行为并非租赁合同约定的内容，A公司存在招商承诺义务且事后未如实履行导致违约的，B公司可在租赁合同纠纷外另行主张权利。[1]

因此，这说明若出租方在招商时作出虚假宣传行为的，并非不用承担任何责任，对此，我们建议出租方在招商筹备时，应对员工进行招商行为规范专项培训，也可以在与员工签订的劳动合同中，对虚假承诺及其他不当行为造成的严重后果以及责任的承担作出明确约定，尽可能避免虚假宣传行为的发生。

2. 招商宣传行为是否构成要约

先来看一个案例。[2]A公司筹开一家商业美食街区，其在招商手册、美食街区平面示意图、招商宣传图片及某APP、某晚报、某传媒网等APP网络自媒体上对相关美食街区进行了宣传报道。后承租方自然人甲与A公司签订了《房屋租赁协议》，约定甲承租A公司所有的商业美食街区的G3至G4铺号的房屋，用于餐饮经营。后甲认为A公司多次改变商业美食街区的经营定位，将其诉至法院要求对其招商行为承担违约及赔偿责任。

---

[1] 广东省广州市番禺区人民法院 (2019) 粤 0113 民初 3110 号民事判决书。
[2] 江苏省连云港市中级人民法院 (2020) 苏 07 民终 3191 号民事判决书。

对此，法院的观点是：A 公司发布的招商手册是对不特定相对人发出的要约邀请，其目的在于诱使他人向自己发出要约，而非与他人订立合同，是订立合同的预备行为，不是订约行为。A 公司与甲签订了《房屋租赁协议》，双方在合同中约定，A 公司出租给甲的物业，由甲独立自主守法经营并按时交纳租金。A 公司不参与甲的经营管理，不承担经营的盈亏风险，不参与分享甲的经营收益。A 公司与甲签订的合同没有关于招商内容、责任的约定，因此，对于甲主张的要求 A 公司承担违约及赔偿责任的观点，法院不予支持。

再来看一个案例。[①]M 公司在多个网站上发布招商信息时称："上万名区域从业人员"、"首家数码云餐饮街区"、"首家某某科技美食广场"、"地理位置得天独厚"、"该写字楼从业人员超过上千人，餐饮需求旺盛"等。乙看见上述招商信息后与被告 M 公司洽谈租赁商铺事宜，M 公司在洽谈过程中还出示了某某科技美食广场的效果图。效果图中显示店堂的公共就餐区为白色桌椅，桌面、立柱侧面及内墙面均装饰有平板电脑的桌面图样，店堂顶部除白色筒灯外还有苹果形及方形吊顶，公共就餐区周边商铺柜台上亦设置屏幕式点餐设备等。在签署了租约入驻后，乙发现美食广场的情况与 M 公司描述的严重不符，且当时承诺的先进的点餐系统、苹果屏触摸桌面、全渠道商业推广、外卖配送、开业典礼等均没有到位。乙以 M 公司违约为由，将其诉至法院要求解除合同。

法院支持了乙的部分观点，法院认为：乙与 M 公司签订的房屋租赁合同合法有效，双方应依约履行合同义务。乙是看见 M 公司在招商过程中出示的店堂效果图，对将来的经营环境有一定预期后才与 M 公司签订租赁合同。M 公司的店堂效果图及"某某科技美食广场"的招商宣传构成承诺，应受其约束，否则有违诚实信用原则。M 公司装修后的店堂视觉效果与其出示的效果图差别较大，难与其宣称的"某某科技美食广场"相匹配。因此，其

---

① 江苏省南京市玄武区人民法院（2016）苏 0102 民初 1657 号民事判决书。

向乙提供的经营环境与其承诺不符，系违约行为。但该行为并非导致租赁合同目的不能实现的根本违约行为，故乙并不据此享有合同解除权，无权要求M公司赔偿其预期收入损失、人员工资、装修损失。考虑到店堂环境是餐饮业重要的经营条件之一，从权利义务相一致的原则出发，M公司将每月租金标准降低为5000元。

从以上案例可知，商业地产招商广告除了针对不特定的大众发出以外，还会针对具体商户做出承诺，如商铺位置、内部格局、提供的优惠等。法院在处理该类案件时，考虑的主要是承诺是否具体明确以及是否会对商户订立合同产生实质性影响。若商户确实是被招商广告中的具体条件吸引而与商业地产公司签订合同的，那么即使该部分承诺未列入合同内容，法院也可能认为该招商宣传构成了承诺，从而出租方应受此约束，若提供的条件与实际不符的，则可能面临承担违约责任的后果。

需要提示的是，即使商业地产招商广告是针对不特定的大众发出的（并未针对具体商户做出承诺），如果广告中存在不实内容，发布广告的出租方也有可能需要承担相应的法律责任。

因此，我们建议出租方在发布招商广告时，对广告中的重要商业条件如客流量、开业率能否实现制定风险评估清单，依照实现的风险大小决定是否列入广告内容。还可在招商广告中加入一些免责声明，有助于降低广告风险。可参考以下免责声明：

（1）本资料所载全部内容仅供参考，均不构成要约及承诺。A项目的具体情况以政府相关部门最终核准为准。

（2）本资料所涉及的效果图、示意图、鸟瞰图、手绘图等仅供参考，存在变更可能，不作为×××公司的承诺。

（3）"规划/建设中"的交通、商业、文化教育、体育、服务设施、其他市政项目以及规划用地，均仅供参考，并应受限于政府部门最终批准的规划内容以及最终竣工时的状况。×××公司不承诺该等交通、商业、文化教育、体育、服务设施以及其他市政项目的最终规划内容和建成后的状况与本资料所示内容一致。

（4）本资料中有关 A 项目的面积信息均为预估建筑面积，有关 A 项目的开业时间、竣工时间及交付时间等均为预估交付时间，最终以不动产权证书、政府核准文件以及项目实际进展为准。

（5）所有项目信息受制于政府的最终审批及市政规划不时地调整等综合因素。

（6）×××公司有权不经事先通知而视需要更新、修正或补充任何信息。

（7）未经×××公司许可、授权，任何人不得擅自转载使用本资料内信息及图片，如需转载使用，请及时与×××公司联系取得许可、授权，否则×××公司将依法追究其法律责任。

（8）本资料制作时间为××××年××月××日，×××公司将不时更新及完善所涉内容，敬请留意最新资料。

三、运营期的法律实务与案例（经营合规性）

在交付后的运营期间，商业地产的出租方、运营方以及物业管理方也需要注意遵守相关法律法规，如消防安全以及食品安全有关规定，避免引起纠纷。

（一）消防安全的维护义务

1. 相关法律规定

《消防法》第五条规定："任何单位和个人都有维护消防安全、保护消防设施、预防火灾、报告火警的义务。任何单位和成年人都有参加有组织的灭火工作的义务。"

《消防法》第十五条第一款规定："公众聚集场所投入使用、营业前消防安全检查实行告知承诺管理。公众聚集场所在投入使用、营业前，建设单位或者使用单位应当向场所所在地的县级以上地方人民政府消防救援机构申请消防安全检查，作出场所符合消防技术标准和管理规定的承诺，提交规定的材料，并对其承诺和材料的真实性负责。"

《消防法》第十八条规定："同一建筑物由两个以上单位管理或者使用的，应当明确各方的消防安全责任，并确定责任人对共用的疏散通道、安全出口、建筑消防设施和消防车通道进行统一管理。住宅区的物业服务企业应当对管理区域内的共用消防设施进行维护管理，提供消防安全防范服务。"

2. 相关案例分析

2023年，北京市朝阳区法院曾发布一则与商业地产消防安全有关的财产损害赔偿纠纷的经典案例，[①] 该案涉及产权方、管理及出租方以及物业服务方等多主体的责任分配与承担。

案情如下：甲在某商场租赁商铺经营服饰，2021年北京市朝阳区某商场发生火灾，火灾造成多家商铺内装修及物品被烧毁。后北京市朝阳区消防救援支队出具火灾事故认定书，认定起火部位位于涉案层某商铺内中部办公桌处，起火原因系办公桌前顶部高空处桥架内电气线路故障。火灾发生时，商场消防自动报警系统及消防应急设施均无法启动，后火势蔓延导致甲租赁的店铺内的货物以及室内装饰装修、库房全部被烧成灰烬，给其造成了严重的经济损失。甲认为火灾的发生与相关方未尽到安全保障义务、疏于消防管理有直接的因果关系，包括商场产权方、出租方、管理方、物业服务公司在内的几被告均存在过错，均应承担责任。故诉至法院。

对此，北京市朝阳区人民法院认为，建筑物的产权人、管理使用人、物业服务企业均应依法履行消防安全职责、承担消防安全责任。通过梳理案件事实可以发现，争议焦点在于诉讼各方对于产权人、管理使用人、物业服务企业是否履行了消防安全责任、是否应当承担赔偿责任。

---

① 北京市朝阳区人民法院（2022）京0105民初14747号民事判决书。

法院认为，A公司作为产权人，虽然将涉案的消防设施以出租、委托方式交由B公司、C公司进行维护管理，但是并未履行监督职责，未对其房屋进行安全检查，及时发现和排除房屋安全隐患，制止承租方、使用人危害消防安全的行为，存在一定过错。B公司、C公司作为物业管理方、承租方也没有尽到相应的维护管理义务。最终，产权方因对消防安全存在监督过失，被法院判令承担10%的责任；管理方由于未对消防设施尽到维护管理义务，未确保消防设施完好、有效，违规改动消防设施，严重违反消防安全管理规定，承担40%的责任；物业服务公司未对消防设施尽到维护管理义务，未对承租方的装修行为进行监督、管理，承担20%的责任。

由以上案例可知，商业地产的消防安全维护责任并非只在物业管理公司，产权方、出租方、管理方若没有尽到相应的监督、管理义务也会被法院认定应承担一定赔偿责任。

3. 风险防范建议

针对商业地产中消防安全的维护，我们给出以下几点建议：

（1）消防安全责任划分：在商业综合体中，若存在多个产权单位或使用单位，应在合同中明确约定一个统一的管理单位和消防安全管理人，负责共用疏散通道、安全出口等的统一管理；

（2）消防设施维护：管理方负责公共区域消防监控系统和消防设施设备的维护管理，确保消防设施处于正常运行状态；

（3）消防安全管理：商业地产管理方需制定消防安全管理制度，建立消防安全工作归口管理部门，明确消防安全管理职责和岗位职责；

（4）防火巡查和检查：建立防火巡查和检查制度，及时发现和整改火灾隐患，确保疏散通道和安全出口的畅通；

（5）消防安全培训与演练：组织消防安全培训和演练，确保员工和商户了解消防安全知识，提高防火意识和自救能力；

（6）签订消防安全责任书：与商户签订消防安全责任书，明确各方消防安全责任，确保责任落实；

（7）建立消防安全档案：建立消防档案，记录消防设施的配置、检查、维修等情况，以及火灾隐患的整改情况。

（二）食品安全方面的义务

1. 相关法律规定

《食品安全法》第一百二十二条规定："违反本法规定，未取得食品生产经营许可从事食品生产经营活动，或者未取得食品添加剂生产许可从事食品添加剂生产活动的，由县级以上人民政府食品安全监督管理部门没收违法所得和违法生产经营的食品、食品添加剂以及用于违法生产经营的工具、设备、原料等物品；违法生产经营的食品、食品添加剂货值金额不足一万元的，并处五万元以上十万元以下罚款；货值金额一万元以上的，并处货值金额十倍以上二十倍以下罚款。明知从事前款规定的违法行为，仍为其提供生产经营场所或者其他条件的，由县级以上人民政府食品安全监督管理部门责令停止违法行为，没收违法所得，并处五万元以上十万元以下罚款；使消费者的合法权益受到损害的，应当与食品、食品添加剂生产经营者承担连带责任。"

《食品安全法》第一百二十三条规定："……（一）用非食品原料生产食品、在食品中添加食品添加剂以外的化学物质和其他可能危害人体健康的物质，或者用回收食品作为原料生产食品，或者经营上述食品；（二）生产经营营养成分不符合食品安全标准的专供婴幼儿和其他特定人群的主辅食品；（三）经营病死、毒死或者死因不明的禽、畜、兽、水产动物肉类，或者生产经营其制品；（四）经营未按规定进行检疫或者检疫不合格的肉类，或者生产经营未经检验或者检验不合格的肉类制品；（五）生产经营国家为防病等特殊需要明令禁止生产经营的食品；（六）生产经营添加药品的食品。明知从事前款规定的违法行为，仍为其提供生产经营场所或者其他条件的，由县级以上人民政府食品安全监督管理部门责令停止违法行为，没收违法所得，并处十万元以上二十万元以下罚款；使消费者的合法权益受到损害的，应当与食品生产经营者承担连带责任……"

《食品安全法》第一百四十八条规定:"消费者因不符合食品安全标准的食品受到损害的,可以向经营者要求赔偿损失,也可以向生产者要求赔偿损失。接到消费者赔偿要求的生产经营者,应当实行首负责任制,先行赔付,不得推诿;属于生产者责任的,经营者赔偿后有权向生产者追偿;属于经营者责任的,生产者赔偿后有权向经营者追偿。生产不符合食品安全标准的食品或者经营明知是不符合食品安全标准的食品,消费者除要求赔偿损失外,还可以向生产者或者经营者要求支付价款十倍或者损失三倍的赔偿金;增加赔偿的金额不足一千元的,为一千元。但是,食品的标签、说明书存在不影响食品安全且不会对消费者造成误导的瑕疵的除外。"

2. 相关案例分析

(1) 承租方未办理食品经营许可证等营业证照

如果承租方未取得食品生产经营许可从事食品生产经营活动,且出租方在明知前述情况下仍向其出租生产经营场所的,出租方也将受到相应的行政处罚,消费者的合法权益因此受到损害的,出租方应当与食品、食品添加剂生产经营者承担连带责任。例如,在上海市宝山区市场监督管理局作出的某行政处罚案中,出租方在明知承租方未经许可从事加工食品经营活动的情况下,仍向其出租生产经营场所,上海市宝山区市场监督管理局作出行政处罚:(1) 没收违法所得 31912.66 元;(2) 罚款人民币 85000 元整。[①]

集中交易市场的开办者、柜台出租者和展销会举办者,应检查食品经营类承租方的食品经营相关许可证,出租方未检查或未向监管部门报告违法情况的,也将受到相应的行政处罚,消费者的合法权益因此受到损害的,应当与食品经营者承担连带责任。

(2) 承租房屋的用途限制导致承租方无法办理营业证照

根据我国目前的司法实践,出租方有义务提供满足承租方租赁目的的适

---

① 此案根据真实案例改编。

租房屋，法院首先根据双方签订租赁合同的约定义务进行审查，是否对办理相关证照进行了明确约定。若没有明确约定，法院会根据出租方是否尽到了一般的适租义务以及双方过错程度对租赁双方的过错进行划分，进而确定各方所应承担的合同解除后的损失比例。

例如，在某上海法院的案件中，法院认为承租方作为专业从事餐饮管理的企业，应当知晓经营食堂所需的相关证照，其在签订合同时应充分了解房屋状况、结合房屋用途全面考虑自己的经营需求及经营风险。而出租方未及时办理建设工程规划许可证及产权证导致餐饮许可证无法办理，确实影响承租方的正常经营。现租赁合同因餐饮许可证问题无法继续履行，双方对此均负有责任，且责任程度相当。①

需要提请出租方注意的是，因承租房屋的用途限制导致未能办理营业证照，出租方仍同意承租方生产经营的，出租方应根据上述《食品安全法》第一百二十二条的规定承担相应的民事与行政责任。

（3）承租方的经营行为使消费者的合法权益受到损害或发生食品安全事故

除了以上两种情况，实践中，还可能发生承租方导致的食品安全事故，在此情况下，若出租方明知食品生产经营者生产经营前述食品，且出租方明知前述情况仍向食品生产经营者出租生产经营场所的，根据《食品安全法》第一百二十三条的规定，也将受到相应的行政处罚，消费者的合法权益因此受到损害的，出租方应当与食品生产经营者（承租方）承担连带责任。

3. 风险防范建议

针对以上情况，从出租方的角度，我们给出如下几点建议：

（1）出租方，即商业地产管理公司应确保房屋处于适租状态，确保房屋的用途可以满足餐饮相关企业办理相关证照的需要，若无法满足，则可能构成违约；

---

① 上海市第二中级人民法院（2018）沪02民终8472号民事判决书。

（2）出租方应及时审查承租方是否在生产经营时已取得了食品生产经营相关证照，并在租赁合同中明确约定承租方未于约定时间取得相关证照及/或在无证状态下开展生产经营的违约责任与出租方单方解除租赁合同的权利；

（3）在租赁合同中尽量减少出租方配合承租方取得证照等增加出租方义务的条款，若有，尽量约定出租方一次性提供承租方所需的证照，并约定出租方无法取得相关证照时出租方的免责条款或双方的责任承担模式，以减少出租方可能承担的责任；

（4）及时审查承租方是否生产经营法律禁止的食品，并在租赁合同中明确约定承租方生产经营该等食品的违约责任与出租方单方解除租赁合同的权利；

（5）在签订租赁合同时留存承租方有效的联系方式，以便承担相应责任后进行追偿。

（三）商业地产的危机应对策略（安全事故）

本部分主要探讨商业地产管理方对顾客的安全保障义务。

1. 相关法律规定

《消费者权益保护法》第十八条规定："经营者应当保证其提供的商品或者服务符合保障人身、财产安全的要求。对可能危及人身、财产安全的商品和服务，应当向消费者作出真实的说明和明确的警示，并说明和标明正确使用商品或者接受服务的方法以及防止危害发生的方法。宾馆、商场、餐馆、银行、机场、车站、港口、影剧院等经营场所的经营者，应当对消费者尽到安全保障义务。"

《民法典》第一千一百九十八条规定："宾馆、商场、银行、车站、机场、体育场馆、娱乐场所等经营场所、公共场所的经营者、管理者或者群众性活动的组织者，未尽到安全保障义务，造成他人损害的，应当承担侵权责任。因第三人的行为造成他人损害的，由第三人承担侵权责任；经营者、管理者或者组织者未尽到安全保障义务的，承担相应的补充责任。经营者、管理者或者组织者承担补充责任后，可以向第三人追偿。"

2. 相关案例分析

下面通过案例说明商业地产管理方的安全保障义务应主要包含哪些方面：

（1）对潜在风险的危险源未设置警示标识

某案件中，原告在某超市二楼入口处因撞到玻璃上摔倒受伤，该事故发生场所系被告超市的经营管理范围，被告作为经营管理者，依法负有合理范围内的安全保障义务。[①]

根据原告提交的视频显示，涉案超市二楼入口透明玻璃处未张贴防撞提示标志，未安装任何阻拦通行设施，地面上也未设置任何引导通行的标志，导致原告在进入超市时撞上玻璃而摔倒受伤。被告未尽到安全保障义务，应对原告的损害承担相应赔偿责任。原告作为具有完全民事行为能力人，自身未尽到合理的注意安全和防范义务，对事故发生亦存在一定过错，应承担相应过错责任。

（2）提示缺乏警示效果，或未对警示行为进行实际制止，存在警示瑕疵

某案件中，法院认为，被告虽然按规范要求对自动人行道进行了运行维护和粘贴相关的禁止标识，但其作为商业广场的管理方应当注意到，商业广场的开放性，必然会存在顾客使用婴儿推车进入商业广场的情况，如果将婴儿车推入自动人行道有可能会造成人员通行受阻，存在相应的安全隐患，但被告疏忽管理，未在商场自动人行道处配备专门的安全管理人员，对使用婴儿车的顾客进行劝阻和说明正常使用自动人行道的注意事项，从而导致本案事故的发生。最终，法院认定被告存在管理过失，对本次事故承担一定的补充责任。[②]

---

① 湖南省宜章县人民法院（2022）湘1022民初469号民事判决书。
② 湖南省长沙市中级人民法院（2021）湘01民终10449号民事判决书。

（3）对潜在风险进行预防，但预防措施设置不当，反而造成新的安全隐患

在某案件中，法院认为，超市管理方负有保障顾客免遭损害的安全保障义务，超市管理方在其入口至超市内铺设有一米多宽的防滑垫，其目的为防止顾客滑倒摔伤，但本案中恰恰是该防滑垫将顾客先绊倒，说明超市管理方铺设的防滑垫存在一定瑕疵，并未完全杜绝安全隐患。法院根据本案实际情况，确定超市对本案负有次要责任，即承担30%的赔偿责任。[①]

（4）在顾客发生事故后未尽到救助义务

在某案件中，法院认为，案涉电梯是被一名路过的男士按下一侧的紧急停止按钮，超市的一名阿姨随后按下另一侧的紧急停止按钮，但是离扶梯最近的一名超市管理人员未采取任何措施，可见超市未配备专门工作人员管理扶梯并及时施救。此外，被告主张超市在地面和扶手玻璃上进行了提示，并有安全提示的语音播报，但视频显示事发时电梯旁边没有喇叭等播报设备。因此，超市在语音提示和扶梯安全管理、施救方面未尽到安全保障义务，应承担相应的责任。[②]

由以上案例可知，商业地产管理方的安全保障义务是多方面的，最高人民法院公报案例曾明确，经营场所的安全保障义务主要体现在确保其场所和相关配套设施不应具有危险性、不应威胁人身安全。具体包括以下几点：首先，安全保障义务人对其所能控制的场所的建筑物、运输工具、配套设施、设备等的安全性负有保障义务；其次，安全保障义务人应配备适当的人员为参与社会活动的他人提供预防外界及第三人侵害的保障，具体而言包括警告、指示说明、通知和保护义务；最后，在发生人身、财产损害后应及时采取救治或者其他防止损害继续扩大的措施。经营者只有履行了上述三个层面的要求，才算尽到了安全保障义务，否则一旦发生意外事故，造成他人损

[①] 贵州省遵义市中级人民法院（2021）黔03民终5542号民事判决书。
[②] 湖南省长沙市开福区人民法院(2021)湘0105民初12336号民事判决书。

害，经营者便应当承担与其过错程度相适应的侵权责任。

3. 风险防范建议

由于商业地产通常为人流密集的区域，很容易发生事故从而造成人员人身或财产损害，根据《民法典》相关规定，若经营场所管理方认为自己尽到了义务的，商场经营者、管理者对其已经尽到了安全保障义务承担证明责任。

对此，我们提出以下几点建议：

（1）设施、设备的配备、使用和维护

商场建筑及固定设施（如坡道、电梯、防火门、紧急照明灯等）的设计、施工和使用应当符合国家规定和行业标准；商场内可移动设施设备的安装、摆放、使用等应当符合国家规定、行业规定以及生活经验普遍认知；加强对公共设施的维护、管理，确保各项设施处于良好的运营状态。

（2）专业人员配备

商场内工作人员的配置和分布应当符合国家规定和行业标准，公司应遵循相关国家规定、行业标准。此外，部分地区还出台了地方性的电梯使用安全管理办法，对此也应密切关注。

（3）警示、告示的设置

对潜在风险或危险程度较高的危险源设置警示或提示，如透明玻璃、台阶等张贴警示提醒，有必要时可配置语音播报或专人驻守。对于已经产生现实危险或危险程度非常高的危险源，应当直接排除危险，如破损地面、瓷砖的填补或围挡。洗手间、超市水产区、雨天商场入口等湿滑区域除张贴警示、告示外，还应采取铺地毯、防滑垫等防滑措施，并关注防滑措施的物理状态，出现损坏、卷翘等性能缺陷时，应及时进行处理，避免造成新的安全隐患。在电梯、旋转门等区域应注意对老年人、小孩的特别提示。

（4）提高安全事故处置能力

商场管理方对潜在风险、特殊情况应有充分预判并制定相关预案，如针对促销活动、人流量大等存在重大风险的情形，针对火灾、治安问题等紧急事态的预案。同时，还要加强对员工的培训和安全演练，并配备安保人员，加强商场安全巡逻，以便及时发现、报告并处理安全突发事故。

（5）完善监控录像的设置

最高人民法院曾发布一则公报案例，在该案中，顾客在商场滑倒，但由于滑倒处未设置监控，导致商场管理人员无法及时获知事发当时的情况。[①]对此，我们提示商场经营者、管理者注意监控摄像的设置，除保留事发当时的监控录像外，还应当完整留存其他相关的证据，包括事发当天在场的人员及其对事件的陈述、商场人员现场处理记录、商场与受损害方的沟通往来记录、救助记录等，以便后续发生争议时明晰责任，便于商场经营者、管理者证明其对损害的发生已尽到了防范、提醒、预警、及时救助及防止损害进一步扩大的义务。

---

① 上海市第二中级人民法院（2020）沪02民终5026号民事判决书。

第二章

城市更新

▶ 城市更新与城市发展是相辅相成的。自改革开放以来，经过四十余年的迅猛发展，中国的城镇化率正在不断提升，2023年末，全国常住人口城镇化率达66.16%。随着城镇化步伐的逐渐减缓，城市发展模式正从以扩张为主导转向以提升现有城市质量为核心的新阶段。这种城市质量提升不再是简单地扩大城市规模，而是强调改善和优化现有城市结构和功能。在快速城镇化的过程中，诸多城镇历史遗留问题也在逐渐显现，许多建筑、市政基础设施和公共设施已经老化，不能满足现代生活和生产的需求，面对存量更新的新形势，传统的增量开发模式下的规划政策和土地政策已不再适应。因此，城市更新成为存量时代推动城市转型和发展的关键路径，如何完善国土空间规划体系和创新土地政策，科学有效地推进城市更新，成为一个亟待解决的新课题。

城市更新篇包括城市更新的立法与政策现状、各地城市更新模式探析、城市更新的困境与趋势三节内容。

第一节　城市更新的立法与政策现状

胡智勇　袁珺夏

一、我国城市更新的立法与政策发展历程

纵观我国的城市更新发展历程，从中华人民共和国成立初期到改革开放后，再到快速城镇化时期，再到当下高质量发展的转型期，城市更新的主要目标也在不断变化：初期城市更新着重解决城市居民基本生活环境和条件问题；改革开放之后，随着市场经济的发展，城市更新开始着眼于旧城区功能的大规模调整和住宅区的改造，解决住房紧张问题；进入快速城镇化阶段后，重点转移到了老城区的更新、旧工业区的文化创意转型以及历史街区的保护性再生；而在当前这个高质量发展的新时期，城市更新则更加重视城市综合管理、社区建设和生态文明建设等目标。随着社会、经济、政策环境的变迁和学术领域的发展，中国城市更新的目标和机制都经历了深刻的变革。

因此，主流观点认为，我国城市更新主要分为以下阶段：

1. 以基础设施建设和改善居民生活环境为主的城市更新（1949—1977 年）

中华人民共和国成立后，为了解决迫切的基本生活需要，各地城市不同程度地开展了以改善环境卫生、发展城市交通、整修市政设施和兴建工人住宅为主要内容的城市建设工作。北京龙须沟整治、上海棚户区改造、南京秦淮河改造和南昌八一大道改造等，都是当时卓有成效的改造工程。城市更新

思想方面，梁思成先生和陈占祥先生关于北京老城保护与改造提出的"梁陈方案"，跳出老城，从更大的区域层面，解决城市发展与历史保护之间的矛盾，为整体性城市更新开启了新的思路和方向。城市化进程缓慢，城市基础设施建设水平薄弱，居民生活水平低，环境卫生条件较差，整体急需进行提升改善。

在这一时期，城市整体建设方针是"重点建设，稳步推进"。旧城采取"充分利用，逐步改造"的政策，充分利用原有房屋、市政公用设施，进行维修养护和局部的改建或扩建。主要由政府主导，通过以工代赈的方式鼓励群众积极参与居住环境改造和基础设施建设，从而提升居住环境，实现城市更新改造。

2. 以解决住房紧张问题为主的城市更新（1978—1989年）

1978年是中国具有划时代意义的转折年，这一年国家步入了改革开放和社会主义现代化建设的新纪元。在这个重要时期，国家经济开始逐步恢复活力，城市规划体系亦在不断完善之中，土地市场化改革的序幕拉开，大量劳动力涌向城市，城市人口数量迅速增加。

为了改善城市居民的居住和出行条件，弥补城市基础设施领域的不足，北京、上海、广州、南京、合肥、苏州、常州等城市接连开展了大规模的旧城改造工程。这些改造工程主要旨在缓解住房紧张状况，提升居住和交通条件，以及加强基础设施建设。

在法制体系建设方面，"全面规划、分批改造"成为该时期旧城改造的显著特点。1984年，中国发布了第一部涉及城市规划、建设和管理的基本法规——《城市规划条例》（已失效）。该条例明确指出"旧城区的改建，应当从城市的实际情况出发，遵循加强维护、合理利用、适当调整、逐步改造的原则，统一规划、有计划有步骤地实施"。这些规定对于当时正处于复苏阶段的城市规划和更新工作，具有极其重要的现实指导意义。

3. 以市场机制为主导的城市更新（1990—2011年）

城镇的快速扩张带来了一系列挑战，包括土地开发的效率低下和土地资源的稀缺，同时也催生了更深层次的社会问题。为了应对这些挑战，不同地区根据自身的发展状况和建设水平，采取了适应当地实际情况的实践探索和制度构建。

在北京、上海、广州、南京、杭州和深圳等大城市，城市更新活动正如火如荼地进行，并涌现了许多创新实践案例。这些案例包括北京的798艺术区、上海世博会的城市最佳实践区、南京老城南地区的翻新、杭州中山路的综合整治、常州旧城的更新以及深圳大冲村的改造等。这些更新项目涉及基础设施建设、老工业基地改造、历史街区保护与整治以及城中村改造等多个方面。

市场化改革为土地使用注入了新的活力，地方政府通过土地使用权出让，为旧城更新提供了新的资金来源。市场机制的引入促进了政府和市场的共同推进，加速了旧城区基础设施的改善，从而提升了土地价值。

在全国范围内，城市更新活动正大规模展开，旨在促进城市经济的快速增长，并实现社会、环境与经济之间的协调发展。政府与企业的合作模式被广泛采用，以拓展融资渠道，吸引私人资本参与，推动城中村、商业区和历史文化街区的改造更新。

4. 注重以人为本和高质量发展的城市更新（2012年至今）

自2012年起，中国的城镇化率已经超过50%，高速扩张的城镇化建设为城市发展带来诸多不可持续的因素，土地、生态等问题初显，部分城市开始关注城市存量发展路径，对城市内涵提升、品质建设、土地集约利用展开探索。

2014年《国家新型城镇化规划（2014—2020年）》的出台以及2015年12月召开的中央城市工作会议，标志着我国进入以提升质量为主的转型发展的新阶段。城市更新的原则目标与内在机制均发生了深刻转变，社会面临着生态环境恶化、人口老龄化等问题，城市品质提升、产业转型升级以及土地集约节约利用等重大问题受到更多关注，各地实践工作也聚焦提升综合治理水平、多样化实施模式等方面，其内涵告别传统的大拆大建思路，转向综合提质、多方共赢的更新阶段。国家也相继出台《国务院关于加快棚户区改造工作的意见》和《国务院办公厅关于推进城区老工业区搬迁改造的指导意见》等重要文件。

2015年2月，"广州市城市更新局"正式成立，随后深圳、东莞、济南等地也相继成立了城市更新局。在城市更新管理的法律和法规方面，上海出台了《上海市城市更新实施办法》、《上海市城市更新规划土地实施细则（试行）》、《上海市城市更新操作规程（试行）》等重要文件，深圳也出台了《深圳市城市更新办法》、《深圳市城市更新办法实施细则》等重要文件。

"城市更新"这个概念首次在2019年12月的中央经济工作会议中提出，2021年3月，其被首次写入政府工作报告和"十四五"规划文件《中华人民共和国国民经济和社会发展第十四个五年规划和2035年远景目标纲要》，并在全国范围内正式全面展开。2021年8月30日，住建部正式发布《关于在实施城市更新行动中防止大拆大建问题的通知》，明确不大规模、成片集中拆除现状建筑，原则上城市更新单元（片区）或项目内拆除建筑面积不应大于现状总建筑面积的20%；不随意迁移、拆除历史建筑和具有保护价值的老建筑；最大限度地保留老城区具有特色的格局和肌理。关注点由外延式的发展转向城市内部空间的质量提升，强调城市质变及有机更新机制的搭建。

自2020年以来中央层面发布了一系列政策文件，主要如下：

表 2-1　2020 年以来中央层面出台的主要政策规定

发布时间	政策文件	重点内容
2020.10	《中共中央关于制定国民经济和社会发展第十四个五年规划和二〇三五年远景目标的建议》	明确提出要推进以人为核心的新型城镇化。实施城市更新行动，推进城市生态修复、功能完善工程，统筹城市规划、建设、管理，合理确定城市规模、人口密度、空间结构，促进大中小城市和小城镇协调发展。强化历史文化保护、塑造城市风貌，加强城镇老旧小区改造和社区建设，增强城市防洪排涝能力，建设海绵城市、韧性城市。提高城市治理水平，加强特大城市治理中的风险防控。坚持房子是用来住的、不是用来炒的定位，租购并举、因城施策，促进房地产市场平稳健康发展。有效增加保障性住房供给，完善土地出让收入分配机制，探索支持利用集体建设用地按照规划建设租赁住房，完善长租房政策，扩大保障性租赁住房供给。深化户籍制度改革，完善财政转移支付和城镇新增建设用地规模与农业转移人口市民化挂钩政策，强化基本公共服务保障，加快农业转移人口市民化。优化行政区划设置，发挥中心城市和城市群带动作用，建设现代化都市圈。推进成渝地区双城经济圈建设。推进以县城为重要载体的城镇化建设。
2021.03	《中华人民共和国国民经济和社会发展第十四个五年规划和2035年远景目标纲要》	加快转变城市发展方式，统筹城市规划建设管理，实施城市更新行动，推动城市空间结构优化和品质提升。 加快推进城市更新，改造提升老旧小区、老旧厂区、老旧街区和城中村等存量片区功能，推进老旧楼宇改造，积极扩建新建停车场、充电桩。

续表

发布时间	政策文件	重点内容
2021.04	《2021年新型城镇化和城乡融合发展重点任务》（发改规划〔2021〕493号）	实施城市更新行动。在老城区推进以老旧小区、老旧厂区、老旧街区、城中村等"三区一村"改造为主要内容的城市更新行动。加快推进老旧小区改造，2021年新开工改造5.3万个，有条件的可同步开展建筑节能改造。在城市群、都市圈和大城市等经济发展优势地区，探索老旧厂区和大型老旧街区改造。因地制宜将一批城中村改造为城市社区或其他空间。（住房城乡建设部、发展改革委、自然资源部、商务部、卫生健康委等负责）
2021.05	《城镇老旧小区改造可复制政策机制清单（第三批）》（建办城函〔2021〕203号）	1. 总结了各地在动员居民参与、改造项目生成、金融支持、市场力量参与等方面的可复制政策机制。 2. 金融支持方面涵盖培育规模化实施运营主体、编制一体化项目实施方案、探索创新融资模式、创新金融产品和服务、与金融机构建立协同工作机制5项举措。
2021.08	《住房和城乡建设部关于在实施城市更新行动中防止大拆大建问题的通知》（建科〔2021〕63号）	1. 严格控制大规模拆除。除违法建筑和经专业机构鉴定为危房且无修缮保留价值的建筑外，不大规模、成片集中拆除现状建筑，原则上城市更新单元（片区）或项目内拆除建筑面积不应大于现状总建筑面积的20%。 2. 严格控制大规模增建。除增建必要的公共服务设施外，不大规模新增老城区建设规模，不突破原有密度强度，不增加资源环境承载压力，原则上城市更新单元（片区）或项目内拆建比不应大于2。 3. 严格控制大规模搬迁。不大规模、强制性搬迁居民，不改变社会结构，不割断人、地和文化的关系。要尊重居民安置意愿，鼓励以就地、就近安置为主，改善居住条件，保持邻里关系和社会结构，城市更新单元（片区）或项目居民就地、就近安置率不宜低于50%。

续表

发布时间	政策文件	重点内容
2021.08	《住房和城乡建设部关于在实施城市更新行动中防止大拆大建问题的通知》（建科〔2021〕63号）	4.确保住房租赁市场供需平稳。注重稳步实施城中村改造，完善公共服务和基础设施，改善公共环境，消除安全隐患，同步做好保障性租赁住房建设，统筹解决新市民、低收入困难群众等重点群体租赁住房问题，城市住房租金年度涨幅不超过5%。
2021.11	《住房和城乡建设部办公厅关于开展第一批城市更新试点工作的通知》（建办科函〔2021〕443号）	1.探索城市更新统筹谋划机制。鼓励出台地方性法规、规章等，为城市更新提供法治保障。 2.探索城市更新可持续模式。探索建立政府引导、市场运作、公众参与的可持续实施模式。 3.探索建立城市更新配套制度政策。创新土地、规划、建设、园林绿化、消防、不动产、产业、财税、金融等相关配套政策。
2021.11	《城镇老旧小区改造可复制政策机制清单（第四批）》（建办城函〔2021〕472号）	总结各地经验，为解决老旧小区改造计划不科学、统筹协调不够、建立长效管理机制难等问题提供参考。
2021.08	《关于政协第十三届全国委员会第四次会议第0983号（城乡建设类021号）提案答复的函》	住房和城乡建设部正牵头制定指导各地实施城市更新行动的政策文件，从国家战略高度加强城市更新顶层设计。
2022.03	《政府工作报告》	有序推进城市更新，加强市政设施和防灾减灾能力建设，开展老旧建筑和设施安全隐患排查整治，再开工改造一批城镇老旧小区，支持加装电梯等设施，推进无障碍环境建设和公共设施适老化改造。

续表

发布时间	政策文件	重点内容
2023.05	《城镇老旧小区改造可复制政策机制清单（第七批）》	清单涵盖北京市石景山区、河北省保定市、浙江省宁波市、安徽省滁州市、福建省福州市、山东省青岛市、广东省深圳市、重庆市永川区、新疆维吾尔自治区乌鲁木齐市等城市（区），围绕城镇老旧小区改造"三个革命"，在着力补齐设施和服务短板、强化项目管理确保质量效果、多渠道筹措改造资金、党建引领共建共治共享等方面的经验做法。
2023.07	《住房城乡建设部关于扎实有序推进城市更新工作的通知》	从坚持城市体检先行、发挥城市更新规划统筹作用、强化精细化城市设计引导、创新城市更新可持续实施模式、明确城市更新底线要求等五个方面出发，复制推广各地已形成的好经验好做法，扎实有序推进实施城市更新行动，提高城市规划、建设、治理水平，推动城市高质量发展。
2023.07	《关于扎实推进2023年城镇老旧小区改造工作的通知》（建办城〔2023〕26号）	部署各地扎实推进城镇老旧小区改造计划实施，靠前谋划2024年改造计划。文件提出要扎实抓好"楼道革命"、"环境革命"、"管理革命"3个重点，重点改造2000年底前建成需改造的城镇老旧小区。文件首次在老旧小区改造中提及房屋养老金制度，并从硬件和软件两个方面去推进城镇老旧小区改造，更加强调后续的维护和持续。相比于过去强调老旧小区改造的民生导向，此次也首次提及和政府隐性债务的关系。

续表

发布时间	政策文件	重点内容
2023.09	《自然资源部关于开展低效用地再开发试点工作的通知》	文件包括总体要求、主要任务和组织实施三个方面的内容，围绕盘活利用存量用地，聚焦低效用地再开发，支持试点城市重点从规划统筹、收储支撑、政策激励和基础保障4个方面探索创新政策举措。预计43个城市后续细化政策支持有望出台，而城中村改造作为土地再开发的重点和难点，土地相关政策的突破也将成为关键。
2023.11	《支持城市更新的规划与土地政策指引（2023版）》	文件在总结各地实践经验的基础上，根据相关法律法规和标准规范组织编制，旨在推动支持城市更新的相关规划工作规范开展。各地可结合实际，按照城市更新的总体要求和目标，因地制宜细化要求，开展城市更新的规划与土地政策探索创新。该政策指引强调了自然资源部门在城市更新中的工作原则，包括严守资源安全底线、优化国土空间布局、促进绿色低碳发展和维护资源资产权益。同时，明确了民生公益、节约集约、尊重权益等政策价值取向，并提出了五个方面政策导向内容。
2023.11	《住房城乡建设部关于全面开展城市体检工作的指导意见》	文件旨在扎实有序推进实施城市更新行动。包括总体要求、重点任务和保障措施三部分内容。总体要求强调三个坚持，即坚持问题导向、目标导向和结果导向。重点任务包括五个方面，即明确体检工作主体和对象、完善体检指标体系、深入查找问题短板、强化体检结果应用以及加快信息平台建设。

续表

发布时间	政策文件	重点内容
2024.02	《历史文化名城和街区等保护提升项目建设指南（试行）》	文件明确了适用范围、项目建设总体要求、主要建设内容、项目组织与实施管理等内容，有助于加强国家历史文化名城和街区等保护提升项目管理，进一步提升项目谋划、建设、实施和管理水平。文件明确了"六不"原则。一是不大规模、成片集中拆除现状建筑；二是不大规模新增建设规模，不增加资源环境承载压力；三是不大规模、强制性搬迁居民，不改变社会结构，不割断人、地和文化的关系；四是不随意迁移、拆除历史建筑和具有保护价值的老建筑，历史建筑不脱管失修、修而不用、长期闲置；五是不破坏传统格局和街巷肌理，不随意拉直拓宽道路，不修大马路、建大广场；六是不破坏地形地貌，不伐移老树和有乡土特点的现有树木，不挖山填湖，不随意改变或侵占河湖水系，不随意改建具有历史价值的公园，不随意更改老地名。
2024.03	《政府工作报告》	稳步实施城市更新行动。进一步明确了实施城市更新行动的基调从有序推进到稳步实施，说明当前我国实施城市更新行动相比于之前更加有序。
2024.04	《关于开展城市更新示范工作的通知》	通过竞争性选拔，确定部分基础条件好、积极性高、特色突出的城市开展典型示范，扎实有序推进城市更新行动。中央财政对示范城市给予定额补助。

在当前的城市更新进程中，城市更新的焦点转向了内涵式增长，将人的需求置于首位，强调居住环境的改善及增强城市的活力。这一阶段的城市更新主要采取多方协作的治理模式，运用多样化的管理手段，结合多种治理策略来应对复杂的城市更新问题。

二、城市更新的重要意义

中国共产党第十九届中央委员会第五次全体会议通过的《中共中央关于制定国民经济和社会发展第十四个五年规划和二〇三五年远景目标的建议》中明确提出实施城市更新行动后，习近平总书记在中国共产党第二十次全国代表大会上的报告中再次明确指出"坚持人民城市人民建、人民城市为人民，提高城市规划、建设、治理水平，加快转变超大特大城市发展方式，实施城市更新行动，加强城市基础设施建设，打造宜居、韧性、智慧城市"。立足于这一目标任务，现阶段中国城市更新的基本意义在于通过综合手段提升城市的整体性能和居民福祉，以便于实现经济、社会、文化、生态等多方面的协调发展，使城市发展能够及时适应快速变化的社会需求和挑战。

在当前这个中国城镇化的关键阶段，各地都开始由大规模增量建设转变为存量提质增效和增量结构调整并重，实施城市更新行动不仅是解决城市发展新问题、适应城市发展新形势的必然要求，也是提升城市治理水平、改善人民生活品质的必要措施，更是推动城市发展模式转型升级、区域经济持续健康发展的原动力。笔者认为，城市更新的重要意义至少可以从如下五个方面理解：

1. 提升居住环境，促进社会和谐：城市更新通过改善老旧小区、基础设施等，直接提升居民的居住条件和生活质量，同时，通过为低收入和弱势群体改善居住环境，减少社会不平等，促进了社会和谐。

2. 优化城市空间结构，增强城市竞争力：城市更新有助于调整和优化城市空间布局，提高城市综合承载能力和服务效能，同时，通过提升城市环境和功能，也能够吸引更多的人才和投资，增强城市的竞争力和吸引力。

3. 适应城市人文与地理环境，实现可持续发展：通过城市更新，能够在保障城镇化的同时加强对历史文化遗产的保护和活化利用、对城市生态环境的保护和治理，既有利于维护城市的文化特色和历史记忆，塑造城市历史风貌，也有利于推动城市实现绿色、循环、低碳发展，最终实现城市的可持续发展。

4. 解决"城市病"问题，促进经济发展：城市更新可以有效应对交通拥堵、环境污染、住房紧张等城市发展中的问题，由此促使城市创造更好的营商环境、居住环境、旅游环境等，激发新的投资需求，创造就业机会，促进消费，形成新的经济增长点。

5. 适应人口与社会变化，推动城乡融合发展：城市更新能够使城市基础设施和社会环境适应人口增长和社会结构的变化，满足不同群体的需求，促进社会的包容性，同时通过不断地更新优化城市布局也有助于缩小城乡差距，推动城乡一体化发展，实现区域均衡发展。

简言之，城市更新是一项系统性工程，涉及经济、社会、文化、生态等多个方面，对于提升城市整体功能、推动经济社会全面发展具有深远影响。

三、城市更新的"因地制宜"

城市更新不是一个固定的行动模板，而是一个必须在理念上与时俱进、在方案中灵活创新的长期行动，其落地效果受到经济、社会、文化、环境等多个方面的影响，因此必须"因地制宜"，即根据每个城市的具体条件和特点来制定和实施更新策略，方能实现其对现阶段中国城镇化的重大意义。基于当前的实践观察，城市更新的"因地制宜"具体方案主要受如下因素影响：

1. 城市特色与文化背景：每个城市都有其独特的历史背景、文化传统和城市特色，城市更新的实践方案应尊重并保护城市特色，保障文化传承，同时还要避免僵化的模式造成文化同质化。

2. 城市规模与社会结构：每个城市的城市更新都需充分考虑当地居民需求的多样性，以确保城市更新项目能够切实地满足不同规模的城市、城市中不同人口密度的区域、不同群体聚集地的居民实际需求。譬如，大城市可能更注重缓解拥堵和提高居住质量，而小城市可能更侧重于提升经济活力和吸引人才。

3. 城市规划与经济条件：城市更新需要政策的支持和社会的广泛参与，不同城市的规划政策、营商环境、经济发展水平、财政状况各异，城市更新项目的资金投入和回报预期需与当地经济实力相匹配。

4. 产业结构和生态限制：区域产业结构和区域生态环境、地理条件都会对在该区域开展的城市更新项目产生直接的影响，城市更新项目必须基于长期可持续发展的基本理念，结合产业发展需求与地理生态条件限制来制定具体方案。譬如，山区城市与沿海城市在进行城市更新时需考虑的自然因素和可持续性问题就存在极大差异。

5. 风险评估与秩序管理：城市更新可能涉及拆迁、重建等复杂问题，制定相关方案时需充分考虑该等问题的稳妥处置方案，根据当地的社会稳定性和风险管理能力来制定相应的策略。

总而言之，"因地制宜"是城市更新方案制定的必要原则，如北京市的首钢老工业区更新项目，将废弃的工业区转变为文化和休闲空间，既实现了对工业遗产的保护和再利用，又结合现代城市需求打造城市复兴新地标，新的城市功能的引进使得老工业区适应了北京当前的城市发展趋势；而在深圳市，针对人口密集的城中村，元芬新村城中村有机更新项目则是充分利用当地优良的营商环境引入社会资本，通过市场化运作，以长期租赁和整村更新的方式提升了当地居民的居住环境，完善了基础设施建设，并结合该区域人口结构特点在更新过程中重点考虑了青年人的需求。由此可见，城市更新在不同区域、不同发展阶段都各有各的创新与调整需求，唯有遵循"因地制宜"的原则，城市更新方能确保更新策略既符合当地实际情况，又能满足未来发展需求，实现经济、社会、环境和文化等多方面的协调发展。

第二节　各地城市更新模式探析

焦保宏　金佳伊　汪阳汇知

城市更新作为城市发展的重要组成部分，是推动城市可持续发展、提升城市竞争力、改善居民生活质量的关键策略。随着我国城镇化进程的加快，城市更新已经成为城市规划、建设和管理的重要议题。不同城市根据自身的历史背景、经济发展水平、文化特色和居民需求，采取了多样化的更新模式，这些模式既体现了城市更新的普遍规律，也彰显了各自独特的地方特色。

作为一个多元化、综合性、动态变化的过程，城市更新需要政府、市场和社会资本的共同参与和协作，在不同城市的不同人文、环境、社会底色下，城市更新方案在各地呈现出不同的鲜明特色，但同时，随着中国整体城镇化的发展，各地城市更新方案的更新也存在一些发展的共性。为此，笔者选取全国城市更新模式较为典型的城市对其城市更新特色项目进行探析与比对，这不仅有助于理解不同城市更新的内在逻辑和外在表现，也能够成为类似区域城市更新方案的有效借鉴和参考，从而促进城市更新实践的创新和发展。本节将从各地城市更新的政策发展入手，结合区域特色项目的更新策略与实践效果，分析不同城市更新模式的特点、实施策略及其成效，进而探讨如何根据不同城市的实际情况，制定和实施科学合理的城市更新计划，以期为我国城市更新的理论和实践提供有益的参考和启示。

一、城市更新北京模式

（一）北京城市更新的制度体系

北京作为中国的首都，其城市更新沿革和制度建设体现了国家对于城市可持续发展和历史文化保护的高度重视。自 2019 年中央经济工作会议首次提出"城市更新"以来，北京市作为全国第一批城市更新试点城市之一，开启了城市更新的制度探索与积极行动，目前北京市已基本形成了一套较为完备的"1+N+X"城市更新政策体系，通过综合性的政策框架，结合顶层设计和配套措施，推动城市更新工作的系统化、规范化和法治化。"1+N+X"政策体系中的"1"系指 2022 年 11 月 25 日北京市人民代表大会常务委员会颁布的《北京市城市更新条例》。作为汇集了北京市城市更新首个阶段实践经验出台的核心法规，《北京市城市更新条例》为北京市的城市更新提供了基本的法律框架和指导原则，明确了北京市城市更新的目标、内容、要求和各方的责任与义务；"N"则代表配套政策，即针对不同更新对象和领域的具体管控政策和措施，这些政策可能包括规划管控、土地使用、经营利用等方面的具体规定和操作指南，如 2021 年 5 月 15 日北京市人民政府出台的《北京市人民政府关于实施城市更新行动的指导意见》等，旨在为城市更新提供更加详细的操作规则和支持措施；"X"则指的是具体实施细则，指在城市更新项目实施过程中，有关部门结合实际遇到的堵点、难点问题相应出台的规范标准或指导政策等，具有针对性强、灵活度高的特征，旨在通过小切口推动大改革，解决实际问题，提高城市更新的效率和效果。通过法律、政策和实施细则的有机结合，"1+N+X"城市更新政策体系为北京市应对城市更新过程中的复杂性和多变性提供了坚实的政策保障和制度支持。目前，北京市就城市更新已出台的主要法规、规范性文件、指导政策等如下：

表 2-2　北京市就城市更新出台的主要政策规定

序号	发布日期	制定部门	文件名称	文号
1	2020.04.17	北京市住房和城乡建设委员会、北京市规划和自然资源委员会、北京市发展和改革委员会、北京市城市管理委员会、北京市市场监督管理局	北京市老旧小区综合整治工作手册	京建发〔2020〕100号
2	2021.03.26	北京市规划和自然资源委员会、北京市住房和城乡建设委员会、北京市发展和改革委员会、北京市财政局	关于首都功能核心区平房（院落）保护性修缮和恢复性修建工作的意见	京规自发〔2021〕114号
3	2021.08.02	北京市住房和城乡建设委员会	北京市住房和城乡建设委员会关于进一步加强老旧小区更新改造工程质量管理工作的通知	京建发〔2021〕242号
4	2021.04.09	北京市规划和自然资源委员会、北京市住房和城乡建设委员会、北京市发展和改革委员会、北京市财政局	关于老旧小区更新改造工作的意见	京规自发〔2021〕120号

续表

序号	发布日期	制定部门	文件名称	文号
5	2021.04.22	北京市住房和城乡建设委员会、北京市发展和改革委员会、北京市规划和自然资源委员会、北京市财政局、北京市人民政府国有资产监督管理委员会、北京市民政局、北京市地方金融监督管理局、北京市城市管理委员会	关于引入社会资本参与老旧小区改造的意见的通知	京建发〔2021〕121号
6	2021.04.21	北京市规划和自然资源委员会、北京市住房和城乡建设委员会、北京市发展和改革委员会、北京市财政局	关于开展老旧厂房更新改造工作的意见	京规自发〔2021〕139号
7	2021.04.21	北京市规划和自然资源委员会、北京市住房和城乡建设委员会、北京市发展和改革委员会、北京市财政局	关于开展老旧楼宇更新改造工作的意见	京规自发〔2021〕140号
8	2021.05.15	北京市人民政府	北京市人民政府关于实施城市更新行动的指导意见	京政发〔2021〕10号
9	2021.08.21	中共北京市委办公厅、北京市人民政府办公厅	北京市城市更新行动计划（2021—2025年）	/
10	2023.12.26	北京市规划和自然资源委员会	北京市建设用地功能混合使用指导意见（试行）	京规自发〔2023〕313号

续表

序号	发布日期	制定部门	文件名称	文号
11	2022.11.25	北京市人民代表大会常务委员会	北京市城市更新条例	北京市人民代表大会常务委员会公告〔十五届〕第88号
12	2023.03.21	北京市住房和城乡建设委员会、北京市规划和自然资源委员会	关于进一步做好危旧楼房改建有关工作的通知	京建发〔2023年〕95号
13	2024.03.04	北京市商务局	关于印发《北京市传统商业设施更新导则》的通知	京商函字〔2024〕198号
14	2024.03.28	北京市住房和城乡建设委员会	北京市城市更新实施单元统筹主体确定管理办法（试行）	京建法〔2024〕1号

（二）北京市城市更新的典型案例

北京市的城市更新重点聚焦六类更新项目，包括首都功能核心区老旧平房（院落）的申请式退租和保护性修缮、老旧小区更新改造、危旧楼房改建和简易楼腾退改造、老旧楼宇与传统商圈改造升级、低效产业园区"腾笼换鸟"和老旧厂房更新改造、城镇棚户区更新改造等。至今，北京市已形成了一系列具有示范效应的项目案例，就老旧小区改造，引入社会资本参与，形成如"劲松模式"等成功案例，就推动低效楼宇和老旧厂房的改造升级，也完成了如首钢老工业区转型利用这样的优秀范例。本节就其中一些典型案例介绍如下。

（1）首钢老工业区（北区）更新项目

对首钢老工业区的改造更新是北京市城市更新的重要实践之一，在存量项目转型利用方面取得显著成效。

首钢老工业区北区位于长安街西延线北侧，紧邻永定河，背靠石景山，拥有独特的区位、历史和资源优势。首钢始建于1919年，是中国最早的近代钢铁企业之一。为支持2008年北京奥运会，首钢北京石景山园区钢铁主流程于2010年年底全面停产。停产后，首钢园区并未拆除，而是在原有的工业场地上进行规划和改造，这一改造更新项目涉及土地资源的重新利用、环境污染的治理、工业遗存的保护、员工的就业安置以及转型发展方向等多重问题。为此，国家和市级层面均出台了一系列支持政策，为首钢老工业区（北区）更新项目中的难题破解提供了政策支持，包括国务院办公厅于2014年3月3日发布的《国务院办公厅关于推进城区老工业区搬迁改造的指导意见》（国办发〔2014〕9号）、北京市人民政府于2014年9月23日发布的《关于推进首钢老工业区改造调整和建设发展的意见》（京政发〔2014〕28号）等。

最终，以2022年北京冬奥会为契机，首钢老工业区北区的更新方案以打造"新时代首都城市复兴新地标"为目标，形成了"一轴、两带、五区"的空间结构，即长安街首都功能轴、永定河生态带、后工业景观休闲带，以及冬奥广场区、国际交流展示区、科技创新区、综合服务配套区和战略留白区，综合利用了本区域的历史人文与自然资源，形成了多功能的城市综合体，同时也保留了包含首钢历史沉淀的工业景观。

首钢老工业区（北区）这次城市更新，不仅通过工业污染治理和绿色空间规划改善了原区域中的生态环境问题，也将现有存量资源最大化利用，在坚持保护工业遗存及其历史意义的前提下整体性保护开发，成功转型为集体育、文化、商业等多功能于一体的综合性园区，推动了本区域文化、生态、产业和活力的全面复兴，同时，新园区也为原首钢职工提供了再就业机会，取得了良好的社会效应。首钢老工业区（北区）更新项目的成功实践，为城市更新提供了一种融合工业遗产保护、生态建设、功能转型和文化重塑的综合性发展模式。

（2）北京市朝阳区劲松街道劲松北社区的老旧小区改造项目

北京市朝阳区劲松街道劲松北社区的老旧小区改造项目形成了具有创新和示范效应的北京"劲松模式"，是北京市城市更新项目中老旧小区改造的典型案例，体现了北京市在老旧小区改造方面的创新思路和实践成果。

北京市朝阳区劲松街道劲松北社区是中国改革开放后第一批落地的成建制住宅小区之一，随着时代的变迁，该小区现存在配套设施不足、生活服务便利性差等问题，本区居民对于改善居住环境的需求迫切，特别是在加装电梯、完善无障碍设施、丰富便民服务等方面。为能够有充分的资金开展社区改造更新，该项目引入社会资本参与老旧小区改造，通过政府与社会资本合作，共同推进社区的有机更新，为此也创新性地形成了一套有效的合作机制。"劲松模式"下，由街道与社会资本签订战略合作协议，同时建立"区级统筹，街乡主导，社区协调，居民议事，企业运作"的"五方联动"工作平台，在通过调研问卷、小区走访、入户沟通等方式深入了解居民需求的基础上制定更新改造方案，不仅关注硬件设施的改善，也注重社区服务和管理的系统化提升，并鼓励居民参与改造过程，实现社区治理的共建共治共享。同时，劲松北社区还是北京市首个以"双过半"形式引入专业物业服务的老旧小区，即在老旧小区改造和服务提升过程中，通过民主投票的方式，由小区居民参与决定是否引入专业的物业管理公司。最终引入的物业管理公司需要满足"居民户数过半"：同意引入物业服务的居民户数占小区总户数的一半以上；"建筑面积过半"：同意引入物业服务的居民所拥有的住宅建筑面积占小区总住宅建筑面积的一半以上这两个条件，从而确保引入物业服务的决定符合大多数居民的意愿，体现了居民自治和共同参与的原则。

北京市朝阳区劲松街道劲松北社区的老旧小区改造项目，不仅通过引入社会资本有效解决了老旧小区改造资金不足的问题、实现了社区环境和功能的全面提升，也通过创设联动平台的方式保障了社会资本参与下的更新项目仍能首要保障居民的实际需求，提高了改造的针对性和有效性。同时，该项目还建立了老旧小区改造后的长效管理和运营机制，保障了改造成果的持久性。

（3）模式口历史文化街区保护更新项目

模式口历史文化街区位于北京市石景山区中部，模式口原名"磨石口"，历史上因盛产磨石而得名，是京西古道的重要组成部分，具有独特的历史风貌和丰富的历史文化资源，于2002年列入北京市第二批历史文化保护区。该街区中不仅有包括法海寺、承恩寺等在内的众多古迹，还保留有明清时期古京都通向塞外的龙形古道的空间形态，历史文化价值很高，然而，随着时代的变迁，模式口地区也面临着环境整治、历史风貌保护、民生改善等多重发展需求。

自2016年开始，模式口历史文化街区启动了区域修缮和更新，改造重点包括：（1）整治沿街环境，恢复古街风貌；（2）开展市政工程建设，包括完成架空线入地，修缮房屋外立面等；（3）对法海寺、承恩寺等古迹进行重点保护并建设数字博物馆，挖掘和保护历史文化遗产；（4）引入新的商业业态，活化历史文化街区。同时，该项目还就本次更新建立动态档案库，为规划设计和实施提供翔实的历史资料和依据。

模式口历史文化街区是北京市城市更新的典型项目，充分体现了"只搞大保护、不搞大开发"的原则，采取渐进式更新，避免大拆大建，强调在保护中更新，在更新中保护。模式口历史文化街区的城市更新方案，一方面充分保持历史建筑和街巷肌理，维护历史文化街区的连续性和完整性，并结合数字技术等现代技术手段进一步挖掘和保护地区历史文化价值；另一方面也通过区域环境整治，解决与居民生活息息相关的出行、停车、排污等问题，以及引入与历史文化街区相匹配的新商业业态增加社区服务功能与活力，综合提升了街区风貌和居民生活质量，促进了区域经济发展，为其他历史文化街区的更新提供了宝贵的经验，特别是在历史文化保护、民生改善和业态活化等方面的有机结合，探索出了一条具有示范意义的保护更新之路。

（三）北京市城市更新的特色

回顾北京市的城市更新历程，北京市的城市更新方案坚持"以人为本"的理念，通过成体系的政策和法规的引导和规范，保障城市更新兼顾历史文化的保护和传承与针对区域性需求提升城市功能和居民生活质量。

在项目规划统筹方面，考虑到北京以及北京周边区域发展的不平衡，坚持以规划为引领，统筹协调，确保更新行动符合城市总体规划和分区规划，实现严控总量、分区统筹、增减平衡，推动京津冀协同发展。

在更新项目投融资机制方面，引入社会资本的同时，强化政府的主导作用，既充分发挥市场机制，鼓励和引导市场主体参与城市更新，也积极监管、尊重民意，保障城市更新项目的更新效率与社会成效。

在产业资源统筹方面，充分结合首都的优势和特点，针对当前城市所需功能，对更新区域产业进行升级、转型等，充分推动区域特色产业发展与首都整体城市发展需求相适应。

在历史文化保护方面，注重历史文化保护和传承，合理处理保护与发展的关系，结合现代技术探索了挖掘与保护历史文化遗产的新路径。

在社会参与方面，以民生优先、民意尊重为前提，在城市更新过程中强调公众参与，建立平等协商机制，实现决策共谋、发展共建、建设共管、成果共享。

整体而言，北京市的城市更新方式倾向于保护性修缮和恢复性修建，强调小规模、渐进式、可持续的更新，以街区为单元推动更有针对性的区域更新。

二、城市更新上海模式

（一）上海市城市更新政策

上海市作为在国内城市中率先提出建设用地规模负增长的目标的城市，

自 2015 年以来，在低效建设用地减量化方面已完成规划城镇开发边界外的"减量瘦身"，累计约 114 平方公里，通过实施减量化，上海市累计新增耕地超过 45 平方公里，同时累计新建林地超过 35 平方公里。根据《上海市自然资源利用和保护"十四五"规划》，在"十四五"期间，即 2021—2025 年，上海市将继续推进低效建设用地减量化，年均减量目标为 12—15 平方公里，减量的重点将优先考虑永久基本农田集中区域、水源保护区、生态廊道规划区域、土地整备引导区等区域的低效建设用地减量化。通过"减量化"的有效抓手，结合市政府主导的综合土地整治及创新性产业更新，上海市已形成了具有本区域特色的城市更新模式，较早地由大规模拆建模式进入精细化、可持续的更新模式。目前，上海市就城市更新已出台的主要法规、规范性文件、指导政策等如下：

表 2-3　上海市就城市更新出台的主要政策规定

序号	发布日期	制定部门	文件名称	文号
1	2017.11.17	上海市规划和国土资源管理局	上海市城市更新规划土地实施细则（已失效）	沪规土资详〔2017〕693 号
2	2021.08.25	上海市人民代表大会常务委员会	上海市城市更新条例	上海市人民代表大会常务委员会公告〔十五届〕第七十七号
3	2022.11.12	上海市规划和自然资源局、上海市住房和城乡建设管理委员会、上海市经济和信息化委员会、上海市商务委员会	上海市城市更新指引	沪规划资源规〔2022〕8 号
4	2022.12.30	上海市规划和自然资源局	上海市城市更新操作规程（试行）	沪规划资源详〔2022〕505 号

续表

序号	发布日期	制定部门	文件名称	文号
5	2022.12.30	上海市规划和自然资源局	上海市城市更新规划土地实施细则（试行）	沪规划资源详〔2022〕506号
6	2023.03.16	上海市人民政府	上海市城市更新行动方案（2023—2025年）	沪府办〔2023〕10号

（二）上海市城市更新的典型案例

上海作为中国的经济中心之一，近年来结合自身的城市需求与特色，在城市更新方面进行了大量的实践和探索，形成了一系列具有示范效应的项目案例，包括完成工业遗存活化利用的吴淞创新城城市更新项目，通过旧改群众工作"十法"创下旧改新纪录的宝兴居委会旧改项目，充分还原上海城厢生活的"百年张园"项目，实现外滩区域地标复兴的外滩"第二立面"项目等。本文就其中一些典型案例介绍如下。

（1）外滩"第二立面"项目

外滩"第二立面"项目是上海黄浦区外滩地区城市更新的重要组成部分，主要涉及对外滩临江建筑群西侧的建筑群的更新。该区域拥有约150幢历史久远的老大楼，这批建筑大多建于1949年以前，具有极高的历史和文化价值，也是上海城市发展的重要见证。但随着时间的推移，这些建筑功能与设施老化，需要进行保护性更新以适应现代城市发展的需求。

该批建筑总建筑面积约100万平方米，项目更新面临多重挑战，包括：（1）产权关系复杂，涉及多方利益主体，更新工作统一协调难度较大；（2）改造项目投资量大，需要可持续的资金保障；（3）老建筑改建要求严格，必须遵守规划控制要求与保护修缮标准；（4）项目周边有大量居民生活的老旧小区，项目更新过程中必须平衡居民生活与更新需求。

为保障该项目能够实现历史建筑保护和街区活力焕发的双重目标，该项目灵活采用了多项创新措施。在方案制定上，采用了上海创新性推出的责任规划师、责任建筑师和责任估价师"三师联创"机制，由规划师、建筑师、估价师充分沟通与协作，充分优化更新方案；在产权问题处理上，黄浦区进行了"腾笼换鸟"等一系列制度创新，以便于平稳完成产权置换和房屋征收；在资金平衡方面，积极探索金融创新工具，通过市场化手段为城市更新项目提供资金支持；在产业统筹方面，在遵守严格的规划与修缮要求的前提下将老建筑的功能转换为金融办公、文化设施、市民休闲、配套商业等，以适应现代城市需求。

外滩"第二立面"项目秉持着"重现风貌、重塑功能"的更新原则，通过高质量、可持续的保护性综合开发改造，将该区域重新打造成城市历史街区新地标，并且通过引入多家金融机构和文化机构，形成"外滩金融集聚带"，使历史建筑在保留文化特性的同时实现建筑功能的现代化转变。作为先行启动项目，外滩"第二立面"项目成功实现了老建筑的保护性更新，提升区域的整体价值和活力，为城市历史建筑更新提供了可复制、可推广的经验。

（2）"百年张园"城市更新项目

张园位于上海市静安区南京西路风貌保护区的核心区域，其历史可以追溯到1882年，被誉为"海上第一名园"，见证了上海近现代的许多重要历史时刻。张园拥有28种不同风格的石库门里弄建筑，是上海现存规模最大、保护最完整的中后期石库门建筑群。随着时间的推移，张园逐渐转变为住宅区，自20世纪80年代以来，已经历了多次修缮和改造。2018年，静安区对张园启动了保护性征收工作，采取"征而不拆、人走房留"的原则，成为上海中心城区首个"留改拆"城市更新试点项目。

张园的更新改造项目难度极高，涉及1100多户居民的搬迁安置、大量可持续的改造资金投入以及如何在保护历史建筑的同时能够完成建筑功能转换等问题。在历史建筑保护方面，张园的更新改造遵循"保护为先、文化为魂、以人为本"的原则。该更新项目改造开工前实施了详尽的查勘测绘工作，形成了"一幢一档"的张园历史建筑完整资料库，对每一处建筑的重点保护部位进行了编号和拍照存档，为在项目改造过程中保护石库门里弄建筑文化和巷弄肌理打下了坚实基础，存续了城市的文脉。在建筑功能转换方面，为实现历史传承和经济发展的平衡，张园更新改造项目注重对历史建筑的活化利用，结合区域特色引入了包括国际级创新文化场所、高端办公、特色艺术公寓等在内的新的商业和文化业态，打造了"百年张园"这一独具历史文化特色的城市级地标性区域。而针对居民安置以及大量改造的资金需求，市政府与区政府大力提供了政策与资金的支持，并引入社会资本参与改造，通过市场化运作，提高了项目的效率与活力，同时在政府主导的保护性征收开展中，也充分听取和考虑了居民的需求和意见，1100多户居民通过旧改搬离张园，生活得以改善与提升。

张园项目在旧改和历史建筑活化利用方面都形成了宝贵的经验和创新模式，为老建筑建档，充分发挥了历史文化遗产的价值，同时引入符合其区域特色的现代产业，盘活了存量项目，并同步解决了该区域原居民生活条件改善的问题，体现了上海城市更新项目的精细化管理和操作。

（3）宝兴里旧改项目

宝兴里是上海第一个由居民自发建立的群众性自治组织，被誉为"申城第一居委"。该地区建于1916—1944年，多为二级旧里，是历史风貌保护街坊。旧改前，居民生活环境较差，户均居住面积仅12.6平方米，且存在老年人多、外来人口多、困难人群多的情况。

为解决该区域居民生活改善的迫切需求，该区域启动了旧改项目，过程中探索了多项具有创新性的模式，产生了深远的社会意义和实践价值。在旧改征收中，宝兴里强化了党建工作，通过设立党建联席会议，推动各领域党组织互联互动，形成合力破解旧改难题，通过探索党建引领下的社会治理新模式，提升了社会治理的精准度和服务群众的有效性，深化了党的群众路线，通过精细化治理构建了团结和睦的社区生态，增强了居民对党的信任和支持。同时，宝兴里还自创性地运用了包括精准排摸法、平等交流法、钉钉子法、换位思考法等十种工作方法，广泛听取了居民的意见，收集民声民意，确保了旧改工作符合公众利益，同时提升了居民的生活质量，实现了居民和单位100%自主签约、100%自主搬迁，项目当年启动、当年收尾、当年交地，创下了上海大体量旧改项目的新纪录。

宝兴里旧改项目不仅是一次居住条件的改善，更是一次社会治理、法治建设、历史文化传承和城市发展综合推进的有益尝试，对于上海市以城市更新推动城市可持续发展的实践具有重要意义。

（三）上海市城市更新的特色

回顾上海市城市更新的历程，上海市城市更新模式具有鲜明的创新性。

在规划政策方面，上海率先树立新目标，并强调规划的引领作用，通过制定详尽的规划和行动方案，明确城市更新的目标、原则和重点任务，确保城市更新有序进行。

在更新项目的设计方面，上海创新性地提出并实施了责任规划师、责任建筑师、责任估价师"三师"联创机制，通过专业技术团队的集成创新，强化设计方案的牵引和空间激活效能，实现资源、资信、资产、资金的贯通。

在区域更新的规划方面，上海划定"城市更新单元"进行精细化管理与操作，针对特定区域集中资源和注意力，提高了城市更新的效率和质量。

在资源整合与创新方面，上海市灵活运用现代信息技术手段，通过智慧化管理手段实现项目从规划、建设到管理、运营的全生命周期管理。

在社会参与层面，上海不仅鼓励社会资本的资金投入，也鼓励公众自发、创造性地参与城市更新，并鼓励新型产业入驻存量项目，形成了良好的社会效应，促进了社会资源的良性流动。

在城市文化传承方面，上海市结合自身的城市文化特征，在城市更新过程中挖掘和保护历史文化遗产，促使历史文化遗产的活化利用，也使得历史风貌保护与城市发展需求有机结合。

三、城市更新广州模式

（一）广州城市更新沿革及制度梳理

广州的城市更新根据其改造方式和内容的不同可以分为初步探索期（20世纪80—90年代）、政府强力主导期（1999—2009年）、"三旧"改造期（2009—2015年）、城市更新系统化建设期（2015—2020年9月）、城市更新政策深化期（2020年9月至今），通过梳理广州市城市更新制度，可以明显地看到不同时期的制度都在尽力适应当时当地的更新需求，解决城市更新的部分棘手难题。

（1）初步探索期（20世纪80—90年代）

1978年改革开放后，我国开始逐步结束长期施行的"福利分房制度"，转向商品化住房开发。20世纪80年代初期，全国第一个商品房居住区——东湖新村经过谈判与建设在广州落成，标志着广州成为改革开放后国内第一个建成商品住房的城市。

由于当时政府财政资金十分有限，无力推动城市更新，所以引入了很多私有资本进入房地产市场，希望借助市场力量的参与来改善城市空间品质。吸收私有资本的方式缓解了政府资金不足的压力，但与此同时也存在弊端：第一，新建商品房价格过高，普通居民难以购买，本质上未缓解旧城居住环境差等问题。第二，更新项目大拆大建，缺乏开发强度管控。增量更新也不断加剧旧城的公共设施危机，旧城地区交通及基础设施等跟进不及时，一定程度上对历史风貌也造成了破坏。

（2）政府强力主导期（1999—2009年）

1999年，出于历史街区保护和公共利益维护等原因，广州市政府叫停了私人开发商直接参与旧城改造项目的市场主导行为。1999年11月19日，广州市人民政府出台《广州市危房改造工作实施方案》（穗府〔1999〕76号），明确全市危房改造的宗旨、目标、具体措施和工作步骤。

2002年5月24日，中共广州市委办公厅、广州市人民政府办公厅发布《关于"城中村"改制工作的若干意见》（穗办〔2002〕17号），对"城中村"改制涉及的有关问题提出了意见，包括"城中村"村民户口"农转非"；"城中村"改制中集体土地及其房屋权属的处置；撤销"城中村"村委会，建立居委会；农村集体资产的处置；"城中村"改制后的规划和市政设施的管理，以及对"城中村"学校管理、环卫管理和计划生育政策、就业、社会保障问题进行了明确与解决。

2008年3月28日，广州市人民政府印发《关于推进市区产业"退二进三"工作的意见》（穗府〔2008〕8号，已失效）及附件《广州市区产业"退二进三"企业工业用地处置办法》，划定"退二"更新范围，范围中的工业企业可申请纳入政府储备用地并给予补偿，未列入政府储备计划的工业用地在不改变原址土地的用地性质、权属的前提下，也可用于除房地产开发外的第三产业。

此时期政府对于城市更新表现出很强的计划性，无论是旧城、旧村还是旧厂都有对应的政策文件指导，相关原则较好地保护了公众利益。

（3）"三旧"改造期（2009—2015年）

2008年12月20日，国土资源部与广东省人民政府签署《共同建设节约集约用地试点示范省合作协议》，推进广东省建设节约集约用地试点示范省工作，探索可供全国借鉴的土地管理新经验。

2009年2月4日，广东省人民政府印发《广东省建设节约集约用地试点示范省工作方案》（粤府明电〔2009〕16号），提出制订扶持政策，积极推进旧城镇、旧厂房、旧村庄改造（"三旧"改造），鼓励开发利用地上地下空间，提高容积率等节约集约用地措施。

为贯彻落实《广东省建设节约集约用地试点示范省工作方案》（粤府明电〔2009〕16号），2009年6月12日，广州市人民政府发布《广州市推进节约集约用地试点示范工作实施方案》（穗府办〔2009〕36号），结合广州市实际，确立广州市的工作目标、主要任务、实施步骤、保障措施。

2009年8月25日,《广东省人民政府关于推进"三旧"改造促进节约集约用地的若干意见》(粤府〔2009〕78号)出台,该意见重点明确了如下内容:(1)以"政府引导,市场运作"为原则。(2)可列入"三旧"改造范围的土地包括:城市市区"退二进三"产业用地;城乡规划确定不再作为工业用途的厂房(厂区)用地;国家产业政策规定的禁止类、淘汰类产业的原厂房用地;不符合安全生产和环保要求的厂房用地;布局散乱、条件落后,规划确定改造的城镇和村庄;列入"万村土地整治"示范工程的村庄等。(3)依据"三旧"改造规划,制定年度实施计划,明确改造的规模、地块和时序,纳入城乡规划年度实施计划。(4)2007年6月30日之前的历史用地可以完善用地手续,"三旧"改造中涉及的各类历史用地手续工作应当在2012年前完成。该等规定对于后续一系列政策的制定具有指导性意义。

2009年11月23日,广东省人民政府办公厅转发广东省国土资源厅经广东省人民政府同意的《关于"三旧"改造工作的实施意见(试行)》(粤府办〔2009〕122号),在前述《广东省人民政府关于推进"三旧"改造促进节约集约用地的若干意见》(粤府〔2009〕78号)基础上,进一步规定了编制"三旧"改造规划及年度实施计划;旧村庄集体建设用地符合一定条件可以申请转变为国有建设用地;完善历史用地手续;边角地、夹心地、插花地的处理;分散土地归宗等制度的具体条件及审查审批程序。

在上述广东省出台的政策背景下,2009年12月31日,广州市人民政府出台《关于加快推进"三旧"改造工作的意见》(穗府〔2009〕56号,已失效)及三个附件《关于广州市推进旧城更新改造的实施意见》、《关于广州市推进"城中村"(旧村)整治改造的实施意见》、《关于广州市旧厂房改造土地处置实施意见》,明确遵循"政府主导、市场参与"的原则,政府是"三旧"改造的责任主体,拓宽融资渠道,以土地有形市场为平台,公开吸引市场主体全面投资"三旧"改造项目;力争用10年时间基本完成广州市"三旧"改造工作,用3年至5年时间基本完成位于城市重点功能区的旧城成片重建改造工作、"城中村"全面改造工作,以及不符合城乡规划的旧厂房搬迁改造工作。

随后，2010年2月24日，广州市"三旧"改造工作办公室挂牌成立，作为广州市"三旧"改造工作的职能管理部门。随后出台的主要政策包括但不限于：

表2-4 "三旧"改造期广州市的主要政策

序号	发布日期	制定部门	文件名称	文号
1	2010.07.01	广州市"三旧"改造工作办公室、广州市财政局	关于加强旧村全面改造项目复建安置资金监管的意见（已失效）	穗旧改联字〔2010〕3号
2	2011.04.09	广州市"三旧"改造工作办公室、广州市国土资源和房屋管理局	关于加快办理"三旧"改造项目涉及完善历史用地手续的通知（已失效）	穗旧改联字〔2011〕1号
3	2011.05.13	广州市人民政府办公厅	关于广州市"三旧"改造管理简政放权的意见（已失效）	穗府办〔2011〕17号
4	2011.11.10	广州市"三旧"改造工作办公室	国有土地上旧厂房改造方案审批权限下放工作指引（已失效）	穗旧改办〔2011〕70号
5	2011.12.01	广州市"三旧"改造工作办公室	广州市"三旧"改造项目土地出让收入收缴及使用管理办法（已失效）	穗旧改联字〔2011〕3号
6	2012.06.03	广州市人民政府	关于加快推进三旧改造工作的补充意见（已失效）	穗府〔2012〕20号
7	2012.08.23	广州市"三旧"改造工作办公室	广州市"城中村"改造成本核算指引（已失效）	穗旧改办〔2012〕48号
8	2012.11.27	广州市"三旧"改造工作办公室	"三旧"项目改造方案报批管理规定（已失效）	穗旧改办〔2012〕71号

(4)城市更新系统化建设期(2015—2020年9月)

2015年2月28日,广州市政府进行机构改革,广州市城市更新局挂牌成立,这是国内首个城市更新局,职能涵盖原广州市"三旧"改造工作办公室的职能,还增加了完善城市基础设施公建配套、改善人居环境、提升城市功能等要求。

2015年12月,在总结2009年至2015年改造实践经验基础上,《广州市城市更新办法》(广州市人民政府令第134号)及其三个配套文件《广州市旧村庄更新实施办法》、《广州市旧厂房更新实施办法》、《广州市旧城镇更新实施办法》出台,广州市城市更新政策正式进入"1+3"时期,该规定汇集了广州市此前"三旧"改造工作中的先进经验,也弥补了许多不足,对广州市此前"三旧"改造流程作了较大变更。

广州市城市更新局作为管理职能部门,对复建安置资金监管、基础数据调查、改造成本核算、合作企业选择等改造的关键环节均制定了专门性的规定,主要规定见下表:

表2-5　机构改革前出台的主要政策规定

序号	发布日期	制定部门	文件名称	文号
1	2016.09.13	广州市城市更新局、广州市财政局	广州市旧村庄全面改造项目复建安置资金监管办法(已失效)	穗更新规字〔2016〕1号
2	2016.09.22	广州市城市更新局	广州市旧村庄全面改造成本核算办法(已失效)	穗更新规字〔2016〕2号
3	2016.12.28	广州市城市更新局	广州市城市更新基础数据调查和管理办法(已失效)	穗更新规字〔2016〕3号
4	2017.12.18	广州市城市更新局	广州市城市更新项目监督管理实施细则(已失效)	穗更新规字〔2017〕1号

续表

序号	发布日期	制定部门	文件名称	文号
5	2017.12.29	广州市城市更新局	广州市旧村庄全面改造成本核算办法（已失效）	穗更新规字〔2017〕3号
6	2018.01.04	广州市城市更新局	关于进一步规范旧村合作改造类项目选择合作企业有关事项的意见（已失效）	穗更新规字〔2018〕1号
7	2018.01.18	广州市城市更新局	广州市城市更新安置房管理办法（已失效）	穗更新规字〔2018〕2号

2019年1月29日，广州市实施机构改革，组建广州市规划和自然资源局（广州市规自局），不再保留广州市国土资源和规划委员会、广州市城市更新局，广州市住房和城乡建设委员会更名为广州市住房和城乡建设局（广州市住建局）。涉及城市更新的大部分职能归入广州市住建局，包括"拟订城市更新的投资管理政策。组织城市更新政策创新研究，拟订城市更新项目实施有关政策、标准、技术规范。负责组织编制城市更新中长期建设规划及年度计划。负责城市更新项目标图建库工作。负责城市更新项目基础数据普查工作。统筹组织城市更新片区策划方案、项目实施方案的编制和审核工作。负责全市城市更新项目的统筹实施、监督和考评。负责统筹城市更新政府安置房的筹集与分配等管理工作"。[1]而广州市规自局则负责"城市更新土地整备和用地报批工作，负责城市更新规划和用地管理工作"等。[2]

---

[1]《广州市住房和城乡建设局主要职能》，载广州市住房和城乡建设局网，https://zfcj.gz.gov.cn/gkmlpt/content/9/9603/mpost_9603472.html#1084，2024年6月28日最后访问。

[2]《广州市规划和自然资源局主要职能》，载广州市规划和自然资源局网，https://ghzyj.gz.gov.cn/gkmlpt/content/9/9458/mpost_9458813.html#931，2024年6月28日最后访问。

机构改革后，广州市住建局发布了一系列的规定（其中部分规定的名称及实质内容与此前广州市城市更新局已发布的规定一致），主要规定见下表：

表2-6 机构改革后出台的主要政策规定

序号	发布日期	制定部门	文件名称	文号
1	2019.10.31	广州市住房和城乡建设局	广州市旧村庄全面改造成本核算办法	穗建规字〔2019〕13号
2	2020.02.21	广州市住房和城乡建设局	广州市城市更新安置房管理办法（已失效）	穗建规字〔2020〕14号
3	2020.02.21	广州市住房和城乡建设局	广州市城市更新项目监督管理实施细则（已失效）	穗建规字〔2020〕15号
4	2020.02.21	广州市住房和城乡建设局	关于进一步规范旧村合作改造类项目选择合作企业有关事项的意见（已失效）	穗建规字〔2020〕16号
5	2020.03.02	广州市住房和城乡建设局	广州市城市更新基础数据调查和管理办法	穗建规字〔2020〕19号
6	2020.02.21	广州市住房和城乡建设局	广州市旧村庄全面改造项目复建安置资金监管办法	穗建规字〔2020〕21号

（5）城市更新政策深化期（2020年9月至今）

2020年9月28日，围绕"深化城市更新，推进高质量发展"的主题，广州召开专题新闻发布会，根据广州市市委书记专题会关于"制定深化城市更新工作的意见"和"制定城市更新三年实施计划、五年行动方案和十年改造规划"的要求，广州市住建局和广州市规自局共同起草了城市更新"1+1+N"政策文件，具体为：1个《关于深化城市更新工作推进高质量发展的实施意见》+1个《广州市深化城市更新推进高质量发展工作方案》+N

个工作指引[①]。

《关于深化城市更新工作推进高质量发展的实施意见》是新一轮城市更新工作的顶层设计文件,设立了"2025年底前,先行推进重点地区更新;2030年底前,全面推进城市集中建成区更新;2030年之后,推进全域存量用地系统更新"的工作目标,文件还提出20条深化改革的硬核措施,推动城市更新提质增效。

《广州市深化城市更新推进高质量发展工作方案》坚持以"人民城市为人民、高质量发展、生态保护优先、传承保护历史文化、依法依规"为原则,2025年底前推进重点区域的城中村、旧街区、旧厂房改造和"三园"转型、"三乱"整治;2030年底前推进集中建成区的城中村、全市旧街区、旧厂房改造和"三园"转型、"三乱"整治。文件制定了"三年实施计划"、"五年行动方案"、"十年改造规划",通过规划引领、计划统筹、有序推进城中村改造。

与前述文件配套的N个工作指引包括但不限于:2020年9月18日广州市住建局出台的《广州市城中村全面改造大型市政配套设施及公共服务设施专项评估成本估算编制指引》(穗建计〔2020〕315号);2020年9月23日广州市规自局出台的《广州市城市更新实现产城融合职住平衡的操作指引》、《广州市城市更新单元设施配建指引》、《广州市城市更新单元详细规划报批指引》、《广州市城市更新单元详细规划编制指引》、《广州市关于深入推进城市更新促进历史文化名城保护利用的工作指引》(穗规划资源字〔2020〕33号);2020年12月22日广州市规自局出台的《广州市旧村全面改造项目涉及成片连片整合土地及异地平衡的工作指引》(穗规划资源规字〔2020〕4号);2021年1月11日广州市住建局出台的《广州市城中村改造合作企业引入及退出指引》(穗建规字〔2021〕1号,已失效);2021年

[①]《广州市深化城市更新推进高质量发展专题新闻发言》,载广州市住房和城乡建设局网,https://zfcj.gz.gov.cn/zjdt/xwfyr/content/post_6865420.html,2024年6月28日最后访问。

4月30日广州市住建局出台的《广州市城中村改造村集体经济组织决策事项表决指引》（穗建规字〔2021〕5号，已失效）；2021年9月19日广州市住建局出台的《广州市旧厂房"工改工"类微改造项目实施指引》（穗建规字〔2021〕10号），以及《广州市城市更新片区策划方案编制和报批指引》、《广州市老旧小区微改造实施指引》等。

2021年8月开始，"防止大拆大建"成为全国城市更新的关键词。2021年8月30日，住房和城乡建设部印发《关于在实施城市更新行动中防止大拆大建问题的通知》（建科〔2021〕63号），指出各地积极推动实施城市更新行动，但有些地方出现继续沿用过度房地产化的开发建设方式、大拆大建、急功近利的倾向，随意拆除老建筑、搬迁居民、砍伐老树，变相抬高房价，增加生活成本，产生了新的城市问题。文件明确提出：严格控制大规模拆除，城市更新单元（片区）或项目内拆除建筑面积不应大于现状总建筑面积的20%；严格控制大规模增建，城市更新单元（片区）或项目内拆建比不应大于2；严格控制大规模搬迁，城市更新单元（片区）或项目居民就地、就近安置率不宜低于50%；确保住房租赁市场供需平稳，城市住房租金年度涨幅不超过5%。

2022年3月10日，《广州市关于在城乡建设中加强历史文化保护传承的实施意见》出台，要求到2025年，多层级多要素的广州城乡历史文化保护传承体系更加完善，城乡历史文化遗产基本做到应保尽保，形成更多可复制、可推广的活化利用经验，建设性破坏行为得到明显遏制，历史文化保护传承工作融入城乡建设的格局基本形成；到2035年，系统完整的广州城乡历史文化保护传承体系全面建成，城乡历史文化遗产得到有效保护、充分利用，不敢破坏、不能破坏、不想破坏的体制机制全面建成，历史文化保护传承工作全面融入城乡建设和经济社会发展大局，人民群众文化自觉和文化自信进一步提升。在城市更新中禁止大拆大建、拆真建假、以假乱真，不破坏地形地貌、不砍老树，不破坏传统风貌，不挖山填湖，不随意改变或侵占河湖水系，不随意更改老地名。切实保护能够体现城市特定发展阶段、反映重要历史事件、凝聚社会公众情感记忆的既有建筑，不随意拆除具有保护价值的老建筑、古民居。对于因公共利益需要或者存在安全隐患不得不拆除的，应进行评估论证，广泛听取相关部门和公众意见，严格按照法定程序审批后方可实施拆除、迁移、改造。继续加大历史建筑、传统风貌建筑、工业遗产活化利用力度，在保持原有外观风貌、典型构件的基础上，倡导创新技术方法和材料使用，通过加建、改建和添加设施等方式适应现代生产生活需要，做好市第二棉纺厂、粤汉铁路黄沙车站旧址等活化利用工作。

2024年3月，广州市人民代表大会常务委员会公布《广州市城中村改造条例》，对广州市的城中村改造进行监督、管理。

此外，在广东省广州市的城市更新政策框架体系之下，广州市各区亦从不同层面出台了适用于该区的规范性文件。

（二）广州城市更新的特点

整体上，广州市呈现出"自上而下"的规划编制体系，主要目的是与上位规划进行衔接，进一步加强规划引导城市更新。

政策方面，广州市城市更新的政策导向经历了多次修改与调整，自2009年施行"三旧"改造起，城市更新的主导力量从早期的"市场"逐步转向"政府"，推行政策收紧管理，强化政府管控作用，并日渐重视管理细节和实施成效。

典型案例如"猎德模式"[①]，通过政府主导采用"售地筹钱、拆补"的模式进行整村改造，成立村集体公司，引入市场主体，并借助法律途径解决"钉子户"问题，最终实现了村集体经济发展、地段再开发和人居环境的

[①] "猎德模式"：广州市猎德村处在广州规划中的珠江新城中央商务区的黄金地带，拥有900多年历史、7800多名村民，是广州市内较大规模的城中村。为迎合广州亚运会的举办，实现完整的中心规划，猎德城中村改造工程在2008年正式动工，成为广州首个改造的城中村。在"市、区政府主导，以村为实施主体"的总体思路下，历时三年的城中村改造顺利完成，猎德村民如期回迁，猎德的乡土文脉、岭南水乡文化也得以保护和延续，成为广州城中村改造的首例成功典范。

改善。

广州市为方便掌握"三旧"改造用地的基本情况以及对改造工作进行有效的动态监管还建立了"标图建库"。建立的数据库包括改造地块的位置、范围、面积、权属、现状等。机动更新的"标图建库"可以实时了解城市更新的片区及其相关信息。

四、城市更新深圳模式

（一）深圳城市更新沿革及制度梳理

改革开放至今，深圳城市更新经历了由城中村改造、旧村改造逐步向城市更新转变的过程，一路走来，不断创新，改革不止，深圳一直都走在国内城市更新工作的前沿。

（1）前更新时期（2009 年之前）

2004 年 10 月 22 日，深圳市人民政府印发《深圳市城中村（旧村）改造暂行规定》（深府〔2004〕177 号，已失效），明确城中村改造条件、计划、目标、实施步骤、拆迁补偿范围和标准等，首次系统梳理了城中村改造流程和规范，奠定了早期城中村改造政策的基本框架。

在此基础上，深圳市人民政府接连出台一系列文件：2005 年 4 月 7 日出台《关于深圳市城中村（旧村）改造暂行规定的实施意见》（深府〔2005〕56 号，已失效）；2006 年 12 月 15 日印发《关于推进宝安龙岗两区城中村（旧村）改造工作的若干意见》（深府〔2006〕257 号，已失效）、《关于宝安龙岗两区自行开展的新安翻身工业区等 70 个旧城旧村改造项目的处理意见》（深府〔2006〕258 号）；2007 年 2 月 7 日出台《深圳市城中村（旧村）改造扶持资金管理暂行办法》（深府〔2007〕24 号，已失效）；2008 年 3 月 1 日印发《关于开展宝安龙岗两区城中村（旧村）全面改造项目有关事项的通知》(深府办〔2008〕25号,已失效),针对城中村改造事宜作更细致化、规范化的指导。

在这一时期,深圳城市更新事实上以原特区外的城中村改造为主要形式,以政府主导开展旧改工作为主要模式。

(2)市统筹更新时期(2009—2016年)

2009年10月22日,深圳市政府四届一四六次常务会议审议通过《深圳市城市更新办法》(深圳市人民政府令第211号),作为国内首部针对城市更新出台的地方政府规章,在广东省人民政府出台的《关于推进"三旧"改造促进节约集约用地的若干意见》(粤府〔2009〕78号)确定的原则之下,根据深圳市情况创新性地提出"城市更新单元规划"概念。2016年11月12日,深圳市人民政府以深圳市人民政府令第290号对该办法进行修改。该办法奠定了深圳市后续更新政策体系的基本框架、内容和范围。

2012年1月21日,深圳市人民政府出台《深圳市城市更新办法实施细则》(深府〔2012〕1号)作为《深圳市城市更新办法》的配套实施文件,其中除进一步细化城市更新项目的各项措施,就申报条件、程序和手续等作出更为细致的规定外,着重加强了对城市更新项目的监督和管理,使城市更新工作更加规范化、体系化。

2012年8月17日,深圳市人民政府出台《关于加强和改进城市更新实施工作的暂行措施》(深府办〔2012〕45号,已失效),对城市更新相关内容进行补充和完善。随后又于2014年5月27日、2016年12月29日出台暂行措施,三份文件呈现内容承继、取代的关系,针对城市更新不同时期、不同问题对相关规定进行动态的补充和调整。

之后,深圳市又密集出台多项文件对城市更新工作提供指导,如2013年5月17日,深圳市规划和国土资源委员会发布《深圳市城市更新历史用地处置暂行规定》(深规土〔2013〕294号,已失效)。2015年10月30日,深圳市规划和国土资源委员会发布《深圳市城市更新清退用地处置规定》(深规土〔2015〕671号)。

在这一时期，深圳城市更新工作由市主管部门统筹规划，各区仅能按市主管部门相关要求申报、审查和实施城市更新工作，各区并不具备太多主导职权，而这一局面对多区的局面也造成沟通协调难度大、审批时限过长、审批流程冗长等弊端。

（3）强区放权时期（2016年至今）

2015年8月29日，深圳市人民政府公布《关于在罗湖区开展城市更新工作改革试点的决定》（深圳市人民政府令第279号，已失效），将原由市规划和国土资源委员会及其派出机构行使的涉及罗湖区城市更新项目的行政审批、行政确认、行政服务、行政处罚、行政检查等职权，除地名许可、测绘查账、房地产预售、房地产权登记、储备用地管理、档案管理事项外，调整至罗湖区行使。深圳市将城市更新工作的事权下放到区级行使，极大地提高了审批效率。

作为首个城市更新强区放权的城区，2015年10月10日，罗湖区人民政府出台《深圳市罗湖区城市更新实施办法（试行）》（已失效），在市城市更新政策指导下建立以区城市更新实施办法为核心的城市更新强区放权体系，明确城市更新局以及相关职能部门全面承接从计划与规划审批到竣工验收的全流程业务，力争优化工作流程，提升工作效能，加速推动罗湖区域城市更新进程。

2016年10月15日，深圳市人民政府发布《关于施行城市更新工作改革的决定》（深圳市人民政府令第288号），将城市更新工作改革范围扩大至全市，标志着深圳城市更新正式迈入强区放权新时期。

2016年11月12日，深圳市人民政府发布《关于修改〈深圳市城市更新办法〉的决定》（深圳市人民政府令第290号），对城市更新活动中市级、区级政府部门的职责分工进行重新安排，确立和保证了深圳市城市更新始终遵循政府引导、市场运作、规划统筹、节约集约、保障权益、公众参与的原则。

2016年12月开始，深圳市各区接连出台区城市更新实施办法或暂行办法。

2019年6月6日，深圳市规划和自然资源局发布《关于深入推进城市更新工作促进城市高质量发展的若干措施》（深规划资源规〔2019〕5号）。

2020年12月30日，深圳市第六届人大常委会第四十六次会议通过并公布《深圳经济特区城市更新条例》（深圳市第六届人民代表大会常务委员会公告第二二八号），该条例是全国首部就城市更新问题进行的地方立法。

（二）深圳城市更新的特点

深圳的城市更新主要采取"政府引导，市场运作"的模式，即在更新项目筹划时通过市场机制确定城市更新的实施主体，允许并鼓励实施主体和搬迁人灵活选择确定更新模式。"政府引导"着重发挥好政府在城市更新中的政策指引和服务作用，"市场运作"则真正发挥市场在资源配置方面决定性的作用。如《深圳经济特区城市更新条例》中规定，除政策性住房原则上采取产权置换方式外，其他建筑的搬迁补偿标准，可以由开发商等市场主体和业主间自行协商确定，城市更新单元计划也可以由申报主体自行委托编制并上报。深圳市鼓励原权利人自行实施、市场主体单独实施或二者联合实施城市更新，多种更新方式从制度上为市场力量进入城市更新提供路径。同时，深圳市也通过制定一系列优惠政策吸引社会资金参与城市更新。

五、城市更新西安模式

（一）西安市城市更新政策发展

西安是一座承载着深厚历史文化底蕴的古都，自古以来便是中华文明的璀璨明珠。2021年，住建部发布了《关于开展第一批城市更新试点工作的通知》，西安与北京等21个城市一起，被确定为第一批城市更新试点城市。

如今，西安已完成了为期两年的试点工作。回顾试点期间以及过往的城改历程，西安市的城市更新已经走过了二十余年的发展历程，城市更新工作成绩斐然、成果丰硕，形成了城市更新的"西安模式"。

（1）探索起步期（2002—2004年）

2002年，西安市人民政府成立了西安市城区旧村改造试点指导小组，负责全面指导与协调城区旧村试点改造工作，试点村所在区政府成立相应的旧村改造领导小组，具体负责辖区内试点村的改造工作。这一阶段，西安市按照"自筹资金、自我改造、自我安置"的"三自"方针进行旧村改造试点。这种以村集体主导的改造模式下，村民及村民自治组织即村民委员会是旧村改造的主体，旧村改造试点村村委会是旧村改造的具体组织实施者。旧村改造资金由村委会负责筹集，村民拆迁、补偿及安置方案由试点村自行制定。

2003年4月4日，西安市进一步出台了《西安市城中村改造建设管理暂行办法》，制定了九大配套政策促进旧村庄的改造，在城市建成区内全面开展了城中村的改造建设，要求对城中村和旧村改造项目简化办事程序，特事特办，加快步伐，推动西安城中村改造全面铺开。

在此期间，西安市旧村改造试点实行"一村一案"，但对于西安市的大部分城中村而言，村集体经济与村民家庭经济能力不足以支撑旧村整体改造的重任，并且改造中涉及村民利益问题，使村民缺乏参股投资的积极性，相应的配套政策也不完善，加之资金匮乏等原因，造成城改工作进展缓慢。

（2）快速发展期（2005—2016年）

2005年，西安市人民政府发布《关于加快城中村改造工作的意见》（市政发〔2005〕92号），要求按照"政府主导，以区为主，市场运作，改制先行，改建跟进，尊重民意，利民益民"的原则，积极推进城中村改造工作，并明确提出目标任务：到2006年年底前完成人均耕地在0.3亩以下的城中村"无形改造"工作（"四个转变"：集体土地转为国有土地、农民转为居民、村委会转为居委会、农村集体经济转为城市混合经济或股份经济）。

城中村改造在现实中需要大笔的资金作为支撑，尤其是对于西安这种城中村数量多、规模大、问题重、改造任务艰巨的地方来说更是如此。据统计，2007 年西安城六区共有行政村 624 个，具备改造条件的城中村 326 个，涉及人口约 46 万人；棚户区 324 处，涉及人口约 70 万人，西安是全国拥有城中村和棚户区最多的城市之一。[1]

2007 年，西安市委、市政府以构建和谐西安为目标，在总结改造起步阶段"三自"方针的经验教训基础上，全面启动城中村和棚户区改造工作，提出"一年打基础，两年见效果，三年大见成效，经过四年至五年的不懈努力，达到全国一流水平"的奋斗目标。

2007 年 8 月，西安在全国率先成立了政府直管的正局级部门——西安市城中村（棚户区）改造办公室，集中办理改造范围内的计划、规划、土地、建设、房产等行政审批事项，实行"一站式"办公，"一条龙"服务。

除此之外，西安还出台了《西安市城中村村民房屋建设管理办法》、《关于城中村无形改造工作有关问题的通知》、《西安市城中村改造管理办法》（已失效）等一系列政策。2014 年 7 月 2 日，《西安市国家开发银行棚户区改造专项贷款资金管理办法》出台，通过国家开发银行陕西省分行为实施西安市棚户区改造项目发放贷款，包括资本金过桥贷款及中长期贷款，缓解西安市棚户区改造资金短缺问题。2014 年 9 月 30 日出台了统一的《西安市棚户区改造管理办法》，该办法施行之日起，2008 年 7 月 28 日印发的《西安市棚户区改造管理办法》和 2007 年 9 月 17 日印发的《西安市城中村改造管理办法》废止。

这个阶段逐渐形成了以"政府主导，市场运作，整村拆除，安置优先，有形与无形改造并重"的典型西安模式。该模式是经过多年探索与实践创造出来的，并走在了全国前列。

---

[1] 《〈陕西建设〉| 城改十年耀古城——西安市城中村、棚户区改造工作掠影》，载搜狐网，https://www.sohu.com/a/167029313_737902，2024 年 6 月 28 日最后访问。

（3）改革转型期（2017—2020年）

2017年，中共西安市委十三届三次全会审议通过《中共西安市委关于落实"五新"战略任务加快补齐"十大短板"的决定》，西安的城市更新进入了新的阶段。

在改造类型上，随着2019年《西安市工业企业旧厂区改造利用实施办法》的印发，旧厂房改造也被纳入城市更新的范围，形成了棚户区（城中村）、旧住宅、旧工厂等更新改造并重的局面；在改造范围上，从原先的单一项目调整为集中连片改造；在改造模式上，加大政府资金投入，由各区成立改造建设公司，负责棚户区改造的融资和安置项目建设工作，确立了"政府主导、连片改造、政府储备、统一出让"的模式。

2019年西安市实施政府机构改革，西安市城中村（棚户区）改造事务中心挂牌成立，作为市政府直属事业单位，原市棚改办承担的城中村和棚户区改造项目立项、规划、土地等行政审批职能分别移交市发改、资源规划、住建等部门，实际上是将原本归属于规划、土地等职能部门的职权对口恢复。

2020年1月27日，西安市政府第二次修改《西安市国有土地上房屋征收与补偿办法》，修改后的办法于2020年3月1日起实施，新增9个方面内容，进行了10处重大调整，如将产权调换住宅房屋最小户型套内建筑面积从原来的不得小于40平方米调整为不得小于50平方米，使安置房屋设计更好、更优，更适宜被征收人居住；提高了最低生活保障家庭房屋征收补偿安置标准等。

（4）城市更新提升期（2021年至今）

近年来，各地积极推动实施城市更新行动，全国有些地方出现继续沿用过度房地产化的开发建设方式、大拆大建、急功近利的倾向，随意拆除老建筑、搬迁居民、砍伐老树，变相抬高房价，增加生活成本，产生了新的城市问题。

2021年8月30日，住建部出台《关于在实施城市更新行动中防止大拆大建问题的通知》，为全国各地如火如荼的旧棚改按下了"转换键"，明确提出"除违法建筑和经专业机构鉴定为危房且无修缮保留价值的建筑以外，不大规模、成片集中拆除现状建筑。原则上城市更新单元（片区）或项目内拆除建筑面积不应大于现状总建筑面积的20%"；"除增建必要的公共服务设施外，不大规模新增老城区建设规模，不突破原有密度强度，不增加资源环境承载压力，原则上城市更新单元（片区）或项目内拆建比不应大于2"；"要尊重居民安置意愿，鼓励以就地、就近安置为主，改善居住条件，保持邻里关系和社会结构，城市更新单元（片区）或项目居民就地、就近安置率不宜低于50%"，并针对"坚持应留尽留，全力保留城市记忆"等作出了明确规定。

2021年11月4日，住房和城乡建设部发布了《关于开展第一批城市更新试点工作的通知》，西安是21个试点城市之一。

2021年11月5日、11月19日，西安市先后发布《西安市城市体检评估工作实施方案》《西安市城市更新办法》，查找不足和短板，努力建设没有"城市病"的城市，并规定城市更新工作应当遵循"政府主导、科学规划、多方参与、量力而行、成果共享、防范风险"的原则。市城市更新工作领导小组办公室设在市城中村（棚户区）改造事务中心，负责市城市更新工作领导小组日常工作。

2023年7月21日，国务院常务会议审议通过《关于在超大特大城市积极稳步推进城中村改造的指导意见》。此轮城中村改造采取拆除新建、整治提升、拆整结合等不同方式分类改造，与此前的棚户区改造在范围、方式等方面有着明显区别。

回顾20多年的发展历程，西安的城市更新正在从传统的改造模式向着坚持"留改拆"并举、以保留利用提升为主、统筹生态环境保护和历史文化传承的高质量发展不断迈进。

（二）西安市城市更新现状及案例

自 2019 年以来，西安市采用"绣花"、"织补"等微改造方式，完成了 1861 个老旧小区、513 个背街小巷、42 个城中村棚户区的改造提升，打通 57 条断头路，落地架空线缆 793 公里，人居环境显著改善，城市品质明显提升。[①]西安市 2022 年《政府工作报告》显示，入选全国第一批城市更新试点以来，2022 年全年改造老旧小区 753 个、880 余万平方米，落地架空线缆 267 公里，新建和改造提升绿地广场、口袋公园 169 个，新建绿道 511 公里，新增城市绿地 1618 万平方米。

西安城市更新的商业项目有根植于 1935 年投产的长安大华纺织厂，目前正在升级改造中的大华 1935 项目；曾为毛巾厂的叁伍壹壹文创科技园，通过对工业遗产建筑的设计与更新再造，创建一个基于社区服务的复合型商业社区中心；位于建国门东南城角下的老菜场市井文化创意街区，在保持原有居民生活状态及菜市场市井风貌的前提下，形成承载老城故事、工业记忆和市井生活的场所。

西安市的易俗社、幸福林带、老菜场等 3 个城市更新项目已列为住建部示范项目。2021 年 12 月，住建部印发第 1 期《城市更新情况交流》，刊发老菜场"践行'微更新、轻改造'思路，保留城市记忆，营造市井烟火气"等经验做法，并在全国范围内推广。"陕西省西安市设立城市更新基金"入选 2023 年 11 月 8 日《实施城市更新行动可复制经验做法清单（第二批）》。

（三）西安市城市更新的特点

根据《西安市城市更新办法》第十条关于"开展片区调查评估工作"的规定，西安市坚持将片区调查评估作为实施城市更新片区的前提条件，通过

[①] 《西安市城中村（棚户区）改造事务中心对市政协十五届一次会议第 376 号提案的复函》，载西安市城中村（棚户区）改造事务中心网，http://www.xascgb.com/zwgk/jyta/634c0144f8fd1c4c2120251a.html，2024 年 6 月 28 日最后访问。

片区调查评估查找城市发展的弱项、短板，找准阻碍城市发展的"症结"，研判片区实施城市更新的可行性，形成片区调查评估报告，作为科学划定城市更新片区、编制年度实施计划的重要依据。西安市结合实际，针对不同类别，单独或综合采取以下模式实施城市更新：

（1）城乡生态修复类。大力开展城市生态修复工程，完善城市生态系统，增加公共绿地、开放空间，还绿于民，推动城市绿色发展。补足城市基础设施短板，加强各类生活服务设施建设，增加公共活动空间，推动发展城市新业态，完善和提升城市功能，鼓励近自然、本地化、易维护、可持续的生态建设方式，优化竖向空间，加强蓝绿灰一体化海绵城市建设，通过城市片区更新优化城市空间结构和功能，促进西安市高质量发展。

（2）城市功能完善类。以改造提升城镇老旧小区为抓手，重点改造完善小区内配套设施和市政基础设施，解决严重影响居住安全和功能的问题，推动安全健康、设施完善、生活宜居、管理有序的完整社区建设，构建"纵向到底、横向到边、共建共治共享"的社区治理小区改造，促进小区治理模式创新，完善小区长效管理机制。注重稳步实施城中村改造，完善公共服务和基础设施，改善公共环境，消除安全隐患。

（3）历史文化保护活化类。建立西安市历史文化保护与传承体系，将单纯的文物保护与提升片区文化价值、加强历史建筑与文化传承有机结合，加大自然山水格局、历史城区、历代都城遗址遗迹以及优秀近现代历史建筑、工业遗产保护类建筑的保护力度，在原址保护、原貌修缮的基础上，鼓励结合片区更新，探索历史街区及建筑的活化利用，不拆除历史建筑、不拆真遗存、不建假古董。及时开展调查评估，梳理评测既有建筑状况，明确应保留保护的建筑清单，未开展调查评估、未完成历史文化街区划定和历史建筑确定工作的区域，不应实施城市更新。

（4）产城融合发展类。根据西安市构建现代产业体系的目标任务、发展导向和规划布局，在优化传统工业基础和空间格局的基础上，按照"综合更新、产城融合、职住平衡"的原则，促进新兴产业发展，做优生产型服务业，完善片区公共服务和生活服务设施，促进产业用地科学利用，城市功能综合提升，实现产城融合发展。根据西安市老旧厂区的区位和特性，以国土空间总体规划确定的功能定位和土地用途为指导，结合西安市现代产业体系布局，促进老旧厂区功能更新优化，实现提质增效和高效利用，补充配套短板，增加城市公共空间，提升老旧厂区的环境品质和景观风貌。支持项目策划、规划设计、建设运营一体化推进，鼓励功能混合和用途兼容，推行混合用地类型，采用疏解、腾挪、置换、租赁等方式，发展新业态、新场景、新功能。

总结上述城市更新模式，可以发现西安在城市更新模式方面主要有以下特点：

（1）落实国家战略部署，探索城市更新方法路径

一是坚持体检评估先行，查找城市发展短板。西安市是住建部确定的国家城市体检样本城市，其及时印发了《西安市城市体检评估工作实施方案》，坚持把城市体检作为统筹城市规划建设管理，推进实施城市更新行动，促进城市开发建设方式转型的重要抓手，围绕生态宜居、健康舒适、安全韧性、交通便捷、风貌特色、整洁有序、多元包容、创新活力等8大核心目标，查找城市建设发展短板，严防在城市更新中出现大拆大建、破坏性建设等问题。

二是坚持先行先试，开展城市更新试点工作。2019年5月，西安市启动城市更新调研摸底工作，先后试点实施了幸福林带等8个片区，有效改善了城市生态环境，保护传承了历史文化，提升了城市形象，完善了配套设施，优化了生产、生活、生态空间。

三是探索建立全生命周期管理机制。按照"体检评估先行、编制策划方案、划定更新片区、制定更新计划、编制实施方案、依法组织实施、加强运营管理、全程评估考核"的整体思路，统筹城市更新"投、建、管、运"一体化全生命周期管理，确保城市更新项目建得成、管得好、常受益，实现可持续发展。

（2）抢抓试点城市机遇，践行"两保三高"更新理念

西安市抢抓获批国家试点城市机遇，委托中规院编制《西安市"十四五"城市更新规划》，提出"优先保护生态环境和城市特色文化，促进高质量发展、高品质生活、高效能治理"的更新理念。[①]

一是坚持生态环境保护优先。开展生态修复行动，加强城市绿廊、绿道建设，增加公共绿地、开放空间，推动城市绿色发展，推动生态环境持续好转。幸福林带片区坚持"还林于民、还绿于城"的生态建设思路，布局6个生态景观区，建成长5.85公里、宽210米、绿化面积73万平方米的城市景观林带。沙滹沱片区重点建设唐城墙绿带，形成300米见绿、500米见园的生态核心休憩带。

二是坚持历史文化保护优先。按照"原址保护、原貌修缮、活化利用"的原则，加强历史文化街区、优秀近现代建筑、工业遗存等保护传承和活化利用，突出明清、隋唐等历史特色文化，展现老城风貌，彰显古都文化魅力，加快建设具有历史文化特色的国际化大都市。易俗社按照"修旧如旧、建新如故"的思路，坚持文化保护传承优先，以易俗社为核心，打造融合秦腔艺术展演、中外戏剧交流、博物馆展示为一体的特色文化街区。沙滹沱片区重点修复唐城墙遗址公园，打造唐城墙遗址文化轴。

三是提升人民生活品质。践行美好环境与幸福生活"共同缔造"理念，加强各类配套设施和公共活动空间共建共享，积极提升改造公共服务、便民服务、文化活动等设施，创造优良人居环境，建设人民满意城市。

四是提升城市管理水平。健全城市管理体系和风险防控体系，加强城市地下市政基础设施建设，提升城市安全韧性。深入开展社区设施补短板行动，加快完善居住社区建设，构建"纵向到底、横向到边、共建共治共享"的社区治理体系。积极推进城市信息模型（CIM）平台建设，建立和完善综

[①]《西安市城中村（棚户区）改造事务中心对市十七届人大一次会议第0423号建议的复函》，载西安市城中村（棚户区）改造事务中心网，http://www.xascgb.com/zwgk/jyta/634bfe56f8fd1c4c2120250b.html，2024年6月28日最后访问。

合管理信息平台，提升城市治理能力现代化水平。

五是促进城市高质量发展。按照建设国家中心城市的标准，科学落实"南控、北跨、西融、东拓、中优"空间发展战略，统筹老城、新区发展，不断完善城市功能，优化城市空间布局，促进产城融合，实现城市高质量发展。

（3）加快完善体制机制，稳步推进城市更新工作

一是完善城市更新工作机制。市政府成立了市长任组长的市城市更新工作领导小组，负责审议研究城市更新重大事项，领导小组办公室设在市城改事务中心，负责统筹协调全市城市更新工作，初步形成领导小组决策、市城改事务中心统筹协调、市级相关部门各司其职、区级具体操作实施的工作机制。

二是构建城市更新"1+N"政策体系。以政府规章形式出台了《西安市城市更新办法》，委托中规院编制了《西安市"十四五"城市更新规划》，及时总结试点工作经验，研究制定城市项目立项、土地、规划、建设、财税等配套政策，明确相关技术标准，加快构建城市更新"1+N"政策。

三是强化协调督导考核。将城市更新工作列入年度目标责任考核，市城改事务中心协调指导区级开展城市更新工作，配合市考核办开展督导检查，对责任不落实、措施不到位、实施进度滞后、任务未完成的单位，进行通报批评，限期整改。

（4）西安城市更新的融资方式呈现多元化的特点，在一定程度上解决了城市更新的资金难题，主要包括：

一是银行贷款。2014年7月2日西安市人民政府发布《西安市国家开发银行棚户区改造专项贷款资金管理办法》，针对纳入国家2013—2017年棚户区改造计划的项目，市政府确定西安城投投资发展有限公司作为全市棚户区改造项目投融资平台公司，向国家开发银行申请棚户区改造专项贷款；项目实施主体承担贷款偿还的主体责任。近期，西安高新区、浐灞生态区的两个城中村改造项目获得国家开发银行陕西省分行全国首批城中村改造专项

借款 5 亿元。

二是城市更新基金。根据 2023 年 8 月 21 日发布的《西安市关于进一步完善财政出资基金设立及运营管理机制的实施方案》，设立西安市创新投资基金、西安市城市更新基金、区域稳定发展基金三支政府引导基金，其中：城市更新基金总规模 100 亿元，由西安财金公司发起并认缴出资。市财政根据基金运作情况给予西安财金公司资本金补充支持。基金首期实缴 40%，后续出资根据基金运行及资金需求情况灵活安排，原则上 3 年内实缴完毕。基金聚焦全市片区综合开发、老旧街区改造、产业园区建设等三个方向，优先支持更新效果明显、市场效益较好、示范效应较强的"微更新、微改造"项目。

三是债券融资模式。2011 年，西安曲江建设集团有限公司等 12 家公司联合发债，募集资金 21.5 亿元，期限为 5 年，用于西安市高新区、经开区、蓝田县等 12 个县（区）的保障性住房、棚户区改造开发建设。[①] 据笔者从中国地方政府债券信息公开平台进行不完全统计，仅在 2023 年，西安市曲江新区、西咸新区本级、泾河新城、沣西新城、浐灞生态区、航空基地、空港新城、秦汉新城、沣东新城、临潼区等，通过省政府发行多期棚户区改造政府专项债券共计约 89.12 亿元。应该说，陕西省各级地方政府在棚户区改造包括老旧小区改造等领域，运用地方政府专项债券进行融资的力度相当大。

四是社会资本参与。西安市未央区徐家湾地区综合改造项目为全国第一个旧城改造类 PPP 示范项目，中建方程投资发展有限公司（联合体）为中标社会资本方。整个项目分期实施，已经确定的项目一期规划面积 6096 亩，投资额达 128.61 亿元。而拆迁安置对象为区内 3 个行政村的群众 6000 余人，同时配套约 80.2 万平方米的安置房。按照规划，预计开发周期为 2015 年至 2030 年。

---

① 袁庆春：《保障房多元融资的陕西模式》，载《中国金融》2013 年第 7 期。

五是棚改专项资金。依据《中央补助城市棚户区改造专项资金管理办法》(已失效)等获得中央和省级财政棚改专项补助资金。

六、小结

在城市发展过程中，环境恶劣或者存在重大隐患及基础设施、公共服务设施等需要重建完善其功能的特定城市建成区，包括旧工业区、旧商业区、旧住宅区、城中村及旧村屋等，都需要通过合适的更新改造方案来对该区域进行综合整治、有机更新或拆除重建。从法律人的视角观察，城市更新涉及的法律关系复杂、利益主体众多、实施周期长、工作程序烦琐，各个城市的城市更新项目面临的重点挑战也各有不同。北京、上海、深圳和广州作为中国一线城市，其城市更新政策与模式各具特色，也都反映了各自城市的发展需求、历史背景和政策导向。

比较而言，北京模式倾向于政府引导与市场运作相结合，注重历史文化保护和现代城市功能的融合，城市更新政策强调严格控制大规模拆除和增建，鼓励建筑用途转换和土地用途兼容，支持市政基础设施和公共服务设施的建设。上海模式则更注重区域更新和零星更新的结合，强调规划引领和试点先行，同时以"超级增减挂钩"、"三师联创"机制、"产城融合"发展模式等创新机制优化城市更新方案，保障政府、社会资本、居民等各相关方都能有效地参与到城市更新项目中，促使项目高效落地。深圳模式更强调政府引导、市场运作，政府充当"守门员"角色，市场主体在城市更新中发挥更大作用，政策导向上鼓励以市场运作为主导，政府主要负责规则制定与监督管理，鼓励拆除重建和土地的再开发利用。广州模式则采用"1+1+N"规划编制体系，强化政府在城市更新中的主导作用，同时注重社会参与和协商，从政策沿革来看，广州市的城市更新政策早期倾向于以市场运作为主，后转变为以政府管控为主，更强调规划引领和公共参与。综合来看，在城市更新的发展过程中，北京和上海更注重与强调政府的引导和规划引领，深圳更注重提高市场运作和效率，而广州则在政府管控与市场运作之间探索政策平衡，城市之间的政策差异背后是各城市的发展阶段、地理情况、经济状况和文化背景之差异所带来的深远影响。

当然，各地的城市更新模式虽各有特色，但也在不断地探索与实践中形成了具有一定统一性的经验与原则。第一，城市更新计划应纳入国土空间规划和经济社会发展规划中，需结合顶层设计和配套规范与指引，采取综合措施实现规划的统筹引领和资源的全方位整合；第二，城市更新项目需由政府引导、市场运作、公众参与，应建立有效的联合机制，发挥政府的引领作用、鼓励社会资本的参与、调动公众与社会组织的参与积极性，才能更好地面对城市更新项目实施过程中多元化、综合性的各类问题；第三，城市更新应结合各城市自身需求，突出重点，稳步推进，先聚焦本区域的瓶颈问题、响应本区域最迫切的更新需求，才能集中精力、资源实现城市更新的改革创新与高效落地，最终形成可推广的项目经验；第四，城市更新项目必须以改善居民生活质量为核心，关注本区域人群的实际需求和切身利益，补齐公共服务和基础设施短板，完善城市功能和治理水平，提升居民的生活环境质量；第五，城市更新必须重视历史文化的保护与传承，中华大地有大量历史背景悠久、文化底蕴深厚的历史文化街区与建筑，历史遗产与人文精神都应当在城市更新过程中作为必要保护的对象，在此前提下，还应引入合适的新产业、新功能，活化利用历史文化遗产，通过现代技术手段保存和挖掘遗产的历史文化价值；第六，城市更新必须注重生态保护，推动城市更新向绿色、低碳、可持续发展的方向转型，通过增加绿地、优化交通系统、提升建筑能效等措施，推动生态文明建设。

第三节　城市更新的困境与趋势

胡智勇　梁作杰

一、城市更新"新趋势"下的实践困境和立法需求

（一）立法与实践的困境

城市更新法律法规体系的建立和完善是推动城市高质量发展的重要保障，而相关政策的实践和推进则是实现城市更新目的的关键环节。随着城市化进程的深入，城市更新将成为城市规划和管理的重要组成部分，其法规体系及实践也将面临更多的挑战和机遇。

（1）政策法规仍较零散

各地城市更新的法规体系虽有所差别，但总体仍呈现出较为零散的特点。以上海为例：在过去几年中，上海陆续发布了多项与城市更新相关的政策文件，如2023年的《关于本市全面推进土地资源高质量利用的若干意见》、2021年的《上海市城市更新条例》、2020年的《上海市旧住房综合改造管理办法》、2018年的《上海市旧住房拆除重建项目实施管理办法》、2017年的《上海市城市更新规划土地实施细则》（已失效）、2015年的《上海市城市更新实施办法》等。这些法规虽针对城中村、旧住房、工业用地等不同更新对象，但它们大多独立运行，各自设定目标和执行路径，涉及不同的组织机构。这些政策之间还存在内容上的重叠和交叉，整体上缺少一个系统性的整合框架，导致执行层面可能存在效率不高和协调性不足的问题。因

此，为了提高城市更新的系统性和有效性，需要对现行政策进行梳理和整合，建立一个更加协调一致的政策体系。

（2）历史遗留问题仍亟待高效解决的方式

城市更新项目实施过程中，建成时间较长的老旧存量空间仍是项目推进的"老大难"问题。这些项目往往因建设时期的特殊背景和条件，存在众多历史遗留问题，如产权分散、手续不完整、缺乏合法证明等，这些问题极大增加了改造的难度，严重时甚至造成项目无法继续进行。产权问题尤为复杂，由于涉及多方利益主体，包括不同企业、组织和个人业主，尤其是小产权个人业主的参与，使得产权利益协调变得极为困难。此外，缺乏有效的产权退出或收回机制，进一步加剧了这一问题。

尽管全国多地已经开始出台城市更新相关条例和政策，为物业权利人、建筑用途转换、土地用途兼容等问题提供了解决方案，但在产权协调和权证手续办理等方面，仍普遍采取"一事一议"的处理方式。这通常要求项目实施主体逐一与相关部门沟通，缺乏一个统一、规范和标准化的流程。在实际操作中，由于各部门职责不明确，可能会出现多头管理、重复审批等问题，造成项目难以推进。

（3）市场压力增大导致资金短缺

上海作为我国城市更新的先行地区，其更新模式以政府为主导，多方共同参与，这种模式在黄浦、虹口、静安等区域尤为显著，这些区域承受着较大的旧城改造压力。除被列为市一级重点的改造项目外，大部分资金的筹集和平衡需要在区级层面解决，这对区级财政构成了不小的挑战。此外，政府追求提升公共要素的目标与开发实体最大化效益产出的愿望之间存在一定的矛盾。城市更新本质上是土地资源的二次开发和存量挖掘，通过提升土地价值来进行后续的开发和运营，成为开发实体获得收益的主要途径。

然而，在《上海市城市更新实施办法》提出的总量控制框架下，上海难以通过大规模的建设增量来满足物业权利人和市场投资者的利益需求，也难以通过大规模的人口和产业外迁来获取土地资源进行再开发。这些因素共同作用，导致市场对参与城市更新项目的积极性不高。目前，上海正在进行的多项城市更新试点工作，无论是政策层面的支持，还是项目推动和资金援助，政府的主导作用都是这些试点能够实施的关键。因此，要实现一种不依赖政府主导的、市场自发的城市更新运作模式，还需要进一步的培育和完善。

（4）审批流程多，时间成本高

首先，审批流程的复杂性是导致城市更新项目推进缓慢的重要因素。从区域评估、实施计划的编制到项目实施的各个环节，往往涉及对控制性详细规划的调整，尤其是容积率和用地性质等关键指标的变动。这些调整依旧需要遵循标准的控制性详细规划修改程序，而这一过程往往耗时较长。根据过往案例的访谈记录，实施主体普遍反映城市更新的流程烦琐、耗时，特别是控制性详细规划调整阶段对项目进度的阻碍尤为明显。因此，城市更新项目从启动到执行不仅要走完全部的更新程序，还需同时完成控制性详细规划的调整工作，整个周期相当漫长。

其次，公众参与的多阶段引入尚未配备有效的沟通机制。例如，上海在城市更新中强调人本理念，致力于在更新的各个阶段促进公众参与，以增强社区自治的效能。然而，在实际操作中，缺少高效的沟通平台和模式，加之实践中的多样特殊情况，导致决策过程频繁陷入一事一议的低效模式，难以提高效率。为了解决这一问题，需要建立更加有效的沟通渠道和参与模式，确保公众参与能够真正提升决策的质量和效率。

（5）多元化的城市更新利益平衡机制仍不健全

当前，我国的城市更新在日趋多元化的利益平衡方面存在两大主要问题。第一，对于推动城市更新的关键动力机制，当前的研究与理解尚显不足。这一机制的差异性直接影响了各类更新项目实施策略的选择，但现行的城市更新制度往往未能从动力机制角度进行深入地制度设计和架构。第二，城市更新中经济增长与公共利益之间的平衡机制尚未形成完善体系。城市更新涉及的参与方众多，包括政府、市场主体、土地使用权利人以及社会公众等，他们的利益诉求多样且复杂。如何协调这些不同主体间的利益，实现共赢，是城市更新过程中亟待解决的核心问题。目前，由于对房地产开发模式的过分依赖，政府、原有土地所有者以及开发商之间形成了紧密的"利益共同体"，这种模式在追求开发量和经济收益最大化的同时，可能会导致城市更新的成本上升，进而带来环境压力、交通拥堵、公共服务不足等负面外部效应，最终加重了城市的负担。因此，为了确保城市的可持续发展，必须对这种单向的利益驱动机制进行改革，以更有效地维护和保障公共利益。

（二）立法与实践的需求与展望

针对城市更新过程中遇到的政策法规零散、历史遗留问题、市场压力、审批流程烦琐以及利益平衡机制不健全等问题，需要一系列制度予以完善。

（1）整合现有法规体系

对现有的城市更新相关政策进行梳理和整合，形成一套统一协调的城市更新法规体系。这需要明确不同政策间的层级关系和适用条件，避免政策间的重叠和冲突，确保政策执行的连贯性和一致性。

（2）探索建立城市更新配套制度政策

针对不同城市、不同区域的特色与需求在统一的原则下相应更新配套制度政策。创新土地、规划、建设、园林绿化、消防、不动产、产业、财税、金融等相关配套政策。深化工程建设项目审批制度改革，优化城市更新项目审批流程，提高审批效率。探索建立城市更新规划、建设、管理、运行、拆除等全生命周期管理制度。分类探索更新改造技术方法和实施路径，鼓励制定适用于存量更新改造的标准规范。

（3）制定历史遗留问题处理机制

针对产权分散、手续不完整等历史遗留问题，制定专门的处理机制和程序，为解决这些问题提供明确的法律依据和操作指南。同时，建立有效的产权退出和收回机制，为城市更新中的产权协调提供支持。

（4）完善资金筹集和风险分担机制

鉴于城市更新项目的资金需求和市场风险，通过立法明确资金筹集的渠道和方式，鼓励多元化的投资主体参与。同时，建立风险评估和分担机制，合理分配政府、市场和公众在城市更新中的风险和收益。

（5）探索城市更新统筹谋划机制

加强工作统筹，建立健全政府统筹、条块协作、部门联动、分层落实的工作机制。坚持城市体检评估先行，合理确定城市更新重点，加快制定城市更新规划和年度实施计划，划定城市更新单元，建立项目库，明确城市更新目标任务、重点项目和实施时序。鼓励出台地方性法规、规章等，为城市更新提供法治保障。

（6）建立公众参与和沟通机制

立法中应明确公众参与城市更新的途径和方式，建立有效的沟通平台和机制。确保公众能够及时了解城市更新的进展，参与决策过程，提高决策的质量和效率。探索建立政府引导、市场运作、公众参与的可持续实施模式。

（7）构建多元化利益平衡机制

城市更新立法应考虑不同利益主体的诉求，建立多元化的利益平衡机制。通过立法明确政府、市场、土地使用权利人和社会公众等各方在城市更新中的权利和义务，实现经济增长和公共利益的协调发展。

（8）推动城市更新的动力机制研究

鼓励和支持对城市更新动力机制的深入研究，为城市更新提供理论支持和政策建议。通过立法为城市更新的动力机制研究提供资金和政策支持，促进城市更新的可持续发展。

（9）加强城市更新的监管和执法

加强对城市更新项目的监管和执法力度，确保城市更新活动依法进行。建立城市更新监管机构，明确监管职责和执法程序，提高违法成本，保障法规的实施效果。

总的来说，城市更新是一个涉及多方利益、多种因素的复杂过程，而面对城市更新过程中的诸多挑战，我们需要采取综合性的策略来优化法规体系，提高政策的协调性，切实解决历史遗留问题，并平衡多元利益。只有充分运用法治手段、政策创新、公众参与和社会协作，才能更好推动城市更新向更加规范化、系统化和高效化的方向发展。

二、城市更新相关的争议类型和审判实务

（一）实施主体确认的性质与可诉性

在城市更新项目中，实施主体的确认通常指在城市更新项目中通过特定的申请程序，取得行政层面进行城市更新项目开发的主体资格之确认，进而最终成为城市更新项目内土地使用权的受让方。在市场化的城市更新体系中，确认实施主体是获取土地使用权、推动项目进展的根本步骤和先决条件。因此，是否获得实施主体确认、由谁获得实施主体确认，成为实践中的争议之一。

在城市更新背景下，实施主体确认行政行为的性质究竟是行政确认还是行政许可，在实践中存在一定争议，其因地区不同而政策有所差别，但通常都具有行政可诉性。

以城市更新体系较为成熟的深圳市为例，《深圳市城市更新办法实施细则》第四十六条规定："城市更新单元内项目拆除范围存在多个权利主体的，所有权利主体通过以下方式将房地产的相关权益移转到同一主体后，形成单一主体：（一）权利主体以房地产作价入股成立或者加入公司。（二）权利主体与搬迁人签订搬迁补偿安置协议。（三）权利主体的房地产被收购方收购。属于合作实施的城中村改造项目的，单一市场主体还应当与原农村集体经济组织继受单位签订改造合作协议。属于以旧住宅区改造为主的改造项目的，区政府应当在城市更新单元规划经批准后，组织制定搬迁补偿安置指导方案

和市场主体公开选择方案,经占建筑物总面积90%以上且占总数量90%以上的业主同意后,公开选择市场主体。市场主体与所有业主签订搬迁补偿安置协议后,形成单一主体。"第四十九条规定:"城市更新单元内项目拆除范围的单一主体,应当向区城市更新职能部门申请实施主体资格确认,并提供以下材料:(一)项目实施主体资格确认申请书。(二)申请人身份证明文件。(三)城市更新单元规划确定的项目拆除范围内土地和建筑物的测绘报告、权属证明及抵押、查封情况核查文件。(四)申请人形成或者作为单一主体的相关证明材料。(五)其他相关文件资料……"据此,在深圳的实践中,实施主体的确认通常是基于特定现状而对特定主体的开发资格进行确认,如搬迁补偿协议的签订等,通常被视为一种行政确认行为,属于可诉的行政行为。

而在其他地区,尤其是对于那些采取更传统方式进行的旧城改造项目,通常的做法是首先确定负责开发的主体,随后由该开发主体来实施搬迁补偿的相关工作。由此,该种处理方式强调的是开发主体在搬迁补偿过程中的主导作用,以及政府在审批和监管过程中的职能,根据《行政许可法》相关规定,此类行政操作更符合行政许可的特征,而不是简单的行政确认行为。

(二)项目立项或决策争议

在项目立项或决策阶段,较为常见的是政府改变土地规划用途合法性相关纠纷。在司法实践中,部分地方政府存在未听取土地使用权人陈述、申辩意见,即通过地方政府编制的规划文件将尚在土地使用期内的土地调整土地用途的情况。大部分省市的地方性法规中存在诸如"历史文化街区核心保护范围内不得进行新建、扩建活动,但扩建必要的基础设施和公共服务设施除外"的规定,通常通过但书内容规定了除外情形。有些地方政府即以扩建基础设施或服务设施为由,改变土地规划用途进行改建、扩建,此类活动极易引发纠纷。

司法实践中,法院会严格审查政府改变规划的程序合法性、正当性。若有程序违法情形，如未依法对利害关系人进行专门性的告知，听取其意见保障其权利，则会被认定行为违法；若政府程序合法，所许可事项不违反法律法规的规定，则会认定其行为并无不当。

（三）征收及补偿相关问题

房屋或土地等不动产征收是城市更新的重要形式之一，由此产生的征收补偿争议是城市更新项目实施过程中最为常见的争议类型之一。其中，又以征收目的、征收程序、补偿方式是否合法合规最为常见，在实践中又因各地法规政策及实际情况而各有不同，尤为复杂。

（1）征收目的是否合规

城市更新中的不动产征收应当遵循《国有土地上房屋征收与补偿条例》等法律法规以及当地政策法规等规定。征收必须是为了公共利益的需要，如城市基础设施建设、公共设施改善等。政府在征收前应进行充分的论证，确保征收目的的正当性。同时，征收不应侵犯被征收人的合法权益，尤其是对居民住宅的征收，应考虑到居民的安置和生活保障问题。

（2）征收程序是否合规

征收程序的合规性是保障被征收人权益的重要环节。依据相关法律规定，征收程序通常包括公告、听证、评估、协商、签订补偿协议等步骤。政府在征收过程中应保持公开透明，确保被征收人的知情权和参与权。特别是在听证环节，应充分听取被征收人的意见和建议，保障其合法权益。此外，评估程序的公正性也是征收程序合规性的关键，评估结果应客观反映被征收不动产的真实价值，为后续的补偿提供依据。

（3）补偿方式是否合法

补偿是征收过程中的关键问题，其合法性直接关系到被征收人的切身利益。补偿应遵循公平、合理的原则，确保被征收人的合法权益不受损失。补偿方式通常包括货币补偿和产权置换两种，具体选择哪种补偿方式，应根据被征收不动产的性质、位置、用途等因素综合考虑。在补偿过程中，应确保补偿标准公开、计算方法透明，避免出现补偿不公或补偿不足的问题。同时，对于因征收导致的搬迁、临时安置等费用，也应给予合理的补偿。

城市更新项目的征收及补偿工作是一项系统性工程，需要政府、被征收人以及相关利益方的共同参与和协作。通过确保征收目的、程序和补偿方式的合法合规，可以有效减少法律风险，促进城市更新项目的顺利进行，同时也有助于维护社会稳定和公共利益。

（四）改造费用承担相关问题

城市更新项目中的纠纷主要可分为两大类：一是委托改造工程的招标方与中标方之间的争议；二是业主委员会或物业管理公司与个别业主之间的争议。

进行城市更新的资金来源多样化，可能包括业主自筹、政府资助、社会资本投资或多方合作出资等不同模式。不同资金来源的项目，承担改造成本的责任主体也不尽相同。在处理这类纠纷时，首先需要明确纠纷的性质。如果是招标方和中标方之间的纠纷，应依据合同法的相对性原则，由招标方支付相关费用。

而在业主委员会或物业管理公司与业主之间的纠纷中，情况则通常更为复杂。在老旧小区改造中，常见纠纷包括：业主对改造持反对意见但小区通过民主程序决定改造，导致部分业主拒绝支付费用；业主虽然同意改造但对费用分摊有异议，不愿支付费用；改造方案未经业主大会合法表决或表决未通过，业主因此拒绝缴纳改造费用。对于这类案件的判决，法院通常会考虑改造方案是否已经业主大会或业主代表大会依法表决通过。如果改造方案经过了民主表决并获通过，则业主应承担因公共区域和设施改造所产生的费用，此时垫付方追偿或物业管理公司追缴费用的行为通常会得到法律支持。反之，如果改造方案未经过民主表决或表决未获通过，业主则通常没有支付相关费用的义务。

（五）改造过程中的行政行为合法性

在城市更新实施过程中，行政行为的合法性关乎各个主体的切身利益，经常成为项目实施过程的焦点。其中，又以老旧小区改造过程中的行政争议最为常见，主要包括行政许可争议、行政行为的合法性争议、行政征收争议以及拆除违章建筑的合法性问题等。

以行政许可纠纷为例，当政府批准老旧小区加装电梯项目、下发加装电梯项目确认书时，相关确认书通常被认定为一项行政许可。当相关业主可能认为加装电梯项目损害了他们的利益，如影响通风、采光、隐私或产生噪声等，则可能因此要求撤销政府的行政许可决定。在这种情况下，政府在审批加装电梯项目时应遵循法律规定，并兼顾各方利益的平衡。

具体来说，若政府在审批过程中已经综合考虑了加装电梯对低楼层住户可能造成的影响，并采取了相应的措施来减少这种影响，如在北侧安装电梯、使用茶色玻璃以减少光线反射和视线干扰等，则法院通常基于相关措施已体现对低楼层住户合法权益的尊重和保护的考量，认定政府的审批行为符合法律规定，其行政许可决定不应被撤销。相反，如果政府在审批过程中未能充分考虑低层住户的利益，或者所采取的措施未能有效减轻对低层住户的影响，导致加装电梯项目对低层住户的居住环境和生活质量造成了严重影响，那么该行政许可决定就可能超出了法律规定的标准，其合法性就值得商榷，甚至可能被撤销。

（六）项目公司相关争议

城市更新项目的开发因其资源的有限性、资本的高密度需求以及政府对于实施主体资格的严格控制，使得土地、资金和资源成了不可或缺的关键要素。鉴于此，实践中越来越常见的做法是，项目运作方与资金或资源方通过股权合作、成立项目公司的方式进行城市更新项目的开发，以实现优势互补。

项目公司作为城市更新股权合作中的一个特殊实体，其成立目的是推进特定的城市更新项目，其存在周期通常与项目的开发周期相对应。一旦城市更新项目完成，项目公司便会进入解散和注销的程序。项目公司在城市更新项目中主要是提供必要的建设资金和推动项目的进展，基于此，合作双方往往不会在项目公司内部治理结构、权利与责任分配等方面进行十分详尽的约定。

理想状态下，由项目运作方来负责项目公司的日常经营和管理工作，而合作投资方则作为财务投资者参与其中，享受相应的投资回报。但是，城市更新的股权合作是一个长期且复杂的过程，项目开发可能面临无法完成的风险。也正是由于缺乏预先明确的约定以及合作双方利益上的本质差异，一旦项目开发过程中出现了风险显性化，就可能在项目管理权限、股东知情权、资金使用及成本分摊、合作方退出等方面引发争议。

（1）股东知情权相关问题

在城市更新实践中，当项目运行良好、各方均获得可观收益时，合作方通常不会有行使股东知情权的主张；同时，由于房地产开发项目包含许多专业性问题，合作方可能缺乏必要的专业知识来实质性地行使知情权。然而，当项目实施遇到阻碍，如项目进度缓慢、销售不畅或出现亏损等情况时，各方基于股东知情权产生的争议往往便"如约而至"。在公司法视角下，股东知情权的议题颇为复杂，在司法实践中，不同案件的具体裁判路径也存在差异，本文暂不予展开详述。

从城市更新项目中股权合作的角度来看，各股东对于项目开发的预期情况及项目公司成立的宗旨通常有较为明确的共识，有基于此，各方完全可以通过合作协议对股东知情权的行使程序和范围进行具体而明确的约定，甚至可以针对特定的城市更新项目制定专门的知情权条款，以减少未来可能出现的争议。

因此，在城市更新项目实际操作中，对股东知情权进行明确的合同约定，对于合作方和项目运营方都具有重要的保护意义。明确约定有助于各方在项目早期阶段就设定好预期，减少未来的不确定性和潜在的法律风险，同时也为项目的健康推进和风险管理提供坚实的基础。通过这种方式，项目各方利益可得到更好的保障，从而促进项目的顺利进行和良好发展。

（2）资金归集相关问题

在城市更新项目的股权合作模式中，项目公司的部分资金通常通过依约"归集"的方式，由操盘方或其母公司进行集中管理和调配。这种做法在操盘方背后有国有企业支持的情况下尤为普遍。然而，这种资金归集行为的法律属性以及它可能引发的各类风险，存在一定程度的不确定性，需要引起操盘方和合作方的足够重视。

首先是关于资金归集行为在投资协议或合作协议等交易文件中的法律性质问题。该问题主要涉及资金归集是否构成借款、投资回报或者其他形式的交易，以及这些行为如何影响各方的权益和责任。明确资金归集的法律性质，对于确保交易的合法性和防范潜在的法律纠纷至关重要。

其次是资金归集行为所带来的法律风险。这包括但不限于法人人格否认的风险、税务风险、资金流动性风险以及可能对项目公司财务状况造成的影响等。例如，若资金归集被视为借款，则在涉国资的项目中或需按照相关法律法规进行披露，并可能涉及利息支付和税务处理等问题。此外，资金归集的方式和频率，以及相关的决策程序，亦可能对项目公司的治理结构和财务透明度造成影响。

因此，为了降低不确定性和潜在的法律风险，操盘方和合作方应在合作协议中对资金归集的具体条款进行明确约定，包括归集的条件、程序、用途以及各方的权利和义务等。同时，还应建立相应的内部控制和审计机制，确保资金归集行为的合规性，以及对项目公司财务状况的透明度和公正性，进一步有效管理和控制城市更新项目中资金归集行为的法律风险。

（3）成本与费用列支相关问题

在城市更新项目的股权合作中，合作双方签署的交易文件往往明确了操盘方的责任和权利。根据该等文件，操盘方将向项目公司提供品牌、运营管理以及必要的技术支持服务；而作为对这些服务的回报，项目公司需按照约定的标准向操盘方支付开发经营管理费。此外，由于操盘方负责项目的建设管理和开发服务，双方还会约定由项目公司承担并支付相应的开发服务费用。这些费用通常包括会计上允许计入成本的开发间接费用，如员工薪酬、办公支出等。

然而，在实际操作过程中，可能会出现项目公司实际上承担了一部分本应由操盘方或其集团总部支付的用工成本，包括向操盘方或其集团总部的部分员工支付劳动报酬等，这些员工虽参与了项目的相关工作，但他们也可能同时参与了操盘方的其他项目，因此难以准确区分他们对各个项目的具体工作量投入。该种情况下，往往会导致合作方和操盘方之间在成本分配和收益分配等方面产生纠纷。

为了避免此类纠纷，合作双方应在交易文件中对服务费用的计算方法、支付标准以及员工工作量的分配等进行明确约定。此外，建立透明的财务管理和审计机制，确保所有成本和费用都能得到合理的记录和分配，也是降低风险、预防纠纷的重要措施。

（4）项目退出相关问题

在城市更新项目的股权合作框架下，合作双方在签订的交易文件中会对合作方的股权投资退出机制进行明确规定。实践中，较为常见的退出条款通常是当项目进展到特定的阶段或达成特定条件时，操盘方有权按事先约定的价格回购合作方在项目公司中持有的股份；如果交易文件中设定的退出条件尚未满足，合作方就不能强制要求操盘方以这种方式购买其股份，实现退出。

在实际操作中，由于城市更新项目通常具有高收益和高风险的特点，如果退出条件难以实现，合作方和操盘方之间可能会就提前退出之事宜产生争议。在这种情况下，操盘方或合作方可结合合作模式及实际情况，通过解除合作协议或提起公司解散诉讼的路径来实现项目退出。

为避免此类争议，合作双方应在交易文件中对退出机制作出详尽的约定，包括退出的条件、程序、价格确定方式以及双方的权利和义务。此外，建立透明的决策和沟通机制，以及争议解决的预案，对于确保项目顺利进行和双方利益的保护都是至关重要的。通过这些措施，可以最大限度地减少因退出机制不明确而引发的法律风险和经济损失。

（5）提前退出情境下的资产定价及处置

在城市更新项目的股权合作中，若合作方选择通过交易文件约定以外的途径退出，资产的定价和处置方式或成为争议焦点。在实际操作过程中，当操盘方和合作方无法就资产定价达成共识时，通常需要第三方专业审计和评估机构介入，对项目公司的股权价值进行评估。

首先，将涉及资产定价相关问题。评估机构会采用市场法、收益法或成本法等不同的评估方法来确定资产价值。市场法通过比较类似资产的市场价格来评估；收益法基于资产未来收益的现值；成本法计算资产的重置成本并扣除折旧。不同评估方法的选择和应用将直接影响资产的定价，通常成为双方争议的核心。

其次，关于资产处置路径的问题。依据《民法典》第五百六十六条第一款的规定："合同解除后，尚未履行的，终止履行；已经履行的，根据履行情况和合同性质，当事人可以请求恢复原状或者采取其他补救措施，并有权请求赔偿损失。"在司法实践中，对于被认定为债权的款项，项目公司应返还借款并支付利息；若涉及股权投资的，法院通常仅解决合同解除问题，而解除后的衍生问题则留待双方另行解决。

总的来说，若合作双方无法就资产定价和处置达成共识，合作方或需通过多个诉讼或仲裁程序来实现资产的定价、处置及退出，这将涉及高昂的时间和经济成本。而一旦资产定价和处置问题进入司法程序，评估方法的选择将具有不可预测性，给各方带来一定的风险。因此，为了避免不必要的争议和成本，操盘方和合作方应尽可能在交易文件中就资产定价及处置问题达成明确协议，并在争议解决中争取更加公正、透明的评估过程，减少未来的争议风险。

三、城市更新的未来展望

（一）精细化、品质化更新不断推行

城市更新是一个涉及城市规划、建设和治理的综合过程，旨在提升城市空间的利用效率、改善居民生活质量、增强城市的综合竞争力。城市更新的内容广泛，包括但不限于老旧小区改造、基础设施升级、历史街区保护、城市空间优化等。2018年10月，习近平总书记在广东考察时指出："城市规划和建设要高度重视历史文化保护，不急功近利，不大拆大建。要突出地方特色，注重人居环境改善，更多采用微改造这种'绣花'功夫，注重文明传承、文化延续，让城市留下记忆，让人们记住乡愁。"这为城市更新指明了新方向：随着城市发展进入新的阶段，中国的城市更新政策逐渐从大规模的"拆、改、留"转向"留、改、拆"，并且从点状建筑更新向片区整体更新转变。"渐进式更新"和"微更新"成为关键趋势。城市微更新被认为是一种城市规划建设理念的革新，它在保持城市肌理的基础上，对已有城市空间进行小范围、小规模的局部改造，实现空间活化与区域振兴的目的。

城市微更新模式是指在城市更新过程中采取的一种更为精细化、小尺度的更新方式。它强调对现有城市空间进行局部的、小范围的改造，以提升空间品质、激发社区活力、增强城市魅力，更有助于城市精细化治理。如街区空间环境的整治提升，通过局部拆建、建筑物功能置换、保留修缮等方式，优化街区功能、提升人居环境。

城市微更新具有以下特点:（1）小规模投资：相比于大规模的城市建设

项目，微更新需要的投资较小，更易于实施和管理。（2）精细化管理：微更新注重细节，对城市中被忽视的小空间进行改善，如街角公园、社区广场等。（3）社区参与：微更新鼓励社区居民和利益相关者参与到更新过程中，以确保更新项目符合当地居民的实际需求。（4）历史文化保护：在微更新中，对历史街区和有价值的建筑进行保护和适度改造，而非大规模拆除。（5）可持续发展：微更新强调可持续性，使用环保材料和技术，关注生态和社会效益。

与此同时，目前，城市微更新也面临一些挑战，如资金平衡问题、法律保障不足、组织体系不完善、利益协调机制不健全等。为解决这些问题，需要政府相关部门完善政策法规体系，健全微更新工作流程，并搭建多元主体参与平台，培育市民公共意识，逐步提高市民支持并参与城市微更新的积极性。

城市微更新的实践表明，即使是小规模的更新，也能带来实质性的环境改善和社会效益，有助于提升城市内涵品质，让人们更好地在城市中生活。

（二）技术革新寻求低碳发展之路

2022年6月24日，科技部、国家发展改革委、工业和信息化部、生态环境部、住房城乡建设部、交通运输部、中科院、工程院、国家能源局联合印发《科技支撑碳达峰碳中和实施方案（2022—2030年）》（国科发社〔2022〕157号），提出支撑2030年前实现碳达峰目标的科技创新行动和保障举措，并为2060年前实现碳中和目标做好技术研发储备。对于城市更新而言，现阶段，城市环境恶化，城市垃圾、水源污染、大气环境污染等严重威胁城市可持续发展。因此在"双碳"目标下，更要注重绿色低碳的高质量发展，要坚持绿色引领，实现城市更新的技术体系新突破。绿色低碳技术的加快创新与推广，将为城市未来实现"低碳城市"目标奠定基础。城市更新作为城市发展的重要规划手段，也将充分结合低碳发展理念，以低碳规划设计为引领，使改造后的城市更具可持续性，城市社会经济与自然呈现和谐共生的生态文明发展。

（三）智能化与数字化为城市更新赋能

"数字中国"发展已驶入快车道，国家强调"打造数字经济新优势"、"加快数字化发展建设数字中国"，未来城市更新也将随着数字城市建设更进一步发展。一方面，近年来，我国数字经济规模增长迅速，基于创新技术的经济社会新业态、新模式不断涌现，对城市更新建设的数字化、智慧化方面提出了更高要求。另一方面，基于5G、云计算、大数据、人工智能等新兴技术的进步，城市更新建设从基础的建设向区域互联、业态集群、"数智＋数治"等多方面升级发展。城市更新将改变过去过于依赖人为修复和经验判断的传统路径，运用科技化手段和数字技术激活旧有的城市空间，用更加环保和精细、高效和长效的措施促进城市重焕新生，推动城市产业结构优化升级，加快新旧动能转换，提升政府管理和服务水平，提高人民生活品质，促进城市可持续发展。

数字化将助力公共基础设施建设完善。在城市更新建设过程中，公共基础设施服务水平较低、数据资源共享不足、城市应急保障能力弱等方面问题都制约着城市可持续发展。

数字化有助于生态环境系统保护修复。在全球气候治理的大背景下，城市更新已成为落实碳达峰、碳中和目标的关键路径。针对生态环境治理问题，依托大数据技术和数字化集成平台对城市更新全过程的生态环境指标进行实时监测，实现生态环境的可持续发展。在生态产业发展方面，可进行生态资产区块化开发，建立生态资产数据库，推动生态环境价值评估、生态价值补偿和生态产品交易的数字化。

数字化有助于产业转型升级和商业激活。城市更新的重点内容是拉动城市经济产业发展、实现城市新旧动能转化。未来可将数字产业和传统产业融合，打造线上线下的数字孪生空间和场景载体，形成促进产业数字化转型升级的应用场、创新场、活力场。在商业升级改造中，依托大数据、互联网、5G、全息投影等数字技术对商业内容进行重构激活，形成具有持续吸引力的数字商业场景。

数字化有助于居住社区升级改造。城市更新过程中在解决老旧小区物业管理、社区安全和社区配套服务问题方面依然有所不足，未来可通过数智化管理为社区建立起坚实的保障体系，如街道和物业应用数字技术可更准确地了解社区居民的信息，为老旧社区居民提供更加人性化的服务，部署智慧社区解决方案，通过数字平台对人、社会关系、行为倾向等进行分析和监控，预防犯罪的发生，保障社区居民安全。

数字化有助于文化传承与保护创新。现代社会城市更新的过程中会面临部分文化丧失和建筑遗址无法原址保留的情况，未来可将数字技术运用于优秀传统文化的活化，使其能够继续保护、转化、创新，流芳百世。另外，可通过数字虚拟技术，提升文化空间的吸引力，促进城市文化的传播。

数字化有助于城市运营及管理。当今百年未有之大变局，对城市治理能力提出了更高的要求，在城市更新建设过程中，可利用数字技术有效解决城市运营管理的复杂性问题，构建全功能集成、全网络融合、全周期管理、全要素连接的数智治理体系，实现城市治理的科学化、精准化，保障人民安全健康生活，提升政府治理能力、办事效率和管理效果。

简言之，"数字化"不是看得见的车水马龙、高楼大厦，而是一座城市看不见的"操作系统"。因此，城市的数字化水平，将成为未来评判一座城市发展水平的重要指标。

第三章

公募 REITs

我国公开募集基础设施证券投资基金（以下简称基础设施公募REITs或公募REITs）是指依法向社会投资者公开募集资金形成基金财产，通过基础设施资产支持证券等特殊目的载体持有基础设施项目，由基金管理人等主动管理运营上述基础设施项目，并将产生的绝大部分收益分配给投资者的标准化金融产品。按照规定，我国基础设施公募REITs在证券交易所上市交易。基础设施资产支持证券是指依据《证券公司及基金管理公司子公司资产证券化业务管理规定》等有关规定，以基础设施项目产生的现金流为偿付来源，以基础设施资产支持专项计划为载体，向投资者发行的代表基础设施财产或财产权益份额的有价证券。基础设施项目主要包括仓储物流，收费公路、机场港口等交通设施，水电气热等市政设施，污染治理、信息网络、产业园区等其他基础设施。

2021年6月，首批9单基础设施公募REITs项目分别在上海证券交易所及深圳证券交易所完成资金募集，并成功挂牌上市交易，拉开了基础设施公募REITs市场的序幕。在首批基础设施公募REITs成功发行3年后，截至2024年4月底，已发行或已过审的基础设施公募REITs已经有40只，根据基础设施项目类型，可分为高速公路（10只，占25%）、产业园（11只，占27.5%）、能源基础设施（4只，占10%）、生态环保（2只，占5%）、消费基础设施（4只，占10%）、仓储物流（4只，占10%）和保障性租赁住房（5只，占12.5%）七大类，具体信息见下表：

序号	基础设施项目类型	批次	基金名称	申报类型	类别
1	仓储物流（4只）	2024年4月	华夏深国际仓储物流封闭式基础设施证券投资基金	首发	产权
2		2023年3月	中金普洛斯仓储物流封闭式基础设施证券投资基金	扩募	产权
		2021年5月		首发	产权
3		2022年12月	嘉实京东仓储物流封闭式基础设施证券投资基金	首发	产权
4		2021年5月	红土创新盐田港仓储物流封闭式基础设施证券投资基金	扩募	产权
5	消费基础设施（4只）	2023年12月	嘉实物美消费封闭式基础设施证券投资基金	首发	产权
6		2023年11月	华夏金茂购物中心封闭式基础设施证券投资基金	首发	产权
7		2023年11月	中金印力消费基础设施封闭式基础设施证券投资基金	首发	产权
8		2023年11月	华夏华润商业资产封闭式基础设施证券投资基金	首发	产权
9	能源基础设施（4只）	2023年12月	嘉实中国电建清洁能源封闭式基础设施证券投资基金	首发	经营权
10		2023年3月	中信建投国家电投新能源封闭式基础设施证券投资基金	首发	经营权
11		2023年3月	中航京能光伏封闭式基础设施证券投资基金	首发	经营权
12		2022年6月	鹏华深圳能源清洁能源封闭式基础设施证券投资基金	首发	经营权

续表

序号	基础设施项目类型	批次	基金名称	申报类型	类别
13	保障性租赁住房（5只）	2023年11月	国泰君安城投宽庭保障性租赁住房封闭式基础设施证券投资基金	首发	产权
14		2022年11月	华夏基金华润有巢租赁住房封闭式基础设施证券投资基金	首发	产权
15		2022年8月	华夏北京保障房中心租赁住房封闭式基础设施证券投资基金	首发	产权
16		2022年7月	红土创新深圳人才安居保障性租赁住房封闭式基础设施证券投资基金	首发	产权
17		2022年7月	中金厦门安居保障性租赁住房封闭式基础设施证券投资基金	首发	产权
18	高速公路（10只）	2024年4月	工银瑞信河北高速集团高速公路封闭式基础设施证券投资基金	首发	经营权
19		2023年12月	易方达深高速高速公路封闭式基础设施证券投资基金	首发	经营权
20		2023年4月	中金山高集团高速公路封闭式基础设施证券投资基金	首发	经营权
21		2022年10月	中金安徽交控高速公路封闭式基础设施证券投资基金	首发	经营权
22		2022年10月	华泰紫金江苏交控高速公路封闭式基础设施证券投资基金	首发	经营权

续表

序号	基础设施项目类型	批次	基金名称	申报类型	类别
23	高速公路（10只）	2022年6月	国金铁建重庆渝遂高速公路封闭式基础设施证券投资基金	首发	经营权
24		2021年11月	华夏中国交建高速公路封闭式基础设施证券投资基金	首发	经营权
25		2021年11月	华夏越秀高速公路封闭式基础设施证券投资基金	首发	经营权
26		2021年5月	浙商证券沪杭甬杭徽高速封闭式基础设施证券投资基金	首发	经营权
27		2021年5月	平安广州交投广河高速公路封闭式基础设施证券投资基金	首发	经营权
28	产业园（11只）	2024年4月	易方达广州开发区高新产业园封闭式基础设施证券投资基金	首发	产权
29		2024年4月	博时津开科工产业园封闭式基础设施证券投资基金	首发	产权
30		2023年3月	华安张江光大园封闭式基础设施证券投资基金	扩募	产权
		2021年5月		首发	产权
31		2023年4月	中金湖北科投光谷产业园封闭式基础设施证券投资基金	首发	产权

续表

序号	基础设施项目类型	批次	基金名称	申报类型	类别
32	产业园区（11只）	2022年11月	华夏杭州和达高科产业园封闭式基础设施证券投资基金	首发	产权
33		2022年9月	国泰君安东久新经济产业园封闭式基础设施证券投资基金	首发	产权
34		2022年8月	国泰君安临港创新智造产业园封闭式基础设施证券投资基金	首发	产权
35		2022年8月	华夏合肥高新创新产业园封闭式基础设施证券投资基金	首发	产权
36		2021年12月	建信中关村产业园封闭式基础设施证券投资基金	首发	产权
37		2021年5月	东吴苏州工业园区产业园封闭式基础设施证券投资基金	首发	产权
38		2021年5月	博时招商蛇口产业园封闭式基础设施证券投资基金	扩募	产权
39	生态环保（2只）	2021年5月	中航首钢生物质封闭式基础设施证券投资基金	首发	经营权
40		2021年5月	富国首创水务封闭式基础设施证券投资基金	首发	经营权

本篇拟论证保障性租赁住房及其他不同地产类型作为公募基础设施REITs底层资产的合法合规性，针对公募基础设施REITs最新政策进行梳理，并结合公募基础设施REITs的发展现状，对存在的问题和挑战进行分析，并就公募基础设施REITs的未来进行展望。

第一节　保障性租赁住房公募 REITs 项目底层资产的合规性

谢　军　曹　娟

保障性租赁住房与公共租赁住房（以下简称公租房）、共有产权住房构建了我国现有住房保障体系。其目的是解决符合条件的新市民、青年人等群体的住房困难问题。近年来，从党中央、国务院、各部委到地方，为了支持保障性租赁住房建设运营，针对保障性租赁住房的融资需求，有多项强有力的金融举措。其中，将直辖市及人口净流入大城市的保障性租赁住房项目纳入基础设施公募 REITs 试点项目且位列公募 REITs 重点领域，是现阶段保障性租赁住房所获取的重要金融产品支持。

本节将从保障性租赁住房公募 REITs 相关法规、政策概述，我国保障性租赁住房公募 REITs 发展现状，保障性租赁住房公募 REITs 项目底层资产法律尽调重点，以及底层资产核心风险及对应措施等方面，来解析保障性租赁住房作为公募 REITs 底层资产的合规性。同时，以消费基础设施公募 REITs 为例，延伸分析非保障性租赁房屋准入公募 REITs 的资产合规性。

一、保障性租赁住房公募 REITs 相关政策、法规及制度概述

（一）保障性租赁住房

1.保障性租赁住房的政策法律演进

2020年10月29日，党的十九届五中全会通过的《中共中央关于制定国民经济和社会发展第十四个五年规划和二〇三五年远景目标的建议》，首次提出了保障性租赁住房的概念。此后，住建部工作座谈会、中央经济工作会议等政策层面，均提出高度重视、大力发展保障性租赁住房建设的要求。《中华人民共和国国民经济和社会发展第十四个五年规划和2035年远景目标纲要》等均提出以人口流入多、房价高的城市为重点，扩大保障性租赁住房供给，着力解决困难群体和新市民住房问题。

2021年6月24日发布并实施的《国务院办公厅关于加快发展保障性租赁住房的意见》（国办发〔2021〕22号，以下简称22号文），被认为是保障性租赁住房首个顶层设计文件，明确了以公租房、保障性租赁住房和共有产权住房为主体的住房保障体系架构。22号文发布后，自然资源部、住建部、财政部、税务总局等各部委通过单独、联合发文的形式，对建设保障性租赁住房给予支持，同时予以规范。有近40个人口净流入大城市出台了支持保障性租赁住房发展的地方规章或政策文件。

2.保障性租赁住房的制度构架

（1）保障性租赁住房的基础制度

按照基础制度设计，保障性租赁住房主要解决符合条件的新市民、青年人等群体的住房困难问题，以建筑面积不超过70平方米的小户型为主，租金低于同地段、同品质市场租赁住房租金，准入和退出的具体条件、小户型的具体面积由城市人民政府按照保基本的原则合理确定。引导多方参与，由政府给予土地、财税、金融等政策支持，充分发挥市场机制作用，引导多主

体投资、多渠道供给,坚持"谁投资、谁所有"。

政策支持方面,包括进一步完善土地支持政策、简化审批流程、给予中央补助资金支持、降低税费负担、执行民用水电气价格、进一步加强金融支持等六个方面。其中,土地支持政策实际上明确了保障性租赁住房的用地来源,包括了集体经营性建设用地、企事业单位依法取得使用权的土地、产业园区中工业项目用地,闲置和低效利用的商业办公、旅馆、厂房、仓储、科研教育等非居住存量房屋的改建和出让住宅用地配建。简化审批流程,要求各地精简保障性租赁住房项目审批事项和环节,构建快速审批流程,提高项目审批效率。利用非居住存量土地和非居住存量房屋建设保障性租赁住房,可由市县人民政府组织有关部门联合审查建设方案,出具保障性租赁住房项目认定书后,由相关部门办理立项、用地、规划、施工、消防等手续。在加强金融支持中,除贷款支持外,明确支持银行业金融机构发行金融债券,募集资金用于保障性租赁住房贷款投放。支持企业发行公司信用类债券,用于保障性租赁住房建设运营。企业持有运营的保障性租赁住房具有持续稳定现金流的,可将物业抵押作为信用增进,发行住房租赁担保债券。支持商业保险资金按照市场化原则参与保障性租赁住房建设。

组织实施方面,22号文提出"做好政策衔接",要求对现有各类政策支持租赁住房进行梳理,包括通过利用集体建设用地建设租赁住房试点、中央财政支持住房租赁市场发展试点、非房地产企业利用自有土地建设租赁住房试点、发展政策性租赁住房试点建设的租赁住房等,符合规定的均纳入保障性租赁住房规范管理。

(2)配租型保障性住房

保障性租赁住房与公租房都是配租型保障住房,与人才住房、共有产权房等配售型保障房对应。因此,为了便于厘清什么是保障性租赁住房,我们有必要了解公租房与保障性租赁住房的区别。

公租房,是在2010年6月住建部、国家发改委等七部委联合发布《关于加快发展公共租赁住房的指导意见》中正式提出的。其供应对象主要是城市中等偏下收入住房困难家庭。2012年5月28日住建部发布的《公共租赁住房管理办法》第三条规定："本办法所称公共租赁住房，是指限定建设标准和租金水平，面向符合规定条件的城镇中等偏下收入住房困难家庭、新就业无房职工和在城镇稳定就业的外来务工人员出租的保障性住房……"

需要提及的是，我国最早带有保障性质的租赁住房是廉租房，但2013年12月2日住建部、财政部、发改委三部委联合发布《关于公共租赁住房和廉租住房并轨运行的通知》，明确从2014年起各地廉租住房建设计划调整并入公共租赁住房年度建设计划。各地公共租赁住房和廉租住房并轨运行后统称为公共租赁住房。公共租赁住房单套建筑面积以40平方米左右的小户型为主，严格控制在60平方米以下。

在廉租房与公租房并轨的大前提下，我们对保障性租赁住房与公租房进行概念区分：第一，配租对象不同：保障性租赁住房的配租对象为人口净流入大城市符合条件的新市民、青年人等群体；公租房的配租对象为城镇中等偏下及以下收入住房困难家庭等。第二，户型面积限高不同：保障性租赁住房以不超过70平方米的小户型为主；公共租赁住房单套建筑面积以40平方米左右的小户型为主，严格控制在60平方米以下。第三，租金标准不同：保障性租赁住房的租金低于同地段、同品质市场租赁住房租金；公租房，按照略低于同地段住房市场租金水平的原则，确定本地区的公共租赁住房租金标准；坚持实物保障与租赁补贴并举。第四，房屋来源不同：保障性租赁住房主要利用集体经营性建设用地、企事业单位自有闲置土地、产业园区配套用地和存量闲置房屋建设，适当利用新供应国有建设用地建设，允许对闲置和低效利用的非居住存量房屋改建为保障性租赁住房；公租房通过新建、改建、收购、长期租赁等多种方式筹集，可以由政府投资，也可以由政府提供政策支持、社会力量投资。第五，运行机制不同：保障性租赁住房属于普惠性公共服务，由政府提供支持政策引导市场主体参与；公共租赁住房属于国家基本公共服务，由政府开展相关工作。

3. 未来保障性租赁住房立法

现有保障房法律体系，仍停留在广义的"法律"层面，除了公租房有两个相关部门规章以外，其余均以文件、政策的形式出现，从保障性住房与商品房双轨并行的角度，未来进行保障性住房立法，或者在现有法律体系下进行法律修订，势在必行。而就同在保障房体系之内的配租型的保障性租赁住房、公租房，有无一并立法的可能？保障性租赁住房与公租房有无可能并轨？从配租型、配售型的提法上来说，是有这种可能性的。现行已经发行的保障性租赁住房公募 REITs 中，有一只华夏北京保障房 REIT 的底层资产就是公租房。因此实践也似乎流露出保障性租赁住房与公租房立法并轨的端倪。

（二）保障性租赁住房公募 REITs

1. 保障性租赁住房公募 REITs 的政策法律演进

2020 年 4 月，中国证监会、国家发展改革委发布的《关于推进基础设施领域不动产投资信托基金（REITs）试点相关工作的通知》（证监发〔2020〕40 号，以下简称 40 号文），提出推动基础设施 REITs 在证券交易所公开发行交易。2020 年 8 月，中国证监会发布并实施的《公开募集基础设施证券投资基金指引（试行）》（中国证券监督管理委员会公告〔2020〕54 号，以下简称 54 号文），规范了基础设施公募 REITs 的设立、运作等相关活动。

2021 年 6 月，国家发展和改革委员会印发《关于进一步做好基础设施领域不动产投资信托基金（REITs）试点工作的通知》（发改投资〔2021〕958 号，以下简称 958 号文），附件中的申报要求将保障性租赁住房纳入试点行业。2022 年 5 月，国务院办公厅发布的《关于进一步盘活存量资产扩大有效投资的意见》（国办发〔2022〕19 号，以下简称 19 号文），提出推动基础设施领域不动产投资信托基金（REITs）健康发展；研究推进 REITs 相关立法工作；重点领域包括保障性租赁住房。同月，中国证监会办公厅、国家发展改革委办公厅发布《关于规范做好保障性租赁住房试点发行基础设施领域不动产投资信托基金（REITs）有关工作的通知》（证监办发〔2022〕53 号，以下简称 53 号文），从发起人主体要求、回收资金用途、参与方监督职责等方面，对稳妥推进保障性租赁住房发行基础设施 REITs 各项工作提出要求。2023 年 3 月，发改委、证监会分别发布《国家发展改革委关于规范高效做好基础设施领域不动产投资信托基金（REITs）项目申报推荐工作的通知》（发改投资〔2023〕236 号，以下简称 236 号文）、《关于进一步推进基础设施领域不动产投资信托基金（REITs）常态化发行相关工作的通知》（以下简称《常态化发行相关工作的通知》），降低了保障性租赁住房公募 REITs 的发行门槛。2023 年 10 月，《关于修改〈公开募集基础设施证券投资基金指引（试行）〉第五十条的决定》修改了 54 号文，将保障性租赁住房、清洁能源等其他基础设施作为基础设施公募 REITs 的底层资产。

2024 年 1 月发布的《中国人民银行、国家金融监督管理总局关于金融支持住房租赁市场发展的意见》（银发〔2024〕2 号），自 2024 年 2 月 5 日起实施。其中指出，拓宽住房租赁市场多元化投融资渠道，稳步发展房地产投资信托基金，鼓励住房租赁企业、专业资产管理机构通过房地产投资信托基金长期持有运营租赁住房。

此外，2021 年以来，深沪交易所也都颁发了 REITs 业务办法、规则适用指引等，其中包括保障性租赁住房的（REITs）规则适用指引。各地方政府也通过"十四五"规划纲要、加快开展基础设施领域 REITs 试点工作的通知、加快发展保障性租赁住房的实施意见、推动经济高质量发展等文件，为保障性租赁住房公募 REITs 设立提供地方政府支持。

2. 保障性租赁住房公募 REITs 底层资产合规性的制度架构

以 40 号文、54 号文、958 号文、19 号文、53 号文、236 号文、《常态化发行相关工作的通知》，以及两个证券交易所分别发布的"REITs 规则适用指引"等为主要依据进行归纳和分析，现行保障性租赁住房公募 REITs 底层资产合规性的基本点如下：

（1）底层资产权属清晰、完成纳保认定

发起人（原始权益人）依法合规直接或间接拥有底层资产。项目公司依法持有拟发行基础设施 REITs 的底层资产。底层资产应经有关部门认定为保障性租赁住房项目。

（2）底层资产投资建设的合法性

已按规定履行项目投资管理，以及规划、环评和用地等相关手续，已通过竣工验收。

（3）底层资产转让的合法性

发起人（原始权益人）、项目公司相关股东已履行内部决策程序，并协商一致同意转让。如果底层资产或项目公司股权存在转让限制，相关有权部门或协议签署机构应对项目以 100% 股权转让方式发行基础设施 REITs 无异议，确保项目转让符合相关要求，或相关限定具备解除条件。

（4）底层资产成熟稳定

项目运营时间原则上不低于 3 年，运营时间不满 3 年的，项目应当满足基础设施基金上市要求、符合市场预期、确保风险可控且已能够实现长期稳定的收益；项目现金流投资回报良好，已产生持续、稳定的现金流，近 3 年内总体保持盈利或经营性净现金流为正；项目收益持续稳定且来源合理分散且主要由市场化运营产生，不依赖第三方补贴等非经常性收入；预计未来 3 年净现金流分派率原则上不低于 3.8%。

（5）资产规模要求

首次发行的，当期目标不动产评估净值原则上不低于 8 亿元，可扩募资产规模不低于首发规模的 2 倍。

（6）回收资金用途要求

保障性租赁住房公募REITs的净回收资金，应当优先用于保障性租赁住房项目建设，如确无可投资的保障性租赁住房项目，也可用于其他基础设施补短板重点领域项目建设。发起人（原始权益人）在项目申报发行基础设施REITs时，应当对回收资金用途作出承诺，并以适当方式向社会公开。严禁规避房地产调控要求，不得为商品住宅开发项目变相融资。

（7）发起人（原始权益人）等参与方符合要求

发起人（原始权益人）不得从事商品住宅开发业务。发起人（原始权益人）、项目公司等近3年无重大违法违规记录。项目运营期间未出现安全、质量、环保等方面的重大问题或重大合同纠纷。

3. 未来保障性租赁住房公募REITs立法

如前所述，19号文提出研究推进REITs相关立法工作。显然保障性租赁住房作为基础设施公募REITs的试点行业之一，单独就保障性租赁住房公募REITs立法的可能性较小。从提法上来看，基础设施领域不动产投资信托基金（REITs）立法已经提上议程。

二、我国保障性租赁住房公募REITs发展现状及案例分析

（一）发行概况

2022年7月至今，证监会共批准注册5只保障性租赁住房基础设施证券投资基金，原始权益人均为国有企业，基金类型为契约型封闭式，基金合同期限最短的62年，最长的67年。其中在上海证券交易所（以下简称上交所）上市的四只，分别是2022年7月27日批复的中金厦门安居保障性租赁住房封闭式基础设施证券投资基金（以下简称中金厦门安居REIT）、

2022年8月5日批复的华夏北京保障房中心租赁住房封闭式基础设施证券投资基金（以下简称华夏北京保障房REIT）、2022年10月31日批复的华夏基金华润有巢租赁住房封闭式基础设施证券投资基金（以下简称华夏基金华润有巢REIT），以及2023年11月24日批复的国泰君安城投宽庭保障性租赁住房封闭式基础设施证券投资基金（以下简称国泰君安城投宽庭保租房REIT）。另外一只，红土创新深圳人才安居保障性租赁住房封闭式基础设施证券投资基金（以下简称红土创新深圳安居REIT），与中金厦门安居REIT同日获批，在深圳证券交易所（以下简称深交所）上市。

五只基金中，从准予的基金募集份额总额来看，除国泰君安城投宽庭保租房REIT为10亿份外，其余均为5亿份。从底层资产所在地来看，厦门、北京、深圳各一只；上海两只，分别为华夏基金华润有巢REIT、国泰君安城投宽庭保租房REIT。五只基金的底层资产，也不全是保障性租赁住房。其中，华夏北京保障房REIT的底层资产是公租房；另外四只的底层资产是保障性租赁住房，而这四只中，又有中金厦门安居REIT的底层资产，起始是市级公租房，但经厦门市住保局认定、发改委调整，最终以保障性租赁住房的性质发行公募REITs；红土创新深圳安居REIT的底层资产，起始是人才住房，后经深圳市住房和建设主管部门认定为保障性租赁住房。

（二）中金厦门安居REIT[①]

下文我们以中金厦门安居REIT为例，重点从底层资产合规性的角度，分析保障性租赁住房公募REITs项目在准入时的实务要点。

[①]《中金厦门安居保障性租赁住房封闭式基础设施证券投资基金招募说明书》，载资本市场电子化信息披露平台，http://eid.csrc.gov.cn/fund/disclose/instance_show_pdf_id.do?instanceid=770200，2024年6月28日最后访问。《申请募集注册中金厦门安居保障性租赁住房封闭式基础设施证券投资基金的法律意见》，载天天基金网，https://fund.eastmoney.com/gonggao/508058,AN202303031584014169.html，2024年6月28日最后访问。

1. 基金概况

中金厦门安居 REIT 于 2022 年 7 月 27 日经证监会《关于准予中金厦门安居保障性租赁住房封闭式基础设施证券投资基金注册的批复》准予注册，于 2022 年 8 月 31 日在上交所上市。中金基金管理有限公司（以下简称中金基金）为基金管理人，兴业银行股份有限公司（以下简称兴业银行）为基金托管人。厦门安居集团有限公司（以下简称安居集团）为原始权益人，也即基础设施资产的原所有权人。安居集团为厦门市国资委的二级企业，股东是厦门安居控股集团有限公司（以下简称安居控股）。基础设施资产，也即本基金的底层资产由 2 个保障性租赁住房项目组成，分别为园博公寓和珩琦公寓。厦门安居园博住房租赁有限公司（以下简称园博公司）及厦门安居珩琦住房租赁有限公司（以下简称珩琦公司）为项目公司，均是安居集团的全资子公司。通过安居集团向资产支持专项计划转让项目公司 100% 股权的方式发行基础设施 REITs。安居集团的全资子公司厦门住房租赁发展有限公司（以下简称厦房租赁）是外部管理机构，根据《运营管理服务协议》的约定为基金及底层资产提供运营管理服务。

2. 保障性租赁住房项目认定

本基金底层资产，园博公寓项目和珩琦公寓项目起始是"市级公共租赁房"性质，但厦门市相应市级公共租赁住房，实际所承担的住房保障功能与 22 号文的"保障性租赁住房"一致，并非国家层面的公租房性质。此外，22 号文及厦门市人民政府办公厅发布的相关意见均要求在梳理现有住房保障政策基础上，对符合规定的纳入保障性租赁住房规范管理。在前述背景下，2022 年 3 月 31 日，厦门市住保局出具了编号为"厦保租认定（2022）1 号（总第 1 号）"和"厦保租认定（2022）2 号（总第 2 号）"的《保障性租赁住房项目认定书》，认定园博公寓项目 2614 套房源和珩琦公寓项目 2051 套房源为保障性租赁住房。2022 年 4 月 1 日厦门市发改委签发了《厦门市发展和改革委员会关于调整园博公寓和珩琦公寓项目有关事项的函》，同意园博公寓项目和珩琦公寓项目调整为"保障性租赁住房"。

3. 底层资产的合法合规性

（1）权属

2022年5月25日，安居集团与园博公司、珩琦公司分别签署了《资产划转及债务转移协议》，安居集团将以划拨方式取得的园博公寓项目、珩琦公寓项目，划转至园博公司、珩琦公司。两项目公司于2022年4月28日至2022年4月29日取得不动产权证书（划拨）。为本次发行之目的，两项目公司分别向资规局集美分局申请将基础设施项目的不动产权的权利性质由划拨变更为协议出让。厦门市资规局、厦门市住保局、厦门市集美区人民政府与两个项目公司于2022年5月12日就协议出让事宜分别签署了《厦门市国有建设用地使用权出让合同》。两项目公司于2022年5月25日取得不动产权证书（出让）。

（2）资产范围

底层资产范围，包括园博公司持有的园博公寓位于集美区滨水北里的《不动产权证书》项下证载面积共计为112875.18平方米的房屋及其所占有范围内的国有土地使用权，以及珩琦公司持有的珩琦公寓位于集美区珩琦二里的《不动产权证书》项下证载面积共计为85678.79平方米的房屋及其所占有范围内的国有土地使用权。

（3）投资建设的合法合规性

底层资产依法依规取得立项、规划、用地、环评、施工、竣工验收、节能审查等固定资产投资管理相关手续。未发现目标基础设施资产在安全生产领域、环境保护领域存在失信记录。基础设施资产的工程建设质量及安全标准符合相关标准；安全生产、环境保护符合城市规划要求。

（4）项目用途

底层资产中两个项目《不动产权证书》记载的土地用途均为保障性租赁住房（公寓），房屋用途为住宅/公寓，经安居集团说明并经律师核查，项目的实际用途为作为保障性租赁住房出租给承租人作为住宅使用，与证载用途相符。

（5）经营资质

项目公司从事保障性租赁住房出租业务，无须取得特别的经营资质。

（6）保险

底层资产均购买了财产一切险和公众责任保险，有效期一年，保险到期后项目公司将继续续保。

4. 转让的合法性

（1）底层资产的转让限制及解除

两个底层资产的土地出让合同，即《厦门市国有建设用地使用权出让合同》中对合同项下涉及出让性质的建筑物及土地使用权的转让均存在限制性约定："本项目涉及出让性质的建筑物及土地使用权应整体自持，不得分割转让、不得分割抵押；转让、抵押必须经出让人、第三方和第四方同意。"

两个底层资产的《不动产权证书》均记载基础设施项目（含土地使用权、房屋所有权及/或项目公司股权）转让存在以下限制：本宗地及地上建筑物若转让、出租、抵押，应根据《厦门市国有建设用地使用权出让合同》相关条款执行。但两个底层资产的土地出让合同中同时明确约定："出让人、第三方和第四方对以100%股权转让方式发行基础设施REITs无异议。"

2022年4月19日，厦门市资规局向安居集团签发了《厦门市自然资源和规划局关于园博公寓项目和珩琦公寓项目申请发行基础设施REITs的复函》（厦资源规划函〔2022〕198号），再次表示对园博公寓项目和珩琦公寓项目以100%股权转让方式发行基础设施REITs无异议。

（2）国有资产的转让限制及解除

《企业国有资产交易监督管理办法》（国务院国有资产监督管理委员会、中华人民共和国财政部令第32号，以下简称32号令）规定：国资监管机构负责审核国家出资企业的产权转让事项；国家出资企业应当制定其子企业产权转让管理制度，确定审批管理权限；转让方为多家国有股东共同持股的企业，由其中持股比例最大的国有股东负责履行相关批准程序；产权转让原则上通过产权市场公开进行。本项目原始权益人安居集团属于国有独资公司，持有项目公司100%股权。该等持有目标基础设施资产的项目公司股权转让属于企业国有资产交易性质，按照32号令规定，原则上应当通过产权市场公开进行，并依法履行其他国有资产交易程序。

2022年4月14日，厦门市国资委印发《厦门市人民政府国有资产监督管理委员会关于厦门安居集团有限公司申请发行基础设施REITs的批复》（厦国资产〔2022〕116号），批复原则同意安居集团将底层资产以100%股权转让的方式发行基础设施REITs；同意安居集团将底层资产以及与其相关联的债权、负债划转至项目公司；同意安居集团将项目公司100%股权转让至为本基金发行目的而设立的资产支持专项计划，本基金发行无须另行履行国有资产进场交易程序。

（3）原始权益人及项目公司的内部决策

依据安居集团公司章程规定，本基金发行应提交安居集团董事会审议和通过。为此，2022年4月11日，安居集团召开董事会并形成决议，表决通过了《关于开展基础设施公募REITs申报发行工作的议案》。4月14日，厦门市国资委出具《厦门市人民政府国有资产监督管理委员会关于厦门安居集团有限公司申请发行基础设施REITs的批复》。4月21日，安居控股向安居集团签发了《厦门安居控股集团有限公司关于厦门安居集团有限公司申请发行基础设施REITs的批复》（安居控股财务〔2022〕2号）。

如前所述，项目公司的实际控制人厦门市国资委及股东安居集团，均已就本基金发行及相关转让事宜作出批复。

（4）项目公司股权转让的合法有效性

项目公司股权转让的合法性问题，既包括前述转让限制的解除，也包括股权转让价格确定方式的公允性问题。律师对此发表意见，认为定价公允。

5.底层资产估值及其成熟稳定性

（1）估值

本基金底层资产估值12.14亿元。

（2）运营及现金流

项目公司运营底层资产取得的运营收入主要为基于租赁合同取得的租金收入，不依赖第三方补贴等非经常性收入。律师采用抽样的方式对租赁合同进行核查，抽查维度涵盖承租人是否为出租人关联方、实际签约月租金、租赁面积、承租人类型（自然人/非自然人）、楼栋及随机抽查等6个维度。抽取的租赁合同样本占底层资产总套数的20%，核查后认为租赁合同合法有效且样本符合重要性及分散度要求，具有充分代表性。根据抽样核查结果，底层资产全部租赁合同均合法有效，项目公司有权根据该等租赁合同的约定取得租金收入。

但两个项目均于2020年3月竣工，当年4月交付并于11月投入运营，截至申报之时，运营时间不满三年。为此，上交所曾在2022年6月17日，对中金厦门安居REIT发布了审核后的反馈意见[1]，要求基金管理人及律师对底层资产是否符合54号文第八条第三项所规定的条件发表明确意见，并完善相关信息披露和风险揭示。7月7日，中金基金、中国国际金融股份有限公司回复[2]："基金管理人认为，上述规定基础设施项目原则上运营3年以上，本基础设施项目虽运营未满3年，但已产生持续、稳定的现金流，投资回报良好，并具有持续经营能力、较好增长潜力，目标基础设施项目符合第54号文第八条第三项所规定的条件。项目自2021年开始，经营活动产生的现金流量净额转正，并自2021年9月末开始，出租率达到基本饱和状态，已产生持续、稳定的现金流。预计2022年4—12月的现金分派率约4.33%（2022年预测现金分派率为年化计算后的比率）；预计2023年度的全年现

---

[1] 《关于中金厦门安居保障性租赁住房封闭式基础设施证券投资基金上市及中金厦门安居保障性租赁住房基础设施资产支持专项计划资产支持证券挂牌转让申请受理反馈意见》，载天天基金网，https://fund.eastmoney.com/gonggao/508058,AN202303031584013933.html，2024年6月28日最后访问。

[2] 《关于中金厦门安居保障性租赁住房封闭式基础设施证券投资基金上市及中金厦门安居保障性租赁住房基础设施资产支持专项计划资产支持证券挂牌转让申请受理反馈意见的回复》，载天天基金网，https://fund.eastmoney.com/gonggao/508058,AN202303031584013892.html，2024年6月28日最后访问。

金分派率约 4.34%。"

基于安居集团提供的租赁合同、租赁台账等资料及安居集团说明，律师认为底层资产不存在重要现金流提供方。

6. 关联交易、同业竞争及利益冲突

（1）关联交易

根据安居集团的财务管理制度，基金发行前存在的项目公司关联交易已履行完内部审议流程，程序合法；关联交易合同项下的内容符合安居集团的财务管理制度，不违反法律法规的强制性规定，合法有效，定价也不存在显失公允的情形。

（2）同业竞争及利益冲突

根据调查，原始权益人、外部管理机构、原始权益人的控股股东均可能与本基金底层资产存在业务竞争关系；原始权益人持有同类资产，但其控股股东未持有同类资产。就同业竞争、利益冲突等问题，原始权益人、外部管理机构、原始权益人的控股股东等均出具了《关于避免同业竞争的承诺函》，承诺将采取充分、适当的措施，公平对待底层资产和竞品项目，避免可能出现的利益冲突。同时，在基金管理人、各项目公司与外部管理机构签署的《运营管理服务协议》中，外部管理机构进一步对防范利益冲突作出承诺。

7. 回收资金用途承诺

原始权益人承诺，本次募集资金用途仅限于原始权益人用于保障性住房项目，包括但不限于林边公寓、浯家公寓、龙秋公寓、洪茂一期及龙泉公寓（龙泉一期、龙泉二期）。

（三）已发行项目底层资产合规性比对

下文用对比的方法，对其余四只保障性租赁住房基金与中金厦门安居REIT 的共性问题，以及特殊性差异一并论述，以便于更好地了解我国保障性租赁住房公募 REITs 底层资产合规性的现状。

1. 底层资产的数量、权属及性质认定

（1）中金厦门安居 REIT

中金厦门安居 REIT 的底层资产是两个由厦门市市级公租房转变而来的保障性租赁住房项目，对应两个项目公司、一个原始权益人，所涉及的房屋用途是公寓和住房，已完成了保障性租赁住房的认定。

（2）红土创新深圳安居 REIT[①]

红土创新深圳安居 REIT 的底层资产有四个项目，对应三个项目公司，分属三个原始权益人，三个原始权益人之一是深圳市人才安居集团有限公司（以下简称人才安居集团），而另外两个原始权益人是人才安居集团的控股子公司。四个项目均是由人才住房转变而来，均取得了保障性租赁住房认定。

深交所曾在 2022 年 6 月 17 日对红土创新深圳安居 REIT 发布了审核问询函[②]，要求基金管理人补充说明底层资产是否符合 22 号文第二条第一项的相关要求。此处问询内容主要针对的是本基金底层资产的户型面积与 22 号文要求的"以不超过 70 平方米的小户型为主"不符。7 月 5 日，基金管理人等对问询进行了回复，基本内容是：（1）本基金底层资产，是在 22 号文出台之前，根据深府规〔2018〕13 号文的规定，建设的用于出租的人才住房，按前述规定人才住房的面积标准为"建筑面积以小于 90 平方米为主"。（2）22 号文出台之后，深圳市加快做好与国家住房保障体系的对接，将出租的人才住房等均纳入保障性租赁住房，取得了住房和城乡建设部的认

[①] 《红土创新深圳人才安居保障性租赁住房封闭式基础设施证券投资基金招募说明书》，载资本市场电子化信息披露平台，http://eid.csrc.gov.cn/fund/disclose/instance_show_pdf_id.do?instanceid=770206，2024 年 6 月 28 日最后访问。《关于红土创新基金管理有限公司注册红土创新深圳人才安居保障性租赁住房封闭式基础设施证券投资基金的法律意见书》，载天天基金网，https://fund.eastmoney.com/gonggao/180501,AN202205301568894984.html，2024 年 6 月 28 日最后访问。

[②] 《红土创新深圳人才安居保障性租赁住房封闭式基础设施证券投资基金上市和深创投 - 深圳人才安居保障性租赁住房资产支持专项计划挂牌条件确认申请文件的审核问询函》，载天天基金网，https://fund.eastmoney.com/gonggao/180501,AN202206171572835540.html，2024 年 6 月 28 日最后访问。

可，并被列入《发展保障性租赁住房可复制可推广经验清单（第一批）》。（3）根据22号文，深圳市人民政府印发深府办函〔2022〕23号文，要求做好政策衔接，已开工建设和已建成出租的人才住房项目，符合保障性租赁住房基本要求的均纳入保障性租赁住房管理；本基金底层资产属于已开工建设和已建成出租的人才住房项目。（4）22号文规定保障性租赁住房的准入和退出的具体条件、小户型的具体面积由城市人民政府按照保基本的原则合理确定。本基金底层资产建筑面积符合深圳市人民政府的有关规定。综上，本基金底层资产符合22号文和深府办函〔2022〕23号文等文件的相关要求，已按规定履行程序被认定为保障性租赁住房，并取得了合法有效的保障性租赁住房项目认定书。

此外，需要说明的是，红土创新深圳安居REIT的底层资产之一安居百泉阁项目中有414.11平方米的商业部分，在保障性租赁住房认定书中，也作为配套设施被依法纳入安居百泉阁保障性租赁住房项目范围。事实上，根据22号文第二条第二项规定，保障性租赁住房应合理配套商业服务设施项目。所以作为配套设施的商业，一般都会纳入底层资产范围。

（3）华夏北京保障房REIT[①]

华夏北京保障房REIT的底层资产有两个项目，对应一个项目公司，一个原始权益人。根据北京市住建委出具的《关于北京保障房中心有限公司申报基础设施领域不动产投资信托基金（REITs）试点相关事项的批复》，本基金底层资产为公租房项目，资产由原始权益人划转至项目公司后，项目配租对象、租金标准仍按本市公租房管理规定执行。对此，律师认为，底层资产是具备保障性质的租赁住房，属于北京市保障性住房范围，亦属于22号

[①] 《华夏北京保障房中心租赁住房封闭式基础设施证券投资基金招募说明书》，载资本市场电子化信息披露平台，http://eid.csrc.gov.cn/fund/disclose/instance_show_pdf_id.do?instanceid=771718，2024年6月28日最后访问。《关于申请募集注册华夏北京保障房中心租赁住房封闭式基础设施证券投资基金的法律意见书》，载东方财富网，https://fund.eastmoney.com/gonggao/508068,AN202208011576747124.html，2024年6月28日最后访问。

文项下所提及的住房保障体系的重要组成部分，符合22号文的指导思想，对盘活存量资产、促进投资良性循环、加强基础设施领域补短板、推动经济社会高质量发展具有特殊示范意义，经北京市住建委同意申报基础设施不动产投资信托基金（REIT）试点，符合958号文的规定。

（4）华夏基金华润有巢REIT[①]、国泰君安城投宽庭保租房REIT[②]

这两只基金的底层资产均由两个项目构成，分属两个项目公司、一个原始权益人，底层资产取得了保障性租赁住房认定。

2.投资建设的合法合规性

五只基金的底层资产均已依法合规完成了固定资产投资管理的基本程序。但有的项目在节能审查、用地批准、交付许可、节能验收等方面存在问题，相应项目的招募说明书及法律意见书对所涉问题进行了重点论述，具体如下：

（1）红土创新深圳安居REIT

红土创新深圳安居REIT的底层资产中，保利香槟苑等项目无选址意见书、土地预审意见、建设用地批准书、排污许可证的事宜，基金管理人在尽职调查报告中专门说明：①根据《城乡规划法》第三十六条的规定，按照国家规定需要有关部门批准或者核准的建设项目，以划拨方式提供国有土地使用权的，建设单位在报送有关部门批准或者核准前，应当向城乡规划主管部门申请核发选址意见书。前述规定以外的建设项目不需要申请选址意见

[①] 《华夏基金华润有巢租赁住房封闭式基础设施证券投资基金招募说明书》，载资本市场电子化信息披露平台，http://eid.csrc.gov.cn/fund/disclose/instance_show_pdf_id.do?instanceid=813882，2024年6月28日最后访问。《关于申请募集注册华夏基金华润有巢租赁住房封闭式基础设施证券投资基金的法律意见书》，载东方财富网，https://fund.eastmoney.com/gonggao/508077,AN202209241578642320.html，2024年6月28日最后访问。

[②] 《国泰君安城投宽庭保障性租赁住房封闭式基础设施证券投资基金招募说明书》，载资本市场电子化信息披露平台，http://eid.csrc.gov.cn/fund/disclose/instance_show_pdf_id.do?instanceid=1009141，2024年6月28日最后访问。《申请募集注册国泰君安城投宽庭保障性租赁住房封闭式基础设施证券投资基金的法律意见书》，载天天基金网，https://fund.eastmoney.com/gonggao/508031,AN202311281612488345.html，2024年6月28日最后访问。

书。②根据《建设项目用地预审管理办法》第二条、第四条,《建设用地审查报批管理办法》第二十二条以及《土地管理法》第四十四条、第四十六条的规定,建设项目占用土地仅在涉及农用地转用、征收土地等依法应当报国务院和省、自治区、直辖市人民政府批准的情形时,方需申请建设项目用地预审、申办建设用地批准书。此外,根据《城市房地产管理法》第八条至第十条、《招标拍卖挂牌出让国有建设用地使用权规定》、《国土资源部关于加大闲置土地处置力度的通知》(国土资电发〔2007〕36号)第二条"实行建设用地使用权'净地'出让",以及《闲置土地处置办法》第二十一条的规定,房地产开发用地在招拍挂出让前应已成为净地,即(1)完成土地征收及农用地转建设用地审批,使其成为国有建设用地;(2)完成征拆补偿、土地平整及水电路等基础设施接通工程,具备动工开发条件。鉴于前述土地征收、农用地转用审批流程均由政府或其职能部门发起并完成,或者依法只能由政府或其职能部门负责实施(如土地征收),因此通过招拍挂方式获得房地产开发"净地"的企业,已经完成了土地征收、农用地转用等事项的审批。此外,经大鹏新区用地预审主管部门深圳市规资局大鹏管理局工作人员口头说明,招拍挂项目"在网站上公布前,即已完成农转用及征收手续(如涉及),全部为净地出让,因此无用地预审意见书"。故在保利香槟苑项目土地系通过招拍挂的方式取得并已经办理完不动产登记手续的情况下,该项目无须办理用地预审及/或进一步申办建设用地批准书。(3)根据《环境保护法》、《排污许可管理办法(试行)》(已失效),环境保护部依法制定并公布固定污染源排污许可分类管理名录,明确纳入排污许可管理的范围和申领时限。纳入固定污染源排污许可分类管理名录的企业事业单位和其他生产经营者(以下简称排污单位)应当按照规定的时限申请并取得排污许可证;未纳入固定污染源排污许可分类管理名录的排污单位,暂不需申请排污许可证。根据固定污染源排污许可分类管理名录,住宅项目并未涉及。

针对安居锦园等项目未办理节能审查事宜,结合项目公司出具的《固定资产投资项目节能承诺表》，或咨询公司出具的《节能报告》，相关项目年综合能源消费量（注：电力折算系数按当量值计算）不满 1000 吨标准煤，且年电力消费量不满 500 万千瓦时，根据《固定资产投资项目节能审查办法》（国家发展和改革委员会令第 44 号，已失效）第六条规定，无须进行单独的节能审查。但在竣工验收环节，深圳市住建局出具了《建筑节能专项验收意见书》，同意三项目通过建筑节能专项验收。

针对安居百泉阁等项目无环保单项验收单事宜，根据《建设项目环境保护管理条例》规定，编制环境影响报告书或报告表的建设项目须办理竣工环保验收，安居百泉阁项目依法只需提交环境影响登记表，因此无须办理竣工环保验收。

（2）华夏北京保障房 REIT

华夏北京保障房 REIT 无建设用地批准书。法律顾问认为，根据《北京市国土资源局关于征地及农转用管理等有关问题的通知》（京国土征〔2013〕649 号），北京市国土管理部门自 2014 年 1 月 1 日起才将《建设用地批准书》下放调整到供地环节之后，而底层资产中两项目的土地使用权分别于 2010 年 10 月、2013 年 11 月通过土地招拍挂程序签订《国有建设用地使用权出让合同》后取得，也即早于下放时间。因此，两项目均不涉及《建设用地批准书》。

（3）华夏基金华润有巢 REIT

华夏基金华润有巢 REIT 底层资产中的两个项目，依据《固定资产投资项目节能审查办法》第六条之规定，认为无须进行单独的节能审查。同时，也未办理节能验收。

底层资产之一有巢泗泾项目，未取得土地预审文件、建设用地批准书、《上海市新建住宅交付使用许可证》；有巢东部经开区项目未取得土地预审文件；两项目均无交付使用许可。

就上述问题，松江区规自局已出具《关于有巢国际公寓社区泗泾项目和东经项目申报开展基础设施 REITs 试点项目相关问题的回函》，确认有巢泗泾项目及有巢东部经开区项目所涉地块已完成用地预审程序，项目用地符合土地利用规划和用途管制条件。根据《土地管理法》第五十三条和《建设用地审查报批管理办法》第二十二条规定，建设项目使用国有建设用地需要取得用地批准，但是两项目系使用农村集体经营性建设用地，不属于使用国有建设用地建设的情形。对此，松江区规自局的回函中，也确认有巢泗泾项目所涉地块为集体建设用地，松江区规自局核发的《乡村规划许可证》作为乡村地区国土空间用途管制许可阶段的审批事项，包含建设用地规划许可证、建设工程设计方案、建设工程规划许可证、建设用地批准书等内容，无须另行办理《建设用地批准书》。

松江区房管局通过《关于有巢泗泾项目申报基础设施 REITs 试点项目的说明》确认，根据《上海市新建住宅交付使用许可规定》和《〈上海市新建住宅交付使用许可规定〉实施细则》等相关规定，上海市对本市国有土地上开发建设的新建住宅实施交付使用许可制度，对于土地性质为集体土地上的新建住宅项目，暂不办理《上海市新建住宅交付使用许可证》。若未来相关管理部门针对集体土地上的新建住宅项目需要办理《上海市新建住宅交付使用许可证》，根据目前有巢泗泾项目证照的齐备性以及《关于有巢泗泾项目申报基础设施 REITs 试点项目的说明》，预计办理不存在实质障碍。

（4）国泰君安城投宽庭保租房 REIT

国泰君安城投宽庭保租房 REIT 的底层资产之一江湾社区项目的节能审查和节能验收手续是补办的（该项目于 2022 年 8 月 30 日通过综合竣工验收，2022 年 11 月 17 日取得交付使用许可证，但节能审查的时间为 2023 年 6 月 7 日，节能验收的时间为 2023 年 6 月 27 日）。根据《固定资产投资项目节能审查办法》、《上海市固定资产投资项目节能审查实施办法》，如未办理节能审查和节能验收手续，主管机关会责令停止建设或停止生产、使用，限期整改，视情节处以 10 万元以下罚款。但由于已经完成了相关手续的补办，所以被处罚的风险较小。同时，原始权益人还出具了承诺函，承诺若将来主管部门仍就该事项对项目公司处以行政处罚或罚款的，届时由原始权益人承担相关法律责任和罚款。

而光华社区项目，也系依据《固定资产投资项目节能审查办法》第六条之规定，认为无须进行单独的节能审查。同时，也未办理节能验收。

3. 经营资质

五只基金中，只有位于深圳的红土创新深圳安居REIT，涉及两个底层资产安居百泉阁及安居锦园项目的停车场运营，需取得《深圳市经营性停车场许可证》，由停车场承租人负责办理两个项目的经营性停车场许可证，并承诺在租赁期限内根据深圳市停车场管理及收费的最新规定保持上述证照的有效性。其他几只基金中，涉及停车场运营的，未见对经营资质的特别要求。

4. 转让的合法性

五只基金所涉及的转让限制及解除，重点都是不动产转让的限制，以及国有产权转让的限制。需要特别说明的有：

（1）中金厦门安居REIT

中金厦门安居REIT底层资产的土地使用权系原始权益人通过划拨方式取得，因此在原始权益人向项目公司划转资产之前，需要先向主管部门，如自然资源规划局申请将划拨用地变更为出让用地。

（2）华夏基金华润有巢REIT

华夏基金华润有巢REIT的底层资产之一有巢泗泾项目用地为农村集体建设用地使用权。因此，该底层资产的转让限制解除，除了需经出让人上海松江区泗泾经济联合社同意外，还需经松江区农村集体经营性用地入市工作协调小组同意，而区农村集体经营性建设用地入市工作协调小组又不具有法律主体资格，因此按照松江区政府的意见，由松江区规自局代章，解除了底层资产的转让限制。

（3）华夏基金华润有巢REIT及国泰君安城投宽庭保租房REIT

这两只基金对于底层资产因属于国有产权，需要解除国有产权限制的处理中，除援引32号令外，均援引了19号文"（四）推动基础设施领域不动产投资信托基金（REITs）健康发展"及《关于企业国有资产交易流转有关事项的通知》（国资发产权规〔2022〕39号，以下简称39号文）第三条的规定，认为国有企业发行基础设施REITs涉及国有产权非公开协议转让的，按规定报同级国有资产监督管理机构批准。

国泰君安城投宽庭保租房REIT的底层资产转让限制，涉及了项目公司将租金收入办理了应收账款抵押登记的情形。该限制通过债权人出具同意函同意提前还款并注销质押登记的方式予以解除。

5. 底层资产的成熟稳定性

除了华夏北京保障房REIT底层资产投入运营已满三年，其余底层资产的运营时间均不满三年。其中红土创新深圳安居REIT，在中金厦门安居REIT收到上交所的审核后反馈意见的同时，也收到了深交所的审核问询函，要求基金管理充分论证底层资产是否符合54号文第八条第三项所规定的条件。基金管理人也回复了问询，从底层资产的出租率、租金回收风险、租约续签、净现金流分派率预测等方面，论述未来项目能够产生持续、稳定的现金流，续签政策能保持租约持续稳定，底层资产能够为投资者提供良好的回报。而华夏基金华润有巢REIT的法律顾问，就运营不满3年的问题给出法律意见，认为基础设施项目的运营期限虽不足3年，但根据19号文规定，在满足发行要求、符合市场预期、确保风险可控等前提下，可进一步灵活合理确定运营年限。

6. 回收资金用途承诺

五只基金中，只有中金厦门安居REIT的原始权益人承诺本次募集资金用途仅限于原始权益人用于保障性住房项目，红土创新深圳安居REIT原始权益人承诺，本次募集资金用途仅限于原始权益人用于新的基础设施补短板重点领域项目建设，切实防范回收资金流入商品住宅或商业地产开发领域。其余三只基金，华夏北京保障房REIT的原始权益人承诺拟将90%（含）以上的募集资金净回收资金（指扣除用于偿还相关债务、缴纳税费、按规则参与战略配售等的资金后的回收资金）用于焦化厂剩余地块住房项目（或其他经批准同意的租赁住房项目）的建设，焦化厂剩余地块住房项目也是公租房项目。华夏基金华润有巢 REIT 的原始权益人承诺将 90% 以上的募集资金净回收资金用于上海马桥租赁住房项目、北京葆台租赁住房项目、北京瀛海项目和宁波福明路项目，四个项目中上海的是 R4 租赁用地项目，北京的两个是集体地建设租赁住房，宁波的是保障性租赁住房，这四个项目均已被认定为保障性租赁住房项目。国泰君安城投宽庭保租房 REIT 的原始权益人则承诺将净回收资金的 60%（含）用于三个拟新投资的租赁项目，其中两个为保障性租赁合租房项目。

7. 保险

五只基金底层资产均购买了财产一切险，其余险种各不相同，大部分也购买了公众责任险，而个别基金还购买了房屋出租人责任保险、物业管理责任险等。根据 54 号文第三十八条的规定，基础设施基金运作过程中，基金管理人应当为基础设施项目购买足够的财产保险和公众责任保险。

三、保障性租赁住房公募 REITs 项目底层资产法律尽调重点

目前保障性租赁住房 REITs 项目的尽调工作，主要是依据中国证券投资基金业协会于 2021 年 2 月 8 日发布的《公开募集基础设施证券投资基金尽职调查工作指引（试行）》（以下简称《公募 REITs 尽职调查指引》）。公募 REITs 的基础设施项目除底层资产外，也包括了底层资产的持有人项目公司的股权。因此，按照《公募 REITs 尽职调查指引》，对底层资产的调查包括两部分：对项目公司的调查、对基础设施资产的调查，统称为对基础设施项目的调查。同时，根据 54 号文第十三条之规定，申请注册基础设施基金前，律师事务所出具法律意见书的内容核心围绕基础设施项目合法合规性、基础设施项目转让行为合法性、主要参与机构资质等三个方面。据此，结合已发行项目招募说明书披露的尽职调查报告及法律意见书，下文按照尽

职调查的内容，就保障性租赁住房 REITs 项目底层资产法律尽调重点予以分析。

（一）基础设施项目的资产范围、权属和纳保认定

1. 基础设施项目的资产范围

基金初始募集资金在扣除相关费用后全部用于认购资产支持证券，通过资产支持证券持有项目公司全部股权，并通过项目公司取得基础设施项目完全所有权及经营权利。

因此，按照上述投资结构，基金初始投资的基础设施项目，包括项目公司股权及项目公司所持有的底层资产。

2. 权属情况

（1）权属取得

调查底层资产权属是否清晰，资产范围是否明确。调查的重点包括是否签订了土地出让合同，是否取得了不动产权证书（房屋所有权及其占用范围内的建设用地使用权）。

同时需要调查项目公司取得底层资产权属的方式，一般而言，底层资产由原始权益人划转至项目公司。在资产划转中涉及转让限制的，需要先解除转让限制，此外项目用地是划拨性质的，需要先变更为协议出让，是集体经营性建设用地的，需要村民小组等集体用地出让人的同意。

有的项目在权属取得部分，就土地招审、用地批准等问题一并作为土地使用权取得的合法性调查事项。本文在投资建设的合法合规性中将论及该部分内容。

（2）经营资质

一般而言，作为底层资产的保障性租赁住房对外出租用于居住，项目公司无须取得特别的经营资质。但底层资产的配套设施运营有可能存在需要许可的事项，如红土创新深圳安居 REIT 的两个底层资产安居百泉阁及安居锦园项目的停车场运营需取得《深圳市经营性停车场许可证》。但笔者同时注意到国泰君安城投宽庭保租房 REIT 的底层资产中也包括停车场运营，但该基金并未要求办理停车场许可。《深圳市停车场规划建设和机动车停放管理条例》第十五条的确规定："申请开办经营性停车场的，应当向市公安交管部门申请《深圳市经营性停车场许可证》。未取得许可证的停车场，不得提供有偿停放服务。"但上海实行的是公共停车场（库）经营备案告知承诺制。全国范围内并未要求停车场经营必须经许可。因此，在底层资产尽职调查中，也需要结合所在地的法规、规范等确定调查内容及需要调取的资料。

3. 保障性租赁住房认定

保障性租赁住房公募 REITs 的准入条件之一就是"基础设施项目应经有关部门认定为保障性租赁住房项目，配租对象、租金标准等符合相关政策要求"。因此，已发行的五只保障性租赁住房公募 REITs 中，除华夏北京保障房 REIT 取得的是公租房认定外，其余均取得了保障房租赁认定。其中，国泰君安城投宽庭保租房 REIT 的尽调报告，在本部分就底层资产的政策合规性也进行了论述："另经对项目公司提供的《保障性租赁住房供应方案和配租规则》和《租赁合同台账》比照上海市人民政府办公厅《关于加快发展本市保障性租赁住房的实施意见》规定进行核查，基础设施项目在配租对象、租赁建筑面积、租金标准方面符合《关于加快发展本市保障性租赁住房的实施意见》中对于保障性租赁住房的要求。"

保障性租赁住房的认定部门，各地不完全一致，从已发行的五只基金来看，上海是保障性租赁住房工作领导小组办公室负责认定工作，深圳是住房和建设主管部门，厦门也是住房保障和房屋管理局，北京的公租房认定工作也由北京市住建委完成。

（二）基础设施项目的合法合规性

1. 底层资产投资建设的合法合规性

底层资产投资建设的合法合规性，应该是底层资产尽职调查的重点内容。有关项目规划、用地、建设的手续，存在地方政府管理的差异，包括文件名称、程序的差异。但归纳起来，总体包括以下必备要件：

（1）立项

立项总体由发改部门负责，但根据项目是否属于政府投资项目、是否属于须经政府核准的企业投资项目，立项取得的文件有所不同。如果是政府投资项目，原则上需要项目建议书批复、可行性研究报告批复、投资概算批复、初步设计批复等；有的地方就直接是立项批复。如果是须经政府核准的企业投资项目，则需要取得企业投资项目核准。非前两种情况的，完成在发改部门的备案，拿到备案证即可。

（2）环境影响评价

环境影响评价由环境保护部门负责，项目公司填报建设项目环境影响登记表、取得备案回执、在建设项目环境影响登记备案表公示系统进行公示。

（3）节能审查

节能审查由发改部门作出审查意见，批复节能报告。有关节能审查，如本章节第二部分所述，国泰君安城投宽庭保租房REIT的底层资产之一江湾社区项目在申报基金前补办了节能审查及验收，并由原始权益人做了兜底承诺。

对于符合《固定资产投资项目节能审查办法》（2017年）第六条［现行有效的是《固定资产投资项目节能审查办法》（2023年）第九条第三款］的规定，年综合能源消费量不满1000吨标准煤且年电力消费量不满500万千瓦时的固定资产投资项目应按照相关节能标准、规范建设，不再单独进行节能审查的，需要审查项目公司是否出具了《固定资产投资项目节能承诺表》，或是否委托第三方出具了《节能报告》，并根据项目建设时间判断是否符合《固定资产投资项目节能审查办法》（2017年）第六条［《固定资产投资项目节能审查办法（2023年）》第九条第三款］规定的条件。

（4）其他专项审批意见

其他专项审批意见包括交通设计审核（交警总队，出具交通设计审核通知书，同意按总平面图开设机动车出入口）、消防设计审查（第三方审图机构受消防部门委托，出具施工图设计文件联合审查合格书，认定消防设计合格）、轨道交通安全保护区作业许可（交通委员会，出具许可决定，准予在交通安全保护区作业）、民防工程施工图设计审查（民防部门，出具意见书/抽查意见书，批复施工图设计基本符合人防设计规范要求）、水土保持批复（水务局，出具许可决定书，批复同意水土保持方案）等。

（5）规划许可

规划许可包括选址意见书、建设用地规划许可证和建设工程规划许可证，原来是由规划部门核发，现在是自然资源规划部门。

出让用地可以不申请选址意见书。但对于按照国家规定需要有关部门批准或者核准的建设项目，以划拨方式提供国有土地使用权的，需要在批准或核准前取得选址意见书。

（6）用地手续

用地手续可能包括土地预审意见、划拨决定书/土地出让合同、用地批准书、土地使用权证/不动产权证，用地手续的核发部门原来是土地管理部门，现在是自然资源规划部门。

对于无用地预审、用地批准书的情况，需要根据《土地管理法》等的规定，核查建设项目是否不涉及农用地转用、不涉及耕地、不涉及土地征收，以及是否属于净地招拍挂出让。就前述问题，可能需要通过实地走访自然资源规划等部门，进行调查核实。

另外，就农村集体经营性建设用地无土地预审、建设用地批准的情形，也需要土地管理部门等出具书面确认文件，确认相关项目用地手续的合法性。

（7）施工许可

施工许可包括两个环节，施工图审查（第三方审图机构，受消防、民防、卫生、水务、抗震等部门委托，出具施工图设计文件联合审查合格书，认定施工图设计合格）、建设工程施工许可证（建设部门/住建部门核发）。

（8）竣工验收

竣工验收包括质量竣工验收（质检站）；交通设计验收（交警总队，出具交通设计验收通知书，同意开设机动车出入口，通过验收）；停车场（库）竣工验收（道路运输管理局，出具停车场（库）验收单，核定通过验收）；竣工规划资源验收（资规局，出具核发资源规划验收合格证的决定、核发规划验收合格证，审核确认项目符合竣工规划验收要求，符合土地检查检验要求）；水土保持验收（项目公司编制水土保持设施验收鉴定书、验收组验收、水土保持公示网公示、公示期满无投诉）；节能验收（发改委，核查验收结果为通过）；人防验收（民防部门，人防工程竣工验收备案通知单）；建设工程综合竣工验收或者竣工验收备案（建设部门/住建部门，内容包括规划、绿化和环卫、民防、交通设计、停车库、卫生、消防等专项验收，核发综合竣工验收合格通知书或出具竣工验收备案证明，确认通过综合竣工验收）。

有关环保专项验收，根据《建设项目环境保护管理条例》规定，编制环境影响报告书或报告表的建设项目须办理竣工环保验收。对于只需提交环境影响登记表的，无须办理竣工环保验收。因此，需要根据项目前期是编制了环境影响报告书，还是提交了环境影响登记表来确定验收环节，以及是否应当办理环保专项验收。

此外，也不是所有的地方都对交通设计、停车场（库）、水土保持进行专项验收，但综合验收/竣工验收备案、质量、消防、节能、规划均是必备的，主管部门、成果文件可能略有差异。

（9）交付使用许可

住建局核发交付使用许可证，准予交付。目前已发行项目中，只有上海的两只基金，华夏基金华润有巢REIT和国泰君安城投宽庭保租房REIT的底层资产办理了交付使用许可，但华夏基金华润有巢的底层资产之有巢泗泾项目，以集体用地为由未办理交付使用许可。

2. 底层资产的运营情况

（1）资产用途

资金用途的核查重点是按照建设工程规划许可证、不动产权证等的证载内容，核查底层资产的实际用途与证载用途是否一致，不仅核查租赁住房，也包括核查配套商业等。

（2）现金流的真实有效性、实际情况、预测情况，是否存在重要的现金流提供方

真实有效性是法律尽调的重点，包括但不限于：现金流的产生是否基于真实、合法的租赁；形成的租赁合同等交易文件是否合法、有效；价格或收费标准是否符合相关规定，是否公允等。调查的方式通常为抽样核查，但样本要符合重要性及分散度要求，具有充分代表性。可参考的抽样维度，包括是否为出租人关联方、实际签约月租金、租赁面积、承租人类型（自然人/非自然人）、楼栋及随机抽查等。

实际及预测情况包括但不限于：核查项目运营是否满三年。如果不满三年，可以结合19号文"（四）推动基础设施领域不动产投资信托基金（REITs）健康发展"之规定论述其合规性。另外，需要结合其他专业机构的审计报告、可供分配金额预测算审核报告等，分析基金底层资产的现金流构成以及最近三年的历史现金流情况，分析现金流的独立性、稳定性；最近三年的平均经营性现金流是否为正；现金流来源是否具备合理的分散度，是否主要由市场化运营产生且不依赖第三方补贴等非经常性收入；预测和分析资产未来两年净现金流分派率及增长潜力情况。但该部分的尽调主要依赖于其他机构、财务专业人员。

（3）是否存在重要现金流提供方

应按照穿透原则界定实际的现金流来源及提供方；在尽职调查基准日前的一个完整自然年度中，底层资产的单一现金流提供方及其关联方合计提供的现金流超过底层资产同一时期现金流总额的10%，应当视为重要现金流提供方。

3. 保险情况

保险情况包括是否投保、承保范围、保险金额以及保险有效期等情况。根据 54 号文第三十八条的规定，基础设施基金运作过程中，基金管理人应当为基础设施项目购买足够的财产保险和公众责任保险。从已发行项目披露的信息来看，所有项目均购买了财产一切险且保额覆盖底层资产总估值，而保险期限没有强制性要求，一般一年、两年均可，但要有续期说明。

4. 权利负担及解除

权利负担实际上也是底层资产转让的限制，但除不动产他项权限制外，还要调查是否存在动产融资担保等，如以底层资产租金办理应收账款质押登记的情形，可以登录中国人民银行征信中心动产融资统一登记公示系统查询。

5. 项目公司

（1）主体资格

主体资格包括注册名称、成立时间、企业类型、法定代表人、注册资本、注册地址、经营范围、股权结构等基本信息。应当调取项目公司设立时的政府批准文件（如有）、营业执照、公司章程、工商登记文件等资料。重点核查项目公司的设立程序、工商（市场监督管理）注册登记的合法性、真实性以及相关历史沿革情况，重大股权变动的合法合规性，以及是否存在股权质押或被冻结的情况。

（2）重大重组情况

调查项目公司设立后对投资者作出投资决策具有重大影响的重组事项情况，包括但不限于：取得相关有权机构决策或审批文件、审计报告（如有）、评估报告（如有）、中介机构专业意见（如有）、债权人同意债务转移的相关文件（如涉及）、重组相关的对价支付凭证和资产过户文件等资料，调查项目公司重组动机、内容、程序和完成情况。

（3）治理结构、组织架构和内部控制情况

治理结构调查的重点是股东/股东会、执行董事/董事会、监事/监事会以及经理。需要查阅项目公司的公司章程，调查公司章程的合法性，了解项目公司的内部组织架构；根据公司章程，结合项目公司组织架构，核查项目公司组织机构、内部控制制度等是否健全、清晰。

（4）资信情况

调查项目公司是否存在违法违规、失信、诉讼仲裁等情况。可通过中国证监会网站、国家金融监督管理总局网站、国家外汇管理局网站、中国人民银行网站、应急管理部网站、生态环境部网站、国家市场监督管理总局网站、国家发展和改革委员会网站、财政部网站、国家税务总局网站、国家企业信用信息公示系统、"信用中国"平台、中国执行信息公开网——失信被执行人查询系统、中国执行信息公开网——被执行人信息查询系统，以及项目公司所在地的相关监管平台网站等公开信息渠道进行检索、核查。

注：对于基金交易架构中设置了SPV先行收购项目公司股权，由项目公司再反向吸收合并SPV的，SPV也在法律尽职调查范围内。

（三）转让行为的合法性

转让行为的合法性，重点是解除转让限制，包括解除底层资产权属转移的限制，以及项目公司股权转让的限制。需要核查的程序包括外部审批、内部决策等。需要调取的文件有：与土地相关的合同/协议，包括土地出让合同、划拨决定书，如果是集体土地，根据各地集体土地入市的不同要求，可能还有集体建设用地使用权开发建设与利用监管协议、监管清单等；不动产权证书及其附件；项目公司及原始权益人的企业信用信息、公司章程，重点是调查股权结构、权利归属，是否需要履行国有资产转让的外部审批手续等。

（四）关联交易、同业竞争及对外借款

1. 关联交易

需要调查项目公司与原始权益人及其控股股东、实际控制人等之间近三

年是否存在关联交易，关联交易的类型、合规性等。合规性判断的依据，重点是项目公司、原始权益人等的关联交易内部管理制度，看制度是否公允、合法、有效；关联交易是否依制度履行了决策、审批流程；包括价格在内的关联交易条件是否公允。

2. 同业竞争

需要调查原始权益人、底层资产外部运营管理机构是否与项目公司存在同业竞争，如存在同业竞争，是否采用充分、适当的措施避免可能出现的利益冲突；调查原始权益人及控股股东、实际控制人持有的其他同类资产情况；调查项目公司与原始权益人及其控股股东、实际控制人之间是否涉及关联交易情况。

3. 对外借款

依赖于项目公司企业信用报告、项目公司承诺、合同/协议、凭证/流水等文件，调查项目公司是否存在对外借款。

（五）保障性租赁住房基金业务的其他合规性要求

1. 原始权益人开展保障性租赁住房业务的独立法人资格

重点是要求原始权益人的业务范围为开展保障性租赁业务，原始权益人未持有房地产开发业务资质，未开展商品住宅和商业地产开发业务。

2. 原始权益人的独立性

原始权益人的独立性包括资产独立、业务独立、财务独立、人员独立。重点是原始权益人要与其控股股东/实际控制人等之间保持独立性，特别是在其控股股东/实际控制人存在住宅和商业地产开发业务的情况下，更要有效隔离。原始权益的独立性要求与回收资金使用和监管密不可分。例如，华夏基金华润有巢REIT为了符合独立性要求，一方面，原始权益人有巢深圳，在资产、业务、财务、人员、机构等方面与华润置地的住宅和商业地产开发业务进行了有效隔离，保持独立性；另一方面，按照回收资金使用与监管规则，保证回收资金不流入房地产开发领域。

3. 回收资金使用与监管

首先，原始权益人应制定《基础设施 REITs 回收资金管理制度》，项目公司、原始权益人、实际控制人等应就募集资金使用出具相关的承诺函，相关各方签署《回收资金专户存储监管协议》。目的是实现发行基础设施 REITs 取得的净回收资金闭环管理，不存在以租赁住房等名义，为非租赁住房等房地产开发项目变相融资，或者变相规避房地产调控要求的情况。

以上为保障性租赁住房公募 REITs 底层资产法律尽调要点分析。鉴于本章节的重点是分析底层资产的合规性，故此处对业务参与人（包括原始权益人、运营管理机构、资金托管人、资产支持证券托管人，以及法律顾问、资产评估机构、会计师事务所、市场调研机构等提供专业服务的参与机构。如果原始权益人与发起人不同，还包括对发起人的调查）的尽调不再详述。

四、底层资产核心法律风险及对应的风险管理措施

从已发行项目的风险揭示来看，结合我们对保障性租赁住房的法律属性分析，保障性租赁住房公募 REITs 底层资产特有的核心法律风险集中在以下方面：

（一）保障性租赁住房行业风险及应对

保障性租赁住房行业容易受行业政策、经济社会环境影响。一方面，如果经济增速持续放缓、居民收入水平下降、城市人口流出，将会导致出租率下降、整体租金标准难以为继。另一方面，在政策驱动下，租赁房源供给又可能持续增加，市场竞争将会更加激烈。目前，制定租户筛选标准和租金定价的限制条件，仍是以 22 号文及地方政府文件等为准。若政策调整，如要求对保障性租赁住房的承租人执行更加严格的筛选标准，或要求租金水平、

增长率显著降低等，都有可能对现金流、估值水平和持续经营等造成重大不利影响。

在应对方面，政策、行业监管风险的应对重点应当在于保持政策的持续性、稳定性。如前所述，目前我国保障性租赁住房的法律适用，仍体现在政策、文件层面。但随着相关文件的颁布，笔者认为包括保障性租赁住房在内的保障房立法应该逐步提上议程，而且按照"租购并举"的要求，保障房立法位阶应与商品房持平。立法相较于政策、文件，在承租人准入标准、房屋户型标准上，以及租金定价方式/依据上，更具稳定性、科学性，可一定程度上抑制因政策变动带来的行业风险。

就具体的基金市场竞争而言，应扬长避短，在经营优势、品牌优势、物业优势方面多下功夫。例如，经营上，提供地铁站班车接送等增值服务、满足租户日常交通需求，增强租户黏性；社区配有管家、为企业租户制定专属服务与住宿解决方案等。品牌上，重点是运营管理机构的选择，应选择品牌影响力较大，运营能力强的管理机构。物业上，在房屋交付标准、社区内生活配套设施、安全保障上下功夫。同时，如果能够推动周边商业与服务配套的不断完善，则能更进一步提升市场竞争力。

（二）运营风险及应对

法律相关的运营风险包括出租率下降的风险，承租人履约风险，底层资产灭失、损坏、维修和改造的相关风险，外部管理机构的尽职履约风险等。

在应对方面，首先，前述应对行业风险的措施，也是应对出租率下降的举措。此外，有关出租率下降的风险，呼声很高的是与居住权制度衔接。其实，居住权制度立法的现实意义之一就是完善中国特色保障性住房体系[1]。本质上是围绕"租购同权"的制度设计。因此，保障承租人与购房人也能平

---

[1] 张丹、朱泓昱：《〈民法典〉之居住权制度评析》，载搜狐网，https://www.sohu.com/a/401484329_120056427，2024 年 6 月 28 日最后访问。

等地享有社会公共服务资源，包括子女入学、就业、医疗卫生、社会保险等方面的一致性，或许是防止出租率下降的措施之一。

应对承租人履约风险的重点在于租赁合同条款设置，同时建议在租赁合同网签备案的同时，加强承租人征信监管，将其履约情况纳入个人征信评价体系。

对于底层资产灭失、损坏的风险，重点是保险覆盖；维修和改造的相关风险，一方面依赖于现有建设工程、房屋质保制度；另一方面建议在未来保障房立法中，建立类似于住宅专项维修资金的管理制度。

对外部管理机构的尽职履约风险，基金管理机构应从协议、合同和承诺书入手，加强对外部管理机构的监管，运用好包括考评、付费、赔偿、解约等合同手段的同时，结合现行法律，借助监管部门的公权力监督外部管理机构的规范化运营。

（三）底层资产处置的相关风险及应对

底层资产处置的风险，源于底层资产及项目公司股权转让，往往受所在地的地方性法规及政策，以及土地使用权出让合同中存在的关于土地使用权转让过程中相关交易流程及所需满足的前置条件方面的限制。风险点包括在基金发行前，可能存在因无法按时完成或满足上述流程及前置条件导致无法顺利收购或处置该等目标基础设施资产的风险；未来可能因基金运营困难，或基金存续期满等原因，需要通过处置标的股权、标的债权和/或基础设施项目的权益来获得处置收入，届时若无法解除限制，将导致处置受阻。

在应对方面，首先，针对发行前的风险，基金管理人等应通过尽职调查排查限制条件，并通过出让人、国资监管部门（若涉及国有资产转让）等出具同意转让、无异议函、专项批复等方式解除限制。其次，对未来的处置风险，一方面如果是基金存续期满的处置风险，可以通过基金份额持有人大会决议延长基金存续期限以缓解风险；另一方面，在基金的日常运营中，取得地方政府支持，在需要处置资产时，依法、依规办理解除限制手续，也是风险应对的应有之义。

（四）土地使用风险及应对

土地使用风险包括国有建设用地使用权续期安排不确定性风险，以及集体经营性建设用地政策调整风险。

保障性租赁住房的土地用途一般为住宅，使用权期限为 70 年。虽然《民法典》明确规定住宅建设用地使用权期间届满可自动续期；但目前地方土地主管部门尚未明确住宅建设用地使用权续期事宜所需缴纳的费用和缴纳方式、续期具体的审批标准及操作指南，因此底层资产土地使用权续期安排具有一定的不确定性。若发生土地使用权到期后被要求承担额外条件，申请续期不被批准，土地使用权在到期前被提前收回且获得的补偿金不足以覆盖基础设施项目估值或弥补经营损失的情况，基金及底层资产将受到重大不利影响。

对于底层资产用地为集体经营性建设用地的项目，如果将来集体建设用地的相关政策发生变化，对底层资产运营将产生不利影响。

在应对方面，总体来说，有关土地使用的风险，笔者认为在可控范围内。原因是《民法典》第三百五十九条明确规定，住宅建设用地使用权期限届满的，自动续期。续期费用的缴纳或者减免，依照法律、行政法规的规定办理。这是在基础法的层面上已经肯定了住宅用地使用权续期的制度，具体续期费用、程序虽然依赖于行政法规或地方性法规，但不至于影响基金运行的基本面。而建设用地入市是以《土地管理法》为依据的，且实施条例已颁布施行，各地试点有序推进，因政策变化导致基金运营受阻的可能性，笔者认为几乎没有。

当然，从制度上尚存空白地带的角度来看，首先还是需要尽快在行政法规、地方性法规层面明确土地使用权续期的具体操作要求，以及各地方的集体土地入市管理办法。在制度尚不明朗的阶段，应通过基金合同明确清算条款，若出现无法续期或土地无法使用的情形，做好清算及分配。

（五）固定资产投资建设手续不完备的风险及应对

从已发行项目来看，底层资产在投资建设手续上或多或少都存在一定的不完备性。集中在选址意见、用地预审、用地审批、节能审查、节能验收以及环评验收等环节。

在应对方面，针对项目规划、用地手续的不完备性，需要结合《土地管理法》等法律，核查项目的用地属性、土地使用权的取得方式，依法判断项目本身是否需要具备此类文件，同时对土地管理部门进行实地调查走访，必要时由土地管理部门出具项目用地不违法的确认文件。

针对节能审查及验收问题，需要结合项目的节能报告及项目公司出具的节能承诺表等，根据项目建设时间，判断是否符合《固定资产投资项目节能审查办法》（2017年）第六条［《固定资产投资项目节能审查办法》（2023年）第九条第三款］规定的无须单独进行节能审查的项目，必要时由主管部门对此进行确认。对于需要办理节能审查及验收的项目，应当补办，并向主管部门调查走访，确认应当补办的情形，是否还有可能引发行政处罚等事项，必要时原始权益人应对此作出兜底赔偿的承诺。

其余固定资产投资建设手续不完备的问题，可以参考本节中的案例分析及法律尽调内容。

（六）利益冲突与关联交易风险

基金运作过程中可能与基金管理人、原始权益人、外部管理机构之间，因为持有同类资产，或者运营管理同类业务而存在潜在利益冲突。基金等与关联方之间发生的转移资源或者义务的事项构成关联交易，存在关联交易风险。

在应对方面，对于利益冲突，需要原始权益人、外部管理机构等出具《避免同业竞争的承诺》，同时通过《运营管理服务协议》对外部管理机构进行约束，运营管理机构针对不同项目设立单独的业务团队，确保《运营管理服务协议》项下的底层资产在人员、业务等方面独立运营、确保隔离不同基础设施项目之间的商业或其他敏感信息、避免不同基础设施项目在运营管理方面的交叉和冲突。设置利益冲突发生时的披露规则，包括披露方式、披露内容、披露频率。

针对关联交易的风险，需要在基金合同、招募说明书等信息披露文件以及专项计划文件中确定关联交易的决策与审批机制，对需要决策和审批的关联交易事项，建立健全内部审批机制和评估机制，按照市场公平合理价格执行，相关交易必须事先得到基金托管人的同意，并按法律法规予以披露；无须另行决策与审批的关联交易事项也应当按照法律规定、监管机构要求及时进行信息披露。基金管理人应建立关联交易的内控和风险防范措施，包括针对普通证券投资基金的关联交易，制定关联交易管理办法；针对基础设施证券投资基金，制定投资管理、运营管理和风险管理及内部控制的专项制度。日常经营中必要的关联交易，也应严格按照法律法规和证监会的有关规定履行关联交易审批程序、关联方回避表决制度，通过第三方专业机构的专业服务确保关联交易价格的公允性等。

五、非保障性租赁房屋准入公募 REITs 底层资产的合规性

保障性租赁住房之后，消费基础设施项目也被纳入基础设施公募 REITs 的试点行业。由于消费基础设施项目基本属于原始权益自持运营类项目，现金流来源主要为租金。因此，我们将通过对比消费基础设施公募 REITs 与保障性租赁住房公募 REITs 的差异，来分析非保障性租赁房屋准入公募 REITs 底层资产的合规性。

（一）消费基础设施公募 REITs 的政策支持

2023 年 3 月公布的发改委 236 号文，以及证监会《常态化发行相关工作的通知》，率先提出支持消费基础设施建设，优先支持百货商场、购物中心、农贸市场等城乡商业网点项目，保障基本民生的社区商业项目发行基础设施 REITs。项目用地性质应符合土地管理相关规定。项目发起人（原始权益人）应为持有消费基础设施、开展相关业务的独立法人主体，不得从事商品住宅开发业务。发起人（原始权益人）应利用回收资金加大便民商业、智慧商圈、数字化转型投资力度，更好满足居民消费需求。严禁规避房地产调控要求，不得为商品住宅开发项目变相融资。2023 年 10 月，证监会〔2023〕55 号文修改了 54 号文，将百货商场、购物中心、农贸市场等消费基础设施作为基础设施公募 REITs 的底层资产。

（二）从已发行案例看消费基础设施公募 REITs 的底层资产合规性[①]

证监会〔2023〕55 号文发布后，很快 2023 年 11 月 24 日证监会就批复准予注册三只消费基础设施公募 REITs——华夏金茂商业 REIT、华夏华润商业 REIT、中金印力消费 REIT，并于 11 月 26 日发文。2023 年 12 月 15 日嘉实物美消费 REIT 也获证监会准予注册的许可。基金类型均为契约型封闭式，基金合同期限从 21 年到 30 年不等，除华夏金茂商业 REIT、嘉实物美消费 REIT 的募集份额为 4 亿份外，其余两只为 10 亿份。2024 年 3 月 12

[①] 《关于华夏金茂购物中心封闭式基础设施证券投资基金的法律意见书》，载天天基金网，https://fund.eastmoney.com/gonggao/508017,AN202311281612488672.html，2024 年 6 月 28 日最后访问。《关于申请募集注册华夏华润商业资产封闭式基础设施证券投资基金的法律意见书》，载东方财富网，https://data.eastmoney.com/notices/detail/180601/AN202311281612488279.html，2024 年 6 月 28 日最后访问。《关于申请募集注册嘉实物美消费封闭式基础设施证券投资基金的法律意见书》，载东方财富网，https://fund.eastmoney.com/gonggao/508011,AN202312191614531866.html，2024 年 6 月 28 日最后访问。《关于中金基金管理有限公司申请募集注册中金印力消费基础设施封闭式基础设施证券投资基金的法律意见书》，载天天基金网，https://fund.eastmoney.com/gonggao/180602,AN202311281612488333.html，2024 年 6 月 28 日最后访问。

日，华夏金茂商业 REIT 和嘉实物美消费 REIT 在上交所上市；3 月 14 日，华夏华润商业 REIT 在深交所上市；4 月 30 日，中金印力消费 REIT 在深交所上市。四只基金的底层资产如下：华夏金茂商业 REIT 是位于长沙的一座大型购物中心，嘉实物美消费 REIT 是位于北京的四个可居住配套商业用房项目，华夏华润商业 REIT 是位于青岛的商业（主要是裙房），中金印力消费 REIT 是位于杭州的商业中心及配套工程项目（商业）。

从已注册的四只消费基础设施公募 REITs 来看，其资产合规性与保障性租赁住房公募 REITs 在基本结构上无差异，都是围绕基础设施项目资产权属、投资建设合法合规性、转让行为合法性，以及基金业务经营合法性展开。下文着笔于消费基础设施公募 REITs 底层资产合规性的特有属性：

1. 底层资产范围及权属

消费基础设施公募 REITs 的底层资产所涉房屋虽然以商业为主，但由于底层资产往往是居住配套商业或办公裙楼等，所以房屋占地范围内的土地用途更加复杂，可能涵盖住宅、办公、公寓、地下商业、地下办公、地下仓库、地下车库等。但因为住宅、办公等资产类型未被纳入 REITs 试点范围，因而此类资产不能进入消费基础设施公募 REITs 资产范围，需要通过分割登记、设立 SPV 等方式与消费基础设施进行产权剥离；此外，需要移交政府的代建设施，如幼儿园、社区服务等，也不能纳入底层资产范围；而对于仓库、车库，包括无法办理产权登记的人防车位等，作为底层资产的配套设施，是有可能被纳入底层资产范围的。我们注意到，中金印力消费 REIT 的底层资产中甚至包括了无法办理产权登记的公共停车楼，理由是杭州市余杭区目前尚未执行构筑物工程的不动产登记，故无法办理该公共停车楼的不动产登记，但不影响项目公司对南侧公共停车楼享有所有权及依法经营收益的权利。

对于底层资产权属，原始权益人/项目公司可以是基于自建或自行开发取得，也可以通过商品房买卖取得。所以在底层资产权属核查的过程中，既要核查底层资产土地使用权取得的合法性，也要核查商品房买卖的合法性。

2. 居住配套商业服务设施等的转让限制及解除

由于居住配套商业服务设施与居住建筑都是一并投资建设，因此一般地方政府对居住配套商业服务设施的房屋都会设置转让限制。同时，由于底层资产构成的复杂性，有的基金存在部分底层资产转让受限的情形，如中金印力消费 REIT 中涉及的公共停车楼转让，为了保证转让的合法性，以上限制都需要解除。嘉实物美消费 REIT 的底层资产是居住配套商业服务设施，而根据《关于北京市居住配套商业服务设施改变使用性质及转让工作办理规定的通知》（京商务规字〔2018〕26 号，以下简称 26 号文）第二条"转让办理规定"，凡是房屋规划用途标注为"商业配套"、"其他商业服务"等，属于居住配套商业服务设施的房屋，转让前均需要到所在区商务委进行批准。已销售的居住配套商业服务设施再次上市出售时，需在双方交易前，由产权方到所在区商务委办理相关手续后到区房屋管理和规划国土部门办理转移登记手续。就上述转让限制规定，2023 年 10 月 18 日，北京市商务局发函说明，以居住配套商业服务设施发行基础设施 REITS 不属于 26 号文相关规定范围，商务局对以 100% 股权转让方式发行基础设施 REITS 无异议。

3. 非独栋建筑涉及的共有资产、共用设施设备安排

由于消费基础设施项目所涉房屋往往是住宅小区配套商业或者办公裙楼等，不是独栋建筑，适用建筑物区分所有权的法律规定。因此，在运营中会使用建筑物的公有部位、共用设施设备，如公共楼梯间、排水管道等，存在与其他权利人之间就公共资产的维修、养护、管理等分担费用的情形，需要事先与物业服务人等进行约定。

4. 运营所需资质

相较于保障性租赁住房项目，消费基础设施由于经营项目的多样性，资质要求也呈现出多样性。例如，根据《消防法》第十五条的规定，公众聚集场所投入使用、营业前应当完成消防安全检查，由消防救援机构审查资料、核查现场后，对符合消防安全要求的予以许可。公众聚集场所未经消防

救援机构许可的，不得投入使用、营业。因此，消费基础设施作为公众聚集场所，是需要取得《公众聚集场所投入使用、营业前消防安全检查合格证》的。此外，卫生许可、食品经营许可证、排污许可、户外广告设置许可等，往往也是消费基础设施 REITs 运营所需资质。有关停车场库的运营许可/备案在保障性租赁住房 REITs 的案例分析及尽职调查中都有述及，此处不再赘述。

5. 基础设施项目租赁情况

鉴于消费基础设施，如华夏金茂商业 REIT 所涉及的物业类型为商业，所以不同于保障性租赁住房的出租，其单个合同租赁面积大、合同数量小、标的额大，承租人有除使用承租房屋外的其他商业化需求。因此，此类租赁情况核查有以下要点：

（1）法律顾问在对合同的真实性、有效性进行核查的时候，采用的是全面核查，而非抽样。

（2）虽然租赁合同备案的要求并非仅针对商业类物业，但明显在消费基础设施项目中，法律顾问更加注重租赁合同是否备案，项目公司是否因此受到行政处罚等情况的核查。

（3）项目主力租赁合同往往存在优先承租权、优先购买权条款、竞争排他条款、开业率条款、退租条款、租金减免条款等可能对底层资产的经营和处置产生限制的条款。就优先购买权条款，原始权益人、项目公司等基本是与承租人沟通，通过签署补充协议/变更协议等方式，由承租人终止/放弃/明确不行使优先购买权。对其他限制条款，要求运营管理机构按照《运营管理服务协议》约定勤勉尽职、专业审慎，维护租赁客户关系，避免触发该等限制条款。

（4）消费基础设施存在户外广告位租赁经营。户外广告设置属于行政许可事项，因此是否取得许可，许可是否期满，期满后是否顺利续期是核查重点。但我们发现对于该许可证，证监会似乎可以容缺，如华夏金茂商业 REIT 在申报时，续期问题就仍在沟通中。

（5）消费基础设施存在多种营收及代销联营收入合同。尽职调查时，需要核查合同的有效性，以及是否需要单独办理经营许可或资质。

6. 转让的合法性涉及转让对价的支付和公允性问题

在涉及国有产权问题时，按照《项目公司股权转让协议》的约定，交易各方同意根据经网下投资者询价方式所确定的基础设施基金的认购价格确定项目公司的股权转让价款，但相关转让价格不得低于经国资监管部门备案的项目公司100%股权评估价值。

7. 为防范同业竞争导致的利益冲突之"关于基础设施REITs的优先收购权承诺"

鉴于消费基础设施公募REITs底层资产的"商品房"属性，底层资产在更易处置的同时，也更具备通过收购扩展资产范围的可能性。因此，有消费基础设施公募REITs的原始权益人和外部运营管理机构，在出具的《关于防范因关联交易和同业竞争导致的利益冲突风险的承诺函》中所承诺采取的措施，除了将业务机会优先提供给基础设施REITs、保证同业竞争中的公平性等之外，还特别承诺"基础设施REITs的优先收购权"。具体为，原始权益人和外部运营管理机构承诺，当其持有、运营的其他同类竞争性消费基础设施项目，在基金发行后具备注入基础设施REITs的条件时，其将通过合理价格将相关资产注入基础设施REITs；其或其控制的企业如出售或转让与基础设施REITs相关的经营性物业资产，基础设施REITs项下相关载体均享有优先购买权；并保证在出售或转让相关资产时给予基础设施REITs项下相关载体的条件与其控制的企业向任何独立第三方提供的条件相当。

8. 消费基础设施基金业务合规性

消费基础设施基金业务合规性的重点是按照236号文要求，在底层资产类型、用地性质、原始权益人等方面保持独立性，特别是与其关联方之间在商品住宅和商业地产业务中有效隔离，在回收资金使用及监管上保持合规。

综上，单以消费基础设施公募REITs为例分析，非保障性租赁房屋由于其"非保障性"的特点更具商品流通属性，市场经营中的限制更少、涉猎领域更多，因此在资产范围、权属取得、权属类别（建筑物区分所有权）、运营方式、资质要求等方面均更为复杂，准入公募REITs的合规性审查范围更广，但同样更具灵活性（例如，允许部分问题容缺）。从消费基础设施公募REITs的底层资产合规性来看，未来其他非保障性租赁房屋项目，如办公、酒店、非保障性长租房等纳入基础设施公募REITs，在法律逻辑范畴内是有可能、有基础的。

第二节 办公地产公募REITs项目底层资产的合规性

王 天 聂 鑫

在国际REITs市场中，以零售物业、办公物业等为代表的商业不动产是公募REITs最主要的底层资产类型，而经历了过去几十年的经济高速发展，我国商业地产也已经进入存量时代，商业地产企业如何盘活存量资产，打通"融、投、管、退"全链条，实现轻资产转型，是企业亟待破解的重要课题，商业地产REITs成为破解这一难题的关键。如前文所述，基础消费设施已纳入了基础设施REITs的实行范围，并且已发行了4只消费基础设施公募REITs项目，但是目前办公地产还未能纳入公募REITs试点范围。

本文将从政策角度分析办公地产准入公募REITs底层资产的可能性，并充分讨论办公地产作为公募REITs底层资产的核心风险和风险管理措施。

一、从政策角度分析办公地产准入公募REITs底层资产的可能性

（一）消费基础设施REITs试点政策

2020年9月16日，国务院办公厅发布《关于以新业态新模式引领新型消费加快发展的意见》（国办发〔2020〕32号，以下简称32号文），在以网络购物、移动支付等新业态、新模式为特征的新型消费快速发展的背景下，针对新型消费领域发展存在的问题短板提出发展意见。32号文中提出，新型消费领域基础设施不足，要加快新型消费基础设施和服务保障能力建设，补齐基础设施和服务能力短板。同时32号文列举了多种消费基础设施类型，如城乡商业网点（百货商场、购物中心、农贸市场、便利店等）、城市社区邻里中心和农村社区综合性服务网点。自此，消费基础设施概念开始进入大众视野。

2023年3月，国家发展改革委发布了236号文，与此同时，中国证券监督管理委员会发布了《常态化发行相关工作的通知》，前述文件中提及"研究支持增强消费能力、改善消费条件、创新消费场景的消费基础设施发行基础设施REITs。优先支持百货商场、购物中心、农贸市场等城乡商业网点项目，保障基本民生的社区商业项目发行基础设施REITs"，将基础消费设施纳入基础设施REITs的实行范围。

2023年7月12日，商务部、国家发改委、中国证监会等13部门联合发布《关于促进家居消费若干措施的通知》（商消费发〔2023〕146号，以下简称146号文），支持符合条件的家居卖场等商业网点项目发行基础设施领域不动产投资信托基金（REITs）。2023年10月20日，中国证监会发布《关于修改〈公开募集基础设施证券投资基金指引（试行）〉第五十条的决定》，在基础设施的定义中新增"百货商场、购物中心、农贸市场等消费基础设施"，正式将公募REITs的资产范围拓展至消费基础设施。

（二）鼓励投资商持有经营，或可将写字楼纳入公募 REITs

从研究楼宇经济的角度来看，政府更倾向于投资者持有和自主经营写字楼，而不是将其分散出售。一方面，散售楼宇将会造成无法准确定位市场的问题，运营方将难以保障楼宇的质量和运营服务水平，进而不容易吸引优秀的企业入驻；另一方面，此散售模式也会造成资产的贬值和中心城区宝贵的产业空间资源浪费。因此，虽然酒店、商场、写字楼等商业地产项目不属于试点范围，但是考虑将写字楼列入公开募股不动产信托基金（REITs），也有助于投资者和运营商在招商和运营方面能力的提升，对其提出了高标准要求以鼓励他们积极持有并独立管理。投资商将被迫专注于提升吸引投资和管理能力，以服务企业并帮助政府促进产业发展。这样有助于写字楼真正发挥其作为产业基础设施的载体的作用，并实现资产证券化的目标。

（三）写字楼存量规模大、资本化率水平较低，优质项目资源或较丰富

根据世桦嘉润 2023 年第二季度一线城市写字楼市场总结，目前国内一线城市房地产存量规模较大。2023 年第二季度，北京写字楼市场存量上升，达到 1264 万平方米，其中本季度甲级写字楼空置率持续上升至 16.5%；上海市场写字楼存量达到 1796 万平方米，空置率整体上升至 19.62%。广州、深圳两地也呈现出同样的趋势。随着写字楼存量增加，为了吸引租客，降低租金是很多出租方的选择，上述四个城市的月平均租金都有所下降，其中北京第二季度写字楼租金下降 1.7%。而在上述存量写字楼中，不乏交通便利、地理位置优越、设施完善的优质项目。[①]

在消费基础设施纳入 REITs 试点范围之前，退出项目的方式一般是通过大宗交易收并购或者是发行商业房地产抵押贷款支持证券（Commercial Mortgage Backed Securities，CMBS）类 REITs 等资产证券化产品实现退出，

---

① 数据来自《2023 年第二季度一线城市写字楼市场总结》，https://mp.weixin.qq.com/s/TTuNiZIclPNbBREgfTc43g，2024 年 6 月 28 日最后访问。

而 CMBS 类 REITs 产品的属性更多偏债，诸如购物中心等消费基础设施的退出渠道并不畅通。消费基础设施纳入底层资产，意味着商业类不动产有望在"投、融、建、管、退"环节实现全链条打通，有助于不动产资管循环，提高周转效率，扩大在管资产规模。

另外，公开化的退出渠道意味着更加公开透明的估值方式，要想获得高额的投资回报或溢价就必须提高消费基础设施的服务运营能力，提升消费者的消费体验并更好地吸引消费者，消费者也更愿意作为该等基础设施 REITs 的投资人长期投资并持有相关项目。

二、以办公地产作为公募 REITs 产品底层资产的核心风险及风险管理措施

（一）底层资产范围是否明确、权属是否清晰

1. 综合体项目设施剥离风险。

开发商在同一地块上同步建设了包含住宅、商业（如购物中心、酒店）、办公的综合体项目（以下简称综合体）。在项目核查和筛选的过程中，有必要对不同业态的权属、建设、经营情况进行分别评估和分析，对于未纳入 REITs 试点的业态资产需要进行剥离，以确保项目权属清晰。

我们理解，在综合体项目中，因项目历史原因或各地登记政策要求等，不同业态的报批报建手续、不动产权证等可能并非单独办理，可能存在商场、酒店、办公等均登记在同一本不动产权证书上的情形。根据《自然资源部关于开展不动产登记队伍作风常态化建设的通知》的规定，涉及不动产用途变化、分割或者合并等情形，必须依据相关批准文件办理，不得以不动产登记代替审批管理。由此可见，批准文件不能由不动产登记中心或者不动产登记局（处）来主办。在实践中，产证的拆分亦需要"一事一议"，因此，

有必要提前和底层资产所在地自然资源主管部门、不动产登记部门等沟通确认不同业态资产剥离、产证拆分的操作空间，并做好相关准备工作，如重新测绘等。

2. 共用部位和设备设施。

鉴于办公楼往往作为综合体的一部分，不可避免地存在需要与其他业态共用部位和设备设施的情况。根据《民法典》等相关法律法规的规定，涉及共有共用部位和设施设备的相关事项应由项目公司与其他业态的业主共同决定，如选聘和解聘整个物业管理区域的物业服务企业、改变共有部分的用途或利用其从事经营活动等。因此，项目过程中需要确认和判断共有部位及设备设施的范围、物业管理安排、管理收益情况等。

3. 地下空间是否办理不动产权证登记。

实践中，部分办公楼存在地下空间（规划为车位等）因未缴纳地下部分土地出让金、当地缺失关于地下空间登记规则等原因而未办理不动产权证的情形。因未缴足地下部分土地出让金或报批报建手续不完备等主观原因而不满足办理产证条件的部分，存在无法直接作为合格入池资产的风险。

在已发行的"华夏杭州和达高科产业园封闭式基础设施证券投资基金"、"博时招商蛇口产业园封闭式基础设施证券投资基金"及"中金印力消费基础设施封闭式基础设施证券投资基金"均存在无法为地下空间办理产证的问题。参考前述已发行项目，如需将未办理产证的地下空间放入资产池，则建议至少需满足如下要求：（1）充分核查并论证地下空间建造行为的合法性，包括但不限于报批报建手续合法齐备等。（2）确认项目公司对地下空间部分的使用权和收益权。根据《城市地下空间开发利用管理规定》第二十五条的规定，地下工程应本着"谁投资、谁所有、谁受益、谁维护"的原则，允许建设单位对其投资开发建设的地下工程自营或者依法进行转让、租赁，建议与当地自然资源主管部门、不动产登记部门等沟通确认地下空间不动产登记的可能性，并以政府回函形式对未办理产证问题不影响项目公司对地下空间享有所有权及依法经营收益的权利作出确认。（3）应当对投资者就未办证的相关风险（如影响资产处置、不具备对抗善意第三人效力等）进行充分披露。(4)应当对未来政策放开后的补充登记事宜做出承诺和安排。

4.是否涉及抵押、司法查封等权利负担情形。

基于公募REITs的相关规定，在设立基础设施项目时，不允许设定抵押、质押等他项权利，但是设立基础设施基金后能够解除的他项权利除外。法律尽调中应当对底层资产是否存在抵押贷款情形予以充分核查。

（二）办公地产投资与商品住宅开发业务混同

基础设施REITs试点虽以积极盘活存量资产为初衷，但以落实"房住不炒"为原则。根据《常态化发行相关工作的通知》第一条规定，发起项目的人（也就是原始权益人）必须是一个有消费基础设施和相关业务的独立法人实体，不可以从事商品住宅开发业务。例如，办公地产纳入REITs底层范围，我们理解亦应当遵循同样的原则。办公地产投资与商品住宅开发业务混同风险主要有以下两种情形，一是发行人业务资质的混同，具体而言，禁止开发"商品住宅开发业务"的发行人将其持有的基础设施资产发行REITs，发行人只持有基础设施边界范围内的资产，且不具有房地产开发资质，才具备发行REITs的发起人（原始权益人）资格。除此之外，还可能存在基础设施办公地产与住宅存在于同一建筑内的情形，即综合体中包含住宅，如位于陆家嘴金融城核心区域的潍坊497-02地块项目，就涵盖办公、住宅、商业三种业态，包括一栋十四层办公楼，一栋八层住宅楼以及二层配套商铺。

对项目发起人（原始权益人）进行法律尽调时，首先，应要求项目发起人符合下列条件：不得持有房地产开发资质、营业范围应不包括房地产开发、不得持有商品住宅资产、不得存在与房地产开发业务相关的债务或有负债等。项目发起人若有商品住宅资产、涉及住宅的负债，应予以剥离或寻求监管机构认可的适当处理方案。而且，项目发起人的员工不能与住宅开发主体的员工混同，两套牌子一套人马存在极高风险，应相互隔离和独立。

其次，发行REITs时标的资产应由独立的项目公司持有，这就要求标的资产须从项目发起人重组到独立的 SPV 名下。如果标的资产本身就是单独设立项目公司运作的，那么 REITs 下设的资产支持专项计划直接受让项目公司股权就能解决这个问题。但是，若标的资产与其他资产混杂在项目发起人名下，那么标的资产可否重组和剥离将是关键，如项目发起人持有的一幢楼宇包含了办公楼层和住宅楼层，且写字楼与住宅均登记在同一本不动产权登记证上，此时写字楼需单独剥离成为发行 REITs 的标的资产；另外，标的资产重组可能涉及较高的税费，项目发起人要根据实际情况进行合理的税务筹划，综合运用企业分立、资产剥离等手段以降低税负。

（三）用地规划和施工手续是否合规

1. 出让合同以及用地手续项下的转让限制。

部分办公楼基础设施在出让合同和用地手续项下可能涉及资产转让限制（限制分割销售和转让、整体自持或需自持一定年限）、股权转让限制等要求。该等限制的核心宗旨是政府希望开发商能够统筹安排基础设施的运营，保障底层资产的持续经营能力。对于该等转让限制，根据目前基础设施 REITs 发行相关监管法规，原始权益人需在发行 REITs 前取得相关部门的支持同意文件。

2. 规划证照所载用途与面积。

实践中，部分办公楼基础设施存在一定违规加建 / 改建（如在竣工验收后存在加建夹层），或是违反规划用途的情形（如将地下车库、地下库房用作商业经营）。因此，应当结合规划、施工手续所载内容，针对具体情形予以综合判断。同时，如规划建设证照所载面积与不动产权证所载面积存在较大出入，则除关注加建 / 改建手续外，还需判断是否存在超容积率建设而需补缴地价的风险。

3. 项目改扩建 / 外立面工程。

实践中，部分办公楼基础设施因开发建设的时间较早，后续存在改扩建 / 变更外立面工程。尽管该等改扩建 / 变更外立面工程通常不涉及用地规划手续的调整，但通常仍需取得工程规划（视情况而定）、施工许可以及后续验收等相关手续。

（四）办公楼运营是否合规的风险

1. 资质证照是否齐备。

除了卫生许可证、消防安全检查和人防工程使用许可或备案等资质证照以外，还有公共停车场经营备案证或经营性停车场许可证（应以项目所在地监管政策要求为准）和广告位及标示牌匾备案（广告位通常包括户外广告位，如 LED 屏幕、灯箱等和室内广告位），应关注是否符合当地政府部门的户外广告设施规划条件和设计要求，是否按当地规定向市政市容部门办理登记备案（如需）；对于标识牌匾，应当关注当地法规政策对建筑物外墙设置标识牌匾的要求（包括尺寸、数量、位置以及是否需办理审批/备案手续等），并核查项目设置的标识牌匾是否符合相关规定。

2. 租赁安排是否满足 REITs 要求。

法律尽调中应当对租赁合同的签署和履行是否真实、有效进行充分核查，包括但不限于是否为双方真实意思表示、是否已交付房屋、是否按时支付租金及其他费用等。从法律尽职调查角度，可通过核查租户身份证明资料、实地调查、现场访谈等方式验证。就租金支付问题，法律尽调应当核查相应租赁明细表，并对部分收款凭证进行抽查，同时可主要参考财务审计的专业意见。

若底层资产所涉及的建筑体量大、租约总数繁多、租约系统一使用出租方标准模板的，在法律尽调过程中可通过抽样调查实现前述核查义务，如核查底层资产租赁面积、租期长短、租金规模等，但应当注意结合项目实际情况及与券商、监管机关的沟通来最终选择和确定法律尽调的抽样方法和标准，以确保抽取样本符合重要性、代表性及分散度要求。

如底层资产项下存在非经营面积对外租赁，如业主方利用架空层、红线内广场、消防通道等对外租赁等情形，在法律尽调时，须重点核查该等情形是否存在违章建筑问题、违规改变房屋用途、违反消防管理规范等合规瑕疵，并排查潜在的行政处罚风险。

3. 是否足额投保。

在法律尽调中，律师应当核查底层资产截至尽调报告日尚在保险期间内的全部保险单及保险支付凭证，涉及险种通常包括财产一切险、公众责任险、营业中断险、雇主责任险等。此处需要说明的是，根据54号文的要求，基础设施基金运作过程中，基金管理人应当为基础设施项目购买足够的财产保险和公众责任保险。

（五）产权类基础设施项目运营的现金流资产的分派率能否实现，且是否符合稳定性、持续经营能力、较好的增长潜力的要求

发行基础设施 REITs 要求项目运营具备稳定性、持续经营能力、较好的增长潜力。236 号文对产权类基础设施项目运营的现金流资产的分派率要求由 4% 降至 3.8%。当下办公地产出租率下降幅度较大，伴随租金急剧下跌，项目收益率较难估计，或可能达不到法律法规的要求。

根据高力国际于 2023 年 10 月 13 日发布的《2023 年三季度北京办公楼市场回顾与展望》[①]，2023 年第三季度北京甲级写字楼市场迎来新增供应集中入市，总量占全年总供应量的六成，共计超过 44 万平方米。市场净吸纳量自 2023 年以来首次转正，需求主要来自新项目预租去化。存量项目去化量较上半年也有恢复。在新增供应影响下，整体市场空置率环比上升 1.9 个百分点，租金延续下滑走势。根据上述信息，受到经济下行压力以及新增供应的双重因素，写字楼的空置率在逐步上升、租金水平在逐步下降，对目前法律法规中对产权类基础设施项目运营的现金流资产的分派率的实现能力以及收益稳定性都产生了较为负面的影响。

---

① 《研究快报 | 2023 年三季度北京办公楼市场回顾与展望》，载品尊国际中心网站，https://www.biwuke.com/pzgjzx/zixuninfo/70.html，2024 年 6 月 28 日最后访问。

第三节　养老地产公募 REITs 项目底层资产的合规性

王　天　聂　鑫

随着国内全面放开三孩政策，我国积极开展应对人口老龄化的行动被提上日程，人口老龄化也日渐成为影响国民生计的重大问题，倒金字塔形的养老结构使得传统的居家养老方式和现阶段的养老机构无法满足养老需求。建立多层次的养老保障体系，分阶段完成目标，最后形成与经济发展相匹配的完备的老龄化制度迫在眉睫。养老地产是实现这些目标重要的一环。

在一些养老产业发达的国家，REITs 已成为养老产业的主流模式。本节将结合我国政策和养老地产的实际情况，对 REITs 在养老地产的应用及养老地产作为公募 REITs 底层资产的核心风险及风险管理措施展开论述。

一、从政策角度分析养老地产准入公募 REITs 底层资产的可能性

2019 年 11 月，中共中央、国务院正式印发《国家积极应对人口老龄化中长期规划》，提出建立和完善包括健康教育、预防保健、疾病诊治、康复护理、长期照护、安宁疗护的综合、连续的老年健康服务体系。健全以居家为基础、社区为依托、机构充分发展、医养有机结合的多层次养老服务体系，多渠道、多领域扩大适老产品和服务供给，提升产品和服务质量。2021 年 12 月，为贯彻落实积极应对人口老龄化国家战略，国务院印发《"十四五"国家老龄事业发展和养老服务体系规划》，围绕推动老龄事业和

产业协同发展、推动养老服务体系高质量发展，明确了"十四五"时期的总体要求、主要目标和工作任务。

根据国家统计局公布的统计数据[①]，在人口年龄构成方面，截至2023年末，全国0—15岁人口为24789万人，占全国人口的17.6%；16—59岁劳动年龄人口为86481万人，占61.3%；60岁及以上人口为29697万人，占21.1%，其中65岁及以上人口为21676万人，占15.4%。而根据全国民政工作会议信息[②]，截至2023年第三季度，全国各类养老机构和设施总数达40万个、床位820.6万张。可以看出，与日渐严峻的老龄化相比，我国养老地产仍然处在起步阶段，无论是养老服务社区还是专业养老机构，都需要更多的投入建设。近年来，政府通过多项措施鼓励民办机构建设社区养老设施，使得社区养老资源大幅增长，但是增长的数量相比于需求，依然不够。

成熟的养老医疗产业必然是以运营、服务为内核支撑，向重运营服务转型是养老医疗产业成熟发展的必经之路。然而，我国养老地产发展面临的困境之一，就是"重售房、轻运营"的理念仍较为普遍，开发商的角色惯性以"养老"进行产业勾地，养老产业遵循重资产运营路径而没有可持续的盈利模式，开发商难以在短时间内回笼资金，自持物业期间若没有较好的运营效果，整个项目就无法实现盈利。因此，养老地产REITs将为重资产提供退出渠道，开发商能够实现快速回笼资金的盈利目的，相应缓解资金回笼的压力，"重出售"现象必然得到疏解，使得国内开发商可以腾出更多精力来提升运营服务。此外，我国养老地产的另一个发展困境，就是缺乏足够的金融工具支持，特别是难以匹配到期限长、成本低的资金，目前我国养老地产的主要融资模式有贷款、产业基金、BOT、PPP等，上述融资模式提供的均是短线资金，这与养老地产的长周期资金需求难以匹配。养老医疗公募REITs可

[①] 数据来源于https://www.stats.gov.cn/xxgk/jd/sjjd2020/202401/t20240118_1946711.html，2024年5月11日最后访问。

[②] 数据来源于https://www.gov.cn/lianbo/bumen/202401/content_6925958.htm，2024年5月11日最后访问。

以起到连接养老医疗产业和资产市场的桥梁作用，通过稳定地投资和持有养老医疗资产发挥其桥梁作用。养老医疗作为公募REITs的底层资产有其独特的优势——租户一般持有超长租约，这意味着其可以提供稳定持续的现金流，稳定的收益可以促进底层资产的内生性增长，提升资产的自身价值。

二、以养老地产作为公募REITs产品底层资产的核心风险及风险管理措施

（一）土地使用依法合规问题

根据《国务院关于加快发展养老服务业的若干意见》（国发〔2013〕35号）的规定："各地要将各类养老服务设施建设用地纳入城镇土地利用总体规划和年度用地计划，合理安排用地需求，可将闲置的公益性用地调整为养老服务用地。民间资本举办的非营利性养老机构与政府举办的养老机构享有相同的土地使用政策，可以依法使用国有划拨土地或者农民集体所有的土地。对营利性养老机构建设用地，按照国家对经营性用地依法办理有偿用地手续的规定，优先保障供应，并制定支持发展养老服务业的土地政策。严禁养老设施建设用地改变用途、容积率等土地使用条件搞房地产开发。"基于此背景，目前我国养老项目的土地规划用途并非均为养老用地，而是存在多样性。

目前我国养老项目所涉及的常见土地规划性质如下：（1）养老设施用地。在《自然资源部关于加强规划和用地保障支持养老服务发展的指导意见》（自然资规〔2019〕3号）中明确，养老服务设施用地是指专门为老年人提供生活照料、康复护理、托管照护、医疗卫生等服务的房屋和场地设施所使用的土地，包括敬老院、老年养护院、养老院等机构养老服务设施的用地，养老服务中心、日间照料中心等社区养老服务设施的用地等。养老服务设施与其他功能建筑兼容使用同一宗土地的，根据主用途确定该宗地土地用

途和土地使用权出让年期。以北京为例，北京市贯彻《关于加快发展养老服务业的若干意见》（国发〔2013〕35号）有关"完善土地供应政策"的规定，将养老用地列入社会福利用地（A61)子目录，并明确机构养老设施用地（A61）是为老年人提供居住、护理、康复、保健、医疗等服务功能的设施用地，其中远洋集团旗下椿萱茂·和园长者社区的项目土地即为此类机构养老设施用地（A61）[①]。（2）商业用地。《关于鼓励民间资本参与养老服务业发展的实施意见》（民发〔2015〕33号）中明确，支持民间资本对商业设施及其他可利用的社会资源进行整合和改造，以用于养老服务。由此，商业服务业设施用地养老地产项目可享受相关政策扶持。有较多开发商在自持商业用地上打造配套的养老社区项目、长者公寓等，以万科杭州随园嘉树项目为例，项目土地属性为40年产权商业用地[②]。（3）集体建设用地。依据《国务院办公厅关于推进养老服务发展的意见》（国办发〔2019〕5号）、《国务院办公厅关于全面放开养老服务市场提升养老服务质量的若干意见》（国办发〔2016〕91号）等的规定，养老机构可依法依规使用农村集体建设用地发展养老服务设施。（4）工业用地。《自然资源部关于加强规划和用地保障支持养老服务发展的指导意见》（自然资规〔2019〕3号）中明确，利用存量资源建设养老服务设施实行过渡期政策。鼓励利用商业、办公、工业、仓储存量房屋以及社区用房等举办养老机构，所使用存量房屋在符合详细规划且不改变用地主体的条件下，可在五年内实行继续按土地原用途和权利类型适用过渡期政策；过渡期满及涉及转让需办理改变用地主体手续的，新用地主体为非营利性的，原划拨土地可继续以划拨方式使用，新用地主体为营利性的，可以按新用途、新权利类型、市场价格，以协议方式办理，但有偿使用合同和划拨决定书以及法律法规等明确应当收回土地使用权的情形除外。以上海康桥

[①] 信息来源：《椿萱茂"十个一"之北京首个A61养老用地投入运营》，https://cn.chinadaily.com.cn/a/202112/01/WS61a6edcda310/be49/9fad11.html，2024年5月19日最后访问。

[②] 《养老地产：保险企业以重资产模式为主，房企转向轻资产》，https://files.bocomgroup.com/download/Insurance_Property_Healthcare_Sector_Insights-210916s.pdf，2024年5月19日最后访问。

亲和源项目为例，上海浦东新区规划和土地管理局的资料显示，亲和源养老社区所处地块于 2006 年办理土地使用权出让，土地用途为公共建筑（供特定人群使用），土地性质为工业用地，出让年限仅为 50 年。[①]（5）其他性质。如万科的随园嘉树·良渚文化村项目，项目土地性质为旅游用地[②]。

考虑到上述复杂背景，在法律尽调时更应当重点核查养老地产的土地规划用途。根据《土地管理法》，国家实行土地用途管制制度，使用土地的单位和个人必须严格按照土地利用总体规划确定的用途使用土地。确需改变该幅土地建设用途的，应当经有关政府自然资源主管部门同意，报原批准用地的政府批准。根据《上海证券交易所公开募集基础设施证券投资基金（REITs）规则适用指引第 1 号——审核关注事项（试行）》第十一条第五项规定，基础设施资产的土地实际用途原则上应当与其规划用途、权证所载用途相符。根据上述规定，土地实际用途与国有土地使用权证证载用途不一致，可能导致项目公司被自然资源主管部门责令交还土地、处以罚款的风险。土地使用依法合规是开展基础设施 REITs 的基本条件之一，如存有该问题而未妥善解决，将严重影响试点项目的申报。

因此，若存在规划用途与实际用途不一致的情况，律师应当对该土地规划用途可否用于养老项目、土地实际用途是否符合法律法规和相关政策进行核查并发表明确意见，包括但不限于：（1）由于《土地利用现状分类》（GB/T21010—2017）及《城市用地分类与规划建设用地标准》存在多级分类，各个文件中所载分类级别可能不同，可关注土地实际用途和证载用途是否存在包含关系（如是，可考虑以此论证实际用途和证载用途存在包含关系，以证明其合规性）；（2）建议与主管部门就土地实际用途和证载用途不一致问题进行沟通，并尝试取得政府说明性文件及/或相应同意函。以中金普洛斯

[①] 余峰：《"部门货币"之"有产权性质的养老卡"》，载《金融法苑》2017 年总第 94 辑，中国金融出版社。

[②] 《养老地产：保险企业以重资产模式为主，房企转向轻资产》，https://files.bocomgroup.com/download/Insurance_Property_Healthcare_Sector_Insights-210916s.pdf，2024 年 5 月 19 日最后访问。

仓储物流封闭式基础设施证券投资基金项目[①]为例,《国有土地使用证》记载的普洛斯通州光机电物流园所在宗地的土地用途为工业用地，建设用地规划许可证记载的项目名称为工业厂房及配套，而实际用途则为物流仓储及配套设施。对此，北京市规划和自然资源委员会（以下简称规自委）通州分局在出具的回复意见中确认，鉴于项目已取得北京市规自委通州分局核发的相关规划手续，且完成竣工验收备案并已取得房屋所有权证等相关产权证书，项目建设单位在建设前期已考虑相关业态要求，符合促进城市功能合理复合化发展、推进存量空间的精细化提升等要求，北京市规自委通州分局同意普洛斯通州光机电物流园项目参与申报基础设施 REITs 试点。

（二）产权类基础设施项目运营的现金流资产的分派率能否实现，是否符合稳定性、持续经营能力、较好的增长潜力的要求

北京市委社会工委、北京市民政局于 2023 年对 12.5 万名老年人进行问卷调查发现，只有 11.8% 的老年人愿意住在养老机构，而近九成的老年人更偏好居家养老。在如何选择养老机构的问题上，老年人最关注的依次是：医疗设施是否完善（35%）、地理位置（29.6%）、价格高低（22.9%）。在费用方面，79.8% 的老年人期望床位费控制在每月 5000 元以下。而反观居家养老，根据报告，在居家养老服务的价格上，78.5% 的老年人可接受护理费在 2000 元以内，参照目前的市场价格，该额度只能满足陪同就医、助浴等不定期单次上门服务。20.7% 的老年人期望每月护理费支出介于 2000 元至 5000 元[②]。中国养老机构的发展研究报告显示，2020 年底，我国有 38158 家注册登记的养老机构，提供了 488.2 万张床位，共有 222.4 万名老人居住在

---

① 文件来源：https://www.sse.com.cn/disclosure/fund/announcement/c/new/2021-05-26/508056_20210526_2.pdf，2024 年 5 月 19 日最后访问。

② 数据来源：《北京市居家养老服务需求调研报告发布 老年人最期盼普惠型养老》，https://www.beijing.gov.cn/fuwu/bmfw/sy/jrts/202305/t20230525_3112790.html?eqid=8a7829ca0008b72000000002646ebb0a，2024 年 5 月 19 日最后访问。

养老院中。目前，我们养老院的平均入住率约为 45.5%。养老机构的入住率在近十年来呈现逐渐下降的趋势。[①]

从上述调研结果可以看出，尽管当前我国老龄人口数量进一步增加，但老年人是否会选择养老机构进行养老存在不确定性。老年人在选择接受养老服务时，底层资产布局也尤为重要。如上述报告提到，老年人在选择养老机构时会考虑包括离家距离、区域等要素。

总而言之，理论上入住养老机构的老年人每月缴纳的养老服务费、房费、餐饮费等未来债权属于稳定的现金流，但实际收取的资金能否达到法律规定的净现金流分派率取决于底层资产布局、类型等多种要素。因此，在确定底层资产时，需选择优质项目，律师在法律尽调过程中亦应当积极和谨慎地参考评估机构所评估的项目现金分派率。

（三）对运营管理机构的尽调

美国的 REITs 公司主要以净出租模式和委托经营模式管理其物业。REITs 公司通常会以净出租模式来运作，在这种模式下，它们会将养老院或医疗设施等物业出租给运营商，并按照物业价值的 8% 至 12% 每年收取固定的租金费用。承租方负责支付全部的直接运营费用、社区维护费用、税费和保险费等。净出租模式下的 REITs 公司在租赁方面的利润率较高，可以达到 80% 以上的净租金收益与毛租金收益的比例。REITs 公司在净出租模式中几乎没有经营风险，且其业绩很少受金融危机影响，除非租户（运营商）破产。[②]租户在支付租金费用和运营成本后，可以获得剩余收益并承担大部分经营风险。

在委托经营模式下，REITs 公司将其拥有的物业委托给运营商进行管

[①] 数据来源：《长寿时代中国养老机构高质量发展研究报告》，https://mp.weixin.qq.com/s/98nS4QaONpQ53YsCxXnPjQ，2024 年 5 月 19 日最后访问。

[②] 数据来源：《美国养老地产 REITs 模式全解析》，https://mp.weixin.qq.com/s/j8QgEs5_Uzo4llFlvSqhtA，2024 年 5 月 19 日最后访问。

理，这些运营商每年会收取经营收入的 5%—6% 作为管理费用，并且他们不需要承担经营亏损的风险，也无法获得剩余收益。美国养老社区每单元的经营收入为 3000—4000 美元，相当于租金收入的 3—4 倍，且所有收入归 REITs 公司所有。同时，REITs 公司负责支付所有运营费用，包括维护成本等费用。REITs 公司在经营中获取租金和剩余收益，同时也承担了大部分经营风险。

从美国经验中可以看出，养老地产 REITs 基金管理人一般都会聘请外部或内部运营管理机构，由其提供标的项目的运营管理服务。而运营管理机构的能力和表现足以影响保障性租赁住房 REITs 的业绩，因此对运营管理机构的选择和尽调也尤为重要。真正能够影响运营管理机构评价的维度是其扎实的运营管理能力。这里所说的运营管理能力主要是创造和提升收益率的能力。影响收益率创造和提升的指标如下：一是市场定位能力，指运营管理机构通过对底层资产所处区域、竞争市场环境的判断，确定底层资产的目标客源类型和来源、定价水平等，同时，需要根据市场定位，协助底层资产产权方确定建筑设计或改造设计方案、装修方案等；二是收益管理能力，包括资金管理能力、合同管理能力（合同期限、续约率）、其他收入创造能力（其他收入包括配套商业租金或运营收入、罚金收入、异业合作、宠物服务等）、用户满意度等指标；三是运营成本管控能力，包括毛利润率指标（GOP）、人力成本、市场费用、物业维修养护费用、物业管理费、能源使用费、空置损失管理等指标。

（四）项目运营是否合规

《养老机构管理办法》（民政部令第 66 号）第四条规定，养老机构在提供服务活动时必须遵守建筑、消防、食品安全、医疗卫生、特种设备等相关法律、法规和强制性标准。第九条规定，设立营利性养老机构，应当在市场监督管理部门办理登记。第二十五条规定，养老院必须依照国家相关规定来建立全面的安全、消防、食品、卫生、财务、档案管理等规章制度，并制定服务标准和工作流程，并且要公之于众。第二十六条规定，养老机构中从事医疗、康复和消防等服务的人员必须满足相关职业资格的要求。第二十九条规定，养老机构内部设有食堂的，需要获得市场监督管理部门颁发的食品经营许可证，并严格遵守相关法律、法规和食品安全标准。同时，要执行原料控制、餐具饮具清洗消毒以及食品留样等制度，并按照法律要求进行食堂食品安全的自我检查。第三十条规定，养老机构必须按照法律要求，进行消防安全管理，并建立完善的消防安全管理制度。同时，机构必须配置消防设施和器材，并定期检测、维修，进行日常的防火巡查和检查工作。此外，养老机构还要定期组织灭火和应急疏散消防安全培训。

因此，在对养老地产底层资产进行法律尽职调查时，首先需要重点关注运营机构是否符合备案和资质等相关要求，其次除某些必需的资质证照外，还需结合机构过去的运营表现，详细考察该机构的市场定位能力、收益管理能力和运营成本管控能力。

第四节　景区类地产公募 REITs 项目底层资产的合规性

王　天　聂　鑫

近年来，随着我国居民生活水平的日益提高，中等收入群体不断扩大，消费观念持续转变。旅游已经成为居民生活中不可缺少的组成部分，我国居民对旅游的需求和向往也在不断增长。据文旅部统计，2023 年国内出游人次48.91亿，比上年同期增加23.61亿人，同比增长93.3%，国内游客出游总花费4.91万亿元，比上年增加2.87万亿元，同比增长140.3%。[1]

2021年6月29日，国家发展改革委颁布958号文，提出探索将"自然文化遗产"（以《世界遗产名录》为准）、国家AAAAA级旅游景区等具有较好收益的旅游基础设施列入公募REITs探索试点类别。958号文将旅游类项目纳入基础设施REITs试点范围，顺应了市场需要和行业诉求，非常及时且意义重大。基础设施REITs有望成为这一领域重要的权益型融资工具。但是，并不是所有符合上述条件的景区都适合发行REITs融资，因此958号文出台已三年，旅游基础设施公募REITs发行仍在等待零的突破。

本节将基于目前景区类地产公募REITs项目发展现状、景区类地产公募REITs项目底层资产法律关注重点来充分探讨景区类地产作为基础设施公募REITs底层资产的合规性问题。

一、我国景区类地产公募REITs项目发展现状

2023年9月27日，国务院办公厅发布《关于释放旅游消费潜力推动旅游业高质量发展的若干措施》提出："引导金融机构结合自身业务和旅游企业生产经营特点，优化信贷管理，丰富信贷产品，支持旅游设施建设运营。探索在部分地区开展旅游项目收益权、旅游项目（景区）特许经营权入市交易、备案登记试点工作。鼓励在依法界定各类景区资源资产产权主体权利和义务的基础上，依托景区项目发行基础设施领域不动产投资信托基金（REITs）。"2023年11月1日，文旅部发布《关于印发〈国内旅游提升计划（2023—2025年）〉的通知》，亦提出了类似要求。

---

[1] 数据来源：https://www.gov.cn/lianbo/bumen/202402/content_6931178.htm，2024年5月19日最后访问。

根据文旅部的统计数据，截至 2024 年 2 月 18 日，国内共有国家级 5A 景区 340 家[1]，截至 2023 年 9 月 18 日，国内共有世界文化遗产 76 处[2]。然而目前尚无旅游基础设施公募 REITs 发行。截至 2024 年 5 月，共有 16 家 5A 景区披露要进行基础设施 REITs，其中涉及 4 家世界文化遗产和 1 家世界自然遗产，具体情况如下：

序号	所在省（市）	底层资产（景区）	发行规模	备注
1	重庆市	武隆喀斯特景区	30 亿元	
2	陕西省	华山景区	暂未公布相关发行金额	
3	山东省	威海刘公岛景区	暂未公布相关发行金额	
4	山东省	萤火虫水洞·地下大峡谷旅游区	暂未公布相关发行金额	
5	江苏省	鼋头渚景区	13.8 亿元	
6	湖北省	武当山风景区	15 亿元	世界文化遗产
7	安徽省	黄山景区	暂未公布相关发行金额	世界文化遗产
8	河南省	龙门石窟景区	暂未公布相关发行金额	世界文化遗产
9	贵州省	赤水丹霞旅游区	暂未公布相关发行金额	世界自然遗产
10	安徽省	万佛湖景区	暂未公布相关发行金额	
11	湖南省	矮寨·十八洞·德夯大峡谷	不低于 15 亿元	
12	福建省	南靖土楼景区	不超过 15 亿元	世界文化遗产
13	云南省	火山热海旅游区	10—20 亿元（发行规模以最终获批规模为准）	

---

[1] 详见 https://sjfw.mct.gov.cn/site/dataservice/rural?type=10，2024 年 5 月 19 日最后访问。
[2] 详见 https://sjfw.mct.gov.cn/site/dataservice/culture，2024 年 5 月 19 日最后访问。

续表

序号	所在省（市）	底层资产（景区）	发行规模	备注
14	江西省	萍乡市武功山景区	不少于10亿元（含10亿元，以最终批准发行规模为准）	
15	新疆维吾尔自治区	新疆赛里木湖	暂未公布相关发行金额	
16	河北省	山海关景区	暂未公布相关发行金额	

上述景区类基础设施REITs项目涉及14个省份，除山东省和安徽省均为2项外，重庆市、陕西省、江苏省、湖北省、河南省、贵州省、湖南省、福建省、云南省、江西省、河北省和新疆维吾尔自治区均为1项。底层资产类型以风景名胜区类型景区为主，部分属于人造主题型旅游景区。

二、景区类地产公募REITs项目底层资产的法律关注重点

（一）土地使用权的取得

旅游业是综合性的产业，较为典型地反映了我们国家土地所有形式和土地用途管理的复杂多样：在权利类型上，既有国有建设用地，也有集体建设用地；在土地用途上全面涵盖了建设用地、农用地、未利用地三大类型，在建设用地的细分中则包括了住宿、餐饮、文体娱乐、医卫、交通、公园绿地、公用设施等多种类型，甚至还有永久性用地和临时用地的区分。长期以来，除早在1990年5月19日颁布的《城镇国有土地使用权出让和转让暂行

条例》第十二条中，对旅游用地土地使用权出让最高年限四十年作出了规定外，尚没有其他关于旅游产业用地具体类别细分的相关规定，存在具体政策不明的问题。

景区的土地按照实际用途来看，主要包括索道缆车用地（含站台用地）、客运站场用地、宾馆酒店用地（无法装入基础设施 REITs）、服务设施用地等，土地分类可归类为商服用地、旅游服务业用地、餐饮旅馆用地、交通运输用地。

对于不依托公共自然文化资源的旅游景区，如芜湖方特 5A 级旅游景区，景区经营权通常直接通过招商引资、立项开发等方式由业主方取得，业主方通常以出让方式取得国有建设用地使用权（用地规划性质通常为旅游用地），对相应建筑物／构筑物及其他固定资产也享有完整的所有权，其依托景区经营权以及相应的基础设施资产取得景区门票收入以及交通餐饮住宿游乐等增值服务收入，通常不会对旅游基础设施资产的范围和界定存在争议。但是，依托公共自然文化资源的旅游景区的基础设施资产，根据《民法典》第二百五十条的规定，森林、山岭、草原、荒地、滩涂等自然资源，属于国家所有，但是法律规定属于集体所有的除外。因此，此类景区的土地使用权原则上无法划转给企业法人主体，原始权益人及项目公司无法享有景区的土地使用权。根据 958 号文的规定："对项目公司不拥有土地使用权的项目。应说明土地使用权拥有人取得土地使用权的具体方式、出让（转让）方和取得时间等相关情况，土地使用权拥有人与项目公司之间的关系，以及说明项目公司使用土地的具体方式、使用成本、使用期限和剩余使用年限，分析使用成本的合理性，并提供相关证明材料。"因此，有必要对景区所占用的土地情况以及相应土地使用权来源予以具体核查。

如为国有用地且出让取得，按照出让取得国有建设用地使用权的通常要求，应当重点关注的问题包括但不限于出让金是否支付完毕、土地出让合同是否对国有建设用地使用权的转让存在任何限制、是否存在土地闲置问题等,以判断项目公司取得土地使用权的合法合规性。如通过租赁方式使用土地的,应关注租金的定价公允性、相关租赁土地的性质、实际使用用途及法定用途是否存在差异、变更用途是否履行法定程序、是否已经过有权部门的批准或备案,租赁土地的出租方及租赁终止日期,是否存在纠纷或潜在纠纷、是否存在侵害集体或者其他第三方利益的情形。并且,租赁合同的期限不得超过20年。如涉及使用集体土地使用权,根据《农村土地承包法》第五十二条之规定,发包方将农村土地发包给本集体经济组织以外的单位或者个人承包,应当事先经本集体经济组织成员的村民会议2/3以上成员或者2/3以上村民代表的同意,并报乡(镇)人民政府批准。由本集体经济组织以外的单位或者个人承包的,应当对承包方的资信情况和经营能力进行审查后,再签订承包合同。因此,如果集体土地使用权是承包取得,则需要履行上述程序。涉及集体土地经营权流转的,还应当遵循土地经营权流转的有关规定。

(二)取得景区经营权的合法性

《风景名胜区条例》第二条第二款规定,该条例所称风景名胜区,是指具有观赏、文化或者科学价值,自然景观、人文景观比较集中,环境优美,可供人们游览或者进行科学、文化活动的区域。第四条规定,风景名胜区所在地县级以上地方人民政府设置的风景名胜区管理机构,负责风景名胜区的保护、利用和统一管理工作。第三十七条第一款规定,进入风景名胜区的门票,由风景名胜区管理机构负责出售。

风景名胜区资源由国家或集体所有,景区管理机构享有管理权,景区管理机构授权经营者享有经营权,从而形成了风景名胜区所有权、管理权和经营权三权分离的制度。

风景名胜区门票是政府对风景名胜资源实行统一管理的重要手段,风景名胜区管理机构可在风景区门票收入中支付企业对风景名胜区开发投入的回报，但不得将风景名胜区资源和门票专营权出让或转让给企业垄断经营。

但是，《风景名胜区条例》第三十七条第二款、第三款规定，风景名胜区内的交通、服务等项目，应当由风景名胜区管理机构依照有关法律、法规和风景名胜区规划，采用招标等公平竞争的方式确定经营者。风景名胜区管理机构应当与经营者签订合同，依法确定各自的权利义务。经营者应当缴纳风景名胜资源有偿使用费。对于风景名胜区内的交通服务等项目，法律规定了确定经营者的方式。

如经营者与县级以上政府签署风景名胜区经营权合同且经营权合同约定的授权事项在该级政府职权或权利范围内，则相应经营权合同应属有效。对于实践中可能存在村委会、镇政府、政府平台公司等主体作为授权主体与经营者签署风景名胜区经营权合同的情况，经营者需关注该等主体是否获得有权机构之合法有效授权。对于风景名胜区而言，还需关注该风景名胜区管理机构是否已经设立，若在风景名胜区管理机构已经设立的情形下经营者希望与地方政府约定投资安排的，则投资人可考虑与地方政府、风景名胜区管理机构签署三方协议。

因此，在项目筛查过程中应重点关注以下几点：

1. 风景名胜区管理机构是否有权向经营者授予经营权。

2. 风景名胜区管理机构授予特许经营权的履行程序的合法合规性。《风景名胜区条例》规定采用招标等公平竞争的方式确定经营者。就地方性层面的规定而言，部分地区通过颁布地方性风景名胜区条例、办法等进一步明确了其他公平竞争方式的类型，如《重庆市风景名胜区项目经营权管理办法》将招标、拍卖、挂牌作为确定经营者的公平竞争方式，《桂林漓江风景名胜区水上游览项目经营权管理办法》将招标、拍卖、挂牌、竞争性磋商、竞争性谈判作为确定经营者的公平竞争方式。实践中，风景名胜区经营权授予以招标方式最为普遍，但其他方式亦不鲜见，如乐山大佛景区白天水上旅游项目 20 年经营权[1]、福州市永泰县青云山云天石廊（现名青云山石廊峡谷）、白马双溪（现名白马峡谷）、水帘宫（现名九天峡谷）、神谷（现名桫椤峡谷）四个景区 18 年期旅游经营权[2]均系通过拍卖方式对外出让，武汉市东湖生态旅游风景区磨山管理处磨山景区游览观光车线路经营权招租项目系采用竞争性磋商方式[3]。实务中，若经营者并非通过招标方式取得特许经营权，则应调查和说明授予特许经营权履行程序的合法合规性。

3. 特许经营权使用费的定价依据及公允性。根据《风景名胜区条例》第二十七条的规定，经营者应当缴纳风景名胜资源有偿使用费。定价依据应当根据地方关于风景名胜资源有偿使用费的相关规定予以确定，当地对资源有偿使用费给予减免、缓征等优惠政策的，亦应当关注优惠政策的到期时间。

4.《特许经营协议》的效力。除核查上文所述授权程序的合法合规性外，还需重点关注签约主体是否和有权授权机关是同一机关、特许经营权期限等。

5. 相关经营权属是否具有排他性。景区内可授予的经营权范围种类较多，如湖面水面的经营权、道路经营权、索道经营权、餐饮经营权等，因此应当根据授权范围逐项关注授权是否具有排他性。

（三）经营期限的合法合规性

目前国家层面的法律、法规并未对景区经营权期限作出明确规定，但如下法定期限要求，相关授权主体亦应当遵守：

---

[1] 信息来源于 https://sgzw.leshan.gov.cn/sgzw/gsgg/201911/996b032c1dea48ef83a2de003c30a7c7.shtml，2024 年 5 月 19 日最后访问。

[2] 信息来源于 https://news.fznews.com.cn/fzsync/2020-05-29/1234462010097.shtml，2024 年 5 月 19 日最后访问。

[3] 信息来源于 https://www.ccgp.gov.cn/cggg/dfgg/cjgg/202102/t20210209_15911786.htm，2024 年 5 月 19 日最后访问。

1. 部分地区的地方性法规、规章对景区经营权期限作出明确规定。例如，《贵州省风景名胜区条例》第四十条规定："整体项目特许经营期限最长为 20 年，单个项目特许经营期限最长为 15 年。"《重庆市风景名胜区项目经营权管理办法》第五条规定："……风景名胜区项目经营最长期限不超过 20 年。法律法规对风景名胜区项目经营设置另有规定的，从其规定。"《岳麓山风景名胜区特许经营管理办法》第六条规定："特许经营期限必须符合岳麓山风景名胜区相关规划要求，服从相关规划调整。岳麓山风景名胜区范围内经营项目特许经营期限应当根据项目投资规模及预期回报等确定，一般经营项目特许期限为 3 至 5 年，重大经营项目不超过 20 年。"

2. 不同表现形式的经营权合同存在相应法定期限要求。例如，以特许经营权形式给予经营权的，根据《基础设施和公用事业特许经营管理办法》第八条规定："基础设施和公用事业特许经营期限应当根据行业特点、所提供公共产品或服务需求、项目生命周期、项目建设投资和运营成本、投资回收期等综合因素确定，充分保障特许经营者合法权益。特许经营期限原则上不超过 40 年，投资规模大、回报周期长的特许经营项目可以根据实际情况适当延长，法律法规另有规定的除外。"而以租赁形式给予经营权的，则根据《民法典》第七百零五条的规定："租赁期限不得超过二十年。超过二十年的，超过部分无效。租赁期限届满，当事人可以续订租赁合同；但是，约定的租赁期限自续订之日起不得超过二十年。"

3. 应当考虑可能利用的土地使用权对应的最高使用年限、景区总体规划期限，如根据《风景名胜区条例》第十四条，风景名胜区应当自设立之日起 2 年内编制完成总体规划。总体规划的规划期一般为 20 年。

4. 在项目筛选过程中还应当关注特许经营权协议是否具有优先续约条款或与之相类似的安排。否则，需要关注特许经营权到期后如不能续期如何处理，以及如果不能续约将对经营者的生产经营及持续盈利能力产生的不利影响。

（四）景区的入池资产范围

根据 958 号文的附件《基础设施领域不动产投资信托基金（REITs）试点项目申报要求》的规定，基础资产的现金流应保证：（1）投资回报良好，近 3 年内总体保持盈利或经营性净现金流为正；（2）项目营收来源稳定且合理分散；（3）未来 3 年净现金流分派率（预计年度可分配现金流/目标不动产评估净值）原则上不低于 4%。虽然景区的收入范围是比较广泛的，较为常见的，如门票、索道、演出、游船、观光车、漂流、餐饮、住宿、纪念品等各类收入以及作为运营方的服务费、管理费及政府补助等，但结合目前法律法规规定，可以纳入基础设施公募 REITs 的收入范围仍然受到一定限制。

因此，在筛选项目过程应当注意如下问题：

1. 国家发改委、财政部、国家旅游局等 8 部门于 2008 年发布的《关于整顿和规范游览参观点门票价格的通知》（发改价格〔2008〕905 号）明确规定："自本通知发布之日起，对依托国家资源的世界遗产、风景名胜区、自然保护区、森林公园、文物保护单位和景区内宗教活动场所等游览参观点，不得以门票经营权、景点开发经营权打包上市。"《风景名胜区条例》第三十八条规定："风景名胜区的门票收入和风景名胜资源有偿使用费，实行收支两条线管理。风景名胜区的门票收入和风景名胜资源有偿使用费应当专门用于风景名胜资源的保护和管理以及风景名胜区内财产的所有权人、使用权人损失的补偿。具体管理办法，由国务院财政部门、价格主管部门会同国务院建设主管部门等有关部门制定。"因此，如果拟作为底层资产的自然文化遗产、国家 AAAAA 级旅游景区属于风景名胜区，则其门票收入就不能归入 REITs 项目的入池资产范围。进一步说，即使当下不属于风景名胜区，也需要结合景区及主管部门的相关后续规划等，关注和说明其是否可能纳入国家级或省级风景名胜区名录，或者可以考虑由主管部门、景区管理机构承诺不寻求纳入国家级或省级风景名胜区名录，以解决此担忧。另外，如果风景名胜区景区门票内搭售其他票证，二者各自价格亦应独立确定并在归集路径上做出明确区分。

2. 54号文中规定："不依赖第三方补贴等非经常性收入。"在实践中，风景名胜区管理机构通常会委托授权特定运营管理主体代为收取门票收入并直接全额上缴财政，但运营主体后续可能会基于门票收入按照约定的比例自当地政府取得补贴或补助。若景区基础资产的运营主体的收入大部分来源于前述类型的政府补贴或补助，则会因违反前述"不依赖第三方补贴等非经常性收入"的要求而无法发起景区REITs项目。

3. 证监会于2019年4月19日发布了《资产证券化监管问答（三）》，载明电影票款、不具有垄断性和排他性的入园凭证等未来经营性收入，不得作为资产证券化产品的基础资产现金流来源。风景名胜区门票之外的其他项目入园凭证（如索道票）或非风景名胜区的门票及其他项目入园凭证是否满足《资产证券化监管问答（三）》中的"垄断性和排他性"要求，需要结合基础资产具体情况以及景区运营管理主体的管理策略等予以分析和解释。不过，自《资产证券化监管问答（三）》发布后，市面上已成功发行多项门票收益权类或旅游度假目的地ABS项目，如"鑫沅资产—西双版纳傣文化风情园资产支持专项计划"、"德邦海通—复星旅文—三亚亚特兰蒂斯资产支持专项计划"、"国元证券—山东地下大峡谷旅游区资产支持专项计划"等，可以看出该等景区及景区内项目的"垄断性和排他性"较为容易解释，也易于被监管部门所接受。

综上，在整体交易结构方面，应当结合对应类型的未来收入预测，设定特定期间、特定景区范围、特定类型收入、特定预期金额的收益，实现景区未来收入的证券化。

（五）风景名胜区的总体规划和详细规划

根据《风景名胜区条例》第十二条的规定，风景名胜区规划分为总体规划和详细规划。根据《风景名胜区条例》第十五条的规定，风景名胜区详细规划应当根据核心景区和其他景区的不同要求编制，确定基础设施、旅游设施、文化设施等建设项目的选址、布局与规模，并明确建设用地范围和规划设计条件。风景名胜区详细规划，应当符合风景名胜区总体规划。风景名胜区内的单位和个人应当遵守经批准的风景名胜区规划，服从规划管理。根据《风景名胜区条例》第二十一条的规定，风景名胜区规划未经批准的，不得在风景名胜区内进行各类建设活动。

根据上述规定，纳入基础设施公募RETTs项目的经营业务必须符合景区的总体规划和详细规划，主要可能包括如下：旅游客运服务（区间车线路、观光车线路、电瓶车线路）、游船服务（运营线路、码头建设、运营游船）、索道业务、温泉业务、酒店餐饮业务等。

综上，需要关注景区内的各类建设或活动是否已经完成主管部门审批程序、是否符合景区规划等，以避免因此受到主管部门处罚，而最终影响项目申报。

（六）景区运营资质

由于经营者可能获得了运营景区个不同基础设施的授权，经营者也就需要具备相应的运营资质文件，包括：

根据《特种设备安全法》第三十三条以及特种设备目录，客运索道、缆车属于特种设备，使用单位应当在特种设备投入使用前或者投入使用后三十日内，向负责特种设备安全监督管理的部门办理使用登记，取得使用登记证书。

根据《客运索道安全监督管理规定》第二十六条之规定，客运索道使用单位应当按照安全技术规范的要求，在定期检验周期届满前一个月向特种设备检验机构提出定期检验要求。客运索道定期检验分为全面检验和年度检验，客运架空索道和客运缆车在安装监督检验合格后每三年进行一次全面检验，期间的两个年度，每年进行一次年度检验。客运拖牵索道每年进行一次年度检验。

根据《国内水路运输管理规定》之规定，经营水面游船需要取得《水路运输许可证》。根据《道路运输条例》第十条之规定，经营景区观光车需要取得《道路运输经营许可证》等。同时，应特别关注上述许可证的到期续期和定期检验。

（七）景区建设审批手续

任何单位或者个人在风景名胜区内建设房屋或其他工程等，应经风景名胜区管理机构审查同意。凡在风景名胜区进行的各项建设都应由建设单位填写《建设选址审批书》，分级上报建设行政主管部门审批。经审查批准的项目，由建设单位持经批准的《建设选址审批书》，按国家规定报有关部门办理立项等有关手续。

第四章

新业态

在中国经济快速发展和社会深刻变革的背景下，房地产行业作为国民经济的重要支柱，正面临着前所未有的机遇与挑战。随着城镇化进程的加速、人口结构的变化以及宏观经济政策的调整，传统的房地产开发模式已难以满足新时代的需求。因此，探索和发展房地产新业态，成为行业发展的必然选择。

本章全面分析了中国房地产市场的发展现状，从重资产业态的仓储物流、产业园区、文旅项目，到轻资产业态的代建业务、长租公寓、酒店管理等，深入探讨了不同业态的发展模式、优势、挑战以及未来的发展趋势。文章还特别关注了房地产新业态的法律风险控制，为房地产企业提供了风险管理和战略规划的参考。

在重资产业态中，仓储物流地产凭借其在经济发展和政策支持下的明显优势，成为市场的新宠。而产业园区作为产业发展的重要载体，其开发运营模式的多样性和与政府的紧密合作，为产业孵化和集聚提供了强大动力。文旅项目则结合文化、旅游、健康和养生等多个领域，提供了综合性的休闲、旅游、疗养服务，展现出广阔的发展前景。

轻资产业态方面，代建业务的兴起，不仅体现了市场化与效率的需求，也代表了房地产企业轻资产转型的重要方向。长租公寓市场随着大城市人口集聚和购房成本上升，需求大量增加，成为房地产行业的新兴增长点。而酒店管理业务的轻资产化，更是房地产企业转型的关键。

尽管房地产新业态发展迅速，但同时也伴随着各种法律风险。从土地获取、项目建设到建后运营各个阶段，都存在不容忽视的法律风险，需要房地产企业在各个流程、阶段中予以高度重视，以保障企业的合法权益和项目的顺利进行。

综上，在当前的市场调整期，许多房地产企业正在探索从重资产模式向轻资产模式的转型，以适应市场变化和降低运营风险。这一转型不仅需要企业在经营模式上进行创新，更需要在风险管理上做出相应的调整和优化。本章为房地产业从业者、政策制定者以及学术研究人员提供了宝贵的信息和洞见。通过深入的政策解读、市场分析和案例研究，本章不仅展示了中国房地产行业在新时代的发展蓝图，更为行业的健康发展提供了战略指导和风险防控的宝贵经验。

第一节　我国地产发展现状

袁晓东

本篇成文之时，恰逢 2024 年 5 月 17 日央行公布调整个人住房贷款最低首付款比例政策，开始了有史以来最为宽松的住房信贷政策，当日恰逢当周最后一个股市交易日，在整体股市平平淡淡的背景下，各房地产企业个股纷纷一片长红。伴随着此前西安、杭州全面取消限购政策以及若干一二线城市限购政策的局部松动，一时间全行业对于后续各地限购政策松动以及住房信贷政策在各地的落地情况也充满了利好预期，甚至部分楼盘已传出涨价传闻，整个地产行业复苏预期仿佛一夜春风来，枯木又逢春。自 2024 年以来逐步公布的各项利好政策是否能够推动地产行业走出低谷尚未可知，但这必然是构建健康发展的"房地产发展新模式"中最为重要的起点、最为有力的起步支撑。也正因如此，对地产行业的现状及其成因进行必要的审视和研究，可以为未来房地产发展提供可供借鉴的经验和吸取的教训。

一、行业现状简图

从相关统计数据看，房地产开发投资总额在 2021 年达到历史最高的 13.627520 万亿元之后急转直下，2022 年度投资总额为 12.269712 万亿元，2023 年度投资总额为 11.091288 万亿元[1]，2024 年第一季度投资额累计 2.2082 万亿元[2]。

商品房销售额自 2021 年达到历史高位的 17.694557 万亿元后，2022 年迅速跌落至 12.965557 万亿元，2023 年为 11.6622 万亿元，2024 年第一季度销售额累计为 2.1355 万亿元。[3]

2022 年房地产企业购置土地面积仅为 10041.73 万平方米，相较于 2021 的 21589.86 万平方米、2020 年的 25536.28 万平方米下降幅度超过 50%，且自 2021 年开始土地成交就已出现下降趋势。2022 年房地产企业土地成交价仅为 9163.79 亿元，相较于 2021 年的 17756.28 亿元、2020 年的 17268.83 亿元下降幅度也接近 50%。虽然国家统计局未公布 2023 年以来的数据，但

---

[1] 数据来源于国家统计局大数据平台，https://data.stats.gov.cn/easyquery.htm?cn=C01，2024 年 6 月 28 日最后访问。
[2] 《2024 年 1—3 月份全国房地产市场基本情况》，载中华人民共和国中央人民政府官网，https://www.gov.cn/lianbo/bumen/202404/content_6945474.htm，2024 年 6 月 28 日最后访问。
[3] 《2024 年 1—3 月份全国房地产市场基本情况》，载中华人民共和国中央人民政府官网，https://www.gov.cn/lianbo/bumen/202404/content_6945474.htm，2024 年 6 月 28 日最后访问。

结合市场情况，自 2023 年以来，土地拍卖市场流拍、底价成交的情况逐步凸显，进入 2024 年后，根据公开媒体报道，2024 年 1 月广州市首场土地拍卖所有宗地全部流拍，[①]2024 年 3 月杭州第二场集中土地拍卖 40% 流拍、40% 底价成交，[②] 可见土地市场降温明显，房地产企业拿地欲望低迷。除施工竣工面积因政府监督"保交楼"等因素相对增长外，其他如土地购置面积等数据也大致相同。

此外，行业平均从业人数从 2019 年顶峰的 2937379 人，至 2022 年减少至 2446671 人，而 2023 年度上市房企财报数据显示，百余家已公布财报数据的上市房企在 2023 年内从业人数都大幅减少。

通过以上对部分房地产行业统计数据的简单分析，再结合有关房地产行业的媒体报道、房地产企业的公告情况，自 2021 年下半年开始，房地产销售就开始呈现下滑趋势，此后大量房地产开发企业陆续出现了债务违约、建设停滞或放缓、交付困难等情况，自 2021 年下半年各地陆续出现"烂尾楼"、引发"断供潮"。可以说种种因素相互叠加之下，在短短两年多的时间里，几乎所有头部房企都被资金链断裂、债务危机、融资困难、销售乏力、投资无力等问题掐住了咽喉。"活下去"，显得如此真实。

二、从"住房改革"到"房住不炒"　　行业现状成因简析及回顾

首先，从政策视角对我国房地产行业的发展进程做一个简要的回顾：经过 1978 年后近二十年住房改革的试探性尝试，我国于 1994 年出台

[①] 《触顶、底价、流拍，2024 年开年一线城市土拍加剧分化》，载新京报网，https://www.bjnews.com.cn/detail/1704987407168598.html，2024 年 6 月 28 日最后访问。

[②] 《杭州出让 5 宗宅地 2 宗流拍，滨江 37.1 亿元摘得西兴地块，溢价率 23.6%》，载央广网，https://house.cnr.cn/jdt/20240329/t20240329_526644790.shtml，2024 年 6 月 28 日最后访问。

《城市房地产管理法》正式引入预售制度，1997年出台《城市房地产抵押管理办法》使预购商品房可通过抵押按揭，此后延绵二十余年的房地产销售模式形成雏形。

1998年，国务院颁布《国务院关于进一步深化城镇住房制度改革加快住房建设的通知》（国发〔1998〕23号），确定改革目标为"停止住房实物分配，逐步实行住房分配货币化；建立和完善以经济适用住房为主的多层次城镇住房供应体系；发展住房金融，培育和规范住房交易市场"。

经过1998年东亚金融危机后，我国开始采取货币宽松政策，央行于1999年下发《关于开展个人消费信贷的指导意见》（已失效），明确对增加商品住宅消费贷款的支持。

2002年，《招标拍卖挂牌出让国有土地使用权规定》出台，土地招拍挂制度正式确立，正式确认房地产开发企业拿地、建设、预售的开发模式。2001年末，我国正式加入WTO，我国经济迈入改革开放后的快速发展阶段。

2003年，国务院发布《关于促进房地产市场持续健康发展的通知》（国发〔2003〕18号），明确把房地产业列为国民经济的支柱产业。此后地价、房价飙升，为抑制房价过快上涨，当年央行首次就住房消费贷款推出上涨利率、上调首付等措施。

2004年至2007年，房价持续上涨，中央及地方开始实施各项调控政策，期房限转、二套房首付比例贷款利率上调、"国八条"、"国六条"等措施在此期间频出。

2008年至2010年年底，受美国"次贷危机"影响，全球金融危机爆发，我国经济增速整体回落，房价在此期间开始同步下降。2008年11月，我国政府出台了进一步扩大内需的多项措施，至2010年年底开始，房地产市场回暖，房价开始再次飙涨。

2011年至2013年，房价持续上涨，直至"限购"政策开始实施，房价开始逐渐走低，在此期间，各类"限购"、"限贷"政策频频出台，市场交易逐步萎靡。

2014年至2016年，限售政策逐步松绑，央行降准降利率，并伴随着股市爆发和二孩政策的施行，市场开始回暖，随着购房政策、信贷政策的进一步宽松，地价房价再度飙升并持续上涨。

2016年年底至2019年，2016年年底中央经济工作会议首次提出"房住不炒"，在此期间，陆续开始针对房地产企业融资、购房信贷等方面出台管控政策，并随着房价高企而不断加码管控政策，房价逐步开始呈现一二线城市持续上涨、三四线城市下跌的两极分化局面。

2020年至2023年，2020年8月，央行、银保监会等机构针对房地产企业提出指标，即剔除预收款项后资产负债率不超过70%、净负债率不超过100%、现金短债比大于1的"三道红线"要求。2021年下半年开始，多地出现项目逾期交，"断供潮"开始显现。2022年7月，中共中央政治局会议提出"保交楼"任务要求，并陆续出台"白名单"、保交楼专项资金计划等措施。

通过对地产行业政策演变的简单梳理可知，房地产行业的整体稳定运行、房地产企业健康发展是各阶段国家相关政策出台的目的。如果只是从表面看，国家政策调整对行业和企业的兴衰发展有着最为直接的影响。但房地产企业现今所面临的问题和现状，除各阶段政策的直接影响外，企业对于内外部经济环境是否充分理解以及对自身过速发展的内生隐患是否处理得当则是更为根本的因素。

2015年，随着中国版工业4.0蓝图发布，国务院于当年5月颁布第一个十年行动纲领——《中国制造2025》，标志着全面推进实施制造强国战略的开端，是推动中国制造业从大国向强国转变的第一步，谋求从中低端制造业到高端制造业的转型，促进工业化和信息化深度融合，开发利用网络化、数字化、智能化等技术，着力在关键领域抢占先机、取得突破，并将高端装备、信息网络、集成电路、新能源、新材料、生物医药、航空发动机、燃气轮机作为主导产业，也必然要求有限的资金、资源向高端制造业倾斜。

此外，房地产企业发展存在内生隐患：过度金融化。1998年《国务院关于进一步深化城镇住房制度改革加快住房建设的通知》（国发〔1998〕23号）中，虽然要求推进住宅商品化、促进住房消费信贷等措施，但彼时仍是建立和完善以经济适用住房为主的多层次城镇住房供应体系，换言之，"房住不炒"的基本理念在住宅商品化改革之初就已经确立，而住宅商品化、住房金融措施都是为达到解决人民住房困难、提高居住品质而赋予商品住宅一定程度的金融要素。但由于制度设计局限性、政策管控滞后性等原因，在本轮房地产行业危机之前，房地产企业的运行模式已过度金融化。二十余年间，快速扩张几乎是所有头部房企的发展目标，但与快速扩张相伴的是金融化运行和金融手段的极致运用，以项目开发高周转为基础，通过高负债、高杠杆等手段最大限度减少资金投入周期、资金沉淀周期，通过资金高周转进一步扩大开发规模。在不考虑政府后续管控禁止的前提下，举个极端的例子：某公司摘牌取得某地块，通过借用过桥资金支付土地出让金，然后将土地进行抵押取得贷款后偿还过桥资金，随后通过施工单位垫资、供应商账期管理、供应链融资等方式在不实际支付工程款或最大限度少支付工程款的情况下快速将项目建设至符合预售条件，通过预售回笼资金后立即以股东借款、资金统筹等名义将预售资金调出并以同样方式投资开发其他项目，同时通过境内外举债扩充资金，加大投资和扩张，如此往复前述操作。直观可见，在这种发展模式下，房地产企业几乎在每个环节中都伴随着高负债和高杠杆，当然也伴随着出现市场下行情况时的高风险，任何一个节点出现问题，都将意味着房企所有的项目出现传递效应的风险爆发，同时将波及所有的供应商。如行业整体出现问题，甚至将波及金融机构，形成系统性金融风险，这也是2020年8月国家对房地产企业提出"三道红线"的根本原因。

当内外部经济环境恶化，过度金融化所依仗的上行市场不在，风险自然也就爆发了。

三、从"支柱产业"到"新型房地产发展模式"——行业发展趋势简评

房地产行业首次被明确定位为支柱产业是在《国务院关于促进房地产市场持续健康发展的通知》（国发〔2003〕18号）中，2002年GDP中房地产业占比为4.4%，与建筑业占比5.3%合计占比为9.7%，此后在2021年房地产业发展最高峰之时，房地产业占比为6.7%，建筑业占比为6.9%，合计为13.6%，如果将所辐射的建筑材料、机械、绿化、市政配套、咨询类服务等行业计入，房地产行业对于整体经济的影响远高于所统计的GDP占比。因此，在中国版工业4.0蓝图实现之前，房地产行业作为我国支柱产业之一是毋庸置疑的。

2023年12月，中央经济工作会议对于房地产行业提出了"要统筹化解房地产、地方债务、中小金融机构等风险，严厉打击非法金融活动，坚决守住不发生系统性风险的底线。积极稳妥化解房地产风险，一视同仁满足不同所有制房地产企业的合理融资需求，促进房地产市场平稳健康发展。加快推进保障性住房建设、'平急两用'公共基础设施建设、城中村改造等'三大工程'。完善相关基础性制度，加快构建房地产发展新模式"。2024年3月政府工作报告中延续了这一要求。此后2024年4月30日中央政治局会议中，进一步提出了"要结合房地产市场供求关系的新变化、人民群众对优质住房的新期待，统筹研究消化存量房产和优化增量住房的政策措施"。

在2024年5月17日央行决定调整住房贷款利率的同时，中国人民银行副行长陶玲在国务院政策例行吹风会上表示将推行设立3000亿元保障性住

房再贷款，发放对象包括国家开发银行、政策性银行、国有商业银行、邮政储蓄银行、股份制商业银行等 21 家全国性银行。中国人民银行按照贷款本金的 60% 发放再贷款，银行按照自主决策、风险自担原则发放贷款。所收购的商品房严格限定为房地产企业已建成未出售的商品房，对不同所有制房地产企业一视同仁。按照保障性住房是用于满足工薪收入群体刚性住房需求的原则，严格把握所收购商品房的户型和面积标准。城市政府可根据当地保障性住房需求、商品房库存水平等因素，自主决定是否参与。由城市政府选定地方国有企业作为收购主体。该国有企业及所属集团不得涉及地方政府隐性债务，不得是地方政府融资平台，同时应具备银行授信要求和授信空间，收购后迅速配售或租赁。[1]

从以上政策的导向可以看到，基于目前化解房地产行业债务、防范系统性风险的情况，近期政策未再强调"房住不炒"，但在陆续出台风险化解措施的同时，国家也反复强调需要"完善相关基础性制度，加快构建房地产发展新模式"，这也正是 1998 年《国务院关于进一步深化城镇住房制度改革加快住房建设的通知》（国发〔1998〕23 号）开启住房制度改革的初衷。现阶段政策的目的，是通过提供保障性住房再贷款一方面帮助困难房企完成存量住房一定程度上的去化，实现一定范围房地产企业的"软着陆"，在积极化解房企一定程度风险的同时防范金融机构的相关风险；另一方面通过大量收购符合"保障性"特征的住房，充足公租房、保障房的供应，一定程度上实现住房市场的供给侧改革。

对于房地产开发企业而言，在商品住宅领域，未来的主要发展方向应当是高品质住房需求的开发建设，而我们也相信，在总结本轮危机成因的基础上，对房企去过度金融化的要求应当会更加严格，而包括预售制度在内的

---

[1] 《中国人民银行拟设立 3000 亿元保障性住房再贷款》，载中华人民共和国中央人民政府官网，https://www.gov.cn/zhengce/202405/content_6951926.htm，2024 年 6 月 28 日最后访问。

房地产发展模式也可能在不远的将来发生变化。商品住宅之外其他的地产业态，我们将在下文继续分析。

第二节　我国地产新业态展望

袁晓东　施嘉茹　朱婧敏

关于房地产市场的发展，2021年12月，中央经济工作会议提出要探索新的发展模式[1]；2022年12月，中央经济工作会议再次指出，要消除多年来"高负债、高杠杆、高周转"的发展模式弊端，推动房地产业向新发展模式平稳过渡[2]；2023年12月，中央经济工作会议继续指出，要积极稳妥化解房地产风险，加快构建房地产发展新模式[3]；2024年3月5日，国务院总理李强在政府工作报告中提出，适应新型城镇化发展趋势和房地产市场供求关系变化，加快构建房地产发展新模式。过去几年中，中央多次提到"房地产新发展模式"，并对今后的房地产工作作出了一系列重要部署。房地产行业在

---

[1]《中央经济工作会议举行　习近平李克强作重要讲话》，载中华人民共和国中央人民政府官网，https://www.gov.cn/xinwen/2021-12/10/content_5659796.htm，2024年6月28日最后访问。

[2]《贯彻中央经济工作会议精神　推动我国经济运行整体好转》，载中华人民共和国国家发展和改革委员会官网，https://www.ndrc.gov.cn/xwdt/ztzl/NEW srxxgcjjpjjsx/jjsxyjqk/tszl/xxgcesdjs/202301/t20230117_1363504.html，2024年6月28日最后访问。

[3]《中央财办有关负责同志详解中央经济工作会议精神》，载中华人民共和国中央人民政府官网，https://www.gov.cn/zhengce/202312/content_6920788.htm，2024年6月28日最后访问。

传统发展模式陷入瓶颈的情况下，势必需要基于房地产市场的新形势探索新的发展路径。

一、重资产业态

1. 仓储物流

仓储物流地产，是指在适当地方，投资建设、运营、管理仓储物流客户所需要的物流设施。

近年来，仓储物流地产一直颇受市场青睐。仲量联行在 2024 年 2 月发布的《阳和启蛰 向光笃行——中国物流地产市场近期趋势及展望》中认为："展望未来，中国物流地产市场将渐进恢复，但局部市场间表现或更趋分化。经济新业态、新动能将为物流地产市场带来结构性机会，而产业发展与政策导向对物流地产需求的影响面预计也将有所加深。"[1] 世邦魏理仕中国区研究部在 2024 年 2 月发布的《2024 年中国房地产市场展望》中认为："仓储物流：2024 年供应高峰已过，供需进入再平衡阶段；跨境电商的高速增长有望延续，供应链物流租赁需求日益增长；租金下行压力减弱，城市走势分化。"[2]

> **发展优势**

探究仓储物流地产为何受到投资者青睐，笔者认为，除我国经济发展驱动外，还离不开政策和资金的支持：

---

[1] 《阳和启蛰 向光笃行——中国物流地产市场近期趋势及展望》，https://www.joneslanglasalle.com.cn/zh/trends-and-insights/research/recent-trends-and-outlook-for-logistics-real-estate-in-china，2024 年 4 月 8 日最后访问。

[2] 《2024 年中国房地产市场展望》，https://www.cbre.com.cn/insights/reports/2024%E5%B9%B4%E4%B8%AD%E5%9B%BD%E6%88%BF%E5%9C%B0%E4%BA%A7%E5%B8%82%E5%9C%BA%E5%B1%95%E6%9C%9B，2024 年 4 月 8 日最后访问。

十五计划	・积极引进新型业态和技术，推行连锁经营、物流配送、代理制、多式联运，改造提升传统流通业、运输业和邮政服务业。 ・加快中部地区发展，继续加强交通、通信、仓储等基础设施建设和生态环境建设。
十一五计划	・大力发展现代物流业。加强物流基础设施整合，建设大型物流枢纽，发展区域性物流中心。 ・促进中部地区崛起，加强物流中心等基础设施建设，完善市场体系。
十二五计划	・大力发展现代物流业，加强物流基础设施的建设和衔接，提高物流效率，降低物流成本。优化物流业发展的区域布局，支持物流园区等物流功能集聚区有序发展。 ・全面振兴东北地区等老工业基地，大力发展金融、物流、旅游以及软件和服务外包等服务业。
十三五计划	・加强物流基础设施建设，大力发展第三方物流和绿色物流、冷链物流、城乡配送。 ・组织实施"互联网+"重大工程，加快推进基于互联网的商业模式、服务模式、管理模式及供应链、物流链等各类创新。
十四五计划	・建设现代物流体系，加快发展冷链物流，统筹物流枢纽设施、骨干线路、区域分拨中心和末端配送节点建设，完善国家物流枢纽、骨干冷链物流基地设施条件。 ・加强农产品仓储保鲜和冷链物流设施建设，健全农村产权交易、商贸流通、检验检测认证等平台和智能标准厂房等设施，引导农村二三产业集聚发展。

一方面，法律法规的支持和各地政策的红利，优化了仓储物流地产的成长环境。迈入21世纪以来，党和国家不断强化对仓储物流行业发展的政策导向，从仓储物流在各个五年计划中角色的加重即可见一斑。

另一方面，顺畅的金融资本流通渠道，扩大了仓储物流地产的发展规模。仓储物流对资本的密集需求，离不开金融资产的支持。为了盘活仓储物流地产，中央陆续出台了金融支持政策，其中主要打通了几个关键融资渠道：(1) 公募REITs。2020年4月24日，中国证监会、国家发展改革委联合印发了《关于推进基础设施领域不动产投资信托基金（REITs）试点相关工作的通知》，启动基础设施REITs试点工作，其中资产范围就包括仓储物流。(2) 私募股权基金。2023年2月20日，中国证券投资基金业协会发布了《不动产私募投资基金试点备案指引（试行）》，启动不动产私募投资基金试点，投资范围同样涵盖了仓储物流工程。私募股权基金与公募REITs的落地也会丰富仓储物流地产的退出渠道，形成"投资、建设、运营、退出"的可持续性闭环。（3）银行信贷支持。2023年2月13日，中国人民银行、交通运输部、中国银行保险监督管理委员会联合发布《关于进一步做好交通物流领域金融支持与服务的通知》，要求银行业金融机构要加大交通物流领域的信贷支持力度、创新信贷产品，并加大配套融资等市场化资金支持力度，进一步发挥债券市场融资支持作用。除了提供金融支持以外，国家还对仓储物流延续了税收优惠政策，从税负方面助力仓储物流企业加速运行。2023年3月26日，财政部和国家税务总局发布《关于继续实施物流企业大宗商品仓储设施用地城镇土地使用税优惠政策的公告》，宣布继续实施物流企业大宗商品仓储设施用地城镇土地使用税优惠政策，对物流企业自有（包括自用和出租）或承租的大宗商品仓储设施用地，减按所属土地等级适用税额标准的50%计征城镇土地使用税。

> **开发运营模式**

目前，我国仓储物流地产的开发运营模式，主要如下：

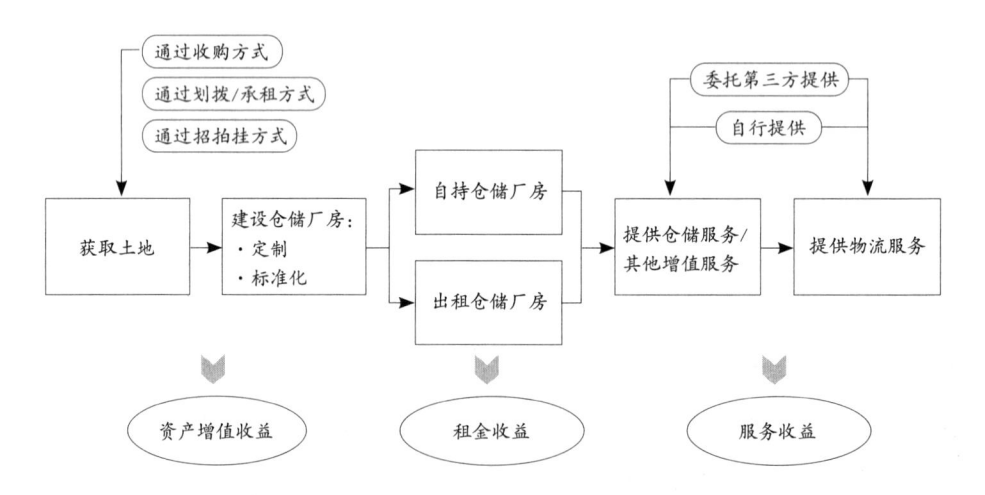

综观已进军仓储物流地产领域的国内房地产开发企业，其业务开展模式根据深耕的运营阶段不同、参与方式不同，又可以主要分为以下四类：（1）房地产企业主导型。目前，部分房地产企业已设立独立的仓储物流板块，布局仓储物流地产。其中，大部分房企仍旧是发挥其固有的开发建设优势，着重于仓储物流设施的开发建设，主要通过资产出售、出租获益；也有部分房企探索构建垂直能力，进一步为客户提供仓储、运输、供应链等服务，据此获益。（2）房地产企业与物流地产商合作型。物流地产始于20世纪80年代，最早由欧美提出并实践，并在21世纪初引进我国，因此，早期进入行业的国外专业物流地产商占据了大量优势。通过与该等专业物流地产商合作，包括收购股权、合作经营等，双方可以各自发挥相关领域的优势，实现共赢。（3）房地产企业与物流企业合作型。部分房地产企业也通过选择与物流企业合作开发运营仓储物流地产进入行业中。通常而言，房地产企业主要操盘项目开发建设，而物流企业则负责仓储物流设施的运营管理。（4）房地产企业与其他专业企业合作型。房地产企业也会通过与专业性企业，如电商平台企业、生物医药企业合作，切入仓储物流地产。其中，房地产企业发挥开发建设优势，负责仓储物流园区的落地，而专业性企业则发挥平台整合优势，搭建物流网络体系。

> **企业蓝本**

（1）普洛斯（GLP）

普洛斯目前是全球领先的专注于供应链、大数据及新能源领域新型基础设施的产业服务与投资公司，业务遍及亚洲、欧洲及美洲17个国家和地区。其中，普洛斯在中国70个地区市场拥有约5000万平方米的物流及工业基础设施网络。园区设施地理位置优越，临近机场、港口、高速公路，配套先进，高效覆盖全国。[①]2021年6月21日，普洛斯REIT（全称：中金普洛斯仓储物流封闭式基础设施证券投资基金）在上交所上市交易，是中国首批基础设施公募REITs之一，也是上交所首支"仓储类物流"基础设施REIT。普洛斯REIT的基础设施资产位于京津冀、长三角、粤港澳大湾区、环渤海经济带、成渝经济圈核心物流枢纽地区，由10处普洛斯仓储物流园组成，

---

① 引自普洛斯官方网站（https://www.glp.com.cn/about/glp.html），2024年8月20日最后访问。

总建筑面积达 116 万平方米。2023 年 6 月 16 日，普洛斯 REIT 扩募份额于上交所上市，标志着普洛斯 REIT 首次扩募成功，并成为中国首批完成扩募的基础设施公募 REITs 之一。

在物流领域，普洛斯的业务涵盖选址、设计、建设及增值服务。普洛斯可以根据消费者习惯、配送频率及客户的采购模式、供应链配置和仓库要求，为客户提供选址解决方案。普洛斯开发的现代物流基础设施也引领了行业标准，具有空间布局优化、物流运作便利、节能环保等优势。特别地，普洛斯领先的冷链基础设施遍及 40 个核心城市，并推出了外保温预制冷库，实现冷库的"拎包入住"。如企业有特殊需求，普洛斯也可为其量身设计、建造、改造仓储设施或智能化厂房，助其提升运作效率。在基础物流及不动产设施提供的基础上，普洛斯还致力于成为客户的"一站式"合作伙伴，为客户提供整合解决方案，提供行业生态系统支持。除此之外，普洛斯还设有自己的独家投资及资产管理人，即普洛斯资本 GCP。普洛斯资本 GCP 聚焦于物流供应链投资领域，一方面通过不动产等实物资产投资，找寻优质底层资产；另一方面通过私募股权投资，押注现代物流服务、物流科技及数智供应链等领域的成长期企业。

（2）万科万纬

万纬物流是万科集团旗下成员企业。2015 年，万科集团正式推出独立物流品牌——万纬，成为万科物流仓储服务及一体化供应链解决方案平台，致力于为企业提供高标准、多元化的多温区综合物流服务。2018 年，万纬融合太古冷链物流平台，加速布局冷链物流全国业务版图。万纬核心业务布局 47 城，拥有 170 个物流园区，全国运营管理 50+ 个专业冷链物流园，仓储规模超过 1200 万平方米，服务超过 1600 家企业。[1]

---

[1] 引自万纬官方网站（https://www.vx56.com/cn/operations/supplyChain），2024 年 8 月 20 日最后访问。

万纬作为一家物流综合服务商,为各行业客户提供全温层仓储租赁、库内运营、冷链仓配、一体化供应链和物流科技服务等多样服务。其业务大致可以分为四大板块:(1)冷链服务。万纬通过仓储、运营、配送一体化服务,为客户企业的供应链降本增效助力。(2)资产管理。万纬为物流园区业主提供全周期、标准化、高效率透明化、数字化的"all inclusive"(全方位)的资产管理服务,同时也提供安全、及时响应的物业服务。(3)开发经营。万纬在国内核心物流节点城市已形成全国性高标多温区仓储网络,可为客户提供高端、标准化物流仓储设施,业务覆盖投资选址、开发建设、招商运营、资产管理、基金运作的全生命周期。(4)解决方案与数字化服务。万纬运用供应链决策算法平台赋能供应链韧性,结合万纬全国布局的仓管配服务——"数字世界"与"物理世界"联动,解决企业核心经营问题,以最优成本支撑企业生意增长。

> **仓储物流发展趋势**

随着市场需求持续恢复,物流业务活动趋于活跃,物流仓储地产的发展面临机遇的同时伴随着不小的挑战。大体而言,笔者认为物流仓储地产的发展趋势主流如下:(1)行业结构不断优化。随着电子商务、冷链物流、生物医药、跨境电商等新兴领域的快速发展,以及制造业、零售业等传统领域的转型升级,物流仓储行业的需求结构和供给结构都发生了显著变化,从而会带动物流仓储行业内部结构的进一步优化。(2)智能化、数字化、网络化将成为核心竞争力。效率对于物流仓储的发展至关重要,而智能化、数字化、网络化将成为效率提高的突破口,通过提升物流仓储库存管理、分拣配送的效率,提高物流仓储基础设施之间的连通性、网络化,实现物流与信息流之间的同步,大幅提高物流仓储供应链的效率。(3)多元化服务以提高客户黏性和市场占有率。随着客户需求的多样化、行业竞争的激烈化,仓储物流开发商需要不断拓宽业务范围,创新业务服务模式,提升业务服务能力,为客户提供更加多元化、个性化的服务,以夯实企业效益增长点。

2. 产业园区

产业园区作为产业发展的载体和空间，在我国产业结构调整优化和企业转型升级的背景下，其重要性越发凸显，其在投资者中的热门程度从公募REITs产品的发行和产业基金的募集设立中也有所体现。截至2024年3月，市场上已发行9只产业园区基础设施REITs产品，占上市产品总数的30%，发行数量在所有领域中占据首位；首发募集金额为168亿元，占所有首发产品募集金额的17.06%，募集金额在所有领域中位居第二位，仅次于交通基础设施领域。而在基金募集领域，一方面各地政府部门不断设立各项产业基金、园区开发基金，推动产业园区提质增效；另一方面市场资本也不断流入，高瓴资本、红杉中国、华平投资、康桥资本、GIC、基汇资本等纷纷募集了相关基金，其中GIC参与投资设立了高达10亿美元基金，旨在投资工业园区。

➢ 开发运营模式

与传统房地产开发类似，产业园区开发往往具有项目体量大、建设业态丰富、开发周期长的特点。但相较于其他房地产业态，产业园区开发建造不动产往往会受到更多所在地的政府规划、产业政策、产业特色的影响。如开发运营得当，优质的产业园区将对产业孵化、产业聚集、产业服务及产业生态构建方面起到事半功倍的效果，推动现代化产业体系建设驶入"快车道"。因此，产业园区的发展，通常会与当地政府进行密切合作，同时也会得到当地政府的大力支持。而目前政府与政策对产业投资的偏好，恰恰赋予了房地产企业积极探索产业园区赛道的机会。

目前而言，就产业园区的发展模式，主要可以分为以下几种：（1）类似于传统房地产开发模式，即取得土地使用权—建设园区不动产—出售或出租园区不动产的模式。在该模式下，传统房企从传统的住宅、商办赛道转入园区赛道，但底层获利逻辑类似，仍是主要通过出售及出租所得收益。（2）基于产业园区未来将从高速发展的"增量时代"转向增速下降的"存量时代"之发展趋势，在前述发展模式基础上，就需要叠加园区的运营模式以获取新的盈利点，因此就演变出了取得土地使用权—建设园区不动产—出售或出租园区不动产—园区运营的发展模式。而园区运营，又可以主要从物业管理、商业配套及产业运营等方面入手，通过增值服务获取利润。（3）产业开发建设与产业投资并举模式。在这个模式下，开发者一方面通过园区业务，即前述不动产租售、运营服务获取收益；另一方面通过资本运作，即以产业投资基金或入股方式对企业进行孵化和培育，通过企业增值进行收益。如果资本运作过程中，开发者同时担任产业投资基金管理者，则还可以获取相应管理费用。但在该模式下，因为开发者既是出售/出租给企业的主体，又是企业的股权投资者，如何做到二者身份的平衡，避免关联交易的不合理性，也是需要开发者深思的一个问题。

> 企业蓝本

（1）联东U谷

联东集团创建于1991年，专注于产业服务和园区运营，已经发展成为具有全国影响力的产业集团。旗下核心企业联东U谷，目前在全国90座城市投资运营产业园区达526个，引进、服务新型制造业和科技型企业19700家。[1]

联东U谷的盈利点主要在于两个方面。一方面，联东U谷通过对全国产业园区建设和规划的深入考察和研究，围绕产业需求和客户需求不断进行产业园区开发建设的迭代，并通过出租、出售园区获得收益。另一方面，联东U谷则通过为园区企业提供多种多样的产业服务获取收益，包括：（1）线上金融服务，为园区企业的资金需求提供解决方案；（2）政策服务，帮助园区企业了解、获取更多的政策支持；（3）人才服务，组织园区企业的招聘活动，协助园区企业引进各界人才；（4）文化活动，大力引进"专精特新"企业，整合资源对园区企业进行扶持；（5）U谷餐厅，提供园区餐厅，为园区企业提供优质餐饮服务。

---

[1] 引自联东集团官方网站（https://www.liando.cn/front/web/about.index#goto54），2024年8月20日最后访问。

（2）张江高科

张江高科于 1996 年 4 月在上交所正式挂牌上市，注册资本 15.49 亿元，是上海市浦东新区直属企业，张江科学城的重要开发者、产业资源组织者、产业生态引领者。张江高科秉持"引领产业生态、共生科创所能"的理念，以打造科技产业投资控股集团为目标，加快布局全产业链的投资矩阵，实现从天使、VC、PE 到战配、并购的全覆盖，全方位融入产业链和产业生态。公司响应国家战略，正积极对接全球创新资源，加速集聚全球创新要素，激活创新生态圈的活力，强化张江科学城的创新策源力，全力打造张江科学城的创新生态圈。[1]

张江高科的主营业务分为四个板块。一是产业投资板块。张江高科聚焦集成电路、生物医药、人工智能等产业领域实施精准投资，构建覆盖企业全生命周期的资本生态圈。二是产业培育板块。通过创新基地、创业营、基金投资等项目建设高质量的孵化器。三是产业服务板块。涵盖了人才招聘、人才培养、人才公寓等人才服务及工程测试公共服务、产业交流等平台服务。四是产业空间板块。张江高科主要打造了上海集成电路设计产业园、张江西北区等产业园区，并不断加快产业空间建设，提供高品质的产业载体。

> **产业园区发展趋势**

现阶段而言，传统产业园区正面临不小的挑战。大量的产业园区同质化竞争现象严重，园区招商不及预期，园区物业空置率提升，园区内企业产业关联性不强，集聚发展动力不足。该等挑战及政府、企业、投资者的需求交织，推动传统产业园区走上模式升级和转型的道路。笔者认为，产业园区在未来的发展中将呈现出以下几个趋势：(1) 做好产业规划，更加坚持产业集聚发展路径。产业园区业务本质上对外是与政府合作共赢，对内是与企业协同共振。产业园区的根基仍在于脚踏实地做好园区的产业规划、产业招商与

---

[1] 引自张江高科官方网站（https://www.600895.com/index/index/index.html），2024 年 8 月 20 日最后访问。

产业服务，打造产业链上中下游互融共生、合作、共享利益的新模式，促进传统产业的转型升级与创新，并推动产业集群化发展。（2）构建全方位的产业生态体系。传统简单的"地产开发+销售"模式，在存量时代逐渐被抛弃，需求推动未来的产业园区开发商必须走向精细化发展之路。在加强产业园区定位的基础上，完善园区配套建设，建立以企业需求为导向的全过程服务体系，是产业园区提升核心竞争力的有效措施。同时，通过产业入股等方式，将园区开发与产业开发相结合，从相对单一的环境建设走向全方位的产业培育。（3）打造专属的园区概念，实现差异化竞争。产业园区的同质化竞争白热化，想要在一众园区中脱颖而出，需要园区开发商创新打造符合产业需求的产品、定制化的服务以及科学的运营模式，构建产业园区的自身IP。

3. 文旅项目

2022年12月8日，文化和旅游部、自然资源部、住房和城乡建设部联合发布《关于开展国家文化产业和旅游产业融合发展示范区建设工作的通知》，提出坚持以文塑旅、以旅彰文，推进文化和旅游深度融合发展，坚持高标准建设、高质量发展，"十四五"期间，建设30个左右文化禀赋和旅游资源丰富、产业链深度融合和协同互补、发展机制健全的国家文化产业和旅游产业融合发展示范区的工作目标。2024年2月1日，中国旅游研究院发布《2023年中国旅游经济运行分析与2024年发展预测》，报告显示，2023年，国内旅游复苏不断提速，全国旅游市场景气指数维持高位，各季度居民出游意愿全年平均达91.86%，较2019年提高4.52个百分点，旅游企业家信心年度指数为97.68；报告认为，2024年是旅游经济周期内转段和跨周期跃升的关键期，全年"供需两旺、积极乐观"可期，国内旅游、入境旅游、出境旅游三大市场指数将保持两成以上增速，接近甚至超过2019年历史最高水平。因此，政策利好与个人消费预期和商家信心稳中有升的有利因素叠加，给文旅地产带来新的发展机遇。

> 开发运营模式

目前文旅地产的开发模式，主要有以下几种：（1）围绕某个特定主题建设集合娱乐、休闲、观光和文化体验的综合乐园、公园，并配套建设相应商业和住宅用地。典型代表是华侨城集团的欢乐谷。在这个模式下，基于 IP 持有主体的能力、商业考量、所受当地政策影响不同，IP 持有主体可以选择通过"许可经营模式"、"合资模式"或"自行投资运营模式"来实现其投资。（2）依托当地自然资源，建设相应商业配套和康养休闲不动产。典型代表为浙江千岛湖。（3）基于当地民俗风情、文化氛围，辅之以商业开发，打造文旅小镇概念。典型代表为浙江乌镇。（4）结合当地特色，打造度假酒店。典型代表是复星集团的三亚·亚特兰蒂斯酒店。

> 企业蓝本

（1）华侨城集团

华侨城集团是国务院国有资产监督管理委员会直接管理的大型中央企业，总部设在深圳，已形成以文化、旅游、房地产、电子科技为主业的发展格局，是首批国家级文化产业示范园区（基地）、全国文化企业 30 强、中国旅游集团 20 强，业务遍及全国百余座城市以及全球多个国家和地区。

华侨城集团的四大业务板块分别为：（1）文化业务板块。华侨城集团持续探索实践"1231"新发展思路，深耕文化产业 30 多年，业务覆盖文化演艺、场馆综合体运营、艺术教育、公益文化活动等多个领域。（2）旅游业务板块。华侨城集团着力构建旅游业务"两核三维多点"新发展格局，形成面向市场的盈利模式，赋能美好生活。作为国内最早创建大型主题公园的企业，华侨城集团早在 20 世纪 80 年代便打造了中国第一座文化主题公园——深圳锦绣中华，此后又接连创立了世界之窗、欢乐谷、欢乐田园等一批行业领先品牌。（3）房地产业务板块。华侨城集团积极探索房地产业务"一体两翼三功能"的新发展模式，致力于成为房地产行业的专业化开发商，助力城市发展，截至目前，华侨城已累计投资建设 200 多个精品项目。（4）电子科技业务板块。华侨城集团坚持电子科技业务"一轴两轮三驱动"的新发展框架，立足国家战略需要和产业实际需求，推动"康佳电子"向"康佳科技"转型升级。①

（2）浙江乌镇

乌镇作为中国首批十大历史文化名镇和中国十大魅力名镇、全国环境优美乡镇，素有"中国最后的枕水人家"之誉。2023年，乌镇乌村荣获"2022乡村旅游振兴标杆项"奖项，2022年"全国非遗与旅游融合发展优选项目名录"，乌镇景区成功入选"非遗旅游景区"之列，2022年，乌镇景区上榜第二批国家级夜间文化和旅游消费集聚公示名单。

除"传统乌镇"外，乌镇还打造了"度假乌镇"、"文化乌镇"和"会展乌镇"三大模块。度假乌镇涵盖酒店住宿、特色美食、传统伴手礼、休闲娱乐活动和传统村落乌村，让消费者可以体验江南水乡、枕水人家，在乌镇享受精神和身体的完全放松。文化乌镇则通过举办各种文化活动、乌镇戏剧节、乌镇国际当代艺术邀请展、乌镇国际未来视觉艺术计划和木心美术馆，传统碰撞现代，让消费者在乌镇感受中国古老文化的非凡魅力和现代东方生活的融合。会展乌镇则主要是乌镇西栅景区，该场地已成功接待大小会议团队10000余个，包括国内外政府部门、世界五百强企业以及各类年会、研讨会、市场推广会、奖励旅游等活动。②

> **发展趋势**

在宏观调控和土地竞争日益激烈的背景下，"地产＋文旅"被房企视为多元化布局的重要方向：（1）找好产品定位、提升产品品质。一方面，深入调研游客的消费新需求，因地制宜设计、开发适合消费者的文旅产品，实现供给侧的创新。另一方面，文旅项目的品质化打造不仅向社会提供文化内涵

---

① 引自华侨城官方网站（https://www.chinaoct.com/hqc/index/index.html），2024年8月20日最后访问。

② 引自乌镇官方网站（http://www.wuzhen.com.cn/），2024年8月20日最后访问。

丰富、艺术水平精湛的文旅内容，还能够满足游客的多元需求、扩大相关消费，实现良好的社会效益与经济效益。精准的产品定位、优秀的产品品质，将成为文旅地产开发商脱颖而出的关键。（2）业态融合创新发展。文旅地产的开发过程中，涉及娱乐、餐饮、住宿、演出、设计、制造、信息等诸多业态，也涉及康养产业、现代农业、交通运输业等诸多产业，有效整合各业态、实现跨界融合发展，完善产业链条、实现各方盈利最大化，将成为未来文旅地产开发商的核心竞争力。（3）数字科技创新发展。顺应产业数字化和数字产业化发展趋势，借助科技创新实现智慧化文旅内容，以技术创新协同推动科技成果产业化，强化文旅行业高水平科技支撑作用，有利于文旅产业的数字化长效发展。

传统地产行业面临转型升级的压力，文旅地产作为一种新兴的地产形态，当下具有广阔的发展前景。当前中国的文旅地产发展在不同地区存在一定差异，房地产企业可以依托当地的文化资源结合自身优势，开发文旅地产项目，打造个性化、特色化的旅游产品和旅游服务，以满足游客的不同文化和旅游需求，实现业务的多元化发展。

二、轻资产业态

1. 代建业务

我国的代建制起源于政府投资项目的建设，代建相关政策始于 2002 年。随后，各地开始就一些项目进行代建模式建设试点，北京、广州、贵州、山东等地方政府也相继出台政府投资项目代建制相关政策[1]。

---

[1] 如《广州市人民政府印发关于我市上半年经济运行情况及下半年工作意见的通知》（穗府〔2003〕45 号）、《贵州省人民政府办公厅关于做好 2003 年西部开发工作的意见》（黔府办发〔2003〕39 号）、《山东省人民政府关于加快城市市政公用事业改革的意见》（鲁政发〔2003〕74 号，已失效）。

2004年，国务院发布《国务院关于投资体制改革的决定》（国发〔2004〕20号，部分失效），其中要求：加强政府投资项目管理，改进建设实施方式。规范政府投资项目的建设标准，并根据情况变化及时修订完善。按项目建设进度下达投资资金计划。加强政府投资项目的中介服务管理，对咨询评估、招标代理等中介机构实行资质管理，提高中介服务质量。对非经营性政府投资项目加快推行"代建制"，即通过招标等方式，选择专业化的项目管理单位负责建设实施，严格控制项目投资、质量和工期，竣工验收后移交给使用单位。增强投资风险意识，建立和完善政府投资项目的风险管理机制。

2007年，建设部、国家发展和改革委员会、财政部等发布《关于加强大型公共建筑工程建设管理的若干意见》，该意见指出：不断改进大型公共建筑建设实施方式，要积极改革政府投资工程的建设管理模式。对非经营性政府投资项目加快推行"代建制"。同时，对大型公共建筑，也要积极推行工程总承包、项目管理等模式。建立和完善政府投资项目的风险管理机制。制定鼓励设计单位限额设计、代建单位控制造价的激励政策。

自2016年起，中国房地产行业投资规模与建设规模逐渐扩大，政府投资项目代建业务获得较快发展，该代建业务主要为政策性安置房等保障性住房及公共设施。随着规模增长，制度性文件也逐步完善，各地方政府纷纷制定更为细化的代建政策，如山东省发展和改革委员会发布《山东省省级政府投资项目代建制管理暂行办法》（鲁发改投资〔2019〕1232号）、海南省人民政府发布《海南省政府投资项目代建制管理办法》（琼府〔2019〕61号）、河北省人民政府发布《河北省政府投资项目代建制管理办法》（冀政发〔2023〕5号），对招投标、责任主体、项目实施等进行了较为详细的规定。同时，商业代建业务也迅速发展。

我国代建模式经历了从以政府代建为主到平台化的柔性代建模式的转变，可大致分为四个阶段。

第一阶段	以政府代建为主，基于政府的招投标流程，代建方接受政府的委托，根据政府要求对项目进行代理建设。
第二阶段	以商业代建为主，委托方有资金及土地使用权，代建方以品质管控为核心。
第三阶段	以资本代建为主，与商业代建模式相似，但委托方为金融机构、财团等资本方。
第四阶段	代建市场由原来的品质控制发展为标准化管理，形成更为成熟的体系，并逐步迈入代建平台化、按需定制的柔性代建模式。

代建业务的兴起是供需两端对市场化与效率需求的集中体现，也是房地产企业轻资产转型的代表模式。与传统的项目管理模式相比，代建模式更能适应现行经济发展下政府投资项目的管理需要，这种新模式提高了项目管理的专业性，使得政府投资项目朝专业化、规范化发展。在目前资本与开发相分离的趋势下，商业代建亦是目前房地产新型业务模式的重要方向，与传统的开发模式相比，其收益率高且负债率低，融资渠道多元化，受到的政策与市场限制也更少。

> **代建模式**

代建一般可分为政府投资项目代建、商业代建及资方代建，政府代建项目一般由政府发起并投资，具有公益性质、满足社会需求的项目。通常包括能源、交通、水利等公共建筑，及博物馆、体育馆、城市广场、学校、医院、保障性住房等。商业代建由非政府委托方委托，以营利为目的，受托代建方以品牌输出或管理输出为主，并收取管理费或服务费。商业代建还可细分为不同种类，包括纯收取服务费模式及资本介入模式（包括配资代建、股权式代建）。资方代建是商业代建演变的产物，核心在于金融机构具有从财富端募集资金的优势，但是缺乏操盘经验或是没有操盘团队，在投资地产项目或接盘不良资产时需要专业的项目研判、房地产开发及去化的全过程服务。

模式		模式特点
政府项目代建		政府出资，通常具有社会公益性质。
商业代建	纯收服务费模式	代建方与已取得标的地块土地所有权的委托方合作，由委托方负责筹集项目全部资金并承担投资风险，代建方无任何资金投入，根据双方签订的委托协议行使项目操盘权，负责项目管理团队组建、规划设计管理、工程建设管理、成本管理、营销管理、竣工交付管理等开发环节的全过程管理，并依据项目销售或利润总额收取佣金。
	配资代建模式	委托方取得标的地块土地所有权后面临一定的开发资金短缺，代建方引荐与自身有战略合作关系的金融资本，参与项目开发，金融资本从中收取一定的投资收益，代建方负责项目开发和管控。该模式要求代建单位有较强的资金整合能力，兼具品牌实力和开发能力，对代建方的要求较高。
	股权式代建模式	代建方在项目中占有一定股权，一方面加强合作中的信任关系，另一方面通过持有的股权获取除代建管理费外的股权收益。鉴于代建的轻资产属性，目前实践中的股权式代建方股权占比一般低于10%。
资方代建		为金融机构提供项目研判、开发及去化的全过程服务。

> **企业蓝本**

近年，中国代建企业及代建项目"大爆发"，诸多房地产企业已进入代建领域，目前，代建行业中，从业务规模、质量等角度看，绿城管理、金地管理及华润置地作为代建行业的头部企业，其业务管理经验及特点可作为当前房地产企业代建业务的借鉴。

（1）绿城管理

2005年，绿城集团首次介入杭州江干区"城中村"改造和安置房代建；2008年，绿城集团创始人宋卫平先生首次提出依托绿城品牌和团队实现业务创新，并于 2009 年形成了以"品牌输出、管理输出"为核心的绿城代建模式；2010 年，绿城房产建设管理有限公司成立，成为中国首家专注代建业务的轻资产公司，绿城的商业代建业务正式开始。经过多年的行业深耕，绿城代建已覆盖代建所有模式，并已成为我国代建业务的行业龙头，被称为"中国代建第一股"。

绿城管理代建模式历经升级演变，目前提出的是"绿城代建 4.0 模式"。该模式突出了按需定制和共创共赢两个新概念，系绿城管理总结过往代建经验和资源整合后的新体系。对于代建业务，从按需定制角度出发，绿城管理将其代建业务的标准进行了分级。通过对代建中的每一个环节进行细分，将原来较为粗放的输出型代建模式进化为更为专业的定制型代建模式。在合作共赢方面，绿城管理通过自身品牌效应、专业能力、金融资源等保证代建项目的溢价能力。绿城管理在代建业务中引入"对赌机制"，就未达到收益目标的"对赌"项目，绿城管理不收取服务费；如果实现超额利润，则按照阶梯比例进行分红。此外，根据绿城管理网站所载信息，绿城管理采用"3+3 业务模式"，即除代建主业外，另提供金融服务、产城服务及产业链服务三项配套服务。

其中，"金融服务"系"为有资金需求的委托方寻找相匹配的金融机构及资本力量，提供金融撮合服务，确保代建项目稳健运营"；"产城服务"系"整合各类产业资源，服务于城市更新和产业运营，向前协同一级开发，向后赋能产业运营"；"产业链服务"系"通过内部孵化及外部收并购等方式，整合产业链上下游轻资产类企业，构造代建生态体系，实现相互导流与赋能，打造全价值链的代建业务平台"[1]。该等配套服务是绿城管理利用自身优势所提供的新型服务，也是其应对新形势下代建业务的现实需求、提升竞争力的附加值。对于自身有相应资源的房地产开发企业而言，绿城的该等配套

---

[1] 引自绿城管理网站（https://www.lcgljt.com/index.php/business.html）。

服务业务是未来可借鉴的业务模式,即着眼于整个开发项目,提升代建方价值,为业主方提供全过程服务。

(2)金地管理

金地管理是自2006年即开始开展代建业务的房地产开发企业,2006年其承接了福田科技广场项目,该项目系深圳首个由政府委托代建的写字楼项目,标志着金地集团首次进入代建领域。目前,金地管理在代建领域的四大优势为:丰富的代建经验、专属运营平台、采用混合所有制(兼具国企合规及市场化高效运营机制)及坚持直营,保障服务标准的一致性和服务质量的均好性[①]。

与绿城管理相似,金地管理亦利用其自身优势赋能土地开发,根据金地管理网站所载信息,除其品牌影响力、管理体系及专业团队外,金地管理另提出"资本赋能"及"资源赋能"两项核心优势。即金地管理可联合金地集团内外部多类金融机构及投资人,根据委托方的需求,提供满足不同阶段、多种渠道、方便快捷的融资服务,助力项目提效。金地管理亦有丰富的优质供应商资源,经过长期合作,并依托集团规模优势,提升性价比,资源覆盖融资、设计、采购、工程、营销等全周期各专业合作,为委托方在成本节约、品质保证、采招效率等方面提供助力。可见,除代建业务本身外,金地管理亦将融资能力、项目全周期服务能力作为其代建业务的附加值,这成为其争取代建业务的核心竞争力。

(3)华润置地

华润置地系政府代建业务中的领先企业,华润置地从2008年代建深圳湾体育中心开始,打造了片区统筹规划开发建设运营的"南山模式",并将这一成功经验推向各地,推动华润置地代建业务向全国发展。根据华润置地网站,华润置地构建了"开发销售型业务、经营性不动产业务、轻资产管理

---

① 引自金地管理网站(https://www.gemdaleca.com/creations.html)。

业务"三大主营业务与"生态圈要素型业务"一体化发展的"3+1"业务模式。城市代建作为其"生态圈要素型业务"中重要的一环，华润置地围绕大场馆、大公建、大市政、大社区、大园区五大业务模块，打造全业态、全价值链、全资质的城市建设运营能力，构筑高品质城市空间。[①]

城市代建

全业态	全价值链	全资质
大型文体会展场馆、学校、保障房、市政、商办、住宅、工业园区等全产品业态。	具备规划、设计、采购、建设、运营等全价值链一体化管理能力。	建筑设计、施工(建筑、机电、装饰、市政)片区及场馆运营全资质。

华润置地不仅在场馆建设领域具有独特的竞争力，在赛事保障、场馆运营等领域也积累了丰富的经验，成为华润置地代建代运营领域突出的核心价值。近年来，华润置地已经形成以大型文体场馆为核心的城市片区统筹开发"代建·代运营"模式，已完成过深圳湾体育中心、西安三中心、成都东安湖体育公园等大型文体场馆的代建业务。

华润置地在大型文体场馆建设、运营领域的拔尖能力令其在政府代建业务中取得亮眼表现，其为房地产企业在细分领域代建业务中的发展提供了成功经验。

> **未来代建业务发展方向**

纾困类代建：在近年的市场条件下，不少资产管理公司（AMC）、信托等金融机构接手了不良资产，被迫成为项目的业主单位，但该等金融机构自身没有开发能力，故其倾向于引入代建方进行项目经营及销售，最终实现资金退出，这导致资方代建需求大量增加。此外，目前一轮房地产流动性危机

---

① 引自华润置地网站（https://www.crland.com.cn/cpfwtest/stqysxyw/）。

过程中，市场上部分原开发主体无力完成项目建设，多地烂尾楼激增也是代建业务需求的一大来源。自 2022 年以来，"保交付、保交楼"成为房地产行业关键词，以政府联手 AMC、引入代建企业的纾困类代建，成为"保交楼"处置方式之一，纾困类代建主要通过"AMC 接管 + 增量资金投入 + 代建"模式，由 AMC 负责通过不良资产处置，提供增量资金，操盘方负责再开发与运营，并由代建方进行代建或代建代管，从而盘活项目。

城投类代建：随着近年来房地产销售市场的持续下行，拿地格局由以民企为主向以地方国企为主演变，尤其是城投平台加大拿地力度。但多数城投公司不具备项目开发能力，普遍存在开发速度较慢、入市率较低的现象，存在代建的切实需求，故未来城投类代建项目将会成为代建行业的一大需求来源。

政府类代建：2023 年年底，中央经济工作会议强调要加快推进保障性住房建设、"平急两用"公共基础设施建设、城中村改造等"三大工程"。部分重点城市旧改、保障房建设计划陆续推出。因此，该等政策性保障房项目、基础设施建设及旧改等政府类代建项目仍将是代建企业布局的重要方向。

2. 长租公寓

近年来，随着人口加速向大城市集聚、人口流动性增加、大城市购房成本上升，长租公寓的现实需求大量增加，另因资本的涌入，各类企业的看好和追逐，国民对生活品质的要求提升等因素，长租公寓进入发展期。自党的十九大以来，"房住不炒"的房地产行业发展定位一直贯彻始终，且未来仍将作为行业发展的主要方向。近年的政府工作报告亦着重提出了"租售并举"，同时将"加快发展长租房市场，推进保障性住房建设"作为工作重点，这进一步说明，未来房地产行业在供应层面将会看到租售双轨并行的结构性转变。

我国目前长租公寓市场的参与主体主要有机构式长租公寓企业，包括房地产开发企业、地产中介服务机构、专业租赁公司、酒店集团及互联网企业等，以及小部分非机构式长租公寓，即个体单个公寓的出租。鉴于我国住房租赁市场有着巨大的需求潜力，长租公寓的优势在于细分客户定位、标准化品牌化管理、实现规模经济及应用智能家居等方面。公寓运营主体较容易获得外部资本的注入，并由此迅速实现做大做强。与传统"二房东"模式相比，长租公寓的优势还体现在整合上下游产业、细分客户市场、应用智能家居、互联网平台搭建及多方位的盈利点等。随着市场参与者的不断增加，未来长租公寓市场的行业整合和兼并将会不断加剧，发行REITs、资产证券化等轻资产运营模式将是投资者比较青睐的退出方式，长租公寓行业将成为未来房地产行业的重要发展方向。

> **长租公寓配套政策**

综观我国长租公寓的发展历程，国家积极鼓励包括长租公寓在内的住房租赁市场的发展，陆续出台政策支持房地产开发企业发展长租公寓业务，包括土地供给、税收优惠和金融支持等。

上海市是较早推动租赁住房的地区，2017年，上海市政府在供地计划中单列"租赁住房"用地性质（R4），可建设项目类型有职工或学生居住宿舍或单身公寓、人才公寓、公共租赁房、全持有的市场化租赁住房等，出让地价较同期同片区住宅用地较低，同时规定R4用地的土地受让人应在土地出让年限内全周期持有租赁住房项目、不得销售。

2021年，国务院办公厅下发《关于加快发展保障性租赁住房的意见》（国办发〔2021〕22号），明确部分城市的多项支持政策：

土地政策支持	探索利用集体经营性建设用地建设保障性租赁住房；支持利用城区、靠近产业园区或交通便利区域的集体经营性建设用地建设保障性租赁住房；农村集体经济组织可通过自建或联营、入股等方式建设运营保障性租赁住房。 对企事业单位依法取得使用权的土地，在符合条件的前提下，允许用于建设保障性租赁住房，并变更土地用途，不补缴土地价款，原划拨的土地可继续保留划拨方式；允许土地使用权人自建或与其他市场主体合作建设运营保障性租赁住房。 可将产业园区中工业项目配套建设行政办公及生活服务设施的用地面积占项目总用地面积比例上限提高，建筑面积占比上限相应提高，提高部分主要用于建设宿舍型保障性租赁住房。 对闲置和低效利用的商业办公、旅馆、厂房、仓储、科研教育等非居住存量房屋，在符合条件的前提下，允许改建为保障性租赁住房。 提高住宅用地中保障性租赁住房用地供应比例；保障性租赁住房用地可采取出让、租赁或划拨等方式供应，其中以出让或租赁方式供应的，可将保障性租赁住房租赁价格及调整方式作为出让或租赁的前置条件，允许出让价款分期收取。新建普通商品住房项目，可配建一定比例的保障性租赁住房。鼓励在地铁上盖物业中建设一定比例的保障性租赁住房。
资金支持	中央通过现有经费渠道，对符合规定的保障性租赁住房建设任务予以补助。
税赋支持	取得保障性租赁住房项目认定书后，比照适用住房租赁增值税、房产税等税收优惠政策。对保障性租赁住房项目免收城市基础设施配套费。
金融支持	支持银行业金融机构以市场化方式向保障性租赁住房自持主体提供长期贷款；按照依法合规、风险可控、商业可持续原则，向改建、改造存量房屋形成非自有产权保障性租赁住房的住房租赁企业提供贷款。完善与保障性租赁住房相适应的贷款统计，在实施房地产信贷管理时予以差别化对待。 支持银行业金融机构发行金融债券，募集资金用于保障性租赁住房贷款投放。支持企业发行企业债券、公司债券、非金融企业债务融资工具等公司信用类债券，用于保障性租赁住房建设运营。企业持有运营的保障性租赁住房具有持续稳定现金流的，可将物业抵押作为信用增进，发行住房租赁担保债券。支持商业保险资金按照市场化原则参与保障性租赁住房建设。

此后，各地纷纷制定保障性租赁住房相关政策，明确对租赁住房的支持，并加强相应市场规范和管理。

> **长租公寓运营模式**

根据长租公寓运营主体的资产结构不同，长租公寓运营模式可分为重资产运营和轻资产运营两大类。

重资产模式即运营主体通过自建、收购等方式获取并持有房源、对外出租，主要通过收取租金获取利益的模式。重资产模式项下的房源多为集中式物业（如运营主体自持整栋物业），对运营主体的资金要求较高。房地产开发企业作为运营主体因拥有资金和融资优势及自持物业资源，又具备物业改造能力，因而通常会选择采用重资产模式。

轻资产模式即运营主体并不持有物业，而是通过长期租赁或受托管理等方式集中获取房源，经过标准化改造或装修后，统一出租管理，通过转租获得租金价差或通过输出品牌、提供租务管理、物业管理等服务，获得管理报酬。地产中介类机构运营主体、酒店管理类运营主体等通常会采用轻资产模式。

> **长租公寓商业模式**

根据长租公寓物业分布的不同，长租公寓商业模式可分为集中式公寓和分散式公寓。集中式公寓房源分布相对较集中，通常为重资产模式运营的主体所持有，该等模式的优点是易产生规模效应、后期管理成本较低。分散式公寓主要通过长租公寓运营主体与个人业主签订长期合同来获取房源，该等模式的优点是覆盖的客户群体层次相对丰富，前期投入较小、投资回收期相对较短。

> **企业蓝本**

（1）华润置地

华润有巢系华润置地在国家"住有所居"政策的号召下，于2018年创立的长租公寓业务品牌。华润有巢青睐大型租赁社区的打造，近年来陆续入市的项目多为集体用地、R4租赁用地项目，并在保障性租赁住房领域打造了多个标杆型项目。

鉴于长租公寓相较于其他房地产板块是一个低利润业务，虽在业务规模上发展较好，但对企业收入规模和利润的贡献较为有限。释放这类投资规模大、投资回报期较长业务的价值，需要一定的金融创新助力。华润有巢于 2022 年成功发行上市华润有巢 REIT，成为我国首单市场化机构运营的保障性租赁住房 REITs。此前，北京保障房 REIT、深圳红土安居 REIT，以及中金厦门安居 REIT 的运营机构均为地方保障性住房中心或安居集团下属单位，而华润有巢 REIT 项目的运营机构是一个完全市场化的主体，为市场运营主体借助 REITs 实现"投融建管退"良性循环提供了成功经验。

根据《华夏基金华润有巢租赁住房封闭式基础设施证券投资基金招募说明书》，该 REIT 底层资产为有巢泗泾项目及有巢东部经开区项目，其整体架构如下：

华润有巢 REIT 亦是首单利用集体土地试点的 R4 地块租赁住房 REIT。REIT 中的泗泾项目土地类型为集体建设用地，招募书中也载明泗泾项目集体用地经过集体土地所有人委托—集体经济组织决策—松江区政府批准—挂牌出让—签订合同—获取集体建设用地使用权和房屋所有权证书这几个步骤。

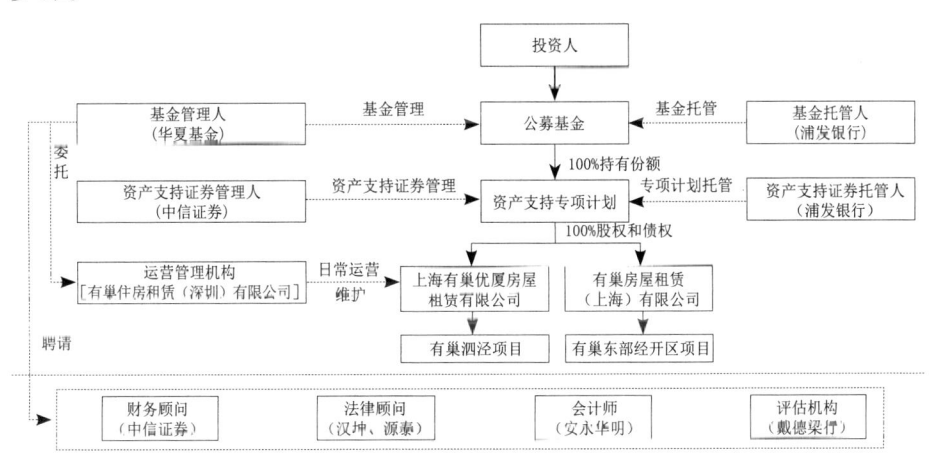

这是继 2017 年住建部明确提出开展集体用地建设租赁住房试点以来，首次利用集体用地性质的 R4 地块发行公募 REIT。这次试点的成功推行，对于房地产开发商盘活存量资产、降低房源筹措成本树立了典型模式。

（2）万科泊寓

万科是最早开始布局长租公寓业务的房企之一，其于 2014 年开始在中国布局长租公寓业务，并于 2016 年推出集中式长租公寓品牌"泊寓"，其主要目标人群为一二线城市的毕业生、创业者等青年人群。万科泊寓发展早期曾对长租公寓业务提出"2018 年拓展房源至 45 万间，远期规划 100 万间"的目标。经历了 2017 年至 2018 年的快速扩张后，自 2019 年以来，万科泊寓在规模扩张上十分谨慎，以平稳发展为主。

根据万科企业股份有限公司 2023 年度报告，万科泊寓 2023 年业务实现整体盈利，其目前的长租公寓业务将企业客户作为重点目标对象，通过深耕权重战略企业客户、加强大客户系统建设，万科泊寓服务的企业超 5000 家，企业客户占比提升至 23%，为业务带来了更稳定的客户结构。

同时，万科泊寓部分租赁住房亦纳入了保障性租赁住房范围，如与深圳环境水务集团合作打造深圳首个"非居住用房改建为保障性租赁住房"，将水务南山大楼办公楼改造为保障性租赁住房。万科泊寓在重庆渝中区的人才公寓亦被作为重庆市保障性租赁住房示范项目。

万科泊寓亦借鉴华润有巢 REIT 的成功经验，正在申报保障性租赁租房 REIT，目前已完成资产端的梳理、评估，以帮助经营性业务的"投、融、管、退"完整商业模式闭环，实现资产和资金更高效地运转。[①]

> **长租公寓业务未来发展方向**

2024 年 1 月，中国人民银行、国家金融监督管理总局下发《关于金融支持住房租赁市场发展的意见》，以支持住房租赁供给侧结构性改革，重点支持自持物业的专业化、规模化住房租赁企业发展，建立健全住房租赁金融

[①] 引自万科企业股份有限公司 2023 年度报告。

支持体系为基本原则和要求，强调加强住房租赁信贷产品和服务模式创新，其中包括稳步发展房地产投资信托基金，推进房地产投资信托基金试点工作，在把控风险的前提下，募集资金用于住房租赁企业持有运营长期租赁住房。支持房地产投资信托基金份额交易流通，促进住房租赁企业长期稳定经营，防范短期炒作。优先支持雄安新区、海南自由贸易港、深圳中国特色社会主义先行示范区等国家政策重点支持区域，以及人口净流入的大城市开展房地产投资信托基金试点，为利用各类建设用地（含集体建设用地、企事业单位自有空闲土地等）依法依规建设和持有运营长期租赁住房的企业提供资金支持。

在上述政策支持背景下，华润有巢 REIT 首年运营表现稳健，2023 年其实现收入、EBITDA（息税折旧摊销前利润）及可供分配金额均高于预期，已证明保障性租赁住房 REITs 模式初步跑通，"地产＋金融"的 REITs 模式将成为未来长租公寓领域运营发展的重要方向。

与传统房地产企业通过销售快速回笼资金的形式不同，公募 REITs 通常长期参与项目的经营过程，通过项目运营获得回报，REITs 经营数据的定期披露制度也将检验租赁住房的管理机制和运营情况。REITs 市场的经验表明，REITs 管理下的地产项目通常能取得更好的经营效益，特别是在管理的资产规模较大的情况下，REITs 能够通过专业的市场研究判断市场走向、对管理人员集中培训、对在管项目资源实现灵活调配、采用新型房地产科技等手段以提升资产运营效率。例如，美国的头部租赁住宅 REIT——"Equity Residential"在运营上率先做出了多项创新举措，包括采用 AI 辅助自动客服、自助虚拟看房等服务，同时采用了新的移动服务平台管理项目工单和检修服务。同时，其基于对人口变化的洞察，做出了战略调整，扩展了长期看来具有较高回报率的市场，并明确了相应运营策略，为其在管项目的运营打下基础。

在我国面临房地产行业发展模式转型的当下，租赁住房 REITs 不仅是实现有效退出、盘活资产的重要途径，也能够推动行业运营水平的提升。公募 REITs 扩展到市场化的长租公寓亦符合当下的政策方向和市场需求，很可能即将迎来相关新政。因此，长租公寓 REITs 发展空间广泛，未来可期。

3. 酒店管理

"酒店+地产"合作模式并非一个新的商业模式，当前房地产企业酒店运营主要采用两种模式，即合作模式及自营品牌模式。合作模式以委托管理和特许经营模式为主，对于初涉酒店行业、缺乏相关经验的房地产开发企业而言，合作模式是较快的切入方式。在自营品牌模式下，房地产开发企业自持酒店物业，同时建立自己的酒店运营团队负责酒店的日常经营管理，并自负盈亏。该种模式对业主方的酒店运营管理的专业技能、管理经验有一定要求。

我国酒店行业的发展始于早期国际专业酒店管理企业进军内地市场，"地产企业业主+国际品牌管理"的合作模式获得了消费者的肯定。自 2010 年起，以万达、绿地为首的大型房地产开发企业纷纷推出自有酒店品牌，开始超越业主身份布局酒店业务。回顾近年地产系酒店发展趋势，房地产开发企业纷纷成立酒管公司，逐渐将自身从重资产赛道切换至轻资产赛道。包括金茂、保利、万科等头部企业，均成立了酒店管理公司，不少企业还建立了自己的品牌矩阵，形成了从奢华酒店到五星、四星，再到特色、精选的全品牌矩阵。

近年来，随着酒店行业及国内旅游行业的回暖及消费力年轻化、对于酒店需求的多元化趋势，房地产开发企业对于酒店业务的着眼点也从最初的追逐国际五星级酒店品牌、高端奢华酒店逐步向国内本土化、年轻化的新兴酒店转变，纷纷尝试与本土年轻化酒店品牌开展合作，探索"酒店+地产"商业模式的新玩法。

> **企业蓝本**

除了世贸、万达等早期地产系酒店管理企业，近年来房地产开发企业与专业酒店管理企业的合作成为地产系酒店的新亮点，如融创与华住合作，成立合资公司——永乐华住酒店管理有限公司，亚朵集团与万科旗下的酒店管理公司——广东瞻云酒店管理有限公司达成战略合作。

（1）融创+华住

2021年3月，华住集团与融创中国宣布达成战略合作，双方成立合资公司永乐华住，通力合作布局酒店行业的高端及相关酒店衍生市场。华住集团将旗下施柏阁、花间堂等品牌的未来开发、运营授权至合资公司，融创文旅也将旗下莫山等品牌授权至合资公司，合资公司还将着力开发宋品、永乐半山等高端奢华酒店品牌，助力品牌的多样性。在双方成立合资公司之前，双方的合作就已开始，华住集团将其旗下多个高端酒店签约入驻融创文旅城。两者的合作将融创旗下文旅项目对多元化伴宿业态的需求与华住集团对于高端酒店、度假酒店的布局需求相结合，构筑了房地产+酒店的新合作范本。

（2）万科+亚朵

万科作为地产系酒店行业的后来者，其品牌核心竞争力尚未得到市场的肯定，万科需要利用自己的不动产建设自己独立自主品牌的旗舰店，以良好的市场形象体现品牌的吸引力，逐步从管理自己的酒店发展到管理其他企业不动产的酒店。此前，万科与悦榕集团合作布局了高端酒店行业，取得了较好的成果。后，又与亚朵展开了深度合作，万科与亚朵的合作始于深圳南山万科云城亚朵酒店，该项目具有优秀的投资回报率和投资回报周期，也是区域内的标杆项目。从目前看，亚朵的品牌更加受年轻一代消费人群的青睐，坪效比相对传统的高端五星级酒店也更具优势。此次战略合作的达成，万科看中的正是亚朵强大的品牌影响力、优秀的运营能力、完善的生态链体系以及高品质、高活跃度的会员流量，亦有助于快速提升消费者对万科旗下酒店的认知度。此外，双方在各自会员领域也开展了合作，"万客会"与"亚朵集团"的优质会员可互换互通，迅速扩大了两者的会员群体。

> **地产系酒店未来发展方向**

中国房地产行业经历了土地红利、金融红利时代之后，目前已经进入管理红利时代。在酒店业务方面，房地产企业需要重视轻资产、重运营这一观念变化。如今轻资产不仅是地产系酒店的发展方向，也是整个行业的发展主流。当前地产系酒店巨头纷纷开始变卖资产，以寻求重新开启轻资产管理道路。对于地产系酒店行业而言，重视酒店的住宿属性、商品属性，注重专业化管理、精细化运营，是未来轻资产发展的方向。

鉴于目前酒店消费者已不再仅看重少数几个酒店品牌，而是乐于接受新兴品牌、新型模式，本土酒店品牌的盈利能力也并不逊色于国际品牌酒店，地产系酒店也可更多注重自身品牌的打造孵化，构建自身品牌特色，更大限度发挥出地产系酒店在行业中的价值。

第三节　我国地产新业态法律风险控制

袁晓东　梁作杰

如前所述，房地产行业当前正面临深刻的市场变化和转型挑战。随着城镇化进程的逐步深入，越来越多城市的房地产市场已出现饱和迹象，新增需求放缓，导致销售增速下降；同时，曾经为遏制房价过快上涨和防范金融风险所实施的一系列调控政策，一定程度上增加了房企的运营压力；此外，融资环境紧缩，融资成本上升，对房企的资金链管理提出了更高要求；消费者对住房质量的要求提高，更加注重住宅的舒适度和智能化。

在此背景下，开拓新业态、探索多元化经营是房地产企业在重重困难中获得突破的不二法门。例如，在重资产模式下开拓较新业态的商业地产、养老地产、文旅地产等，以分散风险并寻求新的增长点。同时，轻资产模式的探索亦成为房企转型的重要方向,通过服务输出、品牌管理等方式,提高资本效率和盈利能力。

在重资产模式下,房地产企业需要前期拿地、中期建设、后期销售或运营,涉及整个房地产开发的全链条;而轻资产模式强调的是企业以少量的固定资产和存货等方面的资金投入,集中资源专注于产品研发、品牌营销、客户管理等方面,占领价值链高端。两种模式各有优势和挑战,房地产企业在选择经营模式时需要根据自身的资源、市场环境和战略规划来决定。在当前的市场调整期,许多房企正在探索从重资产模式向轻资产模式的转型,以适应市场变化和降低运营风险。

一、重资产模式下的法律风险控制

1. 概述

在重资产模式下,房地产企业通常涉足整个房地产开发的全链条,因土地成本、建设成本而需要大量的资金投入,因此对资金的依赖度很高。而在市场下行压力较大、资金链的稳定性受市场影响较大的背景下,重资产模式开发过程中各个阶段所面临的法律风险均不容小觑。

> **土地获得阶段:**

土地获得阶段是房地产开发项目中的关键环节,涉及土地权属、土地获取与流转方式、规划与用途等多个方面的法律风险。

(1)土地权属的法律风险

土地权属风险主要指房地产企业在项目开发过程中,对于土地所有权、使用权、地类、面积等权属不清晰或存在争议,可能导致土地交易无效或产生其他纠纷。防控措施包括:进行详尽的土地权属尽职调查,包括土地所有权、使用权、地类、面积等;审核土地证、规划许可证等法律文件,确认其合法性和有效性;评估土地权属可能存在的问题,如权属纠纷、土地使用限制等，并制定相应的风险防控措施。

（2）土地获取方式及流转

土地获取方式风险主要指通过不合法或不规范的方式获取土地使用权，可能导致土地使用权被撤销或产生其他法律后果。防控措施包括：遵循公开、公平、公正的原则，通过招标、拍卖或挂牌等方式合法取得土地使用权；仔细审查土地出让合同，关注土地用途、使用年限、支付条款等关键内容；若通过合作开发或并购方式获取土地，需评估合作方或目标公司的信用状况、财务状况及法律风险。

（3）土地出让与转让的法律风险

土地出让与转让风险主要指土地使用权出让或转让过程中存在程序违规或合同瑕疵，可能导致土地使用权无法顺利转移或产生纠纷。防控措施包括：遵循国家规定的土地出让流程，包括土地评估、公示、竞价等步骤；了解并遵守土地转让的法律限制，如土地使用权的转让条件、转让程序等；完成土地转让后，及时办理土地使用权的变更登记，确保权利的合法转移。

（4）土地规划与用途的法律风险

土地规划与用途风险主要指土地利用不符合城市规划和土地利用总体规划，或擅自改变土地用途，可能导致项目开发受阻或受到行政处罚。防控措施包括：确保土地利用符合城市规划和土地利用总体规划，避免违规开发；若需变更土地用途，应依法办理相关审批手续，不可擅自改变土地用途；评估土地开发对环境的影响，遵守生态保护红线等相关规定。

（5）土地征收与补偿的法律风险

土地征收与补偿风险主要指土地征收程序不合法或补偿安置不合理，可能导致征地工作受阻或产生纠纷。防控措施包括：确保土地征收程序合法，包括发布征收公告、进行土地现状调查、开展社会稳定风险评估等；合理制定征地补偿安置方案，保障被征地农民的合法权益；建立征地补偿争议的解决机制，妥善处理可能出现的纠纷。

（6）土地使用权的期限与管理风险

土地使用权的期限与管理风险主要指土地使用权期限届满后未能及时续期，或土地使用过程中违反土地管理法律法规，可能导致土地使用权被收回或受到行政处罚。防控措施包括：明确土地使用权的期限，了解到期后续期的条件和程序；遵守土地管理法律法规，如定期缴纳土地使用税等。

总的来说，土地获得是相关业态项目开发的首要阶段，其存在的风险不容小觑。通过采取相关措施，可以有效防控土地获得阶段的法律风险，保障项目的顺利进行。需要注意的是，土地获得阶段的法律风险防控是一个系统性、持续性的工作，需要房地产企业高度重视并投入相应的资源和精力。同时，随着法律法规的变化和市场环境的发展，土地获得阶段的法律风险也会不断演变，因此，房地产企业需要及时调整和完善风险防控措施，以应对不断变化的法律环境。

> **项目建设阶段**

项目建设阶段是房地产开发过程中的关键时期，这一时期的法律风险管理对于确保项目顺利进行至关重要，其法律风险主要包括项目建设各主体之间的合同风险、施工风险、环境保护风险、质量安全风险、行政审批风险等。

合同风险是项目建设阶段最常见的风险之一。在建设工程施工合同中，条款的不明确或不完整可能导致后续的合同纠纷。例如，工程款支付条件、工程质量标准、工程进度要求、违约责任等关键条款若未明确规定，都可能成为争议的焦点。因此，开发商及其他主体在签订合同时，应确保所有条款明确、合理，避免因合同缺陷导致的法律风险。

施工风险涉及施工过程中的安全问题和施工行为的合规性。根据《建筑法》相关规定，建筑施工企业必须按照法律、行政法规和建筑工程质量、安全标准进行施工。施工单位若违反规定，可能面临行政处罚，甚至刑事责任。此外，施工过程中的安全事故可能导致重大的人员伤亡和财产损失，给企业带来严重的法律和经济后果。

环境保护风险在项目建设中也日益受到重视。随着国家对环境保护要求的提高，项目建设需要严格遵守《环境保护法》等相关法律法规。建设项目在施工过程中产生的废水、废气、噪声等环境污染问题，若未按规定处理，可能面临环保部门的处罚，甚至导致项目停工。

质量安全风险是项目建设的另一重要法律风险。建设工程必须确保质量符合国家标准或行业标准，质量问题不仅关系到工程的使用寿命，还可能危及公共安全。因此，开发商需要对施工过程进行严格监管，确保工程质量符合规定。

行政审批风险在项目建设阶段也不容忽视。项目建设需要获得规划、建设、消防、人防等多个部门的审批。若审批流程中出现问题，可能会导致项目延期或无法继续进行，最终导致合同违约等责任。开发商应密切关注行政审批的要求和进度，确保项目审批的顺利进行。

对此，开发商应建立全面的风险管理体系，包括但不限于：建立合同管理制度，对合同的起草、审核、签订、履行等环节进行严格管理；加强施工过程中的安全管理，制定应急预案，提高应对突发安全事件的能力；遵守环保法规，采取有效措施减少施工过程中对环境的影响；严格控制工程质量，建立健全质量管理体系，对施工过程进行监督和检查；加强与政府部门的沟通，及时了解和响应行政审批的要求和变化；建立劳动用工管理制度，保障劳动者的合法权益，避免劳动争议等。同时，还应密切关注法律法规的变化，及时调整风险管理策略，以应对不断变化的法律环境。

> **建后运营阶段**

在建后运营阶段，房地产开发项目面临的法律风险呈现出多样化和复杂化的特点。这一阶段的法律风险管理对于保障项目长期稳定运营至关重要。因不同业态在建后运营阶段通常面临不同的风险，故在本节仅做概括阐述，暂不予详细展开。

首先，是商业运营风险。无论是何种业态，在运营过程中通常涉及出售、租赁等各类合同，该等合同的签订、履行及变更等环节均可能产生法律风险。《民法典》规定了合同的订立、效力、履行、变更和解除等内容，开发商需确保合同条款的合法性、公平性，避免因合同问题引发纠纷。同时，商业运营中的广告宣传、促销活动等也需遵守相关法律法规，避免夸大宣传或不实宣传导致的法律后果。

其次，物业管理风险也不容忽视。根据《民法典》和《物业管理条例》相关规定，项目现场的物业管理公司需按照合同约定提供服务。若物业管理不善，可能引发业主投诉甚至诉讼，导致企业声誉受损。此外，物业费用的收缴困难、公共设施维护不当、安全管理漏洞等问题，都可能成为法律风险的源头。

再次，税务风险同样是建后运营阶段亟待重视的问题。房地产开发企业需按照《税收征收管理法》等相关法律法规，依法纳税。税务筹划不当或逃税行为可能导致受到税务部门的处罚，甚至构成犯罪。因此，开发商应建立完善的税务管理制度，合理进行税务筹划，确保税务合规。

最后，在知识产权保护制度不断完善及公众意识日益加强的时代，知识产权风险也是建后运营阶段需要关注的风险。开发商在项目运营过程中，可能涉及商标、专利、著作权等知识产权的使用。若未经授权使用他人知识产权，可能面临侵权诉讼。因此，开发商应加强知识产权保护意识，合法使用知识产权。

综上所述，建后运营阶段的法律风险管理需开发商高度重视。通过建立和完善合同管理、物业管理、税务管理、环保管理、知识产权保护、劳动用工等风险管理体系，开发商可以有效预防和控制建后运营阶段的法律风险，保障项目的长期稳定运营。

2. 不同业态的具体法律问题

➢ **产业园区**

产业园区作为区域经济发展的重要载体，其特有的业态在吸引企业入驻、促进产业集聚等方面发挥着重要作用。然而，产业园区在运营过程中也面临着一系列特有的法律风险，需要开发商、园区管理者和入驻企业给予高度重视。

（1）因地方政府权限衍生的合作协议效力问题

在实际操作中，由于产业园区项目往往占地广阔，对当地城市的发展规划、产业结构的优化升级、劳动力就业状况以及税收收入等方面都会产生显著影响。因此，无论采用何种开发模式，产业园区的投资者在启动一个新的园区项目时，首要任务都是与当地政府进行深入的交流，并通常会签订一些初步的合作协议，如战略投资协议、合作框架协议、合作意向书以及其他招商引资相关的文件或协议，该等文件的具体内容会根据项目的具体情况、参与各方的需求和习惯而有所不同。通常情况下，投资协议中不会包含太多实质性的条款，其主要目的是明确政府吸引产业园区投资者的意向，以及投资者在该地区进行投资的意愿。然而，这些投资协议往往会包含政府为产业园区投资者提供的优惠政策和支持措施，同时也会规定投资者的投资额度、投资进度以及未来的经济产出（包括在该地区的税收贡献）等要求。

实际操作过程中，投资或合作协议的签署方系开发区的管理委员会或地方招商局。若投资协议包含土地、规划、建设及税收等关键内容，则首先需审查这些开发区管委会和招商局是否具备相应的主体资格。通常情况下，招商局本身并没有权力就土地、规划、建设和税收等问题作出承诺；而开发区管委会是否具有主体资格则取决于其行政级别，或者是否已经获得了必要的授权。若与没有相关职权或权限的政府机构或部门（如未经授权的开发区管委会、招商局或政府成立的投资公司等）签订协议，或将导致合作项目无法顺利进行，并可能增加政府违约的风险。

（2）相关协议因违反现行法规政策而难以有效执行

在与政府签订的投资协议中，若某些条款与现行的法律或行政法规相冲突，则存在被判定为无效或因不具备履行的客观条件而无法得到实际执行的情况。例如，在一些投资协议中，地方政府可能会承诺帮助产业园投资者在土地二级市场上获得土地。然而，根据《招标拍卖挂牌出让国有建设用地使用权规定》等相关法律法规，经营性用地必须依法通过公开的招标、拍卖或挂牌方式进行出让。由于产业园用地通常被规划为商业、工业或仓储等经营性用途，因此必须遵循公开出让的程序，故关于确保投资者能够直接获得产业用地的承诺一定程度上违反了法律的强制性规定，在效力上受到较大挑战。

因此，投资者在签订投资协议时，需要仔细审查协议中的条款，确保这些条款符合法律要求，以避免未来可能出现的法律风险。同时，地方政府也应当在法律框架内提供支持和便利，避免作出无法兑现的承诺。

（3）政策变化风险

当前，国家层面尚未制定针对产业园开发项目的统一法律或行政法规，相关的法律依据主要分散在各部委的行政规章和地方性法规中，且很多是通过地方政策的形式由各地自行发布。由于这些政策具有时效性和阶段性的特点，各地在产业园开发上的政策经常发生变化，这导致了当前产业园开发模式在不同地区表现出多样性和难以复制的特点。

产业园的开发通常涉及较长的建设和运营周期，在这一过程中，地方政策或出现变动、终止甚至根本性否定。通常情况下，新政策不应具有追溯力，即不应影响之前的政策决定。但在实践中，政策的变动对已有产业园投资者权益造成不利影响的情形时有发生。

因此，产业园投资者在规划和实施项目时，需要密切关注相关政策的最新动态，并在签订投资协议时尽量明确政策变动时的应对措施，以减少未来可能出现的政策风险。同时，地方政府也应当在制定和调整产业园政策时，充分考虑政策的连续性和稳定性，避免频繁变动给投资者带来不必要的困扰和损失。通过双方的共同努力，可以为产业园的健康发展创造一个更加稳定和可预期的政策环境。

（4）招商运营相关风险

在产业园项目的运作中，将建成的物业出租是一种常见的做法。实践中，许多产业园在正式开工之前就已经开始进行招商活动，有些甚至在项目尚未完成竣工验收备案或消防验收的情况下，就将物业交由承租企业进行提前装修或使用。该情形做法在竞争激烈的招商环境中较为常见，但也带来了一系列的法律风险。

《最高人民法院关于审理城镇房屋租赁合同纠纷案件具体应用法律若干问题的解释》第二条规定："出租人就未取得建设工程规划许可证或者未按照建设工程规划许可证的规定建设的房屋，与承租人订立的租赁合同无效。但在一审法庭辩论终结前取得建设工程规划许可证或者经主管部门批准建设的，人民法院应当认定有效。"据此，如果产业园的投资者在未获得《建设工程规划许可证》的情况下就与企业签订了租赁合同，则该租赁合同通常被认定为无效，将严重影响产业园的招商计划及合法权益。

此外，根据《消防法》等相关法律法规，新建、改建、扩建或内部装修以及用途变更的建筑工程项目的消防设计，在开工、竣工、投入使用等节点均需相关部门就消防事宜进行审批，相关部门在各阶段亦会进行消防安全检查，对于违反消防监管规定的或将处以行政处罚甚至追究刑事责任。

综上所述，产业园区项目的开发和运营是一个复杂的过程，涉及多方面的法律和政策考量，亦存在相应风险。投资者在与政府签订合作协议时，应确保这些协议的合法性和执行力，同时要考虑到政策变动可能带来的风险。此外，租赁物业的运营也需要严格遵守相关的法律和消防安全规定，以避免无效合同和潜在的法律责任。

因此，为确保产业园区项目的顺利建设运营和可持续发展，投资者和政府部门应进行深入的交流与合作，并在法律框架内明确各自的权利和义务。同时，双方都应密切关注政策动向，评估潜在的政策风险，并制定相应的应对策略，以最大限度地减少不确定性，保护投资者的合法权益，构建稳定、透明、可预期的投资环境，为产业园区的良好发展奠定坚实基础，促进地方经济的发展。

> **文旅康养项目**

文旅康养业态作为一种新兴的产业模式，结合了文化、旅游、健康和养生等多个领域，旨在提供综合性的休闲、旅游、疗养服务。然而，这一业态在发展过程中也面临着一系列特有的法律风险。

（1）环境保护法律风险

文旅康养项目通常位于自然资源丰富的地区，生态环境保护相关风险系其不容忽视的重要问题。

2015年9月21日，中共中央、国务院印发《生态文明体制改革总体方案》，该方案强调了空间规划在国家发展中的作用。它不仅是国家空间发展的指导性文件，也是实现可持续发展和各类开发建设活动的基本遵循。方案提出，需要整合目前各部门分头编制的各类空间性规划，编制统一的空间规划。国土空间规划的核心内容之一是"三区三线"制度，体现了生态文明建设的理念。"三区"包括城镇空间、农业空间和生态空间，分别承担着城镇居民生活、农业生产及农村生活以及提供生态服务的功能。"三线"则包括生态保护红线、永久基本农田保护红线和城镇开发边界线，旨在保护具有重要生态功能的区域、保障农产品供给和规范城镇发展。

这一规划制度的确立，标志着用途管控的全面升级，从单一的耕地保护转变为对山水林田湖草等全要素的综合保护。这不仅加强了生态环境的保护，而且提升了生态文明和可持续发展的理念在国土空间规划中的地位。而环境保护相关的法律法规，如《环境保护法》、《环境影响评价法》和《建设项目环境保护管理条例》等，亦为项目投资建设中的环境保护提供了明确的法律框架和要求。

然而，在实际操作中，部分文旅康养项目在开发过程中对环境保护的重视程度仍然不足。在国土空间规划的新背景下，忽视生态环境保护、单纯追求经济利益的项目，都可能面临严重后果。例如，有的养生养老项目因在生态敏感区域进行房地产开发，最终导致相关企业及相应行为被查处，大量建筑被拆除，给生态环境造成不良影响的同时亦造成了巨大的经济损失。

（2）项目运营风险

首先，康养地产项目的运营模式本身存在一定的风险。在康养地产项目的运作实践中，开发商采取的运营策略主要包括自行持有并出租、自行持有并自行经营、自行持有但委托第三方管理，以及出售后委托管理等模式。在自持运营的情形下，开发商主要通过租金、床位费、护理服务费以及提供增值服务来实现盈利。针对一些不可直接销售的房产，开发商为了资金回流，可能会采取发行会员卡等创新方式，以转让长期使用权来间接收取费用。然而，根据相关法规，出租服务合同的期限具有特定年限，因此，超过特定期限的长期转让实际上有违相关规定。此外，发行会员卡等行为，或因"会员卡"的性质而需获得相关部门的批准或许可，如获取养老机构设立许可证书、办理备案，若涉及信托理财产品时还需获得信托管理部门的审批等。

其次，相关机构尤其养老机构对于设立、登记等具有一定要求。民政部发布的《养老机构管理办法》第九条第一款规定："设立营利性养老机构，应当在市场监督管理部门办理登记。设立非营利性养老机构，应当依法办理相应的登记。"在完成相关登记之前，养老机构不得以任何形式收费或接收老人。

再次，文旅康养机构的安全保障责任同样需要关注。通过分析近年来养老行业的法律案件，服务合同纠纷和生命健康权纠纷是最常见的案件类型。在这些案件中，养老机构往往需承担较大比例的责任。法院普遍认为，作为专业机构，养老机构在资金和专业能力上相对处于优势地位，因此在老人受伤的情况下，养老机构通常会被认定需承担一定责任。

最后，运营合作主体之间的争议所致风险亦客观存在。在文旅项目中，经常包括组织、接待各类旅行活动，在旅游活动的过程中，文旅企业需要与多方合作，包括地接社、组团社、旅游景区、酒店餐厅、旅游车队以及保险公司等。在这些合作关系中，通常会产生合同争议、债权债务问题、侵权责任分配等潜在的矛盾和纠纷。因此，文旅康养企业在追求业务发展的同时，也必须加强内部管理和法律风险防控，确保与各方合作伙伴之间的合作关系建立在稳固的法律基础之上，并采取有效措施保障旅客的安全和权益。

（3）特定项目相关风险（以主题乐园为例）

首先，知识产权保护风险在主题乐园业态中尤为突出。主题乐园往往以特定主题或品牌作为吸引游客的卖点，涉及品牌形象、专利技术、商标标识等知识产权的保护。根据《著作权法》、《商标法》和《专利法》，乐园需确保所有使用的知识产权均已获得合法授权，避免因侵犯他人知识产权而引发法律纠纷。

其次，劳动用工风险在主题乐园业态中亦较为明显。乐园作为劳动密集型企业，需要招聘大量员工提供服务。根据《劳动法》和《劳动合同法》，乐园与员工之间应建立合法的劳动关系，签订劳动合同，支付社会保险和公积金，保障员工的合法权益。同时，乐园还应建立和谐的劳动关系，避免因劳动争议影响企业的正常运营。

再次，消费者权益保护风险直接关系到主题乐园的声誉和可持续发展。乐园作为服务提供者，应保证提供的服务符合保障人身、财产安全的要求，不得进行虚假宣传，不得欺诈消费者。乐园应建立完善的消费者权益保护机制，及时处理消费者的投诉和建议，提高服务质量，赢得消费者的信任。

最后，文化内容合规风险在近年来引发的问题同样值得关注。主题乐园的游乐项目、表演活动、主题设计等，应遵守国家关于文化内容的相关规定，不得含有违法违规内容。运营方应建立文化内容审查机制，确保所有文化内容合法合规。

> **仓储物流**

仓储物流作为连接生产与消费的重要环节，在保障市场供应、稳定物价、促进经济发展等方面发挥着不可或缺的作用。然而，随着市场的不断扩大和竞争的日益激烈，仓储物流业也面临着诸多法律风险。特别是针对农产品、日常消费品及其他物资的仓储，由于货物性质的特殊性、存储条件的复杂性以及法律法规的多样性，法律风险更加凸显。

（1）项目土地性质

物流仓储项目的开发对土地性质和用途有特殊要求，因此投资者在选择项目地块时必须谨慎。工业用地曾常被用于物流地产项目，但随着政府对土地用途规定的严格执行，现在大多数地区都要求物流地产项目必须使用专门的物流仓储用地，否则可能无法完成项目的立项和规划许可等关键步骤。

国家标准《土地利用现状分类》明确区分了工业用地和物流仓储用地，二者虽同属工矿仓储用地，但根据《城市用地分类与规划建设用地标准》和《国土空间调查、规划、用途管制用地用海分类指南》，它们具有不同的用地代码，表明它们是不同类别的用地。因此，不能将工业用地与物流仓储用地等同。基于此，若是在工业用地上开发物流地产项目属于改变土地用途，可能导致项目无法通过竣工验收，并为未来的房产或股权交易带来不确定性。

（2）委托运营相关问题

在物流地产项目的经营模式中，房地产企业通常专注于项目的前期获取土地和开发建设，而将运营管理委托给专业的物流企业或第三方运营公司。这种合作模式要求房地产企业和物流企业之间签订详尽的委托或合作协议，明确双方的权利和义务。在起草委托运营相关协议时，应特别关注如下要点。

首先，是项目交付时点。这不仅关系到物流企业的管理团队组建和前期招商活动，也与业绩考核直接相关。房地产企业可能倾向于设定一个较为宽松的交付期限以避免违约风险，而物流企业则需要一个明确的交付日期以规划其运营活动。在交付过程中，建议双方签署移交确认书，明确交接的具体日期和内容，以避免未来的纠纷。

其次，是项目业绩要求。房地产企业会根据项目的租金收益、物业管理费收益或营运净收入等设定业绩要求，并可能包括保底业绩和奖励业绩标准。保底业绩是物流企业必须达成的最低业绩，未达标时需承担相应的责任；而奖励业绩则是对超额完成业绩的激励。设计这些条款时，需确保责任主体的一致性，并设置合理的业绩激励机制。

最后，是项目共管相关约定。为了平衡物流企业的经营自主权和房地产企业的项目控制需求，双方通常会采取共管的方式。这包括设立联络人员、共管重要证照和印鉴，以及房地产企业对重大事项的审批。共管制度需要既保证必要的灵活性，又确保不会过于僵化，同时要有明确的操作流程和违约责任条款。

(3)项目租赁相关问题

物流地产项目的收入来源主要包括五个方面：租金、信息服务、投资业务、资产增值以及其他收益。其中，租金作为核心收入之一，对项目的盈利至关重要。因此，在收购物流地产项目时，投资者需要仔细审查租赁情况，包括但不限于现有租户构成、租赁合同的执行状况、合同的法律效力，以及合同条款（租金数额、租期、终止条件、风险分配、优先购买权的放弃与否以及其他特殊条款）。

对于在建的物流地产项目，投资者还需关注原权利人是否已签订有效的预租合同。根据相关法律规定，未获得建设工程规划许可证或未按许可证规定建设的房屋所签订的租赁合同无效。但如果在一审法庭辩论结束前获得了相应的许可证或批准，合同则被认定为有效。因此，只有当原权利人已取得建设工程规划许可证并严格按照规定建设后，才能对外进行不动产的预租，否则可能会面临合同无效的法律风险。

(4)保险相关问题

在物流地产项目的开发、运营和收购过程中，开发商和投资者还需关注项目的保险问题。虽然物流地产的建造成本通常低于商业和住宅物业，但由于物流地产不进行零售且产权通常保留在开发商手中，一旦建筑物遭受损毁或丢失，开发商将自行承担相应损失。因此，在实践中，开发商通常会为其持有的物流地产项目购买适当的保险。

此外，物流地产作为大量货物的集散中心，常会囤积大量货物，一旦遇到火灾、台风等自然灾害或其他意外事故将导致巨大的经济损失。因此，除对物流地产本身进行保险外，对存储和运输中的货物进行保险也同样重要。同时，为了减少因货物损坏而可能承担的赔偿责任，开发商可以在租赁合同中明确规定，非开发商原因造成的货物损失由承租人自行承担。同时，对于无法转移的风险（如由开发商自身原因导致的货物损坏），开发商也应投保相应的险种以合理规避风险。

根据物流地产项目的具体需求，开发商和投资者可以考虑为项目本身或项目公司投保多种保险，包括但不限于在建工程一切险（适用于建设阶段）、财产险（适用于建成后的持有和运营阶段）、公众责任险、货运公司责任保险、仓库经营者责任保险以及库场经营者/装卸公司责任保险等。通过综合考虑和选择合适的保险产品，将有效地管理和降低物流地产项目运营中的风险。

二、轻资产模式下的法律风险控制

如前文所述，轻资产模式强调的是企业以少量的固定资产和存货等方面的资金投入，集中资源专注于产品研发、品牌营销、客户管理等方面，占领价值链高端。房地产企业在这种模式下，通过输出品牌、管理和服务等非资本密集型的业务来获取利润，减少对重资本的依赖。其更加注重运营效率和品牌价值，可以在一定程度上降低企业的财务风险，提高企业的灵活性和盈利能力。但与此同时，轻资产模式同样具有其特有的法律风险。

1.代建

代建作为一种特殊的项目管理模式，在房地产开发、政府投资建设项目等领域得到了广泛应用，但该模式也同样伴随着一系列的法律争议。

> 代建单位是否需要相关资质

关于代建单位在开展代建活动时应具备的资质，我国目前尚未有明确的规定。鉴于代建单位在房屋建设过程中主要负责工程项目管理而非直接参与工程的勘察、设计、施工，司法实践中通常不会仅根据代建单位是否持有勘察、设计、施工资质来判定其代建资格。

然而，考虑到代建单位在项目开发中扮演的角色，其需要具备一定的房地产开发经营能力和项目管理能力。司法实践中存在观点认为，只要建设单位拥有房地产开发经营资质，代建单位就无须具备额外资质，但亦存在相当多的裁判观点认为，尽管委托代建合同纠纷在最高人民法院的《民事案件案由规定》中被归类于房地产开发经营合同纠纷，但代建单位与建设单位之间的关系并非传统意义上的合作开发伙伴，依然承担着开发经营的核心职责，实际上也需具备相应的资质。因此，为了确保代建项目的品质和减少法律风险，建议建设单位在选择代建合作伙伴时，优先考虑那些独立拥有房地产开发经营资质的实体。

> **代建范围相关问题**

代建单位的具体职责通常由其与建设单位之间的合作协议内容来决定。由于目前对代建活动的界定和规范并不十分明确，这可能导致在签订代建合同时，除代建服务外还包含其他类型的服务内容。例如，在某些代建合同中，代建单位可能会持有项目的小部分股份，从而在代建过程中获得"服务报酬＋利润分配"的收益，这种模式被称为"小股操盘模式"。在这种模式下，代建单位的角色不仅限于提供代建服务，还可能涉及投资和共同开发的任务。

此外，还存在"以租代建模式"，在该模式下，代建完成后的项目将交由使用单位使用，而使用单位则通过支付租金给代建单位来支付报酬。在这种情况下，代建单位可能同时扮演房屋出租人的角色，这可能涉及是否需要承担房屋出租人的责任，如租赁期间的维修义务等，这些内容应在代建合同中明确约定。

一般而言，代建单位会负责整个工程项目的建设、管理、服务，这包括但不限于可行性研究、设计、采购、施工、竣工试运行以及销售运营等环节。建设单位也可以与代建单位协商，由代建单位承担其中某些特定环节的工作。因此，如何界定代建的具体范围，以及项目完成后的交接事宜，都需要在代建合同中作出清晰的规定。

> **工程索赔的责任划分**

代建合同与建设工程合同不同，通常不包含工程索赔的条款，而是侧重于违约责任的处理。然而，在代建单位与第三方签订的建设工程合同中，工程索赔是常见的，可能涉及工期延误、质量问题、不可抗力等因素。作为项目直接管理者的代建单位，有责任在授权范围内对索赔的事实、理由和金额进行综合评估。如果索赔是由建设单位引起的，则代建单位需向建设单位报告并得到其确认。确认后，代建单位可向第三方支付索赔费用，随后建设单位再向代建单位进行补偿；或者建设单位可以直接从共管账户中向第三方支付索赔费用。如果索赔是由代建单位的失误引起的，则应由代建单位自行承担费用。对于不可抗力或其他非合同方可控因素导致的索赔，建设单位和代建单位应事先约定风险承担原则，并将此原则纳入与第三方签订的合同中。

尽管如此，在一些代建合同中，仍然采用了类似施工合同中的索赔机制，允许代建单位在发生索赔事件时直接向建设单位提出索赔。建设单位审核确认后，向代建单位支付索赔费用，然后代建单位再向下家支付相应的索赔款项。这种做法实际上削弱了代建合同的效力，因为建设单位仍然直接参与工程管理，代建单位继续执行工程索赔管理的职责。在导致现场管理线条过多、降低工程管理效率的同时，也增加了各方责任承担的不确定性。

2. 长租公寓

长租公寓作为一种新兴的住房租赁模式，近年来在中国迅速发展。然而，随着其规模的不断扩大和市场参与者的增多，长租公寓所涉及的法律风险也日益凸显。

> **长租公寓所涉法律关系相关问题**

产权人与长租公寓运营机构之间的法律关系主要分为委托代理关系和租赁关系。在委托代理关系中，运营机构作为代理人，以产权人名义进行民事法律行为，其法律后果由产权人承担。这种关系需要产权人的明确授权，且运营机构需在授权范围内活动。例如，若运营机构在授权范围内与第三方签订合同，该合同直接约束产权人和第三方。租赁关系则相对简单，长租公寓运营机构与产权人签订合同，运营机构负责转租并承担相应风险和利润；产权人获得稳定的租金收益，而运营机构则负责房屋的维护和管理工作。在租赁关系中，运营机构通常扮演"二房东"角色，与承租人构成转租关系。

承租人与长租公寓运营机构之间的法律关系取决于产权人与运营机构关系的认定。若为委托代理关系，则承租人直接与产权人建立租赁关系。若为租赁关系，则运营机构与承租人之间的转租关系使得产权人有权要求恢复房屋原状。

> **委托关系下的法律风险**

实践中，乱象频出的情况主要集中在采用委托关系的长租公寓。在长租公寓委托运营模式中，运营机构面临资金链断裂的风险，这给产权人带来两个方面的风险：首先，运营机构可能因无法支付合同约定的租金而违约，导致合同被解除；其次，即便运营机构违约，产权人可能无法从实际居住的承租人处收回房屋，因为承租人已向运营机构支付了房租。

在合同有效期内，运营机构可能因资金链问题无法向产权人支付租金。在此情况下，运营机构虽然可以采取分期支付和额外补偿的方式暂时缓解资金压力，但少有运营机构能真正解决问题，最终往往导致合同违约和解除。对于产权人而言，如果承租人已经通过租金贷款全额支付了租金，即使运营机构未向产权人支付，产权人与承租人之间的租赁合同依然有效，产权人应继续履行合同，不能要求承租人腾退房屋或重复支付租金，而由此产生的争议及僵局亦难以消除。

3. 酒店管理

在轻资产模式下，房地产企业对于酒店管理业务通常采用委托管理或特许经营，二者有所联系又相互区别。委托管理是指业主将酒店的日常运营管理职责委托给专业的酒店管理公司，由该公司负责酒店的具体经营活动。在这种模式下，酒店管理公司根据业主的授权范围行使管理权，而业主则保有对酒店管理公司的监督权。相对地，特许经营模式则是指业主自行组织团队，在获得酒店品牌的授权后，依据酒店品牌的既定标准来管理酒店。在这种模式中，酒店品牌公司不直接参与酒店的日常经营，其角色主要是提供品牌标准和进行质量监督，确保酒店运营符合品牌要求。业主方享有更大的经营自主权，但同时也需承担相应的经营风险，并严格遵守品牌标准。以下将分别介绍两种模式的相关法律问题。

> **委托管理模式**

委托管理模式下，业主与酒店管理公司建立的是委托合同关系。基于此种法律关系，各方在运营管理中应当注意以下几点：

首先，是管理权限与监督权的界定。酒店管理公司的管理权限源自业主的授权，而业主保留对管理公司的监督权。管理公司通常负责酒店的日常运营、员工招聘、设备维护与更新等，而业主的监督权主要通过知情权和违约责任条款来实现。合同中应详细规定管理团队的构成，特别是对总经理、财务负责人等关键职位的任命权归属进行明确，以保持双方利益的平衡，避免对酒店经营的不必要干预。

其次，是管理费用的相关约定。管理费用是合同的核心内容之一。酒店管理公司通常会收取固定的基本管理费和与业绩挂钩的效益管理费，以及其他双方商定的费用。合同中应清楚列明各项费用的名称、计算方法，并确保业主方有权对业绩进行复核，以保障双方利益。

最后，还有对业主权益的保护。业主作为酒店资产的所有者，在利用管理公司品牌进行运营时，合同中应包含保护业主权益的条款。这包括对管理公司更换品牌的限制，以及对于因管理不善而导致商誉下降给业主造成损失的赔偿机制。这些条款旨在保护业主的长期利益，确保管理公司的行为不会损害业主的资产价值。

> **特许经营模式**

特许经营模式下，业主与酒店品牌方构成的是商业特许经营关系。基于此种法律关系，各方在运营管理中应当注意以下几点：

首先，应当充分注意知识产权保护。在特许经营模式下，知识产权保护是合同的核心部分。品牌方需确保合同中包含全面的知识产权保护措施，而业主方则需验证品牌方授权使用的商标、标志、专利和专有技术等资源无权利瑕疵，并要求详细描述这些资源，如商标的名称、注册号码、类别、有效期和使用范围等。

其次，应厘清权限范围，建立培训制度。双方基于对品牌价值的共识，需明确管理权限的分配，包括对关键管理岗位的任命权。此外，业主方应确保合同包含品牌方的培训义务，如定期培训和现场指导，以维持品牌的服务标准和质量。同时，合同应详细界定培训和管理的具体要求，避免因条款模糊而产生争议。

再次，应明确责任承担事宜。特许经营中，业主方作为酒店的运营主体，需自行处理与顾客之间的纠纷，并承担相应责任。若业主方的行为导致品牌方损失，则应承担相应的损害赔偿责任。

最后，违约及合同解除亦是各方应关注的问题。业主方应关注品牌方提供的资源存在瑕疵或权利负担的违约责任，而品牌方则应关注业主方可能损害品牌影响力的违约行为。

第五章

房地产纾困

众所周知，自 1998 年商品房改革以来，我国房地产行业经历了 20 多年飞速发展的黄金时代，已然成为我国国民经济的重要支柱。有学者根据国家统计局的公开数据整理，2000—2020 年我国房地产业增加值由 4141 亿元增加到 7.5 万亿元，房地产业占 GDP 比例由 4.13% 增加到 7.34%，创近 20 年新高。[①] 但是 2022 年房地产产业占 GDP 的比重就降至约 6%，2023 年更是进一步降至 5.8%[②]。当前普遍认为宏观和行业因素导致了当下房地产行业的全面下滑。

在宏观和行业层面，近年来房地产行业的供需关系已发生了巨大变化。中国当前的城镇化已经进入"下半场"，2023 年末，全国常住人口城镇化率已经达到 66.16%，进一步接近发达国家 80% 左右的水平，加上 2023 年我国人口甚至出现了负增长[③]，可见城镇居民对新增住房的需求已经逐步减少。并且，2020 年以来的严厉调控政策也进一步导致房地产企业[④]（以下简称房企）经营现金流的减少，尤其是住房和城乡建设部、中国人民银行于 2020 年 8 月在京召开的房地产企业座谈会上明确指

[①] 数据来源：https://new.qq.com/rain/a/20230308A007NO00，2024 年 5 月 12 日最后访问。
[②] 数据来源：国家统计局官网。
[③] 国家统计局：《王萍萍：人口总量有所下降 人口高质量发展取得成效》，载中国经济网，http://www.ce.cn/xwzx/gnsz/gdxw/202401/18/t20240118_38870849.shtml，2024 年 5 月 12 日最后访问。
[④] 根据《国民经济行业分类》（GB/T 4754-2017），房地产业包括房地产开发经营、物业管理、房地产中介服务、房地产租赁服务和其他房地产业 5 个小类。除特别说明外，本文中所称"房地产企业"均为房地产开发经营企业，即主要进行"房屋、基础设施建设等开发，以及转让房地产开发项目或者销售房屋等活动"的企业。

出了"三道红线"的监管要求[①]来限制房地产企业的负债增量；同时，为了限制经营贷违规流入楼市、抑制房价快速上涨，各地对房地产限贷限购政策也进一步收紧，导致到2021年全国房地产开发经营情况在销售端、供应端和资金端三个维度全面表现疲软。

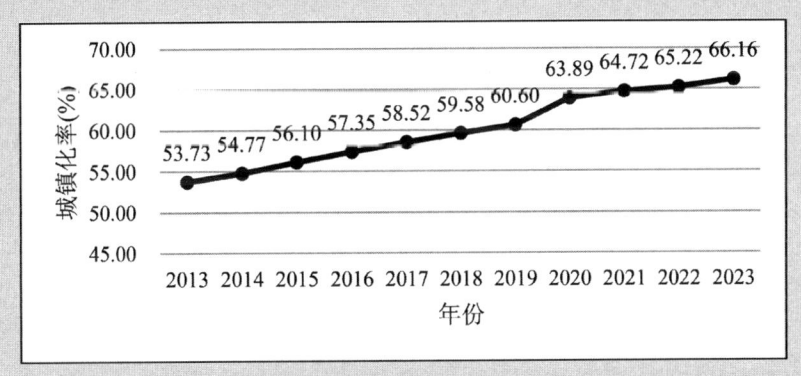

全国常住人口城镇化率（2013—2023年）

资料来源：国家统计局

除宏观和行业因素外，部分房企还存在盲目扩张、盲目多元化或内部管理过于粗放等问题，从而导致自2021年以来房企"爆雷"的新闻频繁见诸报端，各地出现的"烂尾楼"问题因涉及民生问题而备受重视。由此，业内普遍认为就本轮困境中的房企，若只是按照以往的方式，仅用融资手段对陷入困境的房企进行"输血"，或降低价格以求快速达成销售而"回血"，均难以发挥作用；当前针对房企的纾困工作，应当从根本上顺应

---

① 新华网：《"三道红线"政策实施一年 央行：试点房企负债规模稳步下降》，载百度网，https://haijiahao.baidu.com/s?id=1706042155539415783&wfr=spider&for=pc，2024年5月23日最后访问。"三道红线"指剔除预收款后资产负债率大于70%、净负债率大于100%、现金短债比小于1倍。如果全部不达标，有息负债不得增加；两项不达标，有息负债规模年增速不得超过5%；一项不达标，有息负债规模年增速可放宽至10%；全部指标符合监管层要求，有息负债规模年增速可放宽至15%。

宏观和行业的变化，将房企的业务、资产结构进行彻底重组，并引入更具有管理能力和资金实力的投资人，从而实现彻底的企业拯救。

《企业破产法》于2007年6月1日起正式实施，是我国关于市场主体退出的基本法律。自该法实施以来，有些人对于该部法律的认知一直是"清算法"、"退出法"，误解其是专属于"失败者的法律"，甚至是帮助债务人"逃废债"的法律。但实际上，这是一部融合了企业清算退出程序与企业拯救再生程序的法律。《企业破产法》第一条就开宗明义地写明其立法宗旨为"规范企业破产程序"、"公平清理债权债务"、"保护债权人和债务人的合法权益"以及"维护社会主义市场经济秩序"。2019年6月，国家发展改革委等部门印发《加快完善市场主体退出制度改革方案》（发改财金〔2019〕1104号），其中就要求要"完善破产法律制度"，提出"对陷入财务困境但仍具有经营价值和再生希望的企业，支持债权人、债务人及利益相关方利用破产重整或庭外协议重组等方式，推动企业债务、股权结构和业务重组，恢复生产经营"。因此，在当前的市场环境下讨论房企的纾困以及特殊资产投资工作，必然离不开《企业破产法》。

本篇将从困境房企和投资人两个角度，分别介绍房地产企业利用破产程序进行纾困的路径和破产制度下投资人的权益保护问题。

第一节　房地产企业通过破产程序的纾困路径

朱雨辰

在当前的经济形势下，很大一部分房企正面临着生存困境，但是却不乏对我国《企业破产法》和其中蕴藏的"拯救再生"程序欠缺理解的情况，从而错失了进行重整或和解的时机，导致包括购房者在内的债权人利益受损、房企内部员工失业，资产价值贬损、建设资源浪费，实在令人惋惜。在本节中，笔者将结合《企业破产法》的相关规定和司法实践，对困境下房企如何通过破产程序纾困的一般路径、法律流程进行简要介绍，以帮助部分房企的决策者和经营者打破对《企业破产法》的误解，减轻对进入破产程序的畏难情绪，了解不及时采取措施可能面临的风险，以期推动更多困境下的房企适时地、积极地利用破产程序开展自救工作。

一、房地产企业的破产现状

（一）房地产企业从困境到破产的发展情况

自 2021 年以来，30 多家知名房企"爆雷"，起因主要包括美元债未按时偿还、理财产品或信托产品未按时兑付或商票拒付，而后续的处置方式一般是进行境外债务重组，其中已经在境外上市的房企或停牌整顿、或黯然退市[1]。2024年1月，备受关注的恒大地产在港上市主体被香港高等法院正式颁布清盘令，理由是公司债务重组方案欠缺进展，公司资不抵债，这是香港资本市场迄今为止最大的一起清盘案件[2]。而早在2023年，曾为国内百强房企的佳源国际（HK.02768）就已经被香港法院颁布"清盘令"[3]。

对于上述具有集团型的多层股权结构和复杂管理结构的大型房企，笔者在本文中简称为"集团型房企"。集团型房企普遍在我国香港上市，并具有相当比例的境外融资，在本轮困境中首先采取了境外债务重组的方式来进行自救，即和境外债权人达成债务展期、债务减免或债转股等相关协议来减轻债务偿还压力。只有当债务重组无望时，才会导致香港上市主体被"清盘"，也就相当于我国《企业破产法》意义上的破产清算。需要说明的是，集团型房企在境外的债务重组工作或其上市主体的"清盘"程序，并不适用我国《企业破产法》的规定；也就是说，基于法律规定的地域性和法人主体的独立性，一家集团型房企在境外进行债务重组或清算的同时，其境内的子公司也可以进入我国《企业破产法》规定的破产程序。

至于根据我国《企业破产法》的规定而进入破产程序的困境房企的情况，则可以通过全国企业破产重整案件信息网（https://pccz.court.gov.cn/）的公开信息进行查询。笔者在该网站进行了检索，截至2024年5月12日，公开信息的案件中，限定在"房地产"行业的债务人达1152家，占所有债务人（12341家）的9.33%，其中预重整230家、占所有预重整企业（730家）的31.51%，正在审理中297家，占所有正在审理中企业（2382家）的12.47%。由此可见，目前全国房地产行业正在进行破产程序的企业数量较其他行业还是比较多的，并且其中希望通过破产重整和预重整的方式实现纾

---

[1] 搜狐财经：《超30家大型房企暴雷，专家解析终局：重组成功率小于20%，代建深耕房企有生还可能》，载搜狐网，https://www.sohu.com/a/714474388_100001551，2024年5月18日最后访问。

[2] 券商中国：《重磅！中国恒大被要求清盘！清盘令之后将如何？》，载证券之星网，https://wap.stockstar.com/detail/IG2024012900006365，2024年5月18日最后访问。

[3] 第一财经：《千亿资产上市房企遭强制清盘解散，小股东或将血本无归》，载第一财经网，https://www.yicai.com/news/101750621.html，2024年5月18日最后访问。

困的比例更是将近三分之一，远超其他行业。也曾有人在该网以"房地产"进行关键词检索，剔除重复信息及非房地产企业的名单统计后发现，2023年约有230家房企发布了相关破产文书，而进入2024年，截至2月29日申请破产的房企已超20家，这些破产房企主要还是以地方小微房企为主，且大部分位于三四线城市，经营及项目覆盖范围不大[①]。

对于上述名下仅有一两个项目、不具备多层股权结构的小微房企，笔者在本文中简称为"中小型房企"。中小型房企融资渠道少，且经营主体、名下资产等均在国内，一旦陷入困境，相较集团型房企而言更容易通过我国《企业破产法》的机制进行纾困。而集团型房企由于其涉及境外债务、境外上市主体的问题，且国内的股权结构、资产构成复杂，若要通过我国《企业破产法》的规定进行整体纾困，从社会关系、法律关系层面都确实存在不少困难。目前就集团型房企纾困，笔者所知的比较典型、影响比较大的就是重庆某远创实业公司等三十家企业合并重整案[②]和某科股份上市主体破产重整案。[③]但截至本文成文，这两起案件均尚在审理阶段，相应的重整计划草案尚未通过债权人会议的表决。

（二）房地产企业破产案件的审理情况

鉴于房地产企业破产案件涉及当地上下游企业、金融机构、购房人权益等问题，普遍影响面较广，因此不少地方法院在发布的相关地方性司法文件中专门提及了房地产企业破产案件的问题，甚至专门出台了关于房地产破产案件的审理指引。笔者认为，发布此等地方性司法文件不仅意味着当地对房企破产案件的重视，也意味着人民法院确实在房企破产案件的审理工作上已

[①] 丁祖昱评楼市：《约235家房企申请破产，行业出清进行时》，载腾讯网，https://new.qq.com/rain/a/20240304A0195200，2024年5月18日最后访问。

[②] 《重庆市第五中级人民法院公告》，载全国企业破产重整案件信息网，https://pccz.court.gov.cn/pcajxxw/pcgg/ggxq?id=39EE8CF51B530BBFAF1EC32441637C92，2024年8月8日最后访问。

[③] 《重庆市第五中级人民法院公告》，载全国企业破产重整案件信息网，https://pccz.court.gov.cn/pcajxxw/pcgg/ggxq?id=7F34C3361BEC4027F73B1834052A8DA2，2024年8月8日最后访问。

经积累了一定的经验，有助于对后续发生的房企破产案件进行更高效、便利及公平的审理。

近年来部分省市有关房地产企业破产的地方性司法文件

发布单位	文件名称	发布日期
河北省高级人民法院	破产案件审理规程	2024.03.18
广东省高级人民法院	关于为金融高质量发展提供高质量司法服务和保障的实施意见	2024.02.29
上海市高级人民法院	关于印发《上海市加强改革系统集成 提升办理破产便利度的若干措施》的通知（沪高法〔2023〕47号）	2023.02.14
南阳市中级人民法院	南阳市中级人民法院涉问题楼盘房地产企业破产案件受理操作指引（试行）	2022.06.30
陕西省高级人民法院	陕西省高级人民法院破产案件审理规程（试行）	2020.12.30
平顶山市中级人民法院	房地产企业破产案件审理操作指引（试行）	2020.11.06
广西壮族自治区高级人民法院	广西壮族自治区高级人民法院民二庭关于印发《关于办理破产案件若干问题的指导意见》的通知	2020.04.26
浙江省高级人民法院等	浙江省优化营商环境办理破产便利化行动方案（浙高法〔2019〕139号）	2019.08.30
四川省高级人民法院	四川省高级人民法院关于印发《关于审理破产案件若干问题的解答》的通知（川高法〔2019〕90号）	2019.03.20
重庆市高级人民法院	重庆市高级人民法院关于印发《破产重整申请审查工作指引（暂行）》的通知（渝高法〔2018〕190号）	2018.09.26
江苏省高级人民法院	破产案件审理指南（修订版）（苏高法电〔2017〕794号）	2017.11.17

续表

发布单位	文件名称	发布日期
杭州市余杭区人民法院	杭州市余杭区人民法院关于印发《杭州市余杭区人民法院房地产企业破产审理操作规程（试行）》的通知（余法〔2016〕6号）	2016.02.03

资料来源：笔者根据公开文件自行整理

（三）"保交楼、稳民生"的政策要求

面对房地产行业的本轮困境，中央和各地方在政策上也做出了回应。中共中央政治局于2022年7月28日召开的经济工作会议指出，要稳定房地产市场，坚持房子是用来住的、不是用来炒的定位，因城施策用足用好政策工具箱，支持刚性和改善性住房需求，压实地方政府责任，保交楼、稳民生。[①]——这是中央首次提出"保交楼、稳民生"的政策要求。2022年8月，住房和城乡建设部就与财政部、人民银行等有关部门出台措施，完善政策工具箱，通过政策性银行专项借款方式支持已售逾期难交付住宅项目建设交付；并且明确房地产企业作为保交楼的责任主体，积极处置资产、多方筹措资金，努力完成保交楼任务。地方政府为了防范房地产企业风险外溢，切实承担"保交楼、稳民生"的属地责任，帮助企业做好保交楼工作。并且，还提到在做好"保交楼、稳民生"工作的同时，对逾期难交付背后存在的违法违规问题，依法依规严肃查处，对项目原有预售资金被挪用的，追究有关机构和人员责任。[②]截至本文成文之际，各地的保交楼工作仍在有条不紊地进行中。也正是由于"保交楼、稳民生"的任务要求，各地政府在房企的

---

① 新华社：《中共中央政治局召开会议 习近平主持会议》，载中华人民共和国中央人民政府网，https://www.gov.cn/xinwen/2022-07/28/content_5703255.htm，2024年5月18日最后访问。

② 新华网：《多部门出台措施推进"保交楼、稳民生"工作》，载中华人民共和国城乡与住房建设部官网，https://www.mohurd.gov.cn/xinwen/gzdt/202208/20220823_767672.html，2024年5月18日最后访问。

破产程序中很好地实践了"府院联动"机制（详见本文第四之（六）部分介绍），推动完成了困境房企的纾困工作。此外，从2023年年底开始，全国不少城市开始实行"以旧换新"政策，部分城市开始由政府指定平台作为收购主体对二手房进行收购，以收购款项补贴一手新房交易，其目的是打通一二手房的交易链条，释放改善性住房需求[1]；同时，重点城市如西安、杭州等开始纷纷放开限购政策，为房企去化回款增加助力[2]。

笔者认为，在当前的政策环境下，尽管房地产行业的长期需求难以再回到20年前的黄金时期，但是通过这一轮金融政策、行业政策等的多重优化，困境房企通过破产程序完成纾困成功的可能性将进一步提升。

二、房地产企业进入破产程序的法律基础

为了梳理困境下房企通过破产程序实现纾困的路径，笔者先对房企进入破产程序的法律基础进行说明。我国《企业破产法》第二条就规定了企业法人的破产原因，也就是只有当企业法人达到该条规定的条件时方可启动破产程序。

（一）破产程序的适用对象

《企业破产法》第二条第一款规定了破产程序的适用对象是"企业法人"。企业法人的概念原见于《民法通则》（1986年发布、2009年修正）的第三章第二节，但随着2017年10月1日《民法总则》的施行，上述规定已经失效。目前对于企业法人的概念包含在《民法典》总则编第三章第二

---

[1] 澎湃新闻：《超50城推住房"以旧换新"政策：一线城市跟进，部分城市回购旧房用作保障房》，载澎湃新闻网，https://www.thepaper.cn/newsDetail_forward_27266911，2024年5月18日最后访问。

[2] 新京报：《杭州、西安全面取消住房限购，全国还剩6省市执行限购》，载新浪网，https://news.sina.com.cn/o/2024-05-09/doc-inauriap3016496.shtml，2024年5月18日最后访问。

节"营利法人"之中，即"营利法人包括有限责任公司、股份有限公司和其他企业法人等"。因此，笔者理解，目前《民法典》规定的"营利法人"均可以适用《企业破产法》的规定进入破产程序。至于企业法人以外的组织，根据《企业破产法》第一百三十五条的规定，属于破产清算的可以参照适用《企业破产法》规定的程序。

如本文第一部分所述，本文中讨论的"房企"是指房地产开发经营企业，均是符合我国《民法典》定义的"营利法人"，因此其破产清算的相关程序适用《企业破产法》的相关规定。但如果涉及房企的股东层面，如作为员工持股平台或房地产投资基金而设立的有限合伙企业，或者是由于历史原因尚未完成公司制改革的非法人机构，是否可以参照适用《企业破产法》规定的程序，笔者认为还需要结合具体的法律规定进行判断。

（二）破产原因和重整原因

破产原因是法院启动破产程序依据的法律事实。《企业破产法》第二条第一款规定的破产原因包含两种情况。第一种情况是不能清偿到期债务且资产不足以清偿全部债务，第二种情况则是不能清偿到期债务且明显缺乏清偿能力。

首先，根据联合国国际贸易法委员会的《贸易法委员会破产法立法指南》（以下简称《破产法立法指南》）第一部分和第二部分，"不能清偿到期债务"采用的是"现金流标准"，其定义是"债务人已全面停止偿付到期债务，而且没有充足的现金流量偿付正常营业过程中到期的现有债务"。[1] 而根据《最高人民法院关于适用〈中华人民共和国企业破产法〉若干问题的规定（一）》（以下简称《破产法解释一》）第二条的规定，下列情形同时存在的即应当被认定为不能清偿到期债务：（一）债权债务关系依法成立；（二）

---

[1] 联合国国际贸易法委员会：《贸易法委员会破产法立法指南》，载联合国国际贸易法委员会官网，https://uncitral.un.org/sites/uncitral.un.org/files/media-documents/uncitral/zh/05-80721_ebook.pdf，2024年5月18日最后访问。

债务履行期限已经届满；(三)债务人未完全清偿债务。该条规定是一个客观的评价标准——在实践中，房企可能是事实上确实没有足够的现金偿付到期债务，也可能为了维持企业最低限度的运转而将有限的现金预留给未到期的债务，如用于发放基层员工及农民工工资、支付金融借款的利息、缴付水电能源费用等，从而故意不清偿其他到期债务，但无论是不是主观原因造成的，都视为满足"不能清偿到期债务"的标准。

其次，"资产不足以清偿全部债务"采取的则是"资产负债标准"，即企业的全部资产之和要小于全部负债之和。《破产法解释一》的第三条规定要证明达到此条标准，必须有债务人的资产负债表，或者审计报告、资产评估报告等依据，并且有相反证据的除外。但是，在实践中很多企业资产流动性差、无法变现，或者应收账款难以催收，从而导致账面资产明明大于负债，但实际上却已经出现资不抵债的情况。并且，还存在不少企业财务记录不当或不便于查阅，无法判断其实际的资产负债的情况。这时如果还不允许此类企业及时申请破产的话，则会导致资产价值进一步贬损，从而难以保护债权人、债务人和利益相关方的权益。

因此，我国《企业破产法》与《破产法立法指南》保持一致、引入了"清偿能力标准"。《破产法解释一》的第四条规定了债务人账面资产虽大于负债，但是人民法院仍应当认定企业明显缺乏清偿能力的五种情形：(一)因资金严重不足或者财产不能变现等原因，无法清偿债务；(二)法定代表人下落不明且无其他人员负责管理财产，无法清偿债务；(三)经人民法院强制执行，无法清偿债务；(四)长期亏损且经营扭亏困难，无法清偿债务；(五)导致债务人丧失清偿能力的其他情形。根据《最高人民法院关于适用〈中华人民共和国民事诉讼法〉的解释》(2022修正)第五百一十七条的规定，对于被执行人经过财产调查未发现可供执行的财产的，人民法院可以裁定终结本次执行程序。基于最高人民法院于2017年1月20日下发的《最高人民法院关于执行案件移送破产审查若干问题的指导意见》(法发

〔2017〕2号），实践中，债权人凭借"终结本次执行程序"的裁定文书申请债务人破产的情况较为常见。笔者选取了若干在全国企业破产重整案件信息网公布的房企破产案件受理裁定进行比对，发现目前受理的大部分房企破产案件是由债权人以"债务人无法清偿到期债务且明显缺乏清偿能力"为由申请，即人民法院在受理时采取了"现金流标准+清偿能力标准"。

《企业破产法》第二条第一款规定了破产原因，第二款另行规定了重整原因，即企业"有明显丧失清偿能力可能的"，也就是说，企业虽然还没有具备破产原因，但是根据其经营状况、财务状况等，可以预见在不远的将来可能会发生"丧失清偿能力"的情况，也可以依照《企业破产法》的规定进行重整。这从法律层面赋予债务人及时启动重整的权利，以尽早实现企业困境拯救，提升困境拯救的成功率。

（三）破产程序的申请和受理

1. 破产程序的启动前提

我国的《企业破产法》中包括破产重整[1]、破产和解[2]和破产清算三种不同的程序类型，而不同程序类型的申请主体、申请时间和申请条件是不同的。首先，人民法院并不能依职权判定某个企业进入破产程序，破产程序的启动必须以适格主体的申请为前提。《企业破产法》第七条规定，债务人在具备破产或重整原因时，可以申请重整、和解或破产清算，但是债权人却不能直接提起和解，只能提起重整或破产清算申请；而若企业法人已经依法解散且资产不足以清偿债务的，则应当由依法负有清算责任的人申请破产清算（不能申请重整或和解）。实践中，业界一般称债务人和出资人申请破产为"主动破产"，而债权人申请破产则为"被动破产"。

---

[1] 为了表明重整制度规定在《企业破产法》之中，业界普遍将"重整"制度表述为"破产重整"，本文后续亦不作区分。

[2] 除特别说明为一般民商法意义上的"和解"外，本文后续提及破产法意义上的和解程序时，或直接以"和解"指代。

根据《企业破产法》第八条的规定，无论是主动破产还是被动破产，相关主体提出破产申请时均应当提交破产申请书和有关证据供人民法院进行审查，如果是主动破产的，还应当向人民法院提交财产状况说明、债务清册、债权清册、有关财务会计报告、职工安置预案以及职工工资的支付和社会保险费用的缴纳情况。人民法院审查后认为确实符合破产原因的，方可裁定受理破产申请。

2. 不同程序类型的转换

在破产申请被裁定受理后，重整、和解和破产清算这三种不同的程序类型还可以在程序进行过程中进行转换，具体如下：（1）清算转重整：根据《企业破产法》第七十条的规定，债权人申请破产清算的，在人民法院宣告债务人破产前，债务人或者出资额占债务人注册资本十分之一以上的出资人可以申请重整；（2）清算或重整转和解：根据《企业破产法》第九十五条的规定，在人民法院宣告债务人破产前，债务人可以申请和解；（3）重整转清算：如债务人的重整计划草案未能获得通过或批准，或者批准之后债务人不能执行或不执行的，人民法院经申请应当宣告债务人破产；（4）和解转清算：如果和解协议未经通过或认可，或被认定无效，或者债务人不能执行或不执行和解协议的，人民法院经申请应当宣告债务人破产。而人民法院一旦宣告债务人破产后，债务人只能被清算，而不能回到重整或和解的程序。

此外，尽管《企业破产法》没有关于和解转重整的明文规定，但是根据清算转重整的立法精神，笔者认为债务人在人民法院裁定和解后，若发现提出的和解协议草案难以被债权人会议表决通过，但存在重整投资人等因素使得债务人可能通过重整程序而免于破产宣告的，人民法院应准许相关主体申请和解转重整程序。不过，尽管《企业破产法》为破产程序转换提供了如上多种法律基础，笔者仍认为，为了防止破产程序时间过长损害债权人利益，在破产程序的进行过程中人民法院将对程序转换的申请谨慎审查，防止债务人滥用程序转换机制。

破产程序申请途径一览表[①]

序号	破产程序类型	申请主体	申请时间	申请条件
1	重整、和解或破产清算	债务人	破产申请时	在具备破产或重整原因时
2	重整或破产清算	债权人	破产申请时	债务人不能清偿到期债务
3	破产清算	依法负有清算责任的人	已解散但未清算或未清算完毕时	资产不足以清偿债务
4	重整	债务人 出资额占债务人注册资本十分之一以上的出资人	人民法院受理破产申请后、宣告债务人破产前	债权人已经申请破产清算
5	和解	债务人	人民法院受理破产申请后、宣告债务人破产前	债务人已在重整或破产清算程序中
6	破产清算（宣告破产）	管理人 利害关系人	重整计划批准后	债务人不能执行或不执行重整计划
7	破产清算（宣告破产）	债权人	和解协议认可后	债务人不能执行或不执行和解协议

三、房地产企业通过破产程序纾困的路径

如本文第二部分所述，我国《企业破产法》规定的破产程序分为重整、和解和破产清算三种类型。在本部分中，笔者将从这三种类型出发详解房企通过破产程序实现纾困的路径。

---

① 本表为笔者自制。

（一）重整和预重整

1. 重整程序的概念和特点

破产重整制度是对可能或已经发生破产原因但又有再建希望的企业，在法院主持下，通过各方利害关系人的参与并借助法律强制性地调整其利益关系，进行企业营业重组和债务清理，以挽救企业、避免破产、获得更生的法律制度。[①] 如本文第二之（三）部分所述，债务人、债权人和出资额占债务人注册资本十分之一以上的出资人均有权在企业具备了破产原因或重整原因的情况下向人民法院申请重整。而就重整的程序，我国《企业破产法》第八章专章作出了相应规定。

从重整的相关法律规定不难看出，重整制度的核心是"困境拯救"，笔者认为主要体现在以下四个方面：（1）首先，根据《企业破产法》第七十三条的规定，在重整的过程中，经债务人申请、人民法院批准，债务人可以在管理人的监督下自行管理财产和营业事务；而根据《企业破产法》第七十四条的规定，即使人民法院没有批准债务人自行管理的，管理人也可以聘任债务人的经营管理人员继续负责营业事务——这就保证了债务人经营上的持续性，可以实现债务人不断的"自我造血"。（2）其次，"重整计划"作为重整成功与否的关键，其内容也是围绕着后续债务人的经营方案，以及如何通过持续经营、融资等方法来偿还债务展开的。（3）再次，重整程序允许债务人不通过股权转让、减资等方式直接调整原出资人权益，这就为引入重整投资人、利用"债权转股权"等深度调整企业权属的手段预留了空间，从而在保证主体的存续同时更易实现企业的重组。（4）最后，根据《企业破产法》第九十四条的规定，一旦重整计划执行完毕，在重整计划中调整豁免的债务企业将不再需要偿还，就使得完成重整程序的企业可以真正实现债务减负、重新出发。

[①] 齐明：《破产法学：基本原理与立法规范》，华中科技大学出版社2013年版，第167页。

2. 预重整的概念和特点

预重整制度源自英美法系国家，此制度为英格兰银行为应对经济衰退而在 1900 年创立，是在主要债权人的组织下与各债权人协商重整计划、债务人得以继续营业并按重整计划偿还债务的模式。而美国模式的预重整作为企业困境拯救的路径之一最早出现于 20 世纪 80 年代末、90 年代初，其指的是债务人、债权人和利害关系人在企业进入司法重整程序前对协商制定的重整方案进行表决并自愿执行。后，联合国国际贸易法委员会建议各国将预重整作为困境企业的拯救机制予以采用。[1]

但是《企业破产法》本身并没有对预重整制度作出明确规定，直到 2018 年 3 月 4 日最高人民法院印发《全国法院破产审判工作会议纪要》（以下简称《破产会议纪要》）才确立了预重整制度的司法地位，其中第二十二条规定："探索推行庭外重组与庭内重整制度的衔接。在企业进入重整程序之前，可以先由债权人与债务人、出资人等利害关系人通过庭外商业谈判，拟定重组方案。重整程序启动后，可以重组方案为依据拟定重整计划草案提交人民法院依法审查批准。"前述的"庭内重整制度"指的就是《企业破产法》中的破产重整制度，而"庭外重组制度"指的则是传统意义上的债务重组和企业重组，二者的衔接即预重整制度。同样的，2019 年 11 月 8 日最高人民法院发布的《全国法院民商事审判工作会议纪要》的第一百一十五条也作出了关于预重整制度的规定[2]。由此可见，我国的预重整制度是对重整制度的一种补充，主要的目的是降低司法成本、提升破产效率以及提高重整成功率。

---

[1] 李燕：《破产法理论前沿研究——预重整制度构建》，法律出版社 2003 年版，第 230 页。
[2]《全国法院民商事审判工作会议纪要》规定："……115.【庭外重组协议效力在重整程序中的延伸】继续完善庭外重组与庭内重整的衔接机制，降低制度性成本，提高破产制度效率。人民法院受理重整申请前，债务人和部分债权人已经达成的有关协议与重整程序中制作的重整计划草案内容一致的，有关债权人对该协议的同意视为对该重整计划草案表决的同意。但重整计划草案对协议内容进行了修改并对有关债权人有不利影响，或者与有关债权人重大利益相关的，受到影响的债权人有权按照企业破产法的规定对重整计划草案重新进行表决……"

目前，我国许多地方法院都相继发布了关于预重整案件的办理规程或操作指引，债务人、债权人或利害关系人可以通过向人民法院申请预重整，为原本仅仅是自行协商、制定和执行重整方案的庭外重组过程引入司法保障。一般情况下，在预重整过程中，临时管理人可以参照《企业破产法》有关管理人职责的规定履行相关职责，债权人会议、债权人委员会也可以参照《企业破产法》的规定参与、监督和推动预重整程序，从而保证整个预重整流程的公正、公平和公开，为企业进入正式的司法重整程序并重整成功打下坚实基础。

3. 重整常见的交易模式

一直以来，企业重整成功与否的关键是"重整计划"，而"重整计划"的核心则是债务人的经营方案。为了让债务人能够减轻债务、持续经营，多年来业界内已经形成了若干种较为固定的重整的交易模式，笔者对此等交易模式介绍如下，并对如何将其应用于房企纾困进行分析。

（1）存续型重整

存续型重整是最为传统的一种重整模式，指的是困境企业的原企业法人主体存续，通过对公司股权结构、治理结构、资产构成、债权债务和经营业务的调整等来实现纾困。实践中，该重整模式经常为一些大中型且股权和治理结构相对完善的企业所使用。

在最高人民法院于2018年发布的《全国法院破产典型案例》中，有8起为破产重整案件，全部采取了存续型重整的方式。以"重庆某股份有限公司破产重整案"为例，该案中的管理人就在人民法院的指导下，凭借市场化的手段，立足于主营业务，以"优化企业内涵，化解债务危机，提升盈利能力"为思路制定了重整计划草案，要点包括：（1）控股股东让渡所持股份引入我国第一只钢铁产业结构调整基金作为重组方；（2）处置无效、低效资产并将所得收益用于清偿债务，同时将资本公积转增股份用于抵偿债务；

（3）制定了重塑产业竞争力的经营方案。[1]

笔者认为，存续型重整模式首先适用于本文第一部分所述的集团型房企。这类房企可以借鉴诸多上市公司的重整思路，一方面在集团层面通过股权调整引入重整投资人、为企业整体输血，同时通过处置自身并不擅长的多元化业务、剥离盈利状况差的房地产开发项目以实现"节流"；集中精力完成盈利状况尚可的房地产项目的建设和销售，或通过将自身管理资源、产品资源对外输出以实现"开源"，最终达到重整成功的目的。然后，存续型重整模式还可以适用于一些以自持型物业为主要资产且因政策法规等原因暂时无法出售的房地产项目公司。这类项目公司的主要重整价值就在于自持型物业本身的资产价值，但是又暂时无法出售，因此可以直接通过调整原出资人的股权比例的方式引入重整投资人、以投资来缓解债务危机，还可以将投资用于对原自持物业的整体升级改造，引入更具行业竞争力的运营管理方，整体提升资产价值，从而达到重整投资人的"投资—修复—盈利"闭环，实现项目公司的重整成功。

（2）融资续建式重整

一般情况下，房地产项目的建设资金来源于股东投入、银行借款（开发贷）、可售部分预售的回笼资金以及施工方垫资，所以当发生股东投入不足、开发贷借款不足、当地预售条件过高或预售阶段销售情况不理想、施工方垫资能力弱等情况时，就可能发生后续资金无力支持项目继续建设的情况，更有甚者还有股东反向侵占项目公司资金的情况，加剧了出现"烂尾楼"的风险。而融资续建式重整就是房地产行业内专门针对"烂尾楼"项目的一种创新重整模式，指的是房地产项目公司在重整过程中引入共益债投资人提供借款，利用该借款完成项目后续建设，并以项目资产出售后所得款项来支付破产费用、偿还共益债务和其他债务。

---

[1] 最高人民法院：《全国法院审理破产典型案例》，载最高人民法院官网，https://www.court.gov.cn/zixun/xiangqing/83792.html，2024年5月18日最后访问。

根据我国《企业破产法》第四十二条和第四十三条的规定，人民法院受理破产申请后发生的为债务人继续营业而应支付的劳动报酬和社会保险费用以及由此产生的其他债务均为共益债务，可由债务人财产随时清偿，以及根据《企业破产法》第七十五条的规定，在重整期间，为债务人继续营业可以借款并可以为该借款设定担保——这就是融资续建模式的法律基础。在"保交楼、稳民生"的政策要求下，近两年的司法实践中许多"烂尾楼"项目都成功通过融资续建模式完成了盘活。以上海破产法庭2023年年度典型案例中的"上海某房地产开发有限公司预重整转重整案"为例，在该案的预重整期间，临时管理人即在法院指导下有序推进了债权审核、意向投资人招募遴选、项目总包方工程款审核、职工安置、重整计划草案磋商和表决等各项工作，成功引入共益债投资人提供借款7.5亿元，并引导协助债务人与担保债权人、建设工程价款优先权人协商达成一致，约定共益债投资人获得优先于建设工程价款及担保债权的债权清偿顺位；而根据重整计划草案，首期共益债借款资金直接支付至项目总包方、分包方及供应商，用于复工续建。该案从预重整转入正式重整程序后，预计可售价值达180多亿元的在建项目即实现了复工续建，预重整期间形成的重整计划草案也经债权人会议分组表决高票通过，根据重整计划安排，本案高达110亿元的全部债权（其中包括84.5亿元的担保债权）100%受偿，且在债权人全额受偿后债务人股东权益仍有盈余。本案充分展现了融资续建模式的优势，即只需要投入有限的续建所需的建设成本，就可盘活整个房地产项目公司的资产价值，达到了"四两拨千斤"的经济效果和社会效果。

通过对相关融资续建模式案例的分析，笔者注意到，融资续建式的重整成功也存在一些前提条件：(1) 项目本身地段区位或物业品质较好，剩余可售部分价值较高，足以覆盖相关债务金额；(2) 当地购房需求比较旺盛、购房人的支付能力较好，后续能够顺利完成销售并回款；(3) 项目的资金缺口金额合理，不存在股东过多占用、挪用项目资金的情况；(4) 投资人本身具有较强的管理能力和资源整合能力，除提供建设资金外，一般还要能够弥补管理人对于房地产项目管理能力和经验不足的短板，完成后续的续建/代建和营销工作，以保证项目交付和资金回笼。需要注意的是，尽管根据《最高人民法院关于适用〈中华人民共和国企业破产法〉若干问题的规定（三）》第二条，为债务人继续营业提供借款的债权不应优先于此前已就债务人特定财产享有担保的债权。但是，重整计划本身是由管理人或债务人制定的，因此，为了顺利引进共益债投资人，管理人完全可以组织协调各方进行充分协商，只要担保债权人同意将自身债权的优先级全部或部分排到共益债投资人之后，并且此等清偿顺序被写入重整计划（草案）并经人民法院裁定批准，那么共益债和担保债权的清偿顺序还是应当按照重整计划执行。

此外，笔者认为，融资续建式模式还有一个显著优势就是专门提供共益债的重整投资人（以下简称共益债投资人）与目标是获取债务人股权的重整投资人基本上不存在竞争关系，因此可以同时引入同一个项目。比如，一个"烂尾楼"项目中不仅包括可售部分，还包括无法出售的自持型物业，那么就可以先由共益债投资人投资完成建设，再通过其他重整投资人实现自持型物业部分的价值，从而更大限度地挖掘和实现项目价值，提升整体债务的清偿率、更好地维护广大债权人的利益。

（3）清算式重整

清算式重整，顾名思义，就是对企业的部分资产进行剥离，而剥离的资产则参照破产清算的程序进行管理、变价和分配，从而达到快速向债权人进行清偿的目的；但是和破产清算不同的是，相关资产在变价并分配后，企业法人主体存续，由原出资人继续经营。在实践中，为了提升重整程序的效率，清算式重整常被用于拥有一定资产的中小型企业，或一些具有某种特许经营权或者行业许可、原出资人又希望继续经营的企业，但是笔者认为这种方式存在一定的弊端：（1）清算式重整往往以资产的快速变现、快速偿债为目标，可能在进行变价时未能实现资产价值的最大化，损害债权人的利益；

（2）清算式重整往往处置的是企业易于变现的优质资产，反而可能对债务人在重整完成后的持续经营不利，损害债务人和原出资人的利益。

鉴于上述清算式重整存在的弊端，笔者尚未查阅到关于清算式重整的典型案例。笔者认为，清算式重整依然可以在如下限制条件下对房企进行适用：（1）房企名下持有可出售或可分割销售的、具有市场公允价值的物业资源；（2）当前的市场环境下可以相对较高的价格将此等资源快速变现；（3）房企名下仍持有管理资源、产品资源或待开发地块等有利资源，原债务人可以持续经营。另外，笔者还认为清算式重整难以适用于集团型房企——集团型房企普遍股权结构和债权债务关系都比较复杂，一般也不直接持有可变现的物业资源，如果采取清算式重整反而可能事倍功半。

（4）出售式重整

出售式重整模式是指将原企业法人主体中有继续经营价值的资产、业务等剥离至其他法人主体，使得该部分资产、业务得以盘活，再将出售所得的对价和剩余债务人财产变现后的价款用于清偿债权，而原来的企业主体后续是持续经营还是进行注销则往往不在考虑之列。因此，出售式重整的重点在于拯救企业的资产和业务，而不在于拯救企业这个法人主体本身。出售式重整的优势就在于剥离的资产和业务具有整体性，剥离出来后仍具有"自我造血"的能力，而且对于重整投资人来说，可以买到的是相对"干净"的资产和业务，风险更小，因此投资意愿更强、投资对价更高，从而使得重整成功的概率大大提高。

出售式重整模式源于美国的《破产法典》，著名的克莱斯勒破产案和通用公司破产案即采用了出售式重整模式，[1]而在我国的司法实践中也不乏出售式重整的案例。在2021年最高人民法院发布的优化营商环境十大破产典型案例中，"重庆市华某天然气有限责任公司破产重整案"就采取了典型的

---

[1] 关振海等：《困境企业拯救法律指南》，法律出版社2022年版，第35页。

出售式重整模式。在该案中，根据管理人制定的重整计划草案：（1）债务人重庆市华某天然气有限责任公司（以下简称华某公司）以其与天然气业务相关的全部营运资产及其他优质资产设立新公司，剩余资产仍归华某公司所有。（2）由重整投资人山东某利股份有限公司（以下简称某利公司）出资收购该新公司全部股权，并全盘接收华某公司的现有职工及天然气业务。（3）某利公司分期支付的股权转让款6.638亿元，专项用于清偿华某公司破产债权。此重整计划草案被债权人会议通过并经人民法院批准后，华某公司的破产债权按计划得到清偿，而新设立的公司在某利公司的管理下经营状况持续向好，实现了资产和业务的盘活，完成了实质性的企业纾困。

上海破产法庭2023年度典型案例中的"上海某食品工业有限公司破产清算转重整案"也采取了出售式重整的方式。该案中的债务人上海某食品工业有限公司的核心资产是位于某区工业园区的土地使用权及地上在建工程，未来将重点布局物联网及智能制造领域，具有一定重整价值。在后续的审理过程中，法院引导债务人申请债务人由破产清算转入重整程序，并经公开招募成功引入重整投资人，上海某食品工业有限公司以前述核心资产设立全资子公司，而投资人则以重整投资款为对价受让了新设子公司100%的股权，债务人得以从投资款获偿，而重整投资人也将会向该园区引入新项目、新业态，带动周边产业链发展。①

从上述案例可以看出，出售式重整模式往往比较适合本身资产、业务比较优质的企业，因此笔者认为可以适用于一些持有核心区位待开发地块、商业地产、产业园等优质物业资源的房地产项目公司。而出售采取的方式也可以分为两种，一种是将优质物业资源（包括相关的建设、运营管理团队、供应商资源等相关业务）直接出售给重整投资人新成立的企业主体，实现资产

---

① 上海市第三中级人民法院：《上海破产法庭2023年度典型案例》，载微信公众号"上海破产法庭"，2024年3月13日。

整体的盘活；另一种则是债务人先设立全资子公司，再将优质物业资源和相关业务转移给全资子公司，再由重整投资人购买该全资子公司的股权。但是无论采取何种方式，出售价值较高的资产的行为都会涉及物业资源转让涉及的增值税、土地增值税、企业所得税等税费成本问题，待开发地块还会涉及后续建设主体变更等报批报建问题，这时为了降低整体的重整交易成本，就需要引入"府院联动"机制（详见本文第四之（六）部分的介绍）。

（5）反向出售式重整

对比出售式重整，反向出售式重整模式就是将债务人的优质资产、业务保留在企业主体中，反而将无效、低效资产和债权债务全部剥离至全资子公司，在引入重整投资人后，将重整投资人支付的对价和处置无效、低效资产的价款用于偿还债务，待债权债务处理完毕后再对全资子公司进行注销处理。在当前的司法实践中，反向出售式重整常常被用来拯救建筑企业，这是因为建筑企业的"壳"资源包含着相应的建筑资质，而建筑资质的背后是注册资本、专业技术人员、技术装备和日积月累的建筑工程业绩等——这些都是不可出售、不可转让的"优质资产"。并且，根据《建筑法》、《建设工程质量管理条例》等法律法规的相关规定，建筑施工企业要履行建筑的保修义务，因此建筑施工企业的原法人主体必须保留并且在重整完成后持续良好经营，才能保障建设单位、物业所有权人的合法权益，保护社会公共安全。

笔者认为，反向出售式重整其实是对存续式重整的一种改良，由于在重整过程中对无效、低效资产和债权债务进行了剥离，和原企业主体之间形成了"防火墙"隔离风险，更容易激发重整投资人的投资意愿并获取更高投资对价，从而使得重整成功的几率大大提高。因此，在房企本身持有物业资源价值较高、使用出售式重整可能导致非常高的税负的情况下，参考建筑企业的重整模式，反向出售式重整也是困境中房企重整的一种可行路径。

（二）破产和解

1. 破产和解的概念和特点

破产和解指债务人在法院和/或管理人的主持下与债权人进行协商，就债务偿还等事项制定和解协议草案，经债权人会议依法表决通过并经法院裁定认可后生效，债务人按和解协议履行后可避免破产的破产程序。[①] 如本文第三之（三）部分所述，债务人可以在发生破产原因时直接向法院申请和解，也可以在法院受理破产清算案件后、对债务人宣告破产前申请和解。《企业破产法》对于破产和解制度的具体规定见于该法第九章。

破产和解程序与重整程序一样，都是为了避免债务人实质性破产的拯救再生制度，但是破产和解程序往往只有债务人和债权人之间的利益让步和调整，不涉及对债务人原出资人权益的调整，不涉及重整投资人的引进，也不涉及业务整顿等，因此相较于重整程序，和解程序对债务人公司经营管理层面的调整程度不大，程序更为简单、实施成本更低。而相较于一般民商法意义上的"和解"，破产和解又具有更强的司法程序保障：（1）破产和解一般建立在管理人履职的基础上，在制定和解协议草案时，债务人公司的财产、债务情况都相对比较清晰；（2）破产和解协议需要经债权人会议表决通过，协议表决通过并经人民法院裁决生效后，对即使投反对票的债权人也具有约束力；（3）债务人不履行破产和解协议的后果更为严重，将由人民法院裁定终止和解协议的执行，直接宣告债务人破产。

2. 破产和解程序应用于房企纾困的可能性

根据媒体统计的全国已公开破产案件的情况，从案件类型分布来看，2016年至2023年6月30日前，破产和解案件共计919件，占所有破产案件（含破产申请、破产清算、预重整、重整、强制清算等）的比例仅为

[①] 王欣新：《破产法原理与案例教程》，中国人民大学出版社2023年版，第219页。

0.33%[①]。也就是说，在所有的破产案件中，采用破产和解方式结案的为极少数。笔者又于2024年5月12日在全国企业破产重整案件信息网以"破产和解"、"和解"在房地产行业的结案案件公告中进行了查询，没有发现以和解方式结案的房地产企业破产案件。

笔者认为，房企可能较难适用破产和解程序的原因在于债权结构的复杂性以及资产价值实现的前提条件较多。以一家名下持有在建工程的房企为例，其债权构成除破产费用、共益债务、职工债权和税务债权外，一般还会有一家及以上的金融债权（此等金融债权一般也都是有财产担保的债权）；相当一部分期盼房屋交付的购房者；被拖欠工程款的施工方，以及股东本身的借款等。在这种情况下，要保证各个类型、各个清偿顺序的债权人的诉求都能被满足，从而就和解协议的条款达成基本一致本身就是非常困难的。此外，破产和解程序中一般不调整原出资人权益，也不会引入重整投资人，也就是说，无法通过原始权益的出让或变更来获得融资。但是，对于该房企来说，从其他途径获得现金流已经极其困难，难以继续完成项目续建从而实现资产变现；因此，即使各个类型的债权人同意对已有债务进行"打折"，后续的现金流也无法保证破产和解协议可以被完全执行。而无论是和解协议未能获得债权人会议通过，还是和解协议生效后债务人不能执行或不执行，债务人最终都会被人民法院宣告破产，最终不得不走向破产清算。

（三）破产清算

1. 破产清算的概念和特点

破产清算是《企业破产法》规定的与重整、和解并列的三种破产程序之一，相关规定见于《企业破产法》第十章。狭义上的破产清算程序开始的标志是破产宣告。破产宣告的裁定由人民法院作出，且一旦作出则认定债务人

[①] 破易云：《独家发布｜中国破产行业大数据报告（第1期）》，载百度网，https://baijiahao.baidu.com/s?id=1770452697408989229，2024年5月18日最后访问。

已经丧失清偿能力，之后债务人被称为"破产人"，债务人财产被称为"破产财产"，人民法院受理破产申请时对债务人享有的债权被称为"破产债权"，后续各方只能进行破产财产的变价和分配工作，而不可逆转进入重整或和解程序。破产清算程序的法律后果是破产债权以破产财产为限按顺序、比例清偿，而破产人作为企业法人的主体消灭。这里需要说明的是，由于司法实践上大多数企业是通过其自身或债权人直接递交的破产清算申请而进入的破产程序，因此广义上普遍认为在人民法院受理破产申请至宣告破产前的这一段时间内，债务人财产的接管和调查、债权的申报和审核、债权人会议等程序都属于破产清算程序的一部分。

2. 破产清算程序应用于房企纾困的可能性

如上所述，破产清算程序的法律后果是破产人（债务人）作为企业法人的主体消灭，因此当破产清算应用于房企纾困时，往往是遵从"救项目、不救企业"的思路来推进的。笔者这里通过两个案例来举例说明一下破产清算程序应用于房企纾困的可能性。

（1）重整式清算：郑州某置业有限公司破产清算案[①]

郑州高新区人民法院于 2021 年 8 月 5 日受理了郑州某置业有限公司的破产清算案，并于 8 月 12 日依法指定了管理人。在该破产清算申请被裁定受理时，该公司和名下房地产项目的情况如下：(1) 该公司唯一的商品房开发项目为某大厦，由 1 栋 9 层办公楼和 3 层临街商铺、2 栋 17 层 Loft 公寓组成；(2) 2016 年 9 月，项目启动建设；2020 年 7 月，项目仅完成 2、3 号楼施工，1 号楼主体施工完成后停建；(3) 因工程严重逾期，购房者维权诉讼活动频发，为稳定业主情绪，该公司在项目未经综合验收备案的情况下，被迫向部分购房业主进行了交房；同时，因某债权人诉讼到法院并对在建工程、公司账户等进行了查封，导致公司无法持续运行、工程款无法按时

[①] 河南省郑州市中级人民法院：《郑州法院破产审判白皮书（2018 年—2022 年）》，载河南省郑州市中级人民法院官网，https://zzfy.hncourt.gov.cn/upload/file/20230418/20230418104328_50800.pdf，2024 年 5 月 18 日最后访问。

支付。

在该破产清算案被裁定受理之后，2021年8月19日，管理人正式进驻该公司，并陆续对公司的财产及相关资料进行了全面接管。为了维护700余户购房者的合法权益，管理人首先决定该公司不停止营业，并在法院及各方努力下，对项目开始复工续建。结合当时项目施工完成的情况（2、3号楼施工完成、1号楼主体施工完成，地库及绿化等工程未完成），管理人又制定了"重整式清算"的处理思路，即根据《企业破产法》第十九条的规定对在建工程、公司账户解封后继续组织施工，继续进行销售、验收、办证工作，最终完成清算分配。10月27日，人民法院组织召开了该公司第一次债权人会议，该次会议表决通过了《关于继续债务人营业的建议》《财产管理方案》等议案，即债权人会议同意了"重整式清算"的处理方式。经过四个多月的努力，该项目的后续工程及配套于2021年12月22日全部施工完成，并按计划完成了验收、办证、交付等工作。尽管最终该项目公司主体被注销，但是对于项目本身的"拯救"却维护了广大涉案购房者和其他债权人的合法权益，取得了较好的社会效果。

笔者认为，"重整式清算"可以适用于如下房地产项目的纾困：（1）房企作为债权人、名下直接持有房地产项目，且该项目在符合条件的情况下全部可售；（2）在法院裁定受理破产申请时，房地产项目剩余的工程量不多，通过继续销售回款的方式也足以筹措足够的资金完成建设，从而无须专业的重整投资人进入，管理人即可通过继续聘请原债务人工作人员的方式完成建设交付工作。

（2）附条件拍卖：三门峡某房地产开发公司破产清算案[①]

2021年6月9日，三门峡市中级人民法院裁定受理了三门峡某房地产

[①] 三门峡市中级人民法院：《靶向发力 涅槃重生——问题房企破产盘活的"三门峡经验"》，载三门峡市中级人民法院官网，https://smxzy.hncourt.gov.cn/public/detail.php?id=20115，2024年5月18日最后访问。

开发公司的破产清算一案，并于 2021 年 6 月 21 日选任了管理人，当时公司资金链断裂，已停止经营多年。该公司名下的某房地产开发项目，自 2015 年年底开始停工，后 2018 年复工不久又停工，600 余套住房长期不能交付，该项目被列为河南省省级"问题楼盘"。在法院裁定该公司破产受理之时，该公司的整体价值约 15000 万元，但已知债务已约 38473.545 万元，处于严重资不抵债的状态。在法院裁定受理破产申请后，该公司的原出资人、债务人、部分债权人先后提出了破产重整、破产和解的申请，管理人也作出了相应努力，但均告失败，法院只得于 2022 年 12 月 26 日宣告该公司破产。

但是，如果按照一般破产清算程序，在破产宣告后僵化地对破产人的财产进行变价和分配，无法实现公司财产价值的最大化，600 余户购房者的权益也将无法得到保护。在"复工续建"的目标指引下，经过人民法院、管理人、债权人及当地政府的多方研讨，最终决定采用"附条件拍卖"的形式对项目进行挂网竞拍。这里的"附条件"指的是对竞拍人（买受人）提出了如下要求[①]：（1）买受人必须保证购房者能够按照在原购买价格基础上每平方米增加 912 元的价格继续购买原已购房屋并保证如约交付，交付的房屋要符合国家标准且不低于原购房合同约定的标准；（2）在签订正式商品房买卖合同时，购房者将房屋差价款直接支付给买受人，而在签订的正式商品房买卖合同完成备案登记，并且根据依法认可的生效的分配方案实施分配结束后的 7 个工作日内，管理人将该相应购房者应获得的受偿款项支付给买受人；（3）买受人应当支付履约保证金 1000 万元，在与购房者签订正式商品房买卖合同且完成备案后，方将保证金无息退还买受人。上述"条件"，一方面以设置履约保证金的形式促进买受人积极履约，另一方面也最大限度为买受人进行复工复建工作引入了资金（房价差价部分），确保买受人能够进行复

---

① 参见淘宝网拍卖公告，https://susong-item.taobao.com/auction/692999372867.htm?spm=a213w.7398504.paiList.1.744685e4Nlm55F&track_id=d35181a5-5a4a-472c-94de-170e481fefae，2024 年 5 月 18 日最后访问。

工续建、避免项目二次烂尾。经过两次流拍，最终该项目资产以 1.0243 亿元实现成交，而买受人也如约完成了后续的建设并完成了交房。

笔者对各个司法拍卖平台所列的建设工程拍卖公告进行检索和比对，发现要求买受人完成后续建设并对原购房者进行交付的"附条件法拍"并不是常规的操作方式。笔者认为，"附条件法拍"并不是常规的房企纾困路径，这种形式只是当房企本身债权人之间矛盾分歧较大、资金难以到位，并且导致通过重整方式确实难以完成对房企的纾困时，各方不得已而做出的选择。上述三门峡某房地产开发公司的破产清算一案即在经过两次流拍后方完成资产处置，可见此项目的难度和此路径的困难之处。

四、房地产企业破产重整的流程

鉴于"稳民生、保交楼"是当前困境房企纾困的第一任务，又由于破产重整和预重整是当前困境房企纾困的首选路径，笔者就在这里根据我国《企业破产法》的相关规定，结合一直以来作为破产管理人团队成员的工作经验，对房企破产重整的流程进行说明讲解。由于房企的资产、债权债务等情况的复杂性，房企在重整和预重整的过程中存在很多具有行业特性的做法，并且各地的司法实践也不尽相同，笔者建议，不应简单、机械地套用《企业破产法》的条款来理解房企重整的流程。此外，由于篇幅所限，笔者将不再另行对破产清算和和解的流程进行说明。

（一）重整程序的启动

如本文第二之（三）部分"破产程序的申请和受理"所述，破产重整程序可以由债务人和债权人直接向人民法院提出，也可以在人民法院受理破产清算申请后、宣告债务人破产前，由债务人或者出资额占债务人注册资本十分之一以上的出资人申请。

第五章 房地产纾困 | 329

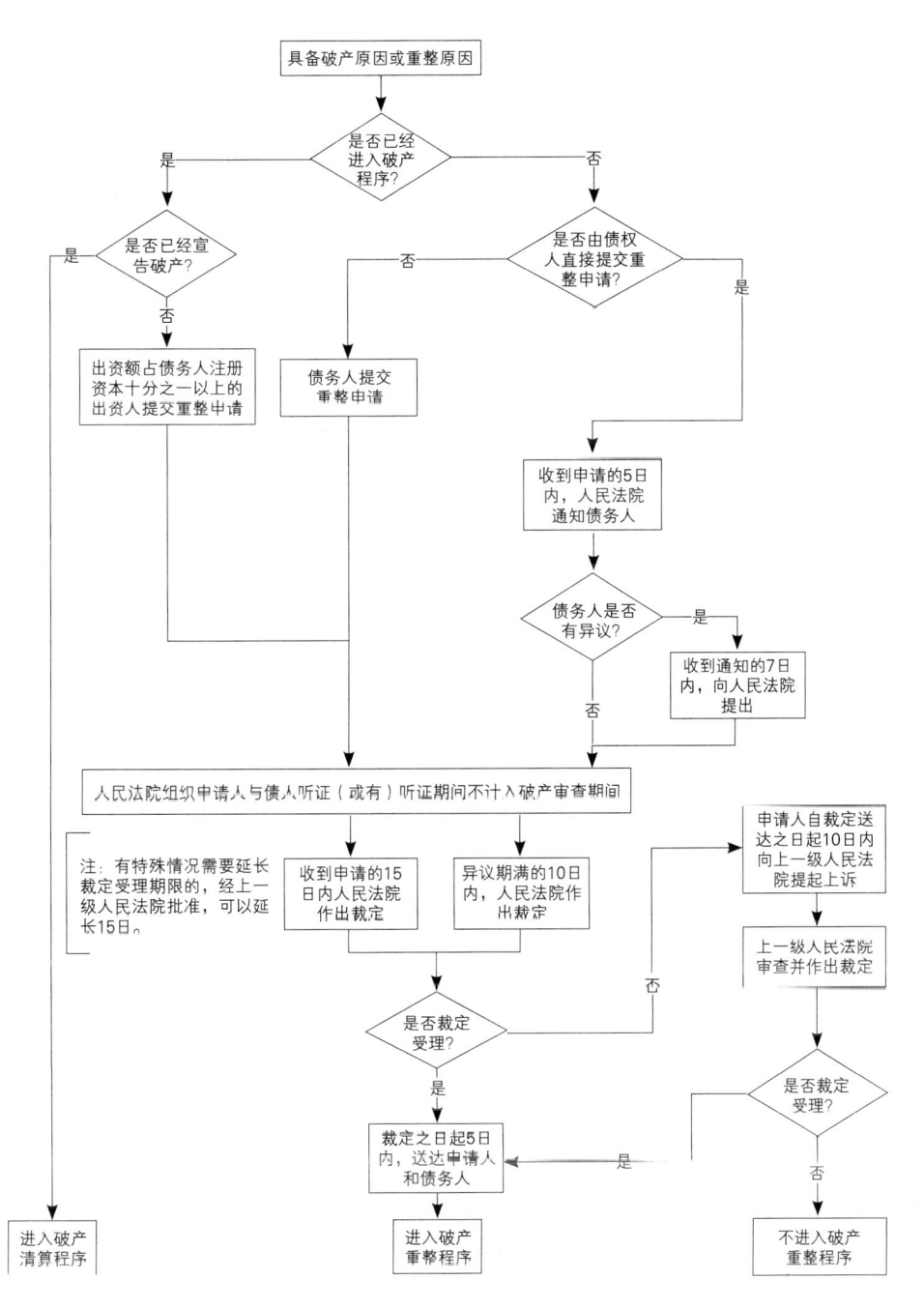

破产重整申请和受理流程图

在主动破产的情况下，债务人或出资人可以在向人民法院申请破产重整前充分梳理公司的股权结构、资产、债权债务等，预先招募重整投资人，还可以前置启动预重整程序，以最大限度地促成破产重整的成功。需要注意的是，债务人或出资人在申请破产重整时，除要提交破产申请书和法律规定的有关证明文件外，还应向法院说明企业的重整价值并提供相应的证明文件。《破产会议纪要》的第四部分就提到人民法院要重视重整企业的识别审查，即"破产重整的对象应当是具有挽救价值和可能的困境企业"，并且"人民法院在审查重整申请时，根据债务人的资产状况、技术工艺、生产销售、行业前景等因素，能够认定债务人明显不具备重整价值以及拯救可能性的，应裁定不予受理"。

另外，还需要注意的是被申请的主体问题。对于直接持有房地产项目的中小型房企来说，被申请主体比较容易确认，即为具备破产原因或重整原因的企业法人主体本身。只是可能由于中小型房企本身的公司治理和内控管理比较欠缺，不同项目公司、股东之间存在法人人格高度混同的情况，可能会需要进行实质合并破产重整。[①] 实质合并破产重整后，各关联企业成员之间的债权债务归于消灭，各成员的财产作为合并后统一的破产财产，由各成员的债权人在同一程序中按照法定顺序公平受偿，而各成员的独立法人主体也将不复存在，类似于公司法上企业合并的机制被合并为同一个企业法人主体。但是对于股权结构非常复杂的集团型房企来说，确认申请主体就存在一定难度，主要是因为：（1）集团型房企内部可能存在多个法人主体同时具备破产原因或重整原因。（2）有的法人主体名下有房地产开发项目（项目公司），其重整价值可能仅在于项目资产的价值；有的法人主体仅作为管理平台，其重整价值可能在于房地产开发资质、管理资源、土地储备等；而有的

[①]《全国法院破产审判工作会议纪要》第三十二条规定："……人民法院在审理企业破产案件时，应当尊重企业法人人格的独立性，以对关联企业成员的破产原因进行单独判断并适用单个破产程序为基本原则。当关联企业成员之间存在法人人格高度混同、区分各关联企业成员财产的成本过高、严重损害债权人公平清偿利益时，可例外适用关联企业实质合并破产方式进行审理。"

法人主体是集团总部或上市主体本身，其重整价值可能在于品牌知名度甚至所谓"壳"资源；因此，不同的法人主体可能存在不同的重整价值。（3）不同的法人主体之间也可能存在高度人格混同，存在被申请合并实质重整的可能。

但是，在被动破产的情况下，由于一般情况下债权人不持有债务人的相关公司资料，难以识别重整价值，更无法向法院证明其存在重整价值，因此大部分债权人会直接申请债务人破产清算。在破产审查的过程中，或破产申请被受理后、法院宣告破产前，若债务人或出资人认为债务人仍存在重整价值，其自身也具有重整意愿和一定重整可行性的，则可以申请从破产清算程序转为破产重整程序，但程序转换成功与否仍依赖于主审法院的裁定。还有一种特殊的被动破产的情况是债权人与债务人已经就重整事宜在庭外达成基本一致，再由债权人向人民法院直接申请重整。

以全国首例千亿房企重整案"某科地产集团股份有限公司破产重整案"为例，某科地产集团股份有限公司（以下简称某科地产）名下实际上是有两个法人主体进入了破产重整程序。一是其上市公司主体本身的破产重整申请，该申请是由其债权人重庆端恒建筑工程有限公司直接向重庆市第五中级人民法院先行提出的[①]；二是其全资子公司重庆某科房地产开发公司（以下简称重庆某科）主动向重庆市第五中级人民法院申请的。其中，重庆某科陈述其重整价值为："重庆某科作为公司旗下深耕房地产行业多年的重要全资子公司，拥有良好的资产质量和扎实的运营开发能力，具备充足的土地储备和可售资源，具备重整价值。若能够依法实现重整，则能有效化解其债务风险，真正实现可持续发展。"[②] 此后，重庆市第五中级人民法院在审查了某科

[①] 《关于拟向法院申请重整及预重整的公告》，载巨潮资讯网，http://www.cninfo.com.cn/new/disclosure/detail?plate=szse&orgId=gssz0000656&stockCode=000656&announcementId=1217434324&announcementTime=2023-08-01，2024 年 5 月 18 日最后访问。

[②] 《关于全资子公司申请重整及法院接收申请材料的公告》，载巨潮资讯网，http://www.cninfo.com.cn/new/disclosure/detail?plate=szse&orgId=gssz0000656&stockCode=000656&announcementId=1219147867&announcementTime=2024-02-22，2024 年 5 月 18 日最后访问。

地产和重庆某科递交的重整申请书与相关证据材料后，于 2024 年 4 月 22 日裁定受理。①

因此，笔者认为，若困境房企拟直接通过申请破产重整或预重整的方式进入破产程序从而实现纾困，应提前规划、选择合适的申请主体和被申请主体；并且在提交或应对申请之时，应着重向人民法院说明债务人的重整价值，以推动人民法院接受此等重整或预重整申请：（1）首先对债务人的重整价值进行挖掘，如名下具有充足的土地储备和可售资源，或自身具有较强的设计能力、管理能力、运营开发能力、品牌认知度等；（2）其次对此等重整价值进行"具象化"，即向人民法院积极提交相关的证明文件，如资产清单、开发资质、行业内所获奖项、企业排名等。

此外，笔者不建议困境房企在出现破产或重整原因后一味"躺平"、消极应对，以"被动破产"的方式进入破产程序：一方面，困境房企停工越久，资产价值贬损的可能性就越大，复工的技术难度也就越大，同时，各类债权累计的利息金额也会越来越高，从债务清偿角度来看，纾困难度增加；另一方面，被动破产意味着债务人无法预知破产申请和受理的时间，难以控制后续破产程序的走向，可能会打破原本的纾困计划。

（二）管理人的指定和选任

根据《企业破产法》第十三条的规定，人民法院裁定受理破产申请的，应当同时指定管理人。并且，人民法院应当自裁定作出之日起五日内送达申请人和债务人，并自裁定受理破产申请之日起二十五日内通知已知债权人并予以公告。基于此，管理人得以开展《企业破产法》规定的后续对债务人财产的接管、调查和归集，以及进行债权申报的审核等工作②，为后续选择重

---

① 《关于法院裁定受理公司及全资子公司重整的公告》，载巨潮资讯网，http://www.cninfo.com.cn/new/disclosure/detail?plate=szse&orgId=gssz0000656&stockCode=000656&announcementId=1219746868&announcementTime=2024-04-23，2024 年 5 月 18 日最后访问。

② 由于篇幅所限，笔者不再对管理人接管、调查和归集债务人财产以及债权申报的流程进行解释说明。

整方案和制定重整计划（草案）做准备。另外，为了使债务人的经营具有持续性，《企业破产法》第七十三条还规定在重整期间，经债务人申请，人民法院批准，债务人可以在管理人的监督下自行管理财产和营业事务①。但无论是管理人接管企业还是债务人自行管理，管理人在破产重整的过程中都扮演着举足轻重的地位，其专业能力、经验和能否恰当履职都会影响到重整成功与否。

我国对破产管理人的选任有着严格的流程。最高人民法院于2007年4月12日发布了《最高人民法院关于审理企业破产案件指定管理人的规定》（法释〔2007〕8号），与《企业破产法》同时施行，其中规定了管理人名册制度，即高级人民法院、中级人民法院可以根据辖区内社会中介机构及专业从业人员的数量和破产案件的数量编制管理人名册，采取司法准入的形式，决定编入管理人名册的社会中介机构和个人名单。而指定管理人的方式通常有三种：轮候、抽签、摇号，这三种方式本质上都是从已经准入的管理人名册中通过随机方式公开公平地指定管理人。《破产会议纪要》中对管理人的选任程序做出了一定突破，一方面是规定探索管理人跨区执业，即人民法院可以探索从外省、市管理人名册中选任管理人，确保重大案件能够遴选出最佳管理人；另一方面是对于具有重大影响、法律关系复杂的破产案件，也可以采取竞争方式指定管理人。2021年10月31日，国务院印发《国务院关于开展营商环境创新试点工作的意见》（国发〔2021〕24号），该文件提出在北京等6个城市开展营商环境创新试点，要求试点城市探索"允许债权人等推荐选任破产管理人"，再次在管理人的选择程序上做出突破。目前，北京破产法庭、广东省高级人民法院、重庆市第五中级人民法院等地方法院均已出台相应地方性司法文件允许债权人或重整投资人等推荐破产管理人。

如本文第三部分所述，房企破产案件的管理人必须对债务人的资产情

---

① 若在自行管理的情形下，后续的重整期间的持续经营、重整方案的决策、重整投资人的招募及重整计划草案的制作等工作均应由债务人自行进行。为免赘言，后文中不再特地指出债务人自行管理的情况。

况、经营情况以及其名下房地产项目的建设情况等有一定的了解，才能选择恰当的重整交易模式。但是房企普遍存在资产金额较大、债权债务较为复杂的情况，因此如果房企是被动进入破产程序，管理人难以在破产申请被受理后的短时间内迅速掌握债务人的情况，从而难以对是否应当重整、采用何种重整路径等问题作出恰当的决策。加上根据我国《企业破产法》第七十九条的规定，债务人或管理人向人民法院提交重整计划草案的时间存在"6+3"共计九个月的时间限制，就容易导致管理人没有足够的工作时间，甚至导致无法重整或重整失败。因此，为了最大限度促成重整成功，实践中经常通过如下方式"选任"管理人，从而使得相关工作前置：（1）在债务人进入破产程序之前，债务人已经在当地政府的指导下聘请了律师事务所、会计事务所等专业机构对企业的资产、债权债务等进行了全面的摸排，对于重整方案甚至重整投资人的人选已经做到"心中有数"，待进入破产程序后，再借由府院联动机制由人民法院指定相关政府部门人员、专业机构人员等组成的清算组作为管理人；（2）同样是在债务人进入破产程序之前，债务人已经和主要债权人甚至重整投资人等已经就后续的重整方案基本达成一致，无论是主动破产还是被动破产，都可以借助试点地区的人民法院允许的推荐管理人的机制，由债权人或重整投资人等推荐各方共同认可的、已经完成了债务人财产情况摸排、重整方案设计等工作的专业机构担任管理人；（3）直接利用部分地区的人民法院允许的预重整机制，引入临时管理人开展相关工作，并在进入破产重整程序后再转为正式的破产管理人。但是，通过前述方法选任管理人也存在一定的弊端，如债务人自行聘请的专业机构可能与债权人存在天然的利益冲突，或者主要债权人推荐的管理人可能会忽视其他小债权人的合法权益等，因此，不少地方的人民法院在受理破产重整申请之后，还会通过随机指定的方式引入另一家专业机构和当地政府指定的清算组、推荐管理人、预重整阶段的临时管理人共同组成管理人工作小组——这种方式一方面既保证了管理人能够快速了解债务人情况，提高破产重整程序的效率；另一方面也能够保证破产重整过程的公平和公正。

(三)重整方案的决策与重整投资人的选定

如前所述,本轮困境中的房企无一例外均面临了现金流危机,因此能否引入重整投资人就成了困境房企能否重整成功的关键,但是我国《企业破产法》并没有将招募重整投资人作为破产重整程序的一个必备流程。

和管理人一样,重整投资人在作出投资决策时,也需要对债务人的各项情况有一定了解,因此,实践中也经常把重整投资人的招募工作提前到正式进入破产重整程序之前。如本文第一之(一)部分所述,截至2024年5月12日,公开信息的案件中限定在"房地产"行业的债务人正在预重整中的有230家、占所有预重整企业的31.51%,而其中正在招募预重整投资人的则有105家。然而,对于一些债权债务情况复杂或者资产相对不那么优质的项目,重整投资人参与的积极性可能会大打折扣,管理人则不得不在破产重整被裁定受理之后甚至第一次债权人会议已经召开、债务人公司风险基本见底之后再公开招募重整投资人。为了保证重整成功,管理人往往会结合与有投资意向的重整投资人大致谈妥的相应的投资方式、投资条件来拟定相应的重整交易模式,再签订相应的投资协议,并推进后续的重整计划(草案)的制订工作。

此外,针对重整投资人的问题还需要说明的是:(1)法律并没有明文规定重整投资人必须公开招募,并且一些地方性司法文件规定了可以通过推荐、协商等非公开招募的方式引进重整投资人[1];(2)法律也没有明文规定不可以在公开招募投资人时设置一定条件,考虑到困境房企的特殊性,为了保证项目不会出现二次停工烂尾等情形,反而需要对重整投资人的专业资质

---

[1] 如《深圳市中级人民法院审理企业重整案件的工作指引(试行)》第七十一条第三款规定,重整投资人可以由债务人或管理人通过协商和公开招募的方式引进,也可以由债权人推荐。第七十二条第一款规定,债务人自行管理财产和营业事务的,债务人可以通过协商引进重整投资人。《上海市高级人民法院破产审判工作规范指引(2021)》中规定,招募重整投资人一般应当以市场化方式进行,管理人可通过"全国企业破产重整案件信息网"等媒体向社会公开发布招募公告。债权人等破产程序参与人可以推荐重整投资人。

（如房地产开发资质、建筑业企业资质）、资金实力、过往业绩等作出限制条件并严格审核。

（四）重整计划草案的制定、表决与批准

重整计划草案是整个破产重整程序的核心。如果管理人没有在法定时限内提交重整计划草案，那么人民法院应当裁定终止重整程序并宣告债务人破产，而即使管理人按时提交了重整计划草案但是没有经过债权人会议表决通过的，人民法院还是应当裁定终止重整程序并宣告债务人破产——由此可见重整计划草案制定工作的重要程度。

根据《企业破产法》第八十一条的规定，重整计划草案应当包括：(1)债务人的经营方案；(2)债权分类；(3)债权调整方案；(4)债权受偿方案；(5)重整计划的执行期限；(6)重整计划执行的监督期限；(7)有利于债务人重整的其他方案。在困境房企的破产重整计划草案中，如果制订时已经完成了重整投资人的引进，管理人会写明重整投资人的招募过程、相应资质等，同时会在"债务人的经营方案"部分写明债务人的后续经营计划，如何落实复工、续建，如何安排施工进度和交房时间，如何筹措资金、如何营销等，并且这部分的内容将和重整投资协议的内容高度相关并相互钩稽。"债权分类"部分则一般按照《企业破产法》第八十一条、第八十二条的规定进行分类，但是在困境房企的破产重整中比较有特殊性的就在于优先债权组——除了对债务人的特定财产享有担保债权的债权人之外，优先债权组一般还包括享有建设工程价款优先权的债权人以及"消费型购房者"这一种享有"超级优先权"的债权人，在实践过程中债权人也往往容易因为是否享有优先权而与管理人产生争议。而至于债权人最关心的债权调整方案和债权受偿方案实则为债权人、债务人和重整投资人之间博弈的结果，管理人在制定这部分重整计划草案的过程中，既需要保证债权人的债权得到符合其心理预期的公平受偿，又要保证债务人的持续经营，还要保证重整投资人"有利可图"，否则仍难重整成功。此外，管理人选择的重整方式还会影响到是否调

整原出资人权益的问题：如果管理人选择了融资续建式的重整模式，一般不会调整原出资人的权益，即原股权结构不发生改变，而管理人如果选择了存续型重整和反向出售式重整的方式，则原出资人的权益将可能被调整为0，重整投资人可以其对债务人的投资获得债务人100%的股权。

总之，在重整计划草案的起草过程中，管理人需要和各组债权人、债务人原出资人和管理团队以及重整投资人不断沟通和协调，以期制定出一个各方都能接受的、愿意表决通过的重整计划草案。而在重整计划草案制定完成并提交人民法院之后，根据《企业破产法》第八十四条的规定，人民法院应当在收到重整计划草案之日起30日内召开债权人会议，组织对重整计划草案进行表决，表决的方式是分组表决，"出席会议的同一表决组的债权人过半数同意重整计划草案，并且其所代表的债权额占该组债权总额的三分之二以上"方为该组通过，而需要各组均通过时重整计划方可通过。重整计划草案表决通过后，则管理人应当在10日内向人民法院提出批准重整计划的申请，人民法院审查认为符合《企业破产法》规定的，应当裁定批准、终止重整程序并予以公告。

但是如果一次表决未能全部通过的，管理人仍可以和未通过的表决组协商后再表决一次。再表决仍未通过的，根据《企业破产法》第八十七条的规定，在符合相应条件的情况下①，管理人还可以申请人民法院批准重整计划草案。

---

① 《企业破产法》第八十七条第二款规定："未通过重整计划草案的表决组拒绝再次表决或者再次表决仍未通过重整计划草案，但重整计划草案符合下列条件的，债务人或者管理人可以申请人民法院批准重整计划草案：（一）按照重整计划草案，本法第八十二条第一款第一项所列债权就该特定财产将获得全额清偿，其因延期清偿所受的损失将得到公平补偿，并且其担保权未受到实质性损害，或者该表决组已经通过重整计划草案；（二）按照重整计划草案，本法第八十二条第一款第二项、第三项所列债权将获得全额清偿，或者相应表决组已经通过重整计划草案；（三）按照重整计划草案，普通债权所获得的清偿比例，不低于其在重整计划草案被提请批准时依照破产清算程序所能获得的清偿比例，或者该表决组已经通过重整计划草案；（四）重整计划草案对出资人权益的调整公平、公正，或者出资人组已经通过重整计划草案；（五）重整计划草案公平对待同一表决组的成员，并且所规定的债权清偿顺序不违反本法第一百一十三条的规定；（六）债务人的经营方案具有可行性。"

（五）重整计划的执行与监督

重整计划在被裁定批准之后即进入执行阶段。根据《企业破产法》第八十九条和第九十条的规定，重整计划由债务人负责执行，由管理人负责监督，在监督期内，债务人应当向管理人报告重整计划执行情况和债务人财务情况。

如果重整计划采取了融资续建式的重整方案，则重整计划执行阶段的第一要务就是投资和复工，重整投资人一般会根据重整投资协议的约定从代建和营销角度直接介入债务人的经营，和债务人共同在管理人的监督下，完成后续的建设和销售工作，并根据重整计划的内容以回笼的资金来支付破产费用，偿还共益债务，有序清偿已经被调整过的债权。如果重整计划采取了存续型重整、出售式重整或反向出售式重整，则重整计划执行阶段的第一项工作是交割，只有当重整投资人接受了管理人移交的公司财产和经营事务，获得了债务人相应的股权、控制权和经营权之后，才有相应的法律地位对债务人进行继续经营，并完成其名下房地产项目的继续建设、资产管理等工作。

若重整投资人、债务人不能执行或不执行重整计划的，根据《企业破产法》第九十三条的规定，管理人或者利害关系人有权向人民法院请求裁定终止重整计划的执行并宣告债务人破产。但是房地产市场情况千变万化，房地产政策调整也非常频繁，极有可能导致重整投资人或债务人未能在预定的重整执行期内全部执行完重整计划，若此时贸然接受利害关系人提出的终止重整计划的申请，反而有可能侵害债权人总体的利益。针对此种情况，为了体现兼顾效率和公平的破产法价值，《破产会议纪要》第十九条规定，"债务人应严格执行重整计划，但因出现国家政策调整、法律修改变化等特殊情况，导致原重整计划无法执行的，债务人或管理人可以申请变更重整计划一次"。并且，第二十条还规定重整计划变更后的重新表决与裁定批准的流程——这就为困境房企重整计划的执行又留出了一线生机。

当重整计划得以执行完毕，根据《企业破产法》第九十四条的规定，按照重整计划减免的债务、债务人不再承担清偿责任。到此时，才可以说债务人已经重整成功、完成了"再生"。

（六）府院联动机制的加入

最高人民法院早在 2017 年发布的《关于为改善营商环境提供司法保障的若干意见》中就提到了要"推进府院联动破产工作统一协调机制，统筹推进破产程序中的业务协调、信息提供、维护稳定等工作"。同年，《破产会议纪要》中又提及要进一步完善政府与法院协调破产审判工作机制。此后，府院联动机制就频繁被各项营商环境优化、供给侧改革、市场主体退出等相关的司法文件所提及。

由于房地产开发项目本身涉及诸多的行政许可、行政监管，又涉及民生、社会稳定甚至当地经济发展等社会利益，因此，目前在房企的破产案件（不仅是破产重整程序）中，"府院联动"机制的应用明显多于其他行业的破产案件，当地政府往往扮演非常关键的角色，承担了相当多的协调工作，并且是从房企陷入危机甚至还未开始预重整工作就开始，一直到重整计划执行完毕，贯穿房企纾困的全部流程：（1）企业一旦陷入困境，当地政府需要引导困境房企、债权人、购房者充分利用破产法律制度维护自身权益，避免相关主体采取过激甚至非法手段，导致社会影响恶化；（2）当地政府可以适时推动预重整、重整流程的进行，并利用好政策工具箱，如提供专项金融借款作为共益债融资，或利用地方国资资源引入重整投资人，或采取"以旧换新"政策加速重整中房地产项目的销售，以完成"稳民生、保交楼"的任务。在重整过程中，当地政府还需要协调有关主管部门，如土地管理、规划、建设、不动产登记等部门，使得管理人、重整投资人可以快速便捷地了解困境房企的基本情况，促进破产重整的高效推进；而到了重整计划的执行阶段，当地政府又需要协助进行行政审批手续的办理，乃至协调税务事项的处理等。

当然，笔者认为，在这个过程中，房企本身也要清楚，企业自身才是纾困的主体，不能"等、靠、要"，完全依靠地方政府开展工作将使得自救工作陷入被动。

五、结语：先破后立、以破促救

是彻底"躺平"、等待被动破产后"一破了之"，还是积极主动、提前部署规划后"蜕变重生"？这已经是一个摆在所有困境中的房地产企业眼前的问题。从目前的宏观及行业形势来看，困境房企业务、资产的深度重组以及未来行业整体的转型升级迫在眉睫。我国的《企业破产法》已经为所有困境房企指明了一条合法合规的化解债务、挽救再生的途径，并且近些年的司法实践也已经就困境房企的纾困形成了相对固定的操作模式，还出现了相当多的成功案例可供借鉴。

困境房企通过破产程序积极主动进行纾困，对债务人来说可以实现债务减负；对包括购房者在内的债权人来说，公平地保护了各方的合法权益；而在社会影响层面，房地产项目资产被盘活，避免了土地和建设资源的浪费，还维护了当地的就业和经济的平稳运行。

综上，笔者在此郑重建议困境房企利用好金融政策和行业政策调整的窗口期，在资产价值尚未大规模贬损，和债权人矛盾尚未激化、本身债务规模可控，且当地政府又有余力进行支持时，借用专业团队的力量进行提前部署和规划，切忌对"破产"二字抱有恐惧之心，反而应当秉持着"先破后立、以破促救"的理念，力求早日利用破产程序完成企业的纾困。

第二节　破产制度下投资人的权益保护

许蓓蓓　朱从容

在当前房地产企业频繁债务违约但市场仍未探底的大环境下，房地产行业正面临着新的格局。在原先的投资逻辑发生变化的时候，房地产行业中的投资人们也应该对行业的投资有更多的思考和新的探索。一个良性可持续发展的行业不应该只有经营者的进入渠道，也应该为不能适应市场变化的经营者设置退出路径。而破产制度，就是为了实现经营者退出经营以及对债权人进行公平清偿的路径设计，也是对投资第一要义"止损"的践行。

笔者希望通过本节内容的介绍，能有更多的房地产行业投资人接触、了解破产制度，进而应用破产制度来寻求行业投资机会，在投资人获得投资收益的同时，为陷入受困房地产项目的债权人盘活更多权益，并实现社会的稳定和行业可持续发展的生命力。

一、困境中的房地产项目的投资价值

作为投资人，通过投资获得可观的收益是最基本的诉求，困境中的房地产项目陷入困局的原因有许多，但是大部分并非因项目资产本身质量不佳，而是由于房地产项目的经营者的资金困境。这些停工停建的房地产项目仍具备现实的投资价值，能够满足各类投资人的不同诉求。

（一）获得优质房地产项目

房地产项目的区位从来都是不可复制的稀缺资源，在此番房地产项目停建风波中，因为涉及的房企有恒大、仁恒、融创、世贸等曾经的国内百强房企，波及了包括北京、上海、广州、深圳在内的一二线城市，不乏区位资源非常优越的项目。这类项目对于房地产行业的投资人是极具吸引力的。虽然房地产开发企业普遍面临资金困难，但对于其他行业的富余资金来说，优质的投资标的一直是非常稀缺的。

同时，对于建筑企业来说，由于行业内新开工房地产项目的减少，其也有较强的参与受困房地产项目并承接代建业务的实际需求。

（二）项目复建后可以实现快速交付房屋

停工的房地产项目大部分的形象工程进度已经达到结构封顶或者接近结构封顶，根据行业内一般的标准，以 10—11 层的高层住宅为例，到结构封顶需要约 300 天的工期，因此若实现项目复工，从工程进度上可以实现快速交付房屋。

（三）价格优势

一方面，对于受困房地产项目，无论是债权人还是地方政府、项目购房者都急于摆脱项目困境现状；另一方面，受困房地产项目是本身在风险和收益方面不确定性都非常大的项目，在这样的情形下投资者具有更强势的谈判地位，因此参与受困房地产项目投资大多可以相对较低的估值购买破产企业的债权或股权。

（四）一些市场主体本身负有纾困的任务

国有房地产开发企业、地方国有企业、AMC（资产管理公司）机构以及各类纾困基金等机构及其子公司均负有纾困的任务，目前市场上的多起以纾困为目的的房地产项目融资和收并购均是由前述几类主体发起的。

2022年8月19日，南宁市平稳房地产基金正式设立，基金首期规模30亿元[①]，首期资金的出资方均为国企，包括南宁轨道地产集团有限公司、南宁交通投资集团有限公司与南宁威宁房地产开发有限公司。

2022年1月21日，深圳市人才安居集团有限公司、深圳市特区建工集团有限公司、深业集团有限公司、万科企业股份有限公司四家公司共同成立深圳市安居建业投资运营有限公司作为深圳市政府房地产纾困专班下设立的纾困平台，自设立以来，完成"三保一防"（保交楼、保民生、保稳定和防范化解房地产领域风险）工作成绩，两年内盘活19个项目、覆盖2.3万业主、服务面积超420万平方米。[②]

二、投资人投资受困房产项目可选择的投资方式

根据受困房地产项目所处法律程序的不同阶段，笔者对庭外重组、预重整或破产重整程序、司法拍卖程序中投资人的投资路径进行具体的说明。

（一）庭外重组程序中的投资机会

顾名思义，"庭外重组"是法院破产重整程序之外的环节。这一过程是在企业尚未正式踏入破产重整法律程序之前，由债务人、债权人、投资人及其他相关利益方自发组织，通过商业谈判，共同制定出一个重组方案。它通常涵盖以下几个方面的重组工作：（1）业务重组：这一环节主要集中在企业的核心业务上，目的是持续提升并稳固企业的核心竞争力，深入挖掘和增强主业资产的商业价值；（2）资产重组：重点在于企业的主营业务，通过削减

[①] 南宁市住房和城乡建设局：《南宁市平稳房地产基金正式设立！》，载南宁市住房和城乡建设局网站，https://zjj.nanning.gov.cn/dtzx/tzgg/zhgl/t5302390.html，2024年2月21日最后访问。

[②] 张畅、刘立波：《勇担重任安居建业以创新路径服务深圳"三保一防"》，载"南方号"，https://static.nfapp.southcn.com/content/202402/21/c8619024.html，2024年2月21日最后访问。

非核心的资产，达到"瘦身"的目的，从而最大化地释放企业资产重组的潜在价值；(3)管理重组：旨在优化企业的治理结构，重新划分决策和监督的职责范围，以实现对资产处理和经营发展的共同管理和控制，降低信任风险；(4)债务重组：在前三者的基础上，灵活运用各种债务重组工具，如延期付款、降息、以物抵债、以股权抵债等，以全面降低和化解企业的整体债务风险。

一般而言，若债务人向其债权人提出庭外重组的建议，说明债务人已经尝试了诸多其他不"打扰"全部债权人的方式进行纾困，但仍然无法改变债务危机继续恶化的事实。在此情形下，债权人对债务人凭借自身力量摆脱困境的信任度几乎为零，是否能够同意重组方案的关键可能在于该方案中是否引入了新的投资人、新的投资资金、新的管理方式、新的业务范围等。困境房企也适用同样的商业逻辑，其在庭外重组过程中非常需要甚至是依赖于新投资人的加入。目前，投资人参与困境房企庭外重组的方式仍然比较传统，一般是通过普通债务重组和企业重组参与，但近年来，也逐渐出现通过设立信托计划的新方式。以下笔者就对这两种方式进行进一步说明。

1. 普通债务重组和企业重组

债务重组，是指在不改变交易对手方的情况下，经债权人和债务人协定或法院裁定，就清偿债务的时间、金额或方式等重新达成协议的交易。[1]债务重组的方式一般包括：债务人以资产清偿债务，债务人将债务转为权益工具，以及采用调整债务本金、改变债务利息、变更还款期限等方式修改债权和债务的其他条款，形成重组债权和重组债务。[2]企业重组，是指企业在日常经营活动以外发生的法律结构或经济结构重大改变的交易，包括企业法律形式改变、债务重组、股权收购、资产收购、合并、分立等。企业重组实际上是由当事各方之间的一系列资产转让、股权／股份交换和资产置换等货币

---

[1]《企业会计准则第12号——债务重组》第二条。
[2]《企业会计准则第12号——债务重组》第三条。

资产交易和非货币资产交易构成,是大规模普通资产交易的组合。[1]因此,笔者认为"债务重组"是一个会计专业上的概念,侧重点在于对债权债务各项要素的改变,而"企业重组"是一个综合性的概念,其外延包含了法律意义上的主体改变,以及会计意义上的债权债务各项要素的改变,即前述"债务重组"。由于二者在本质上都是旨在对企业财务状况的调整,以期帮助困境企业进行纾困,故笔者在本文中将"债务重组和企业重组"作为一个整体进行讨论。

投资人通过直接向困境房企出借资金,或者受让困境房企原股东的股权/股份,或者认缴/认购困境房企新增加的股份/股权,是其参与困境企业的债务重组和企业重组最为传统的一种方式。(1)通过出借资金,投资人将持有困境房企的债权。然而,由于困境房企一般在该阶段已经不具备可以抵押给投资人的土地、在建工程、房产等资产,投资人所持有的债权并不能享有任何担保权利,在后续可能进入的破产清算程序中,投资人所持有的债权只能作为普通破产债权被排在靠后的清偿顺位[2]。(2)通过受让股权/股份或者认缴/认购新增加的股份/股权,投资人将持有困境房企的股权/股份,享有《公司法》和公司章程赋予股东的权利,如参加股东会议的权利,对所议事项进行表决的权利,查阅、复制公司章程、股东名册、股东会会议记录、董事会会议决议、监事会会议决议、财务会计报告的权利,获得分红的权利等。也就是说,同债权投资相比,投资人通过股权投资的方式可能更有机会参与到困境房企的经营管理中,从而可以发挥投资人财务投资以外的管理、技术和产业信息优势,更好地帮助困境房企纾困,也同时实现自身的投资回

---

[1] 原雪丽:《企业重组方案设计所涉税种及优惠政策》,载威科先行网,https://law.wkinfo.com.cn/professional-articles/detail/NjAwMDAyMTI2OTg%3D?q=企业重组&module=&childModule=all&from=editorial&searchId=9ea78fa10f6a455399e4e828b397031d,2024年2月21日最后访问。

[2] 《企业破产法》第一百一十三条规定:"破产财产在优先清偿破产费用和共益债务后,依照下列顺序清偿:(一)破产人所欠职工的工资和医疗、伤残补助、抚恤费用,所欠的应当划入职工个人账户的基本养老保险、基本医疗保险费用,以及法律、行政法规规定应当支付给职工的补偿金;(二)破产人欠缴的除前项规定以外的社会保险费用和破产人所欠税款;(三)普通破产债权。"

报。然而，若困境房企仍然无法渡过难关，在后续可能进入的破产清算程序中，投资人所持有的股权/股份的分配权排在所有债权分配之后，即公司财产在分别支付清算费用、职工的工资、社会保险费用和法定补偿金，缴纳所欠税款，清偿公司债务后的剩余财产，才能向股东进行分配。[1] 而一般进入破产清算程序的企业在完成前述分配后，不会再有剩余财产分配给股东，投资人的权益将得不到有力的保障。

虽有上述种种困难，市场上不乏投资人通过普通债务重组和企业重组方式参与并最终帮助处于困境中的企业脱困的案例。例如，2003年底，某九集团陷入资不抵债境地。2004年7月，国务院批准对某九集团实施债务重组。2007年9月，某九集团巨额债务重组方案出炉。根据协议，某九集团将获华某集团44.57亿元用以清偿全部某九集团和S某九的重组债务本金、S某九的欠息等。[2] 2007年12月26日，经报国务院批准，某九企业集团并入华某（集团）有限公司成为其全资子企业。[3]

在政策支持方面，2018年11月23日，国家发改委等联合发布《关于进一步做好"僵尸企业"及去产能企业债务处置工作的通知》（发改财金〔2018〕1756号），规定："仍有部分营业价值的'僵尸企业'、资产负债率高于合理水平且偿付到期债务有困难的去产能企业，鼓励通过金融债权人委员会机制与债权人自主协商开展资产、债务和业务重组，支持引入战略投资者推动兼并重组。"该文件从宏观层面明确鼓励战略投资者参与对符合条件的困境企业的重组工作中。2022年11月11日，中国人民银行和中国银行

---

[1] 《公司法》第二百三十六条规定："清算组在清理公司财产、编制资产负债表和财产清单后，应当制订清算方案，并报股东会或者人民法院确认。公司财产在分别支付清算费用、职工的工资、社会保险费用和法定补偿金，缴纳所欠税款，清偿公司债务后的剩余财产，有限责任公司按照股东的出资比例分配，股份有限公司按照股东持有的股份比例分配。清算期间，公司存续，但不得开展与清算无关的经营活动。公司财产在未依照前款规定清偿前，不得分配给股东。"

[2] 参见经济参考报网，http://www.jjckb.cn/xwjc/2007-12/25/content_79185.htm，2024年8月8日最后访问。

[3] 参见国务院国有资产监督管理委员会网，http://www.sasac.gov.cn/n2588025/n2588119/c2699978/content.html，2024年8月8日最后访问。

保险监督管理委员会发布《关于做好当前金融支持房地产市场平稳健康发展工作的通知》(银发〔2022〕254号),规定:"做好房地产项目并购金融支持。鼓励商业银行稳妥有序开展房地产项目并购贷款业务,重点支持优质房地产企业兼并收购受困房地产企业项目。鼓励金融资产管理公司、地方资产管理公司(以下统称资产管理公司)发挥在不良资产处置、风险管理等方面的经验和能力,与地方政府、商业银行、房地产企业等协商风险化解模式,推动加快资产处置。鼓励资产管理公司与律师事务所、会计师事务所等第三方机构开展合作,提高资产处置效率。支持符合条件的商业银行、金融资产管理公司发行房地产项目并购主题金融债券。"该文件从金融监管的角度确定了对优质房企兼并收购项目的支持,并鼓励银行和金融资产管理公司等专业机构发挥自身优势帮助困境房企纾困。笔者认为,根据前述政策内容,投资人在参与投资困境房企的过程中,应更多地考虑以战略投资者的身份参与到困境房企的日常经营管理中,并可以尝试与银行和金融资产管理公司等专业机构进行沟通,获得其资金、管理技术、资源和政策把控等方面的支持。

然而,如前所述,困境房企一般在该阶段已经不具备可以抵押予投资人的土地、在建工程、房产等资产,该等资产已经被用于向银行等金融机构设立抵押权,无法再次为新投资人投入的资金设立担保。在这样的背景下,一旦重组计划执行失败并进入破产清算程序,新投资人的投资只能列入普通破产债权的范畴,与困境房企的其他普通破产债权人处于同等的受偿顺位。因此,投资人在通过普通债务重组和企业重组方式参与对困境房企的重组过程中也越发谨慎,很难再将该种方式作为投资的首要选择。

2. 企业市场化重组服务信托

根据《中国银保监会关于规范信托公司信托业务分类的通知》(银保监规〔2023〕1号),以信托目的、信托成立方式、信托财产管理内容为分类维度,信托业务分为资产服务信托、资产管理信托、公益慈善信托三大类,其中的资产服务信托包含风险处置服务信托;按照风险处置方式的不同,风险处置服务信托又进一步分为企业市场化重组服务信托和企业破产服务信托。前述"企业市场化重组服务信托"即指的是，信托公司作为受托人，为面临债务危机、拟进行债务重组或股权重组的企业风险处置提供受托服务，设立以向企业债权人偿债为目的的信托。

如前文所述，若投资人通过普通债务重组和企业重组方式进行投资，其最终获得的是困境房企的相应债权和/或股权，然而，此等债权和/或股权相比于困境房企原债权人和股东持有的债权和/或股权而言，并不具备优先受偿权的权利，若在重组计划执行过程中企业再次陷入困境，投资人投入的资金可能面临难以收回的巨大风险。因此，可以考虑在传统投资方式的基础上，引入企业市场化重组服务信托，在信托计划中就信托受益权采取结构化的设计，根据权利来源的不同，赋予不同信托受益权份额以不同的分配顺位，并将投资人通过新投入资金获得的债权和/或股权对应的信托受益权份额的清偿顺位排列在第一位，以保障投资人资金的安全。

对于新投资人而言，企业市场化重组服务信托的优点是显而易见的。首先，根据《信托法》第十五条[①]、第十六条[②]的规定，信托财产独立于信托法律关系中委托人的其他财产以及受托人的固有财产，不作为其遗产或者清算财产。因此，若能将困境房企的核心资产，即土地使用权和在建工程纳入信托财产的范围之内，则可以通过财产隔离的安排间接保护新投资人的权益及新投入资金的安全，也为困境企业继续推进开发经营提供物质基础，更有利于企业走出困境和投资人获取投资收益。其次，相较于普通债务重组和企业重组方式，信托计划受托人的加入能够对整个重组工作起到一定的监督作

[①] 《信托法》第十五条规定："信托财产与委托人未设立信托的其他财产相区别。设立信托后，委托人死亡或者依法解散、被依法撤销、被宣告破产时，委托人是唯一受益人的，信托终止，信托财产作为其遗产或者清算财产；委托人不是唯一受益人的，信托存续，信托财产不作为其遗产或者清算财产；但作为共同受益人的委托人死亡或者依法解散、被依法撤销、被宣告破产时，其信托受益权作为其遗产或者清算财产。"

[②] 《信托法》第十六条规定："信托财产与属于受托人所有的财产（以下简称固有财产）相区别，不得归入受托人的固有财产或者成为固有财产的一部分。受托人死亡或者依法解散、被依法撤销、被宣告破产而终止，信托财产不属于其遗产或者清算财产。"

用，从而能够更有利于保护新投资人的利益。最后，也是采取这种方式进行重组最重要的一点，即可以通过采取结构化信托设计最大限度地保护新投资人的利益。《中国银监会关于加强信托公司结构化信托业务监管有关问题的通知》（银监通〔2010〕2号）第一条规定："结构化信托业务是指信托公司根据投资者不同的风险偏好对信托受益权进行分层配置，按照分层配置中的优先与劣后安排进行收益分配，使具有不同风险承担能力和意愿的投资者通过投资不同层级的受益权来获取不同的收益并承担相应风险的集合资金信托业务……"按照此规定，在采用企业市场化重组服务信托对困境房企进行重组的过程中，由于新投资人是重组成败的关键，可以与全体债权人协商并取得其同意，将新投资人列为享有优先受益权的信托计划优先受益人，从而增强新投资人的投资意愿。

（二）预重整/破产重整程序中的投资机会

上文中我们提到了庭外重组程序中的投资机会较为传统，即使引入进行结构化设计的企业市场化重组服务信托作为补充，也难以解决庭外重组不具有司法保障的强制约束力的问题，而庭内的破产重整程序通过《企业破产法》规定及司法权力介入等形式，赋予了重整计划"多数决"的强制约束力，以及解封解押等的强制执行力。因此，将庭外重组计划转入破产重整程序进行确定，更有利于保护新投资人的资金安全，对其而言也更具有吸引力。

为了将债权人、债务人和出资人在庭外重组中取得的成果吸收到正式的破产重整程序中，从而降低司法办案的成本、提高破产重整工作的效率，从2018年3月4日最高人民法院印发《破产会议纪要》开始，到2019年6月22日国家发改委等联合发布《加快完善市场主体退出制度改革方案》，再到2019年11月8日最高人民法院发布的《全国法院民商事审判工作会议纪要》，我国逐步确立了衔接"庭外重组"和"破产重整"的预重整制度，实现庭外重组制度、预重整制度与破产重整制度的有效衔接，强化庭外重组的公信力和约束力。由此我们理解，预重整制度指的是"庭外重组"和"破产重整"的衔接。因此，我们认为投资人在预重整/破产重整程序中的投资机会，一方面来自庭外重组阶段已经形成的初步重组计划，另一方面也来自传统破产重整程序中投资人的参与方式。

1. 庭外重组计划向破产重整计划的转化

在确立了衔接"庭外重组"和"破产重整"的总原则下，各地法院对预重整制度的实施细节有不同的要求，并据此制定了不同的规定。以笔者执业所在地上海为例，《上海破产法庭预重整案件办理规程（试行）》第一条规定："……鼓励陷入困境的尚有重整价值企业及其相关利益主体，依当事人意思自治原则进行协商谈判，促进重整可行性提高，减少企业直接进入重整程序可能面临的重整失败而转入破产清算的不可逆风险。"第二条规定："债务人或债权人可在正式启动重整程序前，向法院提出预重整申请。债务人在专业中介机构引导和辅助下开展各项事务，与相关利益主体开展自主谈判。法院给予相应指导、监督和必要司法协调，推动各相关利益主体积极协商形成重整计划草案，保障庭外重组与重整程序顺利衔接。"《全国法院民商事审判工作会议纪要》第一百一十五条规定："继续完善庭外重组与庭内重整的衔接机制，降低制度性成本，提高破产制度效率。人民法院受理重整申请前，债务人和部分债权人已经达成的有关协议与重整程序中制作的重整计划草案内容一致的，有关债权人对该协议的同意视为对该重整计划草案表决的同意。但重整计划草案对协议内容进行了修改并对有关债权人有不利影响，或者与有关债权人重大利益相关的，受到影响的债权人有权按照企业破产法的规定对重整计划草案重新进行表决。"

根据上述规定，在上海地区，债务人和债权人可以通过向人民法院申请预重整，将原本仅仅是自行协商、制定和执行的庭外重组计划纳入正式的破产重整程序之中，新投资人便以庭外重组阶段的参与渠道间接地参与到了困境房企的正式庭内重整程序之中，为投资人的利益引入了司法保障。

2. 股权/股份投资

股权/股份投资是最为传统的投资方式。在困境房企的重整中，其一般适用于一些大中型且拥有完整企业价值链的企业的传统存续型重整模式。即困境房企的原企业法人主体存续，通过对公司股权结构、治理结构、债权债务和经营业务的调整等来实现纾困。在该投资方式下，困境房企的控股股东一般会让渡所持股份予引入的新投资人，而新投资人可以采用直接购买困境房企股权/股份的直接投资方式，也可以采用设立专项基金用于购买困境房企股权/股份的间接投资方式。

3. 共益债投资

根据《企业破产法》第四十二条第四项的规定，人民法院受理破产申请后发生的为债务人继续营业而应支付的劳动报酬和社会保险费用以及由此产生的其他债务是共益债务的一种。又根据该法第四十三条的规定，破产费用和共益债务由债务人财产随时清偿。债务人财产不足以清偿所有破产费用和共益债务的，先行清偿破产费用。即为债务人继续营业而发生的债务是共益债务，可以随时清偿，顺位仅次于破产费用。根据前述规定，投资人可以以向困境房企出借资金用于其继续营业的方式向其进行投资。按照这种投资方式取得的债权属于具有优先受偿权的共益债，即使在重整计划失败的情况下，仍然相较于普通债权而言具有优先受偿的优势。

在此种投资模式下，管理人可能会对投资人设定一定的条件或优先条件，如蒙自煜升房地产开发有限公司管理人在其发布的《共益债投资公告》中"投资人条件"部分列明"有商业地产破产重整、重组或不良资产投资经验和业绩的，在同等条件下优先考虑"。[1] 因此，投资人在采取这种方式开展投资之前，应事先对其相应的招募公告进行了解。

一般情况下，投资共益债务是指以"债"的方式进行投资。即投资人通

---

[1] 《关于天德中兴 1、2 栋地下室质量整改的共益债投资公告》，载全国企业破产重整案件信息网，https://pccz.court.gov.cn/pcajxxw/pczwr/zwrdh?id=105D8C624F540916B59F5271C036812F，2024 年 2 月 21 日最后访问。

过提供借款的方式投资于困境房企，借款的使用场景包括不动产续建、维持继续经营、支付环境修复费等其他特殊用途。[①] 投资人参与到破产重整中共益债务投资的途径包括：（1）个别协商方式融资：这种方式主要适用于对债务人比较了解的大型的投资机构，如地方国有企业、债务人股东、政府协调的银团、专项私募基金、AMC 机构等。其通过与债务人进行一对一的沟通、协商和谈判的方式对其进行投资。（2）管理人公开招募融资：这种方式一般与预重整制度相结合，由管理人以发布招募公告的方式招募共益债投资人，管理人会在招募公告中对资金金额、用途、利率、借款期限等进行规定。（3）金融市场融资：目前部分地方资产交易中心设立了专门的不良资产交易业务，社会投资者可以通过在该等交易中心购买其发行的共益债权收益权产品进行投资。（4）专项基金融资：市场上也有部分金融资产管理公司和基金公司自发组织，通过非公开渠道了解和掌握部分困境企业的资金需求，并通过自行设立共益债投资基金的方式对其进行投资。

除以"债"的方式进行投资外，也有共益债资金用于受让"债务人股权"的情况。该种模式下，投资人可在重整程序前期以"共益债"资金方式借款给债务人用于必要的继续经营或职工安置等事项，并在设计重整方案时约定在"债转股"条件达成后从共益债权人转为债务人股东。[②] 但选择以这种方式进行投资的投资人需要在主观上具有将来作为房企股东身份对其进行运营的安排或者意愿，在客观上具备对所投资的地产价值进行识别和判断的能力。

然而，《最高人民法院关于适用〈中华人民共和国企业破产法〉若干问题的规定（三）》第二条第一款规定："破产申请受理后，经债权人会议决议

[①] 路少红、郝彤：《预重整和破产程序中引入共益债投资人相关问题的探讨》，载威科先行网 https://law.wkinfo.com.cn/professional-articles/detail/NjAwMDAyMjU1NDA%3D?q= 共益债投资 &module=&childModule=all&from=editorial&searchId=4910eefff0ad4333ab06962e2743d103，2024 年 2 月 21 日最后访问。

[②] 吕景亚、张晶：《困境地产中共益债投资人的权益保障》，载威科先行网，https://law.wkinfo.com.cn/professional-articles/detail/NjAwMDAyMzU2ODk%3D?q= 共益债投资 &module=&childModule=all&from=editorial&searchId=4910eefff0ad4333ab06962e2743d103，2024 年 2 月 21 日最后访问。

通过，或者第一次债权人会议召开前经人民法院许可，管理人或者自行管理的债务人可以为债务人继续营业而借款。提供借款的债权人主张参照企业破产法第四十二条第四项的规定优先于普通破产债权清偿的，人民法院应予支持，但其主张优先于此前已就债务人特定财产享有担保的债权清偿的，人民法院不予支持。"为债务人继续营业所借的款项，仅仅是可以参照共益债务的规定优先于普通破产债权清偿，而非优先于职工工资、社会保险等。但根据上述《企业破产法》第四十二条第四项的规定，如果该等借款能够直接被认定为"共益债务"，其不仅应优先于普通破产债权清偿，应该亦优先于职工工资、社会保险等，仅次于破产费用。所以，为债务人继续营业所借的款项是否只能参照"共益债务"获得部分优先权，而非直接被认定为"共益债务"优先到仅次于破产费用的顺位？这一问题，需要立法和司法的进一步解释。

4. 重整投资人资格拍卖

除通过上述几种投资方式外，笔者注意到在司法实践中存在一种比较新颖的介入方式——参与重整投资人资格拍卖。重整投资人资格拍卖是指，在尚未确定重整投资人的情况下，管理人或债务人可以在重整程序中预先制作重整计划草案，明确将以网络拍卖方式确定正式的重整投资人，以债务人名下资产评估价值上浮一定比例确定起拍价，同时以该价格测算各类债权的预计清偿比例，在重整计划草案提交债权人会议表决通过后，再以重整投资人资格为标的通过网络拍卖方式进行竞价，竞得人视为接受重整计划的约束，并将拍卖价款作为重整投资款，按照重整计划的约定用于清偿债务等用途。[1]

笔者认为，投资人竞买重整投资人资格的本质还是在以股权/股份的方式投资困境房企。二者的区别在于：（1）在前者模式下，投资人购买的是"投资人资格"，竞买得到该资格后，再进一步根据已经制定好的重整计

---

[1]《某防护科技股份有限公司申请破产重整案——网络拍卖"重整投资人资格"的应用方式》，载人民法院案例库，https://rmfyalk.court.gov.cn/dist/view/content.html?id=z0yq8SSwJse0WS76Spel%252BgQwFcXytS6GPaT%252FQBp%252BJEo%253D&lib=ck&albh=2024-08-2-422-001，2024年2月21日最后访问。

划中的内容完成股权/股份的所有权变更手续。在后者模式下，投资人是直接购买股权/股份，并完成所有权变更。（2）在前者模式下，投资人竞买得到的资产范围受限于经破产管理人和债权人挑选、整理完成并写入重整计划中的内容，对于重整计划之外的内容，投资人并无权获取。例如，在某白茶股份有限公司公布的《竞价方式确定重整投资人公告》中就明确规定："某白茶股份有限公司在《重整计划（草案）》获批前享有的对外债权、应收账款（应收账款包括但不限于应收货款、诉讼类权益、已申报但未发放的各项补贴款项等）、现金资产以及其他或有资产不纳入重整资产范围，仍属于破产财产范畴，由管理人或人民法院依法收取后用于支付破产费用、清偿债务。"[1] 在后者模式下，如无特别约定，投资人通过取得困境房企的股权/股份，将同时获得其全部资产。

破产管理人在对重整投资人资格进行拍卖的过程中，会对投资人提出很多要求，如投资人应自行对重整企业的情况进行了解并接受其资产瑕疵和风险，投资人应根据重整企业的公司形式和法定股东人数的要求提供受让主体，投资人应自行了解各项资产过户过程中的受让人资格和税收政策等。此外，由于房地产企业资产的特殊性，在进行权利转让和所有权变更过程中，可能还会存在对受让人的其他限制和要求。所以，若投资人决定以该种方式参与困境房企的投资，笔者认为应该首先聘请专业的中介机构对重整计划进行了解，并对重整计划中涉及的各项资产进行完整的尽职调查，在确认投资人自身具备受让的资格和能力之后再着手进行投资。

此外，笔者注意到，在常规的司法拍卖程序中，拍卖成交后，拍卖平台会以买受人的真实身份自动生成确认书并公示[2]，但在重整投资人资格拍卖

---

[1] 《某白茶股份有限公司管理人关于以竞价方式确定重整投资人的公告及竞价须知》，载全国企业破产重整案件信息网，https://pccz.court.gov.cn/pcajxxw/pcgg/ggxq?id=E1A193A2BF10DDAFDAF73BFDE7CE361F，2024年2月21日最后访问。

[2] 《最高人民法院关于人民法院网络司法拍卖若干问题的规定》第二十二条第一款规定："网络司法拍卖成交的，由网络司法拍卖平台以买受人的真实身份自动生成确认书并公示。"

中，拍卖平台会在管理人后台生成《网络竞价成功确认书》，并在其中载明成功竞得者的名字，但不会进行公示[1]。笔者认为，这可能是站在商业角度对投资人的一种保护，让投资人能够以类似于其更为熟悉的"私下询价"交易的方式参与到重整程序中来。

（三）司法拍卖程序中的投资机会

此处的"司法拍卖"指的是广义上的司法拍卖，既包括一般执行程序中对被执行人财产的拍卖（以下简称普通拍卖），也包括破产清算程序中通过拍卖形式对破产财产进行的变价出售（以下简称破产拍卖）。

1. 普通拍卖程序

普通拍卖程序是指案件通过一审、二审（如有）最终获得生效判决书或调解书后，胜诉方在败诉方怠于履行生效判决书或调解书确定的义务的情况下，向法院提出强制执行，申请对被执行人的财产进行强制处分以获得可以用于偿还债务的价款，在前述处分被执行人财产的过程中可能涉及的对其房产进行拍卖变现的过程。该过程一般需要经过评估、拍卖两个程序，拍卖价格一般会低于市场价，若单从价格方面进行考虑，是一个较好的投资机会。

投资人可以直接以竞买人的身份参加到拍卖程序中进行投资。这种投资方式，适合少数只希望获取具体某项或某几项资产的投资人，投资人通过这种方式所获得的资产较为单一和"干净"。另外，根据《最高人民法院关于人民法院网络司法拍卖若干问题的规定》第二条、第三条的规定，法院以拍卖方式处置财产的，应当采取网络司法拍卖方式，另有规定或不宜采用网络方式处置的除外，目的是使得拍卖程序更公开、更透明，接受社会监督，实现公平公正。因此，若投资人拟通过拍卖程序取得受困房地产项目，则需要通过网络平台进行竞拍。根据《最高人民法院关于司法拍卖网络服务提供

---

[1] 《杭州大富豪纸业有限公司管理人关于以竞价方式确定重整投资人资格的公告》，载全国企业破产重整案件信息网，https://pccz.court.gov.cn/pcajxxw/pcgg/ggxq?id=1EC757BC65F56EC1383531A614 D0C105，2024年2月21日最后访问。

者名单库的公告》以及《最高人民法院关于司法拍卖网络服务提供者名单库新增入库公告》，目前最高人民法院确认的网络司法拍卖平台包括：（1）淘宝网，网址为 www.taobao.com；（2）京东网，网址为 www.jd.com；（3）人民法院诉讼资产网，网址为 www.rmfysszc.gov.cn；（4）公拍网，网址为 www.gpai.net；（5）中国拍卖行业协会网，网址为 www.caa123.org.cn；（6）工商银行融e购，网址为 mall.icbc.com.cn；（7）北京产权交易所，网址为 www.cbex.com.cn。经笔者查询，法院会在淘宝网项下的"阿里资产·司法"网站[①]发布拍卖公告。拍卖公告中会列明执行案件案号、拍卖标的、评估价、起拍价、保证金、增加幅度、拍卖平台及链接、拍卖期限、竞买人条件等信息。投资人可以在参与竞买前通过该平台了解拍卖标的的情况。

相比于通常的资产交易方式，通过司法拍卖方式交易的不动产物权设立时间有所不同。通常的资产交易方式，合同成立且生效后，只有到不动产登记中心办理了产权登记才发生物权变动效力。但司法拍卖程序有所不同，《民法典》第二百二十九条规定："因人民法院、仲裁机构的法律文书或者人民政府的征收决定等，导致物权设立、变更、转让或者消灭的，自法律文书或者征收决定等生效时发生效力。"《最高人民法院关于人民法院网络司法拍卖若干问题的规定》第二十二条第二款规定："拍卖财产所有权自拍卖成交裁定送达买受人时转移。"拍卖成交裁定书即具有"准物权"的效力，也就是说从物权的角度，此时拍卖成功的房屋已经是买受人的了，后续办理不动产登记手续只是履行相应程序而并非物权的确认。[②]

但在实践中，投资人参与司法拍卖的过程往往存在一些不确定性。例如，在拍卖过程中，政府及法院可能会放慢拍卖程序的进度，或者拍卖房地

---

① "阿里资产·司法"网址：https://sf.taobao.com/?spm=a2129.25287167.puimod-pc-search-navbar_5143927030.2&pmid=1750633889_1714800768149&pmtk=20140647.0.0.0.25287167.puimod-pc-search-navbar_5143927030.2&path=25287167。

② 戴群芳：《关于网络法拍房的法律知识要点》，载威科先行网，https://law.wkinfo.com.cn/professional-articles/detail/NjAwMDAxMjIxNjM%3D?q=投资法拍房&module=&childModule=all&from=editorial&searchId=481231d48e3d42f99541a1f2a1a53293，2024年2月21日最后访问。

产项目中部分商品房可能存在租赁、案外人异议等情况，这些都将给投资人的投资进程造成影响。

2. *破产拍卖程序*

根据《企业破产法》第一百一十二条的规定，变价出售破产财产应当通过拍卖进行。但是，债权人会议另有决议的除外。按照国家规定不能拍卖或者限制转让的财产，应当按照国家规定的方式处理。根据《最高人民法院关于适用〈中华人民共和国企业破产法〉若干问题的规定（三）》第十五条的规定，管理人处分债务人重大财产的，需要事先制作财产管理或者变价方案并提交债权人会议进行表决，并在处分前十日书面报告债权人委员会或者人民法院。根据《破产会议纪要》第四十七条的规定，国家积极引导以网络拍卖方式处置破产财产，提升破产财产处置效益。按照前述规定，破产拍卖是管理人在处分破产财产时采用的一种方式。

与普通拍卖类似，这种投资方式适合少数只希望获取具体某项或某几项资产的投资人，投资人可以通过网络平台，直接以竞买人的身份参加到拍卖程序中进行投资。经笔者查询"全国企业破产重整案件信息网"，破产管理人会在该网站发布拍卖公告。拍卖公告中会列明债务人的名称、拍卖标的、评估价、起拍价、保证金、增加幅度、拍卖平台及链接、拍卖期限、竞买人条件、优先购买权人、税费和手续费的承担、自行办理过户手续的要求、瑕疵说明等信息。经笔者查询"阿里资产·破产"网站[①]，管理人会在该网站发布拍卖公告。拍卖公告中会列明破产案件案号、破产企业名称、拍卖标的、拍品权利限制及瑕疵情况、评估价、起拍价、保证金、增加幅度、竞买人条件等信息。投资人可以在参与竞买前通过该等平台了解拍卖标的的情况。

相比于狭义司法拍卖（上文所称普通拍卖程序），破产拍卖程序虽然从

[①] "阿里资产·破产"网址：https://susong.taobao.com/?spm=a2129.25287167.puimod-pc-scarch-navbar_5143927030.3&pmid=1750633889_1714800768149&pmtk=20140647.0.0.0.25287167.puimod-pc-search-navbar_5143927030.3&path=25287167。

程序上与之基本相同，但严格来说，破产拍卖程序和狭义司法拍卖并不能直接画等号。因为在执行程序中，被拍卖标的物属于被强制执行财产，是司法权运行的体现；而在破产程序中，破产财产变价这一决定的权力来自债权人会议，并非来自国家机关，也就是说破产拍卖并没有突破民事法律关系范畴[1]。因此，笔者认为，破产拍卖过程中并不能直接适用相关法律关于拍卖次数和降价幅度等的规定[2]，而是应该根据债权人会议和管理人的意愿和安排进行，应该更具有灵活性。在实践中，甚至出现过"附条件拍卖"的破产拍卖形式，即法院、管理人、债权人出于实现破产财产价值最大化的考虑，决定对投资人设定一些竞买条件，使得最终竞买成功的投资人可以按照法院、管理人、债权人的设想继续经营竞买得到的房产，最终实现破产财产价值的最大化的目的。"附条件拍卖"充分体现了破产拍卖程序中利益相关方意思自治的民事法律关系基本原则。

然而也正是因为破产拍卖程序更偏向民事法律关系的范畴，其也必然具有与"意思自治"和"自由"等民事法律基本原则相应而生的天然劣势——缺少司法干预的法律强制性。如上文提到，基于法律的规定，在普通拍卖程序中，拍卖财产所有权自拍卖成交裁定送达买受人时转移。而在破产拍卖程序中的所有权转移环节上，由于并不存在拍卖成交裁定书，所以笔者认为拍卖房产所有权的转移仍然需要遵循《民法典》关于物权登记生效的基本原则。因此，投资人在选择参与破产拍卖前，应事先与管理人就竞拍成功后物权转移的手续问题进行充分的沟通，以避免物权变更流程的阻碍给投资造成损失。

---

[1] 王安达：《简议破产财产网络拍卖》，载威科先行网，https://law.wkinfo.com.cn/professional-articles/detail/NjAwMDAxNTQxMTI%3D?q= 破产拍卖和法院拍卖的区别 &module=&childModule=all&from=editorial&searchId=460da3bf158c41c68f1ca1442e9680ec，2024 年 2 月 21 日最后访问。

[2] 《最高人民法院关于人民法院网络司法拍卖若干问题的规定》第二十六条第一款规定："网络司法拍卖竞价期间无人出价的，本次拍卖流拍。流拍后应当在三十日内在同一网络司法拍卖平台再次拍卖，拍卖动产的应当在拍卖七日前公告；拍卖不动产或者其他财产权的应当在拍卖十五日前公告。再次拍卖的起拍价降价幅度不得超过前次起拍价的百分之二十。"

三、投资困境中的房地产项目的风险提示

（一）评估困境

破产重组的房地产项目大部分都存在资产数量多、债权债务复杂不明确以及涉及的利益方众多等问题。投资人在投资前必然需要慎重考虑后续投入多少资金才能够真正盘活项目的问题。

首先，受困房地产项目本身情况复杂，有效评估项目并给出合理定价，需要经历较长时间，尤其在破产法项下未对投资人的权利和义务作出具体规定，导致投资人没有立场直接与项目的相关利益方进行接触，如项目基础资料的调取，以及项目总承包人的谈判（设备租赁和人力等大量补偿）等都是评估环节的难题。

其次，投资人因缺乏足够的房地产项目收购及破产重组的经验，短期内无法就投资受困房地产项目所需的投资额以及投资周期进行精准的评估，因而也进一步阻碍了投资人给受困房地产项目作出有效价值评估。

这个问题的解决需要所有社会参与主体探索更高效、更专业的受困房地产项目价值评估体系，投资人在借助资产评估专业机构的服务之外，还应培养兼具房地产项目收并购经验和破产重整经验的行业人员和团队，从而为投资人对此类投资进行评估提供"软实力"保障。

（二）隐形债务的风险

隐形债务风险也是投资人非常关注的问题。虽然，企业进入破产程序，一般而言，债权人都会及时申报债权，因而对受困房企的债务情况有一个很好的暴露期。但是，《企业破产法》第九十二条第二款规定："债权人未依照本法规定申报债权的，在重整计划执行期间不得行使权利；在重整计划执行完毕后，可以按照重整计划规定的同类债权的清偿条件行使权利。"因此，未申报债权并不会被消灭、豁免，在重整计划执行完毕后，可以按照同类债

权清偿比例获得清偿。

基于上述情况，不排除有部分普通债权人，在了解受困房地产项目存在资信状况良好的投资人后，不去申报债权，提高普通债权清偿率，在重整计划执行完毕后，要求按同等清偿率清偿。此外，也有债权人基于不知情或其他原因未能申报其债权。

对于上述风险，投资人可在依赖于债权申报程序判断债务人的债务之外，通过其他辅助手段对债务进行充分尽调，并要求重整计划中预留部分清偿款项给未申报债权与诉讼未决债权，以适当降低普通债权的清偿率。

（三）信息不对称的风险

尽职调查环节，受困房地产项目通常都存在重整企业材料不完整、企业财务不规范、企业治理缺位等问题，且债务人或管理人在投资人开展尽调工作阶段的配合意愿和披露信息的质量问题，都会扩大投资人潜在的投资风险。此外，若在重整程序中有法定期限限制，意向投资人尽职调查的时间很短，进行全面调查也缺乏时间保障。《企业破产法》中现有的规定，如第二十三条、第一百二十七条等条文，也仅规定了债务人对法院和债权人、管理人的披露义务，至于债务人或管理人对投资人的信息披露义务均未涉及。

上述风险，笔者在投资人的权利救济部分也进行了阐述，虽然在《重整投资协议》阶段有相应的救济方式保障，但是权利救济也是需要大量成本的投入，以及面对诉讼结果的不确定性，对于投资人自身的投资风险防范而言，应该将风险的防范措施前置，积极与管理人进行沟通，借助管理人的法律地位尽可能全面、详尽地开展对意向投资项目的信息尽职调查，为项目投资决策提供必要的支持。

（四）项目的价值减损

房地产项目停建的时间越长，一方面项目自身已完成未完工的建筑部分的自然损耗会越大，另一方面项目本身与市场、政策的适配度也会不断降低。

1. 工程自然损耗

在建工程的长期停建，特别是主体结构和外墙尚未完工的项目，由于缺少外部墙体的遮挡，项目未完工部分的建筑环境差，停建的时间越长，内部的建筑材料受到的腐蚀就越严重。工程停建是否影响项目安全的问题就需要在复建前进行谨慎的评估。2021年昆明就通过爆破拆除了停建将近10年的15栋高层建筑[1]。

2. 项目的市场和政策适配度减弱

房地产项目的重整有别于其他行业，对于重整计划的实施，债务人资产的盘活销售变现，除法院裁定同意外，还需要相关行政监管部门的审批。国家土地规划、建筑安全、生态红线管控等法律法规的要求在不断变化，房地产项目停建后重新报批报建环节就需要符合新的政策规定要求，房地产开发属于强监管行业，建设项目的行政许可程序一般包括选址定点、规划总图审查及确定规划设计条件、初步设计及施工图审查、规划报建图审查、施工报建、工程竣工验收备案等，在建工程续建需要规土、住建、环保、园林、消防等多个政府职能部门协调配合。此外，房地产项目产品本身户型、设计也不断地在革新，根据市场的需求而日新月异。停建的时间越长，复建时投资人遇到的问题就越难解决。

综合上述风险，投资前投资人不仅需要对工程本身的质量进行必要的调查，还需要全面了解项目原规划设计所对应的政策环境、市场环境的变化，以及因此带来的项目价值减损和相应成本增加。

（五）不动产权证件办理的风险

房地产项目作为资产具有特殊性，房地产的权属变更需要办理权属登记

---

[1] 《15点30分昆明丽阳星城15栋烂尾楼被成功爆破》，载央广网，https://www.cnr.cn/yn/ttyn/20210827/t20210827_525581385.shtml，2024年2月21日最后访问。

才能生效。而受困房地产项目往往存在在建工程资料缺失的问题，这不仅影响破产重整环节投资人对于项目的复工复建，还会阻碍将来项目完工后竣工备案手续以及不动产权证的办理，从而影响受困房地产项目的价值。在建工程资料缺失导致的证件办理困难是长期以来限制房地产破产案件效率和效果的问题。在上海某医疗有限公司破产清算案件中，在建工程因施工图纸等资料遗失，未能办理竣工验收手续，经专业机构检测，工程满足安全使用要求，工程办理产证与否的市场价值差异近3000万元，管理人为实现资产价值最大化，多次向登记部门申请容缺登记，均因不符合规定而未能办理，在建工程不得不以现状拍卖，最终经四次拍卖方成交，价值明显贬损[①]。

针对上述风险，希望立法上增设"不动产的容缺登记制度"，可以明确规定破产房地产开发主体名下建设工程因资料缺失或第三方不配合竣工验收等原因，导致无法组织质量验收、消防验收，经管理人委托有资质的专业机构对工程质量、消防进行检测和评估合格，并经建设行政管理部门核实符合要求，且符合规划、资源管理规定，可依法办理不动产登记。在相关法律制度建立前，工程资料缺失的问题，仍需要投资人、债权人及管理人运用各方资源整合的能力，最大限度利用"府院联动"机制来推动受困房地产项目工程资料缺失相关问题的解决。

（六）税务风险

1. 破产制度下的税收支持政策有待全国立法

在税收征管法律法规中，未建立税务机关对进入破产重整企业的税收支持制度。从法律层面，对企业破产税收征管具有主导意义的法律主要是《企业破产法》和《税收征收管理法》。2021年2月25日，发展改革委等十三部门出台了《关于推动和保障管理人在破产程序中依法履职进一步优化营商

[①] 《保交楼｜房企破产在建工程续建问题研究》，载微信公众号"上海市破产管理人协会"，2024年3月11日。

环境的意见》(发改财金规〔2021〕274号),其中对便利破产企业涉税实务处理作了初步的规定。

笔者对已发布的部分企业破产涉税的相关地方文件整理如下:

省份／城市	文件名称	发布主体	发布日期
上海市	《关于优化企业破产程序中涉税事项办理的实施意见》	上海市高级人民法院、国家税务总局上海市税务局	2020.04.24
辽宁省	《关于优化企业破产处置过程中涉税事项办理的意见》	辽宁省大连市中级人民法院、国家税务总局大连市税务局	2020.07.02
江苏省	《关于做好企业破产处置涉税事项办理优化营商环境的实施意见》	江苏省高级人民法院、国家税务总局江苏省税务局	2020.10.30
贵州省	《关于企业破产程序涉税问题处理的实施意见》	贵州省高级人民法院、国家税务总局贵州省税务局	2021.04.27
河南省	《关于企业破产程序涉税问题处理的实施意见》	河南省高级人民法院、国家税务总局河南省税务局	2021.12.10
重庆市	《关于建立企业破产处置协作机制的指导意见》	重庆市高级人民法院、国家税务总局重庆市税务局	2022.05.18
浙江省	《关于优化企业破产涉税事项办理的纪要》	浙江省高级人民法院、国家税务总局浙江省税务局	2023.02.09
四川省	《关于进一步规范企业破产程序涉税事项处理的意见》	四川省高级人民法院、国家税务总局四川省税务局	2024.04.25

目前的法律法规和规章及司法实践对于企业破产涉税问题并没有统一的标准，更没有形成一套完整的法律规范，更多的是在破产的司法实践中对破产个案的处理意见。这样的法规环境，会导致：（一）各地在企业破产中涉税责任和风险承担不一；（二）投资人作为项目的利益非相关主体，不具备法律主体资格去接触、了解项目的涉税信息、咨询主管部门的意见；（三）从投资人角度，在投资决策阶段无法接触项目具体的财务资料情况下，难以具体明确投资标的房地产项目的涉税责任和风险；（四）因为没有统一的标准和企业破产涉税沟通机制，每个项目个案化的沟通导致沟通的周期长、涉税责任的不明；（五）税务局在企业破产涉税问题上没有常态化的沟通机制，在组织税务人员论证企业涉税问题时难以明确具体的法律依据。

2. 破产程序下的企业税费计算难题

房地产流转中，主要有三大税种，增值税、企业所得税和土地增值税以及各种附加税。其中，通常以土地增值税金额最高。土地增值税是指转让国有土地使用权、地上的建筑物及其附着物并取得收入的单位和个人，以转让所得的收入包括货币收入、实物收入和其他收入减去法定扣除项目金额后的增值额为计税依据向国家交纳的一种税。[①] 一方面，土地增值税适用累进税率，最高税率达60%。另一方面，在房地产项目资产处置中，土地增值税受到关注不仅是因为税率高，还因为未依法缴纳土地增值税将无法在土地和房屋管理部门办理相关资产的权属变更登记，在交易路径设计的初期土地增值税就需要被反复论证和测算，所以土地增值税相关事项才会成为受困房地产项目处置中不可避免的关键问题。根据财政部、税务总局《关于继续实施企业改制重组有关土地增值税政策的公告》（财政部、税务总局公告2023年第51号），单位、个人在改制重组时以房地产作价入股进行投资，对其将房地产转移、变更到被投资的企业，暂不征收土地增值税，上述改制重组有关土地增值税政策不适用于房地产转移任意一方为房地产开发企业的情形。

---

① 《土地增值税暂行条例》第二条至第五条。

可见，若满足政策规定的条件时，受困房企重整时也可以不必交纳土地增值税。例如，2020年4月24日发布的《上海市高级人民法院、国家税务总局上海市税务局关于优化企业破产程序中涉税事项办理的实施意见》进一步明确，企业在破产过程中，符合规定条件的，可享受改制重组有关契税、土地增值税、印花税优惠政策。

综上，在国家立法出台统一的企业破产涉税法律法规之前，仍然要求投资人、债权人及管理人等主体在破产重整个案中借助"府院联动"机制探索对受困房地产项目最有力的税务处理方案，因此，对于投资人来说，在投资受困房地产项目的全过程中都需要对税费问题给予充分的重视，一方面预留相应的时间用以与税务机关沟通税费的处理方案，另一方面也应在计算项目投资成本时充分考虑这部分的支出。最后，税费的计算是非常专业的问题，不仅需要熟悉税收征管规定，还需要了解房地产行业的纳税具体操作，以及税务机关内部处理此类事项的基本流程，因此，笔者建议投资人安排专业的房地产行业税务人员开展与税务机关的沟通工作。

3. 重整计划中税务债权的处理难题

根据《企业破产法》第一百一十三条的规定，破产人欠缴税金在破产债权中的清偿顺序仅位于普通债权之前；又根据《破产会议纪要》第二十八条的规定，税款滞纳金与税收罚款作为行政罚款在破产债权的清偿顺序位于普通债权之后，因此按照清偿顺序的话，税款滞纳金和税收罚款一般难以获得全额清偿。但在破产重整程序中，受困房地产开发主体资格存续，并不符合国家税务总局《欠缴税金核算管理暂行办法》（部分失效）项下的核销欠缴税金和滞纳金、税收罚款的适用条件。因为税务机关没有相关配套落实方案，致使滞纳金和罚款欠款记录一直存在于重整企业的税收系统中，影响纳税信用评定。[1]部分地方法院联合地方税务局出台的企业破产涉税政策文件中规定的纳税信用修复条件是依法清偿税收债权并纠正相关纳税信用失信行

---

[1] 王璋麟：《论建筑企业破产重整中投资人风险和权益保护》，载《经营者》2022年第6期。

为，如四川省高级人民法院与国家税务总局四川省税务局联合发布的《关于进一步规范企业破产程序涉税事项处理的意见》第十五条规定，破产重整（和解）企业或其管理人在依法清偿税收债权并纠正相关纳税信用失信行为后，可向主管税务机关申请纳税信用修复。同时，税收债权人具有司法程序以外的强制措施（或者其他惩罚性措施）的天然优势，理论上仍有通过司法程序以外的渠道实施追偿的可能，对重整后的企业形成潜在的威胁。[①] 若优先对税务债权进行全部清偿，势必破坏公平清偿秩序，损害了同组别其他债权人的权益，也可能增加重整计划推进和执行的难度，导致重整计划的失败。

在税务机关完善企业破产重整涉税事项的制度保障，制定税务债权人在破产重整程序中参与债权申报、重整计划表决及重整计划执行等程序中的税收征管配套规定之前，投资人参与重整计划制定的过程中，应充分考虑欠缴税金、滞纳金以及税收罚金的缴纳问题，以及就纳税信用修复、税务强制措施解除等事项与税务机关进行积极地沟通，并在重整计划中进行相应的约定安排。

（七）重整失败的风险

对于投资人而言，重整失败情况的处理也是需提前考虑的问题。本文将重整失败分为重整计划草案未生效和重整计划执行失败两种情况。

1. 重整计划草案未能生效

根据《企业破产法》第七十九条的规定，进入破产重整程序后，有严格的6个月加上3个月的重整期限，若期满未能提出重整计划草案的，人民法院应当裁定终止重整程序，并宣告债务人破产。

至此，债务人将进入破产清算程序，投资人若对受困房地产项目已经投

[①] 黎健毅、李慧、梁诗瑶：《破产重整涉税问题的解决思路》，载佛山市人民政府网站，http://www.foshan.gov.cn/zwgk/rdzt/yhyshj/yszc/blpc/zxdt/content/post_5290078.html，2024年2月21日最后访问。

入了资金，因为重整计划未能获得批准而不具备法律强制力，该资金只能作为普通债权进行清偿。所幸，一般在此情况下，投资人对受困房地产项目的资金投入金额有限，不会造成很大的损失。

2. 重整计划执行失败

《企业破产法》第九十三条规定："债务人不能执行或者不执行重整计划的，人民法院经管理人或者利害关系人请求，应当裁定终止重整计划的执行，并宣告债务人破产。人民法院裁定终止重整计划执行的，债权人在重整计划中作出的债权调整的承诺失去效力。债权人因执行重整计划所受的清偿仍然有效，债权未受清偿的部分作为破产债权。前款规定的债权人，只有在其他同顺位债权人同自己所受的清偿达到同一比例时，才能继续接受分配。有本条第一款规定情形的，为重整计划的执行提供的担保继续有效。"《破产会议纪要》第十九条规定："重整计划执行中的变更条件和程序。债务人应严格执行重整计划，但因出现国家政策调整、法律修改变化等特殊情况，导致原重整计划无法执行的，债务人或管理人可以申请变更重整计划一次。债权人会议决议同意变更重整计划的，应自决议通过之日起十日内提请人民法院批准。债权人会议决议不同意或者人民法院不批准变更申请的，人民法院经管理人或者利害关系人请求，应当裁定终止重整计划的执行，并宣告债务人破产。"

从上述规定中可见，重整计划重整失败可以分为两种情形：一是债务人不执行重整计划；二是债务人不能或无法执行重整计划。前者主要在于债权人主观上的意愿，后者强调的是客观因素对于重整计划执行的消极影响。若是后者的情况，法律又留出了一次申请变更重整计划的路径，且需要经过债权人会议的决议和人民法院的批准，否则就产生了和"债务人不执行"一样的法律后果。

同时，上述规定中均未就投资人的相关权益保护作出规定，在现有的立法框架下也缺乏重整计划失败的情形下的实施细则。另外，重整计划被裁定终止后，债务人、债权人、管理人等主体对投资人的承诺也相应失去效力，投资人只能凭借债务人或投资人签订的《重整投资协议》中的相关约定以及投资人对项目采用的投资方式（如共益债）本身的性质获得已投入资金的清偿。

综上，在房企破产重整中，重整计划执行失败是重整投资人面临的重要风险。为了避免这种风险，重整投资人不仅需要在投资尽调中做好风险项的摸排工作，还应精心设计投资风险防控机制，并体现在投资协议和重整计划之中。

四、投资人通过预重整或破产重整投资受困房地产项目的流程简介

本文在前面几个部分介绍了破产制度下投资人参与受困房地产项目投资的风险等方面内容，可以看出投资人在预重整或破产重整程序中投资受困房地产项目，与传统的股权或者资产收并购相比，虽有相似之处，但更多是因为我国破产制度体系下特有的程序而有别于传统的投资路径和程序实践，本文将流程分为尽职调查、项目价值评估、项目的筛选、投资时点的选择、投资人的投资方式、对投资人的招募、主要的法律文件、权利救济等几个方面为读者展开介绍。

（一）尽职调查

一方面，破产重整程序中，债权人、股东、债务人等利益主体之间存在各种冲突与博弈；另一方面，债务人或管理人信息披露义务的履行情况，不仅是投资人决策是否参与重整程序的重要前提，亦是重整投资协议中具体条款设计的重要依据。同时，作为从事商事活动的主体，投资人一般应具有一定行业经营经验、风险辨识和独立调查的能力，因此意向投资人应事先对相关项目在法律、财税、工程等方面开展必要的调查。就法律尽职调查而言，在此情况下的调查与非破产重整企业并购交易中的调查类似，但是仍然需要

特别关注如下几个问题：1.共益债务和破产费用的认定；2.尚未提请债务人会议审核的债权申报和债权审查结果；3.除所涉房地产项目外，管理人是否依法履职以最大限度地调查、追回并依法处置破产财产。

（二）项目价值评估

对受困房地产项目进行价值评估是投资人投资决策前的第一步，其目的一方面是投资人判断相关项目是否有投资的价值（包括项目是否具备进一步处置或开发的可行性、项目产品市场前景的预判等），另一方面对于项目的价值评估也对投资人选择投资的方式有着关键的影响。若受困房地产项目进入预重整、破产重整、司法拍卖等程序时，资产价值也是债权人、债务人和房地产项目的购房者、法院、当地政府等利益关系人关注的核心问题，很多情况下还是重整是否能够成功的关键。

除了评估机构等第三方对于受困房地产项目的相对平面的估值之外，实践中，不同参与主体会有不同的考量，债权人、投资人、债务人的实际控制人乃至政府部门均有不同的企业价值识别与判断标准，判断因素也不尽相同。

针对房地产企业破产案件的复杂性，部分地方法院颁布了相关房地产企业破产案件审理指引，更详细地规定了房地产企业纾困的具体问题，也包括房地产项目的价值评估。上饶市广信区人民法院2023年5月22日发布了《关于房地产企业破产案件审理操作指引（试行）》，于该指引的第六十条第一款规定，管理人对是否进行工程后续建设可以聘请专业机构进行商业评估，也可以采纳重整投资人等第三方聘请的专业机构所做的商业评估，根据项目实际情况提出是否进行后续建设、如何进行后续建设的建议，由债权人会议表决通过。可见，法院在对于房地产项目的价值评估中，认可了重整投资人对于房地产项目商业评估的公允性。从受困房地产项目的利益最大化出发，笔者相信投资人对一个项目的价值评估对受困项目的重整更具有参考价值。因此，对于投资人自身对于意向投资项目的价值评估不仅是项目投资决策的重要环节，也是后续推动受困房地产项目进入重整程序的关键抓手。

但是，在价值评估环节，不得不指出投资人也存在现实困难。意向投资人作为受困房企的无利益相关人，并没有恰当的途径去获取受困房地产项目的资产权属、合同、财务资料、经营数据等信息，因此，如何获取项目信息，给项目作出一个合理的估值，是投资人需要解决的第一个问题。笔者建议意向投资人在投资人招募阶段就应当和管理人保持良好沟通，不要因为管理人提出支付尽调意向金等要求就放弃尽职调查工作，以免因小失大，对受困项目估计不足导致风险失控。

（三）项目的筛选

受困房地产项目具有其特殊性，情况复杂、金额巨大、涉及的利益人众多等都是客观的情况，因此，除了对意向投资项目进行商业上的价值评估之外，投资人需要结合社会性、区域性的综合利益平衡等考量来对投资的目标项目进行必要筛选。

2024年1月5日，根据住房城乡建设部、金融监管总局联合出台《关于建立城市房地产融资协调机制的通知》（建房〔2024〕2号）（以下简称《房地产融资协调机制通知》），其中第二条就是要求筛选确定支持对象，要求对房地产开发项目建设情况及项目开发企业的资质、信用、财务等方面进行判断。随后于2024年1月26日，住房城乡建设部召开城市房地产融资协调机制部署会（以下简称部署会），进一步明确了以项目为对象，抓紧研究提出可以给予融资支持的房地产项目"白名单"。具体而言，支持对象应符合五个要求：（一）房地产开发项目必须处于在建施工状态，包含短期停工但资金到位后能马上复工，并能建成交付的项目；（二）房地产开发项目具有与融资额基本匹配的抵押物；（三）房地产开发项目已明确拟申请贷款的主办银行，并建立贷款资金封闭监管制度；（四）房地产开发项目预售资金未被抽挪，或被抽挪的资金已及时收回；（五）房地产开发项目制定了贷款资金使用计划和完工计划。[①]

　　此外，部分地方法院发布的企业破产案件审理指引中，对于判断企业是否具备重整条件也进行了相应的规定，对于投资人而言也具有参考意义。例如，上饶市广信区人民法院发布的《关于房地产企业破产案件审理操作指引（试行）》第五十四条规定了不予受理重整申请的情形，可以作为企业重整申请的"负面清单"。例如，难以查明债务人财产状况，无法判断债务人是否具备重整原因。债务人无重整希望或无经营价值，如债务人无重整意愿或不遵从重整程序、债务人不具有继续经营的条件、债务人难以通过重整偿还债务、关于债务人重整的可行性分析不符合实际等。申请人的重整申请违背诚实信用原则，如债权人与债务人恶意串通，虚构债权债务事实，意图借重整申请帮助债务人逃避债务；债权人意图损害公平竞争，借重整申请毁损债务人商业信誉，债务人有隐匿、转移财产等行为，为了逃避债务而自行申请重整，债务人提交的财产状况说明与查实情况严重不符或巨额财产下落不明且不能合理解释财产去向等。在这些情形下，法院都认定或者视为企业不具备重整的条件或者可行性。

　　投资人在设置对受困房地产项目的筛选标准时，可以参考相关部门发布的相应判断标准，也需结合企业自身的核心诉求、相应的资源整合能力以及项目本身的具体情况，有针对性地建立筛选标准体系，对具体受困房地产项目进行允分调查后高效完成筛选，避免在调查不足时参与项目投资，导致损失，也避免在项目筛选环节耗时过长，错失优质资产的投资机会。

（四）投资人投资时点

　　原则上，投资人尽早介入受困房地产项目，就有更多的机会真正参与项目投资。但投资人仍可以根据相关法律法规的规定，精准把握几个关键的投

[①] 朱晓龙：《城市房地产融资协调机制加速运转》，载中国建设新闻网，http://www.chinajsb.cn/html/202402/06/38385.html，2024年2月21日最后访问。

资时点。

根据《深圳市中级人民法院审理企业重整案件的工作指引（试行）》（以下简称《深圳中院重整指引》）第七十二条的规定，债务人自行管理财产和营业事务的，债务人可以通过协商引进重整投资人。自第一次债权人会议召开之日起一个月内，或者自裁定对破产清算的债务人进行重整之日起一个月内，债务人不能就债务清偿及后续经营提出可行性方案的，管理人可以向社会公开招募重整投资人。理论上，可以介入受困项目的时点分为预重整阶段、项目进入重整程序之前、重整程序中第一次债权人会议之后三个阶段。但鉴于破产重整程序有严格的期限要求，最长无法超过 9 个月[1]，虽然在重整程序第一次债权人会议之后受困房地产项目的情况更加明晰，但该时点留给投资人用于调查和决策的期限短，若投资人未能对项目进行充分、全面的调查和谨慎决策就贸然被确定为重整投资人，一旦重整失败，投资人的资金回收不确定性就会大大增加。综合考虑，在正式进入重整程序之前介入项目是更好的选择。在这个时点，投资人还有机会推动受困房地产项目进入预重整程序，间接地参与到受困房地产项目的正式庭内重整程序之中，为投资人的利益引入了司法保障。

（五）投资方式

无论是预重整阶段还是重整阶段，投资人的投资方式都可以分为股权投资、债权投资、项目资产投资三种方式，其中债权投资又可以分为共益债融资方式、施工方垫资建设方式或者共益债和施工方垫资方式等。选择投资方式，仍需根据投资人对于受困房地产项目的投资目的、项目本身的资产状况和管理人等利益主体对于项目处置方向的选择等因素进行综合考量。在选择

---

[1] 《企业破产法》第七十九条规定："债务人或者管理人应当自人民法院裁定债务人重整之日起六个月内，同时向人民法院和债权人会议提交重整计划草案。前款规定的期限届满，经债务人或者管理人请求，有正当理由的，人民法院可以裁定延期三个月。债务人或者管理人未按期提出重整计划草案的，人民法院应当裁定终止重整程序，并宣告债务人破产。"

投资方式时，投资人除考虑是否能够实现目标投资收益外，还应将投资资金的回收和在破产案件中的优先受让作为首要的考量，鉴于受困房地产项目通常已无力提供资产抵押担保以保障破产程序中投资人的项目权益，因此具有优先受偿地位的共益债和建筑工程价款可以作为投资人投资受困房地产项目的重要工具。

（六）对投资人的招募

1. 招募投资人的主体

《企业破产法》第七十三条规定："在重整期间，经债务人申请，人民法院批准，债务人可以在管理人的监督下自行管理财产和营业事务。有前款规定情形的，依照本法规定已接管债务人财产和营业事务的管理人应当向债务人移交财产和营业事务，本法规定的管理人的职权由债务人行使。"同时，根据《深圳中院重整指引》第七十二条第一款，债务人自行管理财产和营业事务的，债务人可以通过协商引进重整投资人。根据前述的法律条文规定，重整期间债务人的财产和经营可以分为债务人自行管理和管理人管理两种方式。由此可知，招募投资人的主体也可以分为债务人和管理人两类。

2. 招募投资人的方式

关于招募投资人的规则，我国现有立法、司法解释未对此进行具体规定。《深圳中院重整指引》第七十二条提及了"协商"和"公开招募"投资人两种方式。结合实践案例，投资人的招募方式可以包括如下几种：

（1）债务人或管理人自行寻找投资人，尤其是一线发达城市，资金市场相对比较活跃，预重整制度运用较为普遍，具有相应的市场条件；

（2）由政府部门、债权人等主体推荐意向投资人，债务人或管理人与之逐一展开磋商、谈判，最终确认投资人；

（3）公开招募重整投资人方式，发布招募公告、公开遴选投资人。

上述三种方式中，第三种公开招募投资人已逐渐发展为重整程序中确定投资人的主要方式。但也有部分案例中，因为个案本身的一些原因，如融资困难、提高确定投资人的效率等，将上述方式进行有效结合，如 2009 年的某伦集团有限公司破产重整案，将公开招募和债权人推荐等方式进行了结合。某伦集团有限公司破产重整案件中，由于涉及的债务规模巨大、资金往来复杂等情况，管理人和主要债权银行经债权人大会表决同意，制定了《某伦集团破产重整战略投资者引进和竞争机制》，以合理的条件，公开透明的方式，向社会公开选择战略投资者，同时授权了债权人委员会和管理人在符合条件的前提下初步确定战略投资者。①

（七）主要的法律文件

公开遴选投资人作为最常见的投资人招募方式，笔者下文将简述在公开遴选投资人的情形下可能会涉及的文件和协议。

1.《重整计划》

重整程序中，法院批准经债权人会议表决通过的《重整计划》为重整成功的标志，可知这份文件具有重要的意义。《重整计划》具有合同的外观，是破产法这一特殊法上的合同。《重整计划》是经过债务人、债权人、管理人甚至重整投资人协商的结果。在公开《重整投资人招募公告》内容中，常见"管理人将与重整投资人在《重整投资协议》的基础上制定重整计划"这样的约定，由此可见重整计划吸收了与投资人签署的《重整投资协议》内容，实质上投资人也参与了重整计划的起草。

内容上，重整计划主要包括两部分内容：一是债务清偿方案；二是企业重组与经营挽救方案，如股权、资产、营业业务的重组及企业并购等。根据《企业破产法》第八十一条的规定，重整计划草案应当包括下列内容：（一）债务人的经营方案；（二）债权分类；（三）债权调整方案；（四）债权受偿方案；（五）重整计划的执行期限；（六）重整计划执行的监督期限；（七）有利

---

① 丁燕：《论合同法维度下重整投资人权益的保护》，载徐州市铜山区人民检察院网站，http://xzts.jsjc.gov.cn/zt/sgjxs1/201904/t20190419_786804.shtml，2024 年 2 月 21 日最后访问。

于债务人重整的其他方案。

《重整计划》作为特殊性质的合同，具有如下几个特性：

（1）是一种集体合同。《重整计划》不是一对一的合同，而是一方为不确定多数方（如在房地产项目中，债权人数量可能多达数万乃至数十万）的合同，其个体利益间既有共同之处也有矛盾冲突。

（2）依据法院的司法裁定生效。

（3）合同的协商并非完全自愿。由于合同一方为具有利益冲突的多数，所以无法适用合同订立需自愿协商一致的合同法原则。

首先，根据《企业破产法》第八十四条第一款、第二款的规定，人民法院应当自收到重整计划草案之日起三十日内召开债权人会议，对重整计划草案进行表决。出席会议的同一表决组的债权人过半数同意重整计划草案，并且其所代表的债权额占该组债权总额的三分之二以上的，即为该组通过重整计划草案。债权人会议的决议，对于全体债权人均有约束力。债权人对于《重整计划》的同意实行少数服从多数的原则，债权人分组会议以法定多数通过重整计划后，对于全体债权人均有约束力。

其次，债权人会议通过的重整计划必须经过法院裁定批准后生效。反过来说，即使债权人会议通过了重整计划，法院也可以不批准，而且法院还可以在部分组别反对通过重整计划（但至少有一组通过）的情况下，依法强制裁定批准重整计划。根据《企业破产法》第六十五条[1]的规定，关于债务人财产的管理方案、破产财产的变价方案经债权人会议表决未通过的，或者关于核查债权、申请人民法院更换管理人、监督管理人等事项经债权人会议二次表决仍未通过的，均由人民法院裁定。

---

[1] 《企业破产法》第六十五条规定："本法第六十一条第一款第八项、第九项所列事项，经债权人会议表决未通过的，由人民法院裁定。本法第六十一条第一款第十项所列事项，经债权人会议二次表决仍未通过的，由人民法院裁定。对前两款规定的裁定，人民法院可以在债权人会议上宣布或者另行通知债权人。"

2.《重整投资协议》

关于《重整投资协议》并无全国性的立法规定，因此目前各地的案例实践中《重整投资协议》的形式和内容都不一而同，预重整阶段亦会称《重组协议》等，本文中不作具体区分。本文也仅能从常见的几种做法中对相关的几个方面进行简要说明。签署的主体上，《重整投资协议》是债务人或管理人与投资人之间经协商后明确约定双方的权益分配、责任和义务等事宜的协议。对预重整投资人或重整投资人的公开招募公告内容进行整理后可以得出如下关于《重整投资协议》的特性：

（1）《重整投资协议》内容是重整计划草案的一部分，在签订后将被吸纳入重整计划草案中。若重整计划草案最终未获得法院的批准，《重整投资协议》是无法完全履行的。若重整计划草案发生部分变更的，也将会影响《重整投资协议》的履行，因此投资人应在《重整投资协议》中明确约定重整计划草案内容及协议签署后的内容变更应经重整投资人认可。

（2）需要注意的是，公开招募公告的内容也会对投资人的权利义务进行规定，并且在《重整投资协议》中通常会再次明确投资人资源受《重整投资人招募公告》的约束和限制。

在内容上，根据《深圳中院重整指引》第七十八条的规定，意向重整投资人参加公开招募的，一般需要提供重整预案，包括重整资金来源、出资人权益调整、债权调整、债权清偿及后续经营方案等。但在具体的重整案件中，《重整投资协议》的具体内容与投资人的投资方式有着紧密的关联。因此，可能涉及债务人增资协议约定、共益债借款协议约定、投资人垫资代建协议约定关于投资人为债务人业务后续提供营销服务的协议约定以及重整计划未生效或重整计划执行失败情形下的投资人投资款项的清偿约定等。若投资人的投资方式是前述多种方式的结合，那么《重整投资协议》中就会包含多种情形下，投资人与债务人或管理人之间权利义务的约定。

(八)投资人相关权利救济路径

我国现有破产重整制度或各地关于预重整的规范性文件对投资人的权益保护不足,直接影响了投资人对预重整或破产重整的参与度,无法盘活更多值得挽救的受困房地产项目价值。因此,保护投资人权益,拓展投资渠道,成为破解受困房地产项目融资难题非常重要的一点。本文按照相关预重整或重整的不同阶段,简要介绍一下投资人可以实践的权利救济路径,希望给投资人介入受困房地产项目投资提供更多的参考。

1. 信息披露相关的权利救济

投资人和债务人或管理人是《重整投资协议》的双方当事人,在洽谈、签订《重整投资协议》的过程中,债务人或管理人负有一定的附随义务,如关于受困房地产项目重要事项的告知、忠实、保密和协作以及配合等义务。其中,债务人或管理人的主要义务为信息披露义务,重整投资人在洽谈、签订《重整投资协议》的过程中有权获得受困房地产项目真实、详尽、全面的信息。

《企业破产法》中虽然规定了债务人的配合义务[1],并规定了相应的法律责任,但针对的是债务人向债权人和管理人的履行,并未规定债务人向投资人提供配合的义务。《企业破产法》第二十五条规定了管理人"调查债务人财产状况,制作财产状况报告"的职责,并规定了相关的责任[2]。但大部分

---

[1] 《企业破产法》第一百二十六条规定,有义务列席债权人会议的债务人的有关人员,经人民法院传唤,无正当理由拒不列席债权人会议的,人民法院可以拘传,并依法处以罚款。债务人的有关人员违反本法规定,拒不陈述、回答,或者作虚假陈述、回答的,人民法院可以依法处以罚款。第一百二十七条规定,债务人违反本法规定,拒不向人民法院提交或者提交不真实的财产状况说明、债务清册、债权清册、有关财务会计报告以及职工工资的支付情况和社会保险费用的缴纳情况的,人民法院可以对直接责任人员依法处以罚款。债务人违反本法规定,拒不向管理人移交财产、印章和账簿、文书等资料的,或者伪造、销毁有关财产证据材料而使财产状况不明的,人民法院可以对直接责任人员依法处以罚款。第一百二十九条规定,债务人的有关人员违反本法规定,擅自离开住所地的,人民法院可以予以训诫、拘留,可以依法并处罚款。

[2] 《企业破产法》第一百三十条规定,管理人未依照本法规定勤勉尽责,忠实执行职务的,人民法院可以依法处以罚款;给债权人、债务人或者第三人造成损失的,依法承担赔偿责任。

的公开招募投资人公告中仍言明投资人应自行开展调查工作。

若因为债权人或管理人没有履行相关的义务，如故意隐瞒了重要信息导致投资人遭受损失的，投资人可以依据《民法典》的相关规定向作为合同相对方的债权人或管理人追究赔偿责任。

2. 重整投资协议的权利救济

投资人与债务人或管理人订立《重整投资协议》后，投资人的义务即按照协议约定的条件、资金金额、期限和方式缴纳投资款，为受困房地产项目注入流动性。但前述重整投资人的义务并非无条件的，可以通过协议中相关的条款设计来保障重整投资人投资的优先受偿权。

《企业破产法》第七十五条规定，在重整期间，债务人或者管理人为继续营业而借款的，可以为该借款设置担保。该条款初衷是保障重整融资中的新贷款债权，但既然受困房地产项目已然进入重整程序，往往债务人已经没有可以设定担保的财产。这也是实践中，债权投资大都通过《企业破产法》第四十二条规定的共益债方式进行投资的原因，这样才能保障重整环节中的债权投资资金相较于一般债权具有优先受偿的地位。

3. 退出路径的提前设计

任何投资，投资人都非常关心退出方式的问题，也是投资人签署《重整投资协议》前需要考量的问题。在投资人签署《重整投资协议》后，若受困房地产项目重整成功，在债权投资的情况下，主要通过项目资产的销售变现后给付投资人投资款项后退出，在股权投资的情况下，可以约定由债务人、债务人的出资人或债务人的管理层进行回购，或者约定向第三方转让股权。若重整失败，重整程序将转为破产清算程序，若是债权投资，则可以借助共益债制度来实现优先于一般债权的清偿地位，若是股权投资，在遵循破产法中有关清偿顺位规定的前提下也可以尝试通过协议约定来实现优先于原股东的清偿地位。

投资人的退出路径的设计，需要结合交易结构的特征以及项目的实际情况，在投资前进行考虑并在协议中进行相应的安排，难以一概言之。

五、结语

综上所述，投资人投资受困房地产项目的纾困风险重重，涉及的利益主体也是方方面面，投资人投资受困房地产项目除需要完成自身的商业决策外，还需要借助债权人、管理人、法院、当地政府的协助才能完成对于受困房地产项目的成功纾困。在此过程中，投资人为了防范相应的风险，重整投资人不仅需要在投资尽调中摸清企业资产情况，还应精心设计投资风险防控机制，并体现在投资协议和重整计划之中。同时，也希望在立法层面上投资人权益保护机制能得以完善，为受困房地产项目的纾困给予更加强力的支持，为投资人提供更加稳定、可预期的投资环境。同样希望笔者在本文中从投资人的角度对于相关法律规定、法律程序、现实困难以及相应建议的论述，能够对投资人参与受困房地产项目投资提供帮助。

图书在版编目（CIP）数据

跨越周期：新时代房地产法律业务实操指引 / 国枫研究院编. -- 北京：中国法治出版社，2024. 12.
ISBN 978-7-5216-4831-7

Ⅰ. D922.181

中国国家版本馆CIP数据核字第2024EA1930号

责任编辑　李槟红　　　　　　　　　　　　封面设计　周黎明

跨越周期：新时代房地产法律业务实操指引
KUAYUE ZHOUQI: XINSHIDAI FANGDICHAN FALÜ YEWU SHICAO ZHIYIN

编者 / 国枫研究院
经销 / 新华书店
印刷 / 保定市中画美凯印刷有限公司
开本 / 710毫米×1000毫米　16开　　　　　印张 / 24.25　字数 / 335千
版次 / 2024年12月第1版　　　　　　　　2024年12月第1次印刷

中国法治出版社出版
书号 ISBN 978-7-5216-4831-7　　　　　　　　　　　　定价：86.00元

北京市西城区西便门西里甲16号西便门办公区
邮政编码：100053　　　　　　　　　　　传真：010 63141600
网址：http://www.zgfzs.com　　　　　　　编辑部电话：010-63141671
市场营销部电话：010-63141612　　　　　印务部电话：010-63141606

（如有印装质量问题，请与本社印务部联系。）